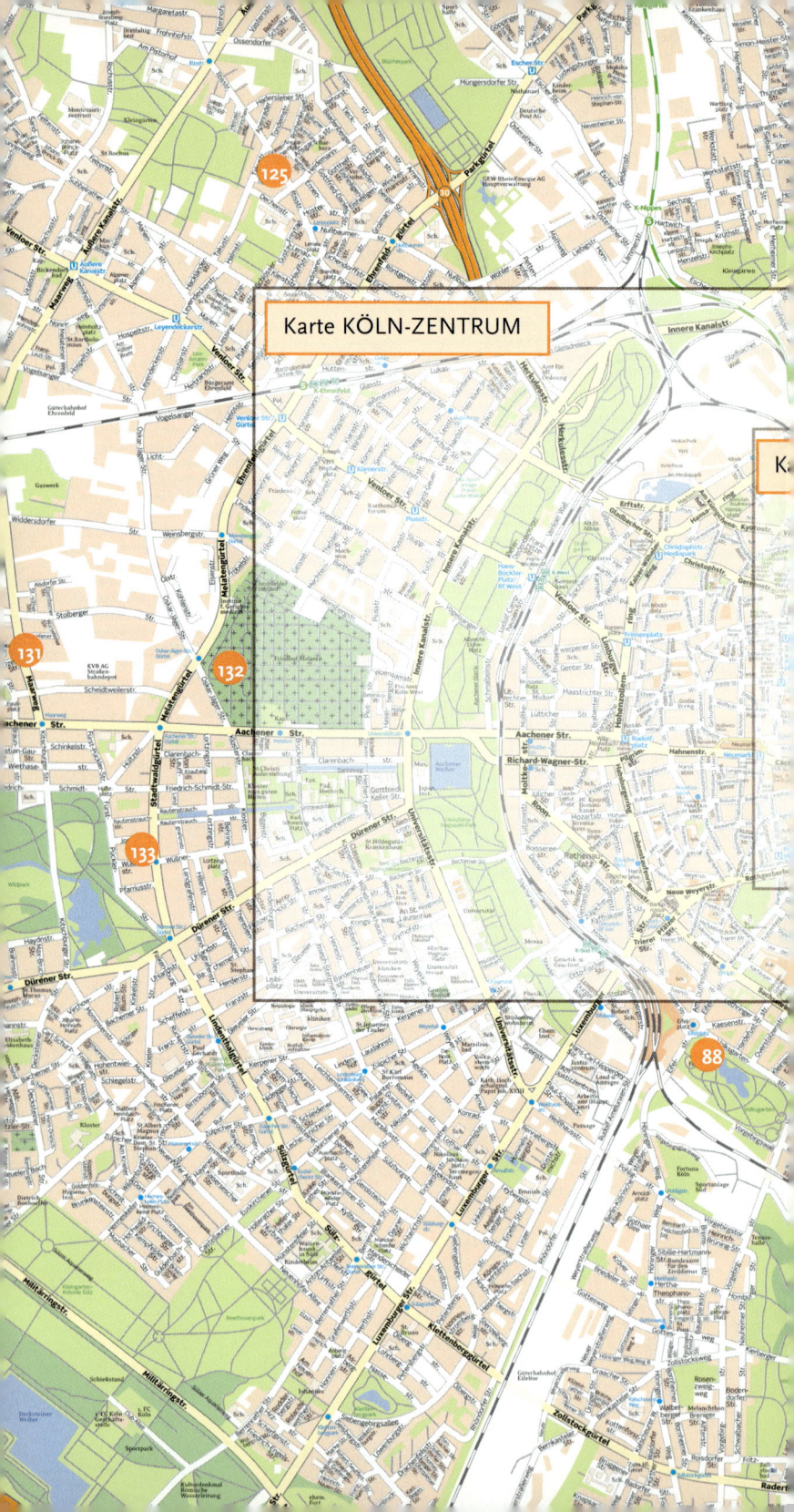

Karte KÖLN-ZENTRUM

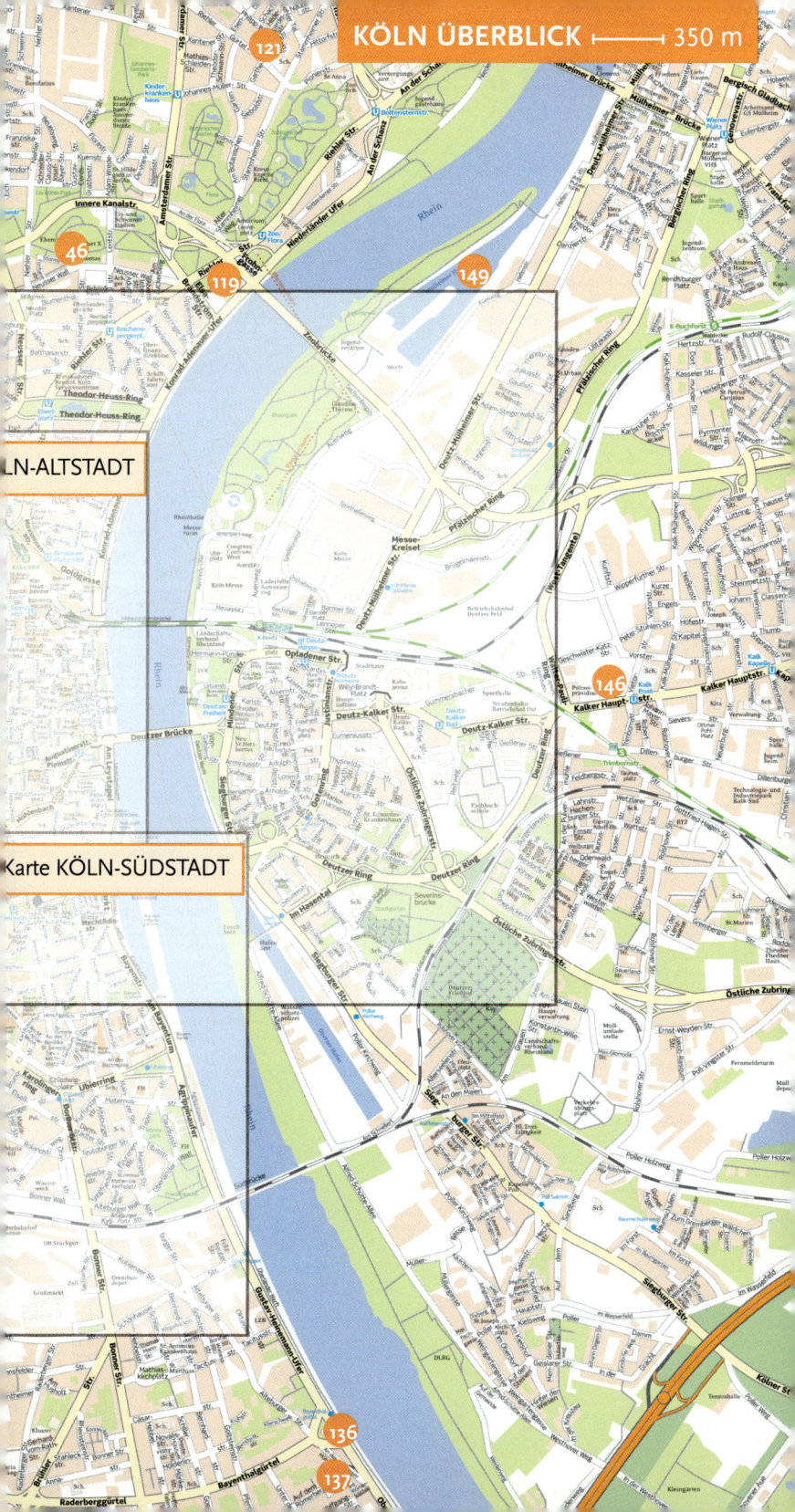

KÖLN-ALTSTADT

Karte KÖLN-SÜDSTADT

KÖLN
MARTIN STANKOWSKI
DER
ANDERE
STADTFÜHRER

MITARBEIT PETRA METZGER

1. Auflage 2003

© Verlag Kiepenheuer & Witsch, Köln –
Lizenzgeber: Labonté Köhler Osnowski Verlagsgesellschaft mbH, Köln

Lektorat: Astrid Roth, Köln
Bildredaktion und Recherche: Petra Metzger, Köln
Kartografie: Cartogis / Vertrieb Hauptweg und Nebenwege GbR, Köln
Umschlaggestaltung: heblerHebler, Köln, Fotos: Carolin Schüten
Satz und Layout: heblerHebler, Köln / Mario Jahns
Druck und Bindearbeiten: Dr. Cantz'sche Druckerei, Ostfildern
ISBN 3-462-03534-7

INHALT

INHALT

GESCHICHTEN HABEN IMMER EINEN ORT

DER STADTBILDERKLÄRER

Das Schöne an Köln ist, dass es diese Stadt nicht nur ein Mal gibt, auch nicht nur drei oder vier Mal – als Stadt der Römer etwa, als Dom- und Rheinstadt oder als Metropole des Klüngels natürlich. Köln gibt es so oft, wie es Menschen gibt, die sich ein Bild von Köln machen und davon erzählen, darüber schreiben oder singen, ihre Stadt malen oder fotografieren. Jeder kann in diesem Spiel mitspielen, sogar die Kölner Oberbürgermeister, die diese Vielfalt in ihren Standardreden vom bunten Köln mit seiner zweitausendjährigen Geschichte und dem jeweils anderen Jeck gern mit Toleranz verwechseln.

Über Fakten lässt sich schlecht streiten, wird zuweilen behauptet. Das mag in vielen Fällen richtig sein, es gibt aber auch Fakten mit interpretativem Spielraum: Da ist etwa das erste christliche Taufbecken unterm Kölner Dom, das mehr als 1700 Jahre alt ist und ursprünglich als Pool oder Zierbecken einer römischen Villa an dieser Stelle diente. Welche Rückschlüsse auf den Ursprung des rheinischen Christentums werden hier geradezu herausgefordert! Oder auch ein aktuelles und politisches Thema wie die Kölnarena, deren Bau- und Finanzierungsgeschichte immer noch im Dunkeln liegt, denn hier sind die Fakten in ihrer ganzen Ordnerbreite bis heute nicht zugänglich. Die Interpretation ist die Wurst auf dem Brot der Geschichten aus und über Köln!

In diesem Buch kommen nur Orte und Geschichten vor, die mir gefallen. Was mir bei meinen Gängen durch die Stadt auffällt, macht mich neugierig, und ich fange an zu fragen. Manchmal ist es auch umgekehrt, da hört man erst eine Geschichte, ein Gerücht etwa – Gerüchte sind oft der schönste Ausdruck kollektiver Mitteilung –, ich bohre nach, was sich dahinter verbirgt. Das ist die Voraussetzung des Erzählens: Die Geschichten haben immer einen Ort und jeder Ort gewinnt seine Aura durch die Erzählungen, die er zulässt.

Im Vergleich zu meinen beiden Stadtführern, die Anfang der 1990er Jahre erschienen sind, hat sich mein Blickwinkel auf die Stadt verändert. Ebenso der Radius meiner Stadterkundungen, der heute die gesamte Stadt umfasst – wenn auch der Schwerpunkt im Zentrum liegt. Früher habe ich Wanderungen durch die Stadt vorgeschlagen, jetzt kann und muss sich der Leser seine Pfade selbst suchen. Deshalb ist dieses Buch auch kein „Führer" mehr.

Mein Blick auf die Stadt erfasst heute eher Orte: Plätze, Straßen und Gebäude mit ihrer Ästhetik als Bild, das Geschichte und Geschichten erzählt. Der schöne DDR-Begriff vom „Stadtbilderklärer" ist zwar gewöhnungsbedürftig, drückt aber ziemlich genau aus, worum es geht. Und das Schöne an Köln ist ja, dass es so viele Bilder gibt.

Martin Stankowski

DANK

Dieses Buch schöpft an erster Stelle von unendlich vielen Publikationen über Köln. Außerdem lebt es von zielgenauen Recherchen, hier sei vor allem Petra Metzger genannt, die auch die aufwändige Bildredaktion übernommen hat. Vielen Dank. Ich danke Louis Peters für seine Kritik und die vielen Hinweise rund um die Kunst und die Künstler. Vor allem Dank an die namentlich genannten Freundinnen und Kollegen, die dieses Buch mit ihren persönlichen Tipps bereichert und mir die blöde Rolle erspart haben, ständig kulinarische oder ästhetische Urteile zu fällen, besonders auch an Thomas Böhm, der den Text über Rolf D. Brinkmann beigesteuert hat. Und schließlich Dank an die Freunde Jürgen Becker, Heinrich Pachl und Rainer Pause für ihre theoretisch-kabarettistischen Abhandlungen zum Thema Köln. Und zum Schluss Dank an Astrid Roth für das Lektorat.

ELKE HEIDENREICH,
DER BESONDERE TIPP:

Dienstag,
25. Februar 2003 – 15:00 Uhr
An: stankowski@netcologne.de

Stanko, Du rühriger Mensch, streich mich nicht aus Deinem Herzen, aber endlich aus all Deinen Faxlisten – Keine Tipps von mir, kein prominentes Besserwissen, und nie würde ich verraten, wo es schön ist, nur um da auch dann Touristendeppen zu treffen. Und hundefreie Wiesen finde ich das Letzte. Jetzt antworte bloß nicht wieder. Ich krieg am Tag 100 von solchem Scheiß (bitte zeichnen Sie einen Hasen, bitte spenden Sie für Behinderte, bitte lesen Sie im Altenheim, bitte seien Sie gegen den Krieg, bitten dichten Sie was über ein Nashorn für die Klasse 9b in Detmold ...).
Rutscht mir alle den Buckel runter.

Gruß, Elke.

Vor fast 2000 Jahren ließ der römische Statthalter von Colonia auf einem Hügel am Rhein seinen Palast, das Prätorium, bauen. Bis in die Gegenwart ballt sich an diesem Ort die politische Macht der Stadt Köln: Wo einst römische Militärs und mittelalterliche Kaufherren ihr Domizil hatten, regiert heute der Oberbürgermeister. Rundherum entfaltet sich das pralle Kölner Leben.

RUND UM DAS RATHAUS

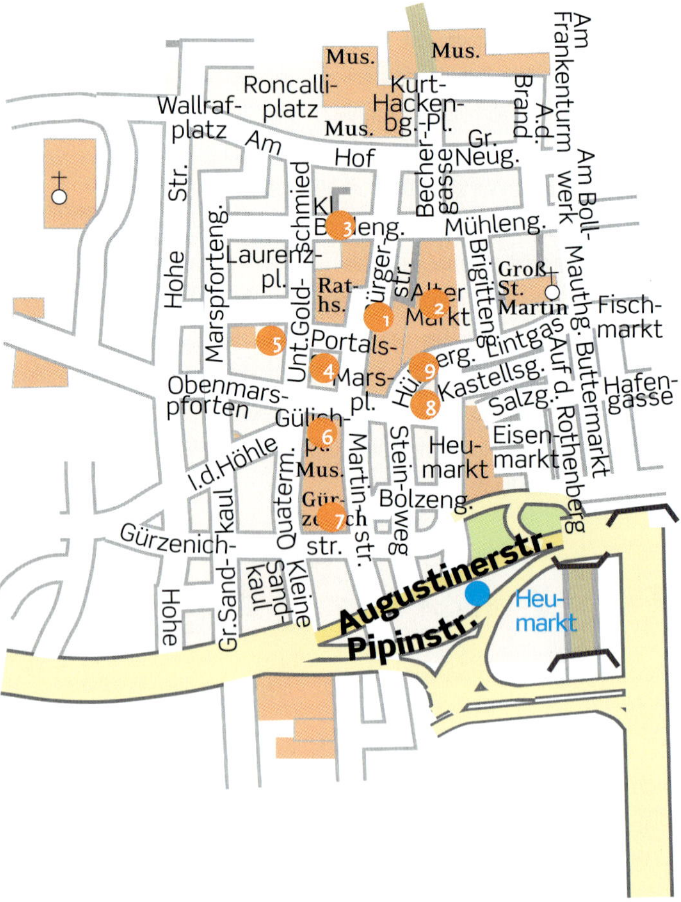

Es gibt viele Dinge in Köln, die alt, aber wenige, die im Original erhalten sind. Zu diesen gehört der repräsentative und dekorative Eingang des historischen Rathauses, der als einziger Bereich des Gebäudes im Zweiten Weltkrieg nicht zerstört wurde. Diese Rathauslaube, wie sie die Kölner nennen, wurde 1569 bis 1573 von dem Steinmetz und Bildhauer Wilhelm Vernukken aus Kalkar im Stil der Renaissance errichtet. Sie war als stolzer Zugang zum Haus der Bürger und gleichzeitig als Balkon für die repräsentativen Auftritte des Bürgermeisters gedacht. Früher wurden von hier aus in der „Morgenansprache" die Ratsbeschlüsse vor der versammelten Bürgerschaft verkündet. Ob außenpolitische Verträge oder innerstädtische Müllprobleme, die Tarife der Bauarbeiter oder die Zahl der Taufpaten, die Rocklänge der Kölnerinnen und die Vertreibung fremder Bettler – alles wurde im Rat entschieden und kam vor dem Rathaus zur Sprache. Zwar versammeln sich hin und wieder heute noch Bürger vor dem Rat, aus Protest oder um zu demonstrieren, aber es muss kein Bürgermeister mehr seine Entscheidungen auf der Laube verteidigen.

RATHAUS UND RATSTURM

Der Rathausplatz – ein beliebter Ort bei Demonstranten.

Der Ratsturm am 8. Mai 1945.

Das Relief an der Laube direkt über dem Eingang zum Rathaus zeigt die dramatische Szene eines Löwenkampfs. Es ist eine alte Stadtgeschichte um den legendären Bürgermeister Hermann Gryn und die Zeit der Emanzipation der Kölner von ihrem Stadtherrn, dem Erzbischof, im 12. Jahrhundert. Damals waren die Kräfte zwischen Bür-

Bürgermeister Hermann Gryn kämpft mit dem Löwen des Erzbischofs.

gern und Erzbischof wohl ausgewogen, so dass sich der Kleriker einen gemeinen Trick einfallen lassen musste, um den Bürgermeister loszuwerden. Mit Hilfe zweier Domherren und eines hungrigen Löwen lockte er den Bürgermeister in die Falle, sprich den Löwenkäfig. Der Bürgermeister aber nahm mutig und entschlossen den Kampf mit dem Tier auf: Die Linke mit dem schnell darum gewundenen Mantel stieß Hermann Gryn weit in den Rachen und mit der Rechten das Schwert mitten in das Herz des Löwen. Die hinterhältigen Domherren ließ er umgehend aufhängen und die Kölner zeigten noch Jahrhunderte lang an der so genannten Pfaffenpforte, etwa dort, wo heute die Touristeninformation vor dem Westportal des Doms liegt, den Balken mit den zwei Löchern für die Stricke der Verräter – wohl auch als mahnendes Beispiel für den bischofstreuen Klerus. Im Rathaus, direkt neben dem heutigen Hochzeitszimmer, wurde später der „Löwenhof" gebaut, den ebenfalls die Löwenkampfszene ziert.

Das Ganze ist eine Legende, aber ein frühes Beispiel kommunaler Propaganda und vor dem historischen Hintergrund der langen Emanzipationskämpfe wird die außerordentlich populäre Verbreitung dieser Geschichte in Köln verständlich. Noch im 19. Jahrhundert hingen in vielen bürgerlichen Salons Gemälde mit dieser Geschichte. In welche Reihe der kölsche Bürgermeister mit diesem Kampf gestellt wird, zeigen die beiden Reliefs links und rechts der Szene über dem Eingang zum Rathaus mit den biblischen Löwenbezwingern Daniel und Samson.

Die zwei Pfaffen, die Bürgermeister Gryn mit einer List in den Löwenkäfig lockten, wurden zur Strafe unterm Nordtor aufgehängt.

Neben dem Schild vor der Laube, das die zahlreichen Hochzeitsgäste vom Reiswerfen abhalten will – wegen der Taubenplage! –, findet man im Boden direkt vor den Stufen einen eher unscheinbaren Pflasterstein mit einer Messingabdeckung. Man muss sich schon auf die Knie begeben, um die darin eingeschlagene Inschrift zu lesen: „Auf Befehl des Reichsführer SS vom 16.12.1942 – Tgb. Nr. I 2652/42/Ad./RF/V – sind Zigeunermischlinge, Rom-Zigeuner und nicht deutschblütige Angehörige zigeunerischer Sippen balkanischer Herkunft nach bestimmten Richtlinien auszuwählen und in ein Konzentrationslager einzuweisen (...)." So beginnt der Vernichtungsbefehl der Nazis, an den an dieser Stelle der Kölner Künstler Gunter Demnig mit seinem „Stolperstein" erinnert.

Wenige Meter davor ist ebenfalls ein Teil der Spur zu sehen, die Demnig im Mai 1990 zur Erinnerung an die Deportation der Kölner „Zigeuner" gelegt hat: „Mai 1940 – 1000 Sinti und Roma". Zunächst waren es Farbspuren, inzwischen sind es Tafeln im Pflaster wie hier und an zahlreichen Orten im Stadtgebiet wie Polizeipräsidium, Sitz des Regierungspräsidenten, Bahnhof, Hohenzollernbrücke, EL-DE-Haus, Messe. Sie verbinden die damaligen Wohnorte der Sinti in Ehrenfeld und im Griechenmarktviertel mit den Orten ihrer Verfolgung und Deportation.

Der Künstler Gunter Demnig legt seine Erinnerungsspur „Mai 1940 – 1000 Sinti und Roma – Mai 1940 – 1000 Sinti und Roma – Mai 1940 …"

Der Ratsturm, nach 1407 erbaut, ist ein Zeichen der selbstbewussten und neuen Stadtmacht der Zünfte, die 1396, also wenige Jahre zuvor, die Patrizier entmachtet hatten. Im Zweiten Weltkrieg zur Hälfte zerstört, wurde er in den 1960er Jahren nach historischem Vorbild wieder aufgebaut. In den 1990er Jahren erhielt er auch sein Ensemble wichtiger stadtpolitischer Persönlichkeiten wieder: 124 Figuren, von den Heiligen Drei Königen bis zu Karl Marx. Allerdings gab es heftige Streitereien, als eine Historikerkommission lediglich fünf Frauen unter den wichtigsten Kölnern für das Ensemble auswählte, darunter so untypische Rheinländerinnen wie die heilige Maria. Andere Frauen hätten sich entweder überhaupt keine oder keine hinreichenden Verdienste um Köln erworben. Die kurz vorher in den Rat eingezogenen Grünen-Frauen protestierten und unterstützt von den Kolleginnen aus SPD und CDU setzten sie insgesamt 18 Frauenfiguren durch. So können wir heute von der Mystikerin Christina von Stommeln über das Universalge-

Demnigs Spur führt vom „Zigeunerlager" Bickendorf zur Messe nach Köln-Deutz.

Streichvorschlag von 1987
für die männlichen
Ratsturm-Figuren

nie des 17. Jahrhunderts, Anna Maria von Schürmann, bis zur Schriftstellerin Irmgard Keun auch ausgewählte KölnerINNEN auf dem Turm bewundern.

Wenn man über die Treppe neben dem Ratsturm zum Alter Markt heruntergeht, erblickt man über sich, unter der Uhr am Turm, die geschnitzte Maske eines bärtigen Männergesichts, den „Platzjabbek", um den eine der zahlreichen Kölner Legenden und Parabeln kreist. In dieser Geschichte geht es um Karl den Großen, der eines Tages seine Söhne – von Töchtern ist nicht die Rede – zu sich rief, um sein großes Reich aufzuteilen. Dazu dachte er sich ein Spiel aus. Der Kaiser versteckte einen Apfel in seiner Hand und rief dann den Ältesten zu sich. „Mund auf! Augen zu!", hieß die Losung. Sein ältester Sohn war jedoch misstrauisch und machte den Mund nicht auf, als der Vater ihm den Apfel hinhielt. Schon kam der Zweite an die Reihe, der sofort zubiss. Dafür wurde er mit dem Herzogtum Lothringen belohnt. Der Nächste biss ebenfalls ohne zu zögern zu und wurde König von Burgund. So ging es weiter bis zum Jüngsten. Da endlich kapierte auch der Älteste, worum es ging. Karl wies ihn jedoch mit den Worten zurück, er habe seine Chance vertan. „Platzjabbek" kommt von „jappen", „den Mund aufreißen". Als politische

Täglich um zwölf reißt der Platzjabbek unter der Uhr am Ratsturm sein Maul auf.

Parabel sollte die Figur aus dem 16. Jahrhundert den vertriebenen Patriziern schon von weitem verkünden, dass die an die Macht gekommenen Handwerker, so wie Karls Söhne, auf der Hut sind und aufpassen, dass die verjagten Herren nicht zurückkommen, um den Zünften die Macht streitig zu machen. Figur und Geschichte, vor allem deren emanzipatorische Symbolik, gerieten mit der Zeit in Vergessenheit. Als man bei der Restaurierung des Platzjabbek in den 1920er Jahren eine Zunge in den Mund der Figur hängte, die beim Stundenschlag herausschnellt, wurde die Bedeutung völlig in ihr Gegenteil verkehrt. Heute wird erzählt, der Platzjabbek sei der Rat, der dem Bürger die Zunge zeigt. Voilà.

ALTER MARKT

Wenn am ersten Sonntag im Juli die Schwulen und Lesben zum Christopher Street Day paradieren, wenn die Gewerkschaften den 1. Mai feiern oder die Schüler für bessere Unterrichtsmittel demonstrieren, immer geschieht das auf dem „Alter Markt", dem politischen Platz der Stadt unmittelbar am Rathaus. Hier liefen die Menschen zusammen, wenn etwa ein führendes Haupt Kölns rollte. Das kam hin und wieder vor – sei es der Kopf eines besonders habgierigen Bürgermeisters oder der eines korrupten Ratsherrn. In der Regel genossen diese Verurteilten das „Privileg", auf dem Alter Markt mit dem schnellen Schwert hingerichtet zu werden. Während die anderen „armen Säcke" vor der Stadt im Süden auf dem Judenbüchel oder im Westen auf Melaten gerädert, ersäuft und verbrannt oder sonst wie ums Leben gebracht wurden.

Im 19. Jahrhundert sah der Platz vor allem in der Zeit der 48er-Revolution zahlreiche Demonstrationen. Am 3. März 1848, dem Tag nach Weiberfastnacht, kam es zu einem legendären Marsch auf das Rathaus, der ersten Kölner Massendemonstration, bei der der Armenarzt Andreas Gottschalk dem Stadtrat sechs „Forderungen des Volkes" überreichte.

Angesteckt von der revolutionären Stimmung in Frankreich, wo gerade der König abgesetzt worden war, zogen Tausende Handwerker und Arbeiter von der Südstadt aus die Severinstraße entlang bis zum Alter Markt. Dort bekamen es die Ratsherren mit der Angst zu tun, als das preußische Militär die Demonstranten von hinten in das Rathaus drückte. Einige der Räte sprangen aus dem Fenster und einer, ein gewisser Dr. Bourell, brach sich dabei beide Beine, eins sogar zweimal. Er war der einzige Verletzte dieser Revolte. Die Kölner dachten nicht an einen richtigen Aufstand, was Friedrich Engels später zu der verärgerten Bemerkung veranlasste, sie hätten

Andreas Gottschalk (1815-1849),
eine der imponierendsten
Persönlichkeiten Kölns aus
dem 19. Jahrhundert,
liegt auf Melaten begraben.

„ruhig losschlagen können und wären in zwei Stunden fertig gewesen. Aber schrecklich dumm war alles angelegt."

Dr. Andreas Gottschalk (1815–1849) ist eine der imponierendsten Gestalten Kölns in dieser Zeit und reichlich unbekannt. Der Arzt und Sohn eines jüdischen Gesetzeslehrers konvertierte als 30-Jähriger zum Protestantismus, war in den 1840er Jahren politisch und sozial engagiert und wurde im Interesse derjenigen, „denen die Einsicht in ihre eigenen Verhältnisse am meisten not tut", wie er betonte, der erste Präsident des Kölner Arbeitervereins. Natürlich geriet Gottschalk bald in Konflikt mit den führenden Kreisen der Stadt und wurde, ausgerechnet in der heißen Phase des Jahres 1848, monatelang unter falschen Anklagen inhaftiert. Bald nach seiner Freilassung starb er an der in Köln grassierenden Choleraseuche. Er hatte sich als Armenarzt an seinen Patienten infiziert. Gottschalk war in Vergessenheit geraten, bis der Kölner Theologe Klaus Schmidt im Jahre 2002, eineinhalb Jahrhunderte nach dem Tod des Arztes, eine umfassende Biografie des überzeugten Christen und Pioniers der Arbeiterbewegung veröffentlichte.

Den heftigsten „Aufruhr" erlebte der Alter Markt am 25. September 1848. Wenige Tage vorher hatte es eine der größten Massenversammlungen der Zeit in der Worringer Heide gegeben, mit mehr als 10 000 Teilnehmern und allen Rednern, die einen revolutionären Rang oder Namen hatten: Ferdinand Freiligrath, Friedrich Engels, Gottfried Kinkel oder Josef Moll, alle waren da.

Forderung des Volks.

1. Gesetzgebung und Verwaltung durch das Volk. Allgemeines Wahlrecht und allgemeine Wählbarkeit in Gemeinde und Staat.

2. Unbedingte Freiheit der Rede und der Presse.

3. Aufhebung des stehenden Heeres und Einführung einer allgemeinen Volksbewaffnung mit vom Volke gewählten Führern.

4. Freies Vereinigungsrecht.

5. Schutz der Arbeit und Sicherstellung der menschlichen Lebensbedürfnisse für Alle.

6. Vollständige Erziehung aller Kinder auf öffentliche Kosten.

Immer noch aktuell:
die Kölner Forderungen von 1848.

Die Polizei versuchte, einen der Wortführer, den Präsidenten des Kölner Arbeitervereins, Moll, zu verhaften. Er konnte aber entkommen und die ohnehin aufgebrachte Stimmung in Köln weiter anheizen. Die Folge: Hunderte versammelten sich auf dem Alter Markt und in den umliegenden Gassen und Plätzen, rundherum wurden Barrikaden gebaut, sogar ein Waffengeschäft, der Gewehrladen Offermann in der Schildergasse, gestürmt. Und dann wartete man auf die angekündigten preußischen Soldaten, um Demokratie und Alter Markt zu verteidigen. Als diese aber nicht kamen, der Tag sich hinzog und die Dämmerung einsetzte, gingen nach und nach die ersten Barrikadenbauer zum Abendessen. Andere folgten nach Hause und am anderen Morgen konnten schließlich die städtischen Arbeiter, ohne auf Widerstand zu stoßen, die Barrikaden wegräumen. Kein Schuss war gefallen.

„Auch das Heiligste zieht der Kölner in seinen Fastnachtssinn, es kann übel ausschlagen, Witze, Parade in Unterröcken und Schlafmützen."

Ein preußischer Offizier über das Spezielle der Kölschen Revolution.

Der Brunnen in der Mitte des Alter Markt, 1884 in spätromantischer Pose zur Stadtverschönerung errichtet, erinnert an einen Reitergeneral des 30-jährigen Krieges, Jan van Werth. In Köln erfreut er sich als Karnevalsheld, nach dem eine eigene „Traditionsgesellschaft" benannt ist, großer Beliebtheit. Er war aber weder Held noch Kölner, sondern kaufte sich lediglich von seinem Beutegeld den Kümpchenshof in der Nähe von St. Gereon. Er war, was moderne Historiker einen „Kriegsunternehmer" nennen. Wegen seiner rücksichtslosen Verwüstungen deutscher und französischer Landschaften hatte er den Beinamen „Schwarzer Hans" und galt als „Franzosenschreck". Die Denkmaleinweihung 1884 war denn auch von nationalistischen und antifranzösischen Tönen begleitet.

Plünderung des Offermannschen Gewehrladens in der Schildergasse – kein Schuss ist gefallen!

Im karnevalistischen Köln spielen Platz und General eine wichtige Rolle. Auf dem Alter Markt wird jedes Jahr am Elften im Elften um 11.11 Uhr die Karnevalssession eröffnet und mit Jan van Werth an „Wieverfastelovend" nachmittags vor dem Severinstor der Auftakt zur heißen Phase gefeiert. Für das Libretto dient eine Lovestory, deren vergebliche Liebesschwüre dann in der Stadt allerorten zu hören sind. Jan soll sich laut Legende seinerzeit als Knecht in die schöne, aber zu Höherem strebende Magd Griet verliebt und, von dieser abgelehnt, ins Kriegsgetümmel gestürzt haben. Offensichtlich mit Erfolg, da er bis zum Reitergeneral avancierte. Als er Jahre später nach Köln gelangt und an einem Stadttor in einer Obsthändlerin die ehedem Angebetete erkennt, kommt es zu diesem berühmtberüchtigten Dialog. Jan: „Wer er hätt jedonn", Griet: „Wer et hätt jewoss" oder hochdeutsch: „Hinterher ist man immer schlauer."

BUDENGASSE/ PRÄTORIUM

In Köln waren die Archäologen vielleicht die Einzigen, die über die Ergebnisse des Bombenkriegs nicht nur unglücklich waren. Nach den Zerstörungen im Zweiten Weltkrieg konnten sie auch rund ums Rathaus umfangreiche Ausgrabungen vornehmen. Man stieß dabei auf mehrere Bauetappen des römischen Statthalterpalasts, das „Prätorium", und die Fundamente der Stadtmauer, die bis ins 1. Jahrhundert zurückreichen. Die Colonia war seinerzeit ja nicht nur Residenz, sondern auch Hauptstadt der römischen Provinz Niedergermanien. Die Grundmauern des römischen Zentrums mit dem Prätorium sind unter dem neuen Rathaus erhalten geblieben und von der Kleinen Budengasse aus zugänglich. Hinunter führt auch ein Aufzug, der seinerzeit den Autor Rudolf Pörtner zu dem Bestseller „Mit dem Fahrstuhl in die Römerzeit" animierte.

Eine weitere Ebene unter dem Prätorium wurde das über einhundert Meter lange Stück eines römischen Abwasserkanals freigelegt. Seit dem 2. Jahrhundert wurde in Köln das Schmutzwasser in gemauerten Kanälen gesammelt und unter Ausnutzung des Bodengefälles zum Rhein abgeleitet. Einer der Hauptsammler verläuft fast zehn Meter tief relativ genau unter der Budengasse. Er wurde vor rund 1800 Jahren so dauerhaft gemauert, dass Teile noch im Zweiten Weltkrieg als Luftschutzkeller dienen konnten. Eine Kuriosität ist die Kreuzung des römischen Kanals mit einem modernen Abwassersammler, der noch eine Ebene tiefer verläuft. Durch

Nach 2000 Jahren immer noch intakt: der römische Abwasserkanal unter der Budengasse.

eine Scheibe blickt man von dem römischen Kanal aus hinunter auf den neuen Kanal, durch den die graue Kloake der heutigen Stadt fließt. Ein Stück des alten Schachts musste dafür herausgeschnitten werden und ist – römisches Köln zum Anfassen – genau oberhalb der Schnittstelle auf dem Theo-Burauen-Platz aufgestellt.

In Köln wird in jüngerer Zeit der Vorschlag diskutiert, eine „via culturalis", die Strecke parallel zum Rhein zwischen Dom und Maria im Kapitol, verdichtet mit einem Ensemble historischer und kultureller Stationen, städtebaulich und damit schließlich auch kulturpolitisch zu profilieren. Dazu gehört als Teilstück die Idee eines unterirdischen Hauses der Geschichte. Keine Stadt in Mitteleuropa zählt ähnlich viele ärchäologische Stätten zu ihren Schätzen wie Köln. Die Vorstellung ist weiterhin, ausgehend vom Prätorium, dem Mittelpunkt der römischen Herrschaft, über die Ruinen unter dem Rathausplatz, eingeschlossen das jüdische Köln bis zu den mittelalterlichen Resten im Keller des Wallraf-Richartz-Museums, eine durchgehende archäologische Zone als weiteren Streckenabschnitt der „via culturalis" anzulegen.

Vielleicht kann man dann eines Tages, von oben einsichtig und unterirdisch durch Wege und Stege erschlossen, mehr als einen halben Kilometer weit entlang der baulichen Objekte durch die historischen Etappen flanieren und sinnfällig erleben, dass Köln eine vierte Dimension besitzt: die Dimension der Zeit, die in diesem Fall unter dem Pflaster liegt.

Eine vierseitige, gläserne Pyramide steht auf dem weiten Rathausplatz. Durch die Scheiben schaut man hinab in die Tiefe in einen breiten Brunnenschacht. Es sind die Reste des hochmittelalterlichen Judenbads, der „Mikwe", mit einem neuen Glasaufsatz. Hier, genau

Die Schauseite schon damals zum Rhein – Modell des römischen Statthalterpalasts im Prätorium.

Prätorium unter dem Rathaus Eingang von der Budengasse Mo geschl.

4

JUDENGASSE/MIKWE

Der Blick in das jüdische Kulturbad – die Glaspyramide vor dem Rathaus.

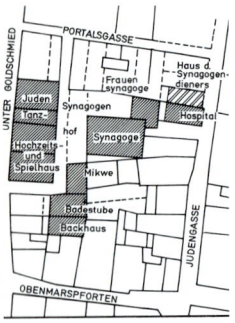

Bebauungsplan des Kölner Judenviertels im 14. Jahrhundert.

Ein jüdischer Kaufmann vor seinen geplünderten Truhen.

um das heutige Rathaus herum, war das Quartier der jüdischen Kölnerinnen und Kölner – der Name „Judengasse" erinnert daran –, eine der ältesten Gemeinden in Europa, die seit dem 4. Jahrhundert überliefert ist.

1096 sammelte sich in Köln ein Kreuzfahrerheer aus fast 15 000 marodierenden Rittern und Landsknechten, die auf dem Weg zur „Befreiung des Heiligen Landes" erst einmal die „Ungläubigen Juden" im eigenen Land drangsalierten. Während dieser ersten Verfolgungen wurden Juden in Köln noch vom Erzbischof geschützt, anders bei den Pogromen des 14. Jahrhunderts, bei denen Kölner „Mitbürger" selber, die inzwischen an die Macht gekommenen Zünfte und Handwerker, Träger des Antisemitismus waren.

Am 23. August 1349 kommt es in der so genannten Bartholomäusnacht zu einem furchtbaren Pogrom an den jüdischen Bewohnern Kölns. Es war die Zeit der Pest, in der fast die halbe Bevölkerung der Stadt hinweggerafft wurde, wofür man einen Sündenbock suchte. Statt die Hygiene in der Stadt zu verbessern oder die Ratten totzuschlagen, was schon damals einige kluge Leute erwogen hatten, wurden die Juden in ihren Häusern überfallen, totgeschlagen, verbrannt. Niemand konnte fliehen. Wenige Jahre später kamen Juden noch einmal zurück in die Stadt, die an den Einnahmen aus dem „Judenregal" interessiert war, einer Steuer fürs Wohnen und Arbeiten. 1424 war es endgültig vorbei: Die Aufenthaltserlaubnis für Juden in Köln wurde endgültig vom Stadtrat verweigert und bis zum Einmarsch der Franzosen 1794 konnte kein Jude mehr als Kölner Bürger in der Stadt leben.

Das Vermögen der Vertriebenen teilten sich seinerzeit Stadt und Erzbischof, und die Synagoge funktionierte man zur Ratskapelle um.
Wie wenig Grund man sah, die Erinnerung zu tilgen, belegt ihr neuer
Name „Maria in Jerusalem" und der Titel des Geistlichen „Patriarch
in Jerusalem". Für diese Kapelle hat im 16. Jahrhundert der Kölner
Ratsherr und Maler Stefan Lochner den „Altar der Stadtpatrone"
gemalt, den sich im Durcheinander des frühen 19. Jahrhunderts das
Domkapitel unter den Nagel gerissen hat. Aus diesem Grund hängt
von diesem wichtigsten politischen Bild der Stadt heute im Rathaus
nur eine Kopie, während das Original im Dom zu finden ist.

„Maria in Jerusalem" –
die Ratskapelle auf den Mauern
der alten Synagoge stand bis
Mitte des 19. Jahrhunderts.

Die Grundrisse des alten Judenviertels aus dem hohen Mittelalter
wurden bei der Neugestaltung des Rathausplatzes 1989 durch
unterschiedliche Bodengestaltung in Grauwacke und Granit nach-
gezeichnet, die Straßenfluchten und Gebäude dokumentiert. Parallel zur Judengasse entstand das ehemalige „Jerusalemgässchen"
neu. Neben der Synagoge sind die Fundamente der „Frauenschu-
le", der Teil des jüdischen Gotteshauses, in dem die Frauen saßen,
zu finden. Gegenüber lagen Warmbad, Festhaus, Hospiz und Back-
haus. Sichtbare Überreste des Viertels sind nicht mehr vorhanden

Steintreppen führen in die Mikwe hinab, die wieder zugänglich ist.

„Man geht ganz entkleidet in die Mikwe und taucht darin derart unter, dass der ganze Körper nebst sämtlichem Kopfhaar gleichzeitig bedeckt ist. Hierbei ist darauf zu achten, dass sich kein Körperteil in einer solchen Lage oder Stellung befinde, durch welche der Zugang des Wassers zu irgend einer Stelle des Körpers gehindert wäre."

Seeligmann Bär Bamberger

– abgesehen von der Mikwe, in die man über eine Treppe vom Rathausplatz aus hinabsteigen kann. Sie blieb erhalten, weil sie, nach der Zerstörung des Oberbaus im 15. Jahrhundert, zunächst noch als Brunnen und später als Abfallgrube und Kloake benutzt wurde. Erst 1953 beim Rathausneubau fanden Archäologen das Judenbad und legten es frei. In der jüngsten Zeit gibt es eine lebhafte Debatte um die jüdische Geschichte in Köln und ein „Haus und Museum der Jüdischen Kultur" an diesem Ort. Es soll nicht nur die historischen Bodenschätze zugänglich machen, sondern auch ein Haus der Vermittlung jüdischer Geschichte und Kultur sein. Damit wird die Hoffnung verbunden, die Bebauung um das Rathaus wieder zu schließen, wie es bis zum Krieg der Fall war.

Mikwe heißt „lebendiges Wasser": Nach den traditionellen levitischen Gesetzen müssen die Juden zur Teilnahme am Kult und Gemeinschaftsleben rein sein. In der Mikwe, deren Wasser aus einer Quelle oder wie in Köln aus dem bewegten Grundwasser gespeist sein musste, wurden Kultgegenstände untergetaucht. Aber auch Menschen wuschen sich hier, die als „unrein" galten, etwa nach der Berührung eines Toten, dem Genuss bestimmter Speisen oder nach Verstößen gegen die sexuellen Reinheitsgesetze. Frauen wuschen sich nach einer Geburt oder der monatlichen Periode an diesem Ort wieder „rein".

**UNTER GOLD-
SCHMIED/
AN FARINA**

In dem grünen Innenhof der Wohnanlage „An Farina" steht die erste Kölner Frauenplastik – eine wuchtige Säule, die rundherum in verschiedenen Relieffiguren „Die Kölnerin" zeigt: von der Ubierin über die mittelalterliche Marktfrau bis zur modernen Citybewohnerin. Die Frau des 20. Jahrhunderts war in Jeans und Bluse geplant. Aber so „radikal" mochten die Auftraggeber dann doch nicht sein und die Bildhauerin musste eine junge Mutter mit Kind darstellen. Peinlich ist aber, dass „die Jüdin" mit der Jahreszahl 1424 abgebildet ist, ausgerechnet jenem Datum, an dem die Kölner die Juden aus der Stadt vertrieben haben.

Der gesamte Wohnkomplex stammt aus dem Jahre 1987, mit schicken Läden, Praxen und ruhigen Wohnungen, wie ähnlich und häufiger in der City als Steuern sparende Abschreibungsobjekte gebaut. Vermarkter dieser Anlage war Dr. Ebertz, einer der Experten aus der Kölner Abschreibungsriege – galt Köln doch in den

1970er Jahren als Hochburg der Steuersparbranche. In der Domstadt ist das berühmte Bauherrenmodell als „Kölner Modell" erfunden worden.

Den Namen „An Farina" bezieht das Schöner-Wohnen-Projekt von
dem prächtigen Bürgerhaus nebenan an der Ecke Obermarspfor-
ten/Unter Goldschmied. Hier steht das Stammhaus des ältesten Köl-
nisch-Wasser-Produzenten, Johann Maria Farina. Der italienische
Einwanderer kam Anfang des 18. Jahrhunderts an den Rhein. Die
handwerklichen Gewerbe waren ihm als Fremdem verwehrt und so
gründete er 1709 ein Geschäft in „Französisch Kram" – das waren
zunftfreie Luxusartikel wie auch Duft und Heilwasser, „aqua mira-
bilis". An den Bruder schrieb Farina kurz darauf: „Ich habe einen
Duft gefunden, der mich an einen italienischen Frühlingsmorgen
erinnert, an Bergnarzissen, Orangenblüten kurz nach dem Regen.
Er erfrischt mich, stärkt meine Sinne und Phantasie." Der Duft hat
nicht nur seine Sinne gestärkt, sondern auch seine Ökonomie und
bis heute komponieren die Nachfolger, immer noch mit dem Fami-
liennamen Farina, ihr Eau de Cologne nach seinem Rezept. 1723
ließ sich der Kaufmann dann in dem repräsentativen Eckhaus nie-

Der „Frauenbrunnen" von
Anneliese Langenbach im
Innenhof „An Farina".

*„Farina gegenüber" plant
in ihrem Stammhaus am
Gülichplatz ein Museum
zur Geschichte der ältesten
Parfümfabrik.
www.FarinaGegenueber.de*

der und nannte sein Kölnisch-Wasser-Unternehmen zur Unterscheidung von anderen fortan „Johann Maria Farina gegenüber dem Jülichs-Platz" – der große Erfolg hatte eine Vielzahl von Nachahmern auf den Plan gerufen. Der Italiener kämpfte leidenschaftlich für Schutzgesetze gegen Markenpiraterie, bis dann 1875 auch aufgrund seines Einsatzes endlich das erste Markenschutzgesetz im Deutschen Reich verabschiedet wurde. Es verwundert nicht, dass die ersten drei überhaupt registrierten Warenzeichen in Deutschland von „Johann Maria Farina gegenüber dem Jülichs-Platz" waren.

Der Kölner Revolutionär Nikolaus Gülich wurde 1686 geköpft – sein Haupt auf einer Schandsäule aufgespießt.

Gegenüber Farina: ein quadratisches Plätzchen, in der Mitte ein Brunnen. Dort steckte bis zum Einmarsch der französischen Truppen 1794 auf einer Säule der in Bronze gegossene Kopf des Kölner Kaufmanns Nikolaus Gülich, der heute im Stadtmuseum zu besichtigen ist.

Das Haus des Bandwarenhändlers stand im ausgehenden 17. Jahrhundert an dieser Stelle und von dort bekam dieser aus nächster Nähe und eigener Anschauung die korrupten Machenschaften im Rathaus mit. Nikolaus Gülich wurde zum Sprecher und Anführer eines Aufstandes gegen städtischen Klüngel und Korruption. Der größte Teil der Stadtbevölkerung, Gesellen und Knechte, Handwerker und Fuhrleute, alle, die sonst wenig zu sagen hatten, beteiligten sich an dieser ersten frühbürgerlichen Revolution und tatsächlich hatten die Aufständischen zunächst Erfolg: Gülich erreichte die Einrichtung eines Untersuchungsausschusses und übernahm selbst

Im Klingenmuseum Solingen befindet sich das Schwert, mit dem Nikolaus Gülich enthauptet wurde.

nach und nach die Macht in der Stadt, entmachtete und verhaftete zahlreiche Honoratioren und ließ einen sogar enthaupten. Zwischen 1683 und 1685 konnten Gülich und seine Genossen das Stadtregiment ausüben – Revolutionäre an der Macht! –, bis er mit kaiserlicher Hilfe gestürzt und verhaftet, später zusammen mit seinem Freund Abraham Sax verurteilt und enthauptet wurde. Sein Haus musste dem Erdboden gleichgemacht werden, so verlangte es das kaiserliche Urteil, und an der gleichen Stelle sollte sein aufgespießter Kopf auf einer „Schandsäule" alle künftigen Generationen vom Revoltieren abschrecken. Bis die französischen Truppen einmarschierten und die „Schandsäule" 1794 umlegten.

Noch heute hält sich die städtische Bauverwaltung an das kaiserliche Urteil von 1686: Die Stelle, an der Gülichs Haus stand, ist ein freier Platz geblieben. Sinnigerweise ziert ihn heute der Fastnachtsbrunnen mit einem launigen Goethegedicht, das der alte Herr anlässlich eines Karnevalsbesuchs in Köln schrieb, und das an diesem Ort der Revolution eher zynisch wirkt: „Sittsam wird ein tolles Streben, wenn es kurz ist und mit Sinn."

**OBENMARSPFORTEN/
WALLRAF-RICHARTZ-
MUSEUM**

Das neue Wallraf-Richartz-Museum ist der erste große Bau, den der international renommierte und in Köln lebende Architekt Oswald

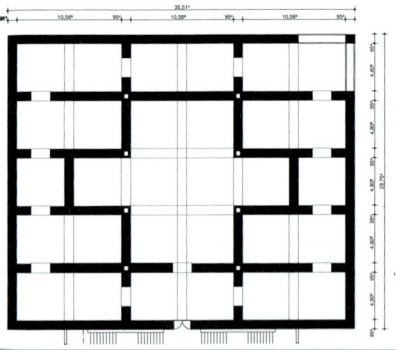

Grundriss der Mittelalter-Abteilung im Wallraf-Richartz-Museum – à la Palladio.

Maria Ungers für die Stadt entwarf. Das Gebäude schließt an den Gürzenich und die Kirchenruine von Alt St. Alban an, die als Trümmerbau aus dem Zweiten Weltkrieg erhalten geblieben ist und heute mit den Figuren der „Trauernden Eltern" von Käthe Kollwitz im Innern als Gedenkstätte für die Kriegsopfer dient. In diesem Gesamtensemble stoßen Sakral- und Profanbau, Romanik und Gotik, die harmonisierende Restauration der 1950er Jahre und die Sachlichkeit der Gegenwart aufeinander. Aber die Architektursprachen stören sich nicht, im Gegenteil. Es entstehen vielfältige räumliche und visuelle Bezüge, die die einzelnen Bereiche des Baus mitunter sogar deutlicher profilieren.

Auf schmalem Raum zwischen St. Alban und Rathaus ein wunderbarer Museumsbau: Oswald M. Ungers gestaltete das Wallraf-Richartz-Museum.

Das Museum befindet sich auf geschichtsträchtigem Boden mit einer intensiven Siedlungsgeschichte. Die Fundamente einiger spätmittelalterlicher Häuser wurden im Rahmen des Neubaus freigelegt und wie das „Haus zur roten Tür" teilweise im Untergeschoss des Museums erhalten. Das Treppenhaus zwischen St. Alban und der Museumsverwaltung folgt dem Verlauf der alten Gasse „In der Höhle", an der im Mittelalter die Häuser bedeutender Künstler und Kölner Familien lagen. Darunter befindet sich auch das Haus des Malers Stefan Lochner (um 1400 bis 1451), des exzellentesten Repräsentanten der Kölner Malerschule des 15. Jahrhunderts, der für einige Jahre als Vertreter der Malerzunft in den Rat gewählt wurde und als einer der wenigen seiner Schule namentlich bekannt ist. Er starb 1451 an der Pest und ist wahrscheinlich auf dem Pestfriedhof von St. Alban bestattet, dessen Gelände gegenüber der Kirchenruine auf der anderen Straßenseite heute von einem Parkplatz überbaut ist.

Das Museum, dessen Name nach der Stiftung einer Gemäldesammlung des Impressionismus und einer großzügigen Millionenspende durch den Unternehmer Gérard J. Corboud um den Zusatz „Fondation Corboud" erweitert wurde, gehört heute mit seinem umfangreichen Bestand zu den großen Gemäldegalerien in

Deutschland. Bis in die Gegenwart ist das Museum ein Dokument für die Sammelleidenschaft des Kölner Bürgertums, das sich als Sponsor mit einem eigenen „Stiftersaal" in der ersten Etage selber eine Feierhalle eingerichtet hat. In dem Stifterrat – mit Beiträgen um eine Viertel Million Mark – sind faktisch der Geldadel wie auch die Meinungsführer der Stadt versammelt: vom Sammler Corboud und dem Verleger Neven DuMont über den CDU-Privatisierer Jungen bis zum Schokounternehmer Imhoff oder dem Bankier Oppenheim, von der Deutschen Bank über die Fordwerke bis zum Gerling-Konzern. Alle sind dabei und auch ein gewisser Dipl. Ing. Dieter Kleinjohann, der bisher allerdings weniger als Kunst-, denn als Klüngelexperte in der Presse genannt wurde. Jedenfalls ist er der meistbeschäftigte Statiker an öffentlichen Kölner Bauten und wurde gegen den seinerzeitigen Wettbewerbssieger auch zum Statiker für dieses Museum bestimmt. Man kennt sich halt und man trifft sich in Köln – unter anderem im Stiftersaal.

Wallraf-Richartz-Museum/
Fondation Corboud
Martinstr. 39
Tel. 221-21119
Mo geschl.
www.museenkoeln.de

**MARTINSTRASSE/
GÜRZENICH**

Ende des 14. Jahrhunderts beginnt in Köln die Epoche der Zünfte und Handwerker. Sie entmachteten erst die Patrizier, vertrieben dann 1424 die Juden und errichteten als selbstbewusste Machtdemonstration neben dem eroberten Rathaus einen Turm. Kurze Zeit später, 1447, bauten sie eine monumentale städtische Festhalle, den

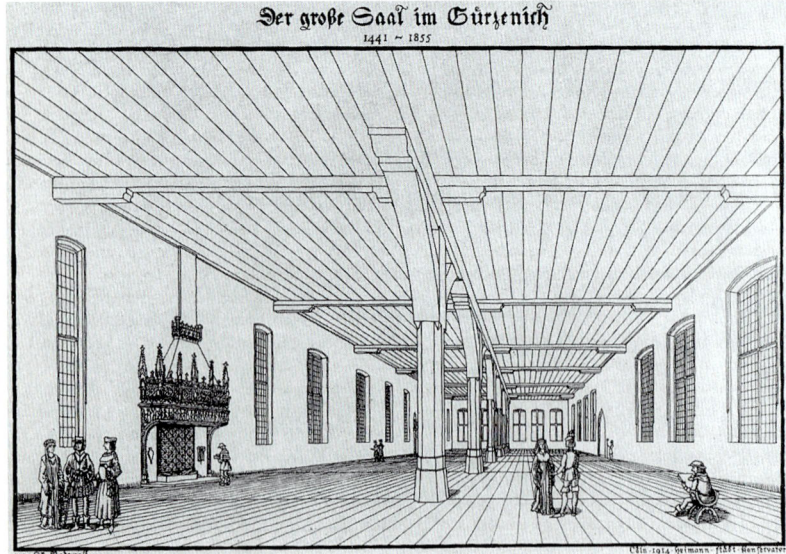

Der große Saal im Gürzenich
1441 ~ 1855

Gürzenich: im Erdgeschoss ein Kaufhaus für Fisch, Käse oder Felle und in der ersten Etage – bis heute – ein Repräsentationssaal für Tanz und Politik. Ob Kaiserkrönung oder Reichstag, rheinisches Musikfest, Führerreden und immer wieder Karnevalssitzungen, alles hat der Gürzenich schon erlebt – auch Revolten und Aufbruch, als er im 19. Jahrhundert dem Kölner Arbeiterverein und der Demokratischen Gesellschaft als Versammlungssaal diente.

Auch Revolten im Karneval hat es schon gegeben. In den bewegten Zeiten vor der 1848er Revolution war es vor allem Franz Raveaux, der für frischen Wind sorgte. Er spaltete schon 1842 die „Große Karnevalsgesellschaft" mit einem alternativen Club, den „Eisenrittern", gründete mit Freunden zwei Jahre später die „Allgemeine Karnevalsgesellschaft" und der Höhepunkt war 1845, als die Stadt zwei Rosenmontagszüge erlebte. Seine und seiner Mitstreiter Kritik am Kölner Karneval ist wohl immer noch aktuell: Das „festordnende Komitee" ist zu elitär, das Ganze zu teuer, zu viel Klüngel, immer dieselben Leute im Vorstand und außerdem zu wenig politische Kritik an der Regierung.

Raveaux, 1810 in der Südstadt geboren und als Schüler bereits vom dortigen Friedrich-Wilhelm-Gymnasium relegiert, war für seine Mitbürger ein bunter Hund: kurzzeitiger Kunststudent, Fremdenlegionär in Spanien, Porzellanhändler, Verkäufer von Schiffspassagen an Auswanderer aus der Eifel und schließlich Zigarrenhändler auf der Hohe Straße 78 – bekannt dadurch, dass er seinen Rauchwaren kleine Infoblätter mit tagesaktuellen Kommentaren und Rätseln oder politischen Versen beilegte. Als alternativer Karnevalspräsident wurde Raveaux so populär, dass er bei den ersten Wahlen in Deutschland im Frühjahr 1848 als erster direkt gewählter Abgeordneter von den Kölnern in die Frankfurter Paulskirche geschickt wurde. Dort gehört er bald zum linken Flügel, verteidigte im Unterschied zu den Liberalen, die bald vor dem Berliner König kniffen, die demokratischen Forderungen bis zum Schluss, war sogar Mitglied der von den Preußen verfolgten Reichsregierung und nahm schließlich als Militärstratege am bewaffneten Befreiungskampf gegen die Preußen teil. Vergeblich. Er musste fliehen, wurde in Abwesenheit zum Tode verurteilt und starb schon 1851 im belgischen Exil. In seiner Heimatstadt Köln ist er inzwischen fast vergessen.

Kunststudent, Fremdenlegionär, Verkäufer von Schiffspassagen, Zigarrenhändler und Abgeordneter in der Paulskirche: Franz Raveaux (1810-1851).

„Nein, da mag ich nicht hinein,
Das sind nicht die Meinen,
Die da närrisch scheinen,
Stolz damit vereinen.
Ich will hin, wo jedermann
Sich recht herzlich freuen kann,
Trägt er auch kein englisch Kleid.
Wo sich alle Menschen gleich,
Da nur ist das Narrenreich."

Spottlied der „Eisenritter" auf die
Festordnenden Karnevalisten

Wohnzimmer von Franz Raveaux im belgischen Exil in Laeken.

8

**SEIDMACHERINNEN-
GÄßCHEN/
FRAUENZÜNFTE**

1987 stellten die beiden Historikerinnen Irene Franken und Edith Kiesewalter den BürgerInnen-Antrag an den Rat, eine alte Gasse in "Seidenmacherinnengasse" umzubenennen. Vorher hieß die Straße zur einen Seite "Unter Seidenmacher" und zur anderen "Seidmachergäßchen". Im Rat gab es Debatten und Streit über das feministische Begehren, aber am Ende konnten sich die Ratsherren der historischen Wahrheit nicht verschließen, dass Seidenverarbeitung im Mittelalter Frauenarbeit war. Köln hatte neben Zürich und Paris als einzige Stadt Westeuropas eigene Frauenzünfte, die eine bedeutende Rolle in der lokalen Wirtschaft spielten.

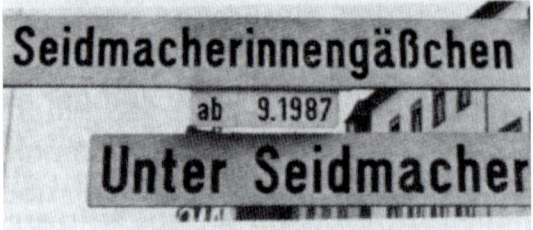

Straßenschild

Es gab Zünfte der Garnmacherinnen, der Goldspinnerinnen, der Seidenweberinnen und später auch der Seidenspinnerinnen. Sie stellten wichtige Produkte für den Außenhandel der Stadt her, sei es das so genannte Fils de Cologne, auch "kölsch Garn" genannt, Goldbrokatfäden oder Seiden- und Halbseidenstoffe. Die Rohseide wurde importiert und in Köln gesponnen, gewebt und bestickt. Die Arbeit hing eng mit der Borten- oder Wappenstickerei zusammen, die in Köln schon im Hochmittelalter durch den liturgischen Bedarf in Kirchen und Klöstern gefragt war: Kölner Borten fanden Verwendung auf Priestergewändern und liturgischen Tüchern, als kostbare Verpackung der Reliquien, als künstlerische Stickereien auf Wandbehängen und auch auf prunkvoller Kleidung. Durch die Handelskontore waren sie in ganz Europa verbreitet und finden sich in zahlreichen Museen, in Köln unter anderem im Diözesanmuseum, im Museum Schnütgen oder in der Domschatzkammer.

Die Frauenzünfte entstanden Ende des 14. Jahrhunderts. Die Zunftmeisterinnen durften ihr Wissen nur an Frauen weitergeben, das heißt die eigenen Töchter oder Lehrmädchen. Die Seidmacherinnen gehörten zu den reichsten Zünften in Köln und die Meisterinnen stammten oft aus der städtischen Oberschicht. Neben zwei Meisterinnen musste es jedoch immer auch zwei männliche Repräsentanten der Zunft für die politische Außenvertretung geben, da keine Frau die Ratssitzung betreten durfte. Anders als andere Zünfte hatten die Frauenzünfte anscheinend keine eigenen Zunfthäuser. Ende des 16. Jahrhunderts lösten sich die reinen Frauenzünfte schließlich allmählich auf. Es war die Zeit der ersten Wirtschaftskrisen und die Zeit, in der das Bild und die Rolle der Frau als Nur-Hausfrau, Mutter und Gebärerin entstand und die Frauen in immer unqualifiziertere Arbeitsbereiche abgedrängt wurden.

Im Rücken des Rathauses in der Hühnergasse findet man als Ort der Zeitgeschichte ein Lokal unter dem Namen „Carussel". Bis Ende 1987 nannte sich dieses Etablissement „Tom Tom", jenes legendä-

9

HÜHNERGASSE/
SCHWULES KÖLN

re Lokal, in dem seinerzeit der Bonner Verteidigungsminister Wörner gern verkehrt hätte, aber stattdessen seinem General Kiessling unterstellte, der hätte es getan. Und weil das nicht stimmte, kam es zu einer mittleren Verteidigungskrise der NATO. Von schwulen Generälen und Gefahr für die Wehrbereitschaft der Bundeswehr durch die Erpressbarkeit ihrer höchsten Chargen war die Rede und damals konnte sogar ein kleiner Zipfel der konspirativen Machenschaften des ebenfalls in Köln ansässigen „Militärischen Abschirmdienstes" MAD gelüftet werden. Trotz aller Unterstellungen, Vorverurteilungen und umgefallener Zeugen musste nicht der Verteidigungsminister gehen, sondern der General, aber – mit „allen militärischen Ehren".

Der Treff der Homosexuellen in der Hühnergasse befindet sich in geschichtsträchtiger Nachbarschaft, denn schon im späten Mittelalter wird von einer Schwulenszene auf dem nahen Heumarkt berichtet. Im Sommer 1484 kam es zu einer groß angelegten Untersuchung des Rates, nachdem einem Pfarrer bei der letzten Beichte eines Sterbenden zu Ohren gekommen war, dass dieser häufig gegen einen Gulden Entgelt mit einem „rychen burger" Unzucht getrieben hatte. Die weitere Recherche brachte Erstaunliches an den Tag: homosexuelle Prostitution, die schwulen Treffpunkte der Zeit und die Praktiken der „Sodomiterei", wie die Homosexualität damals genannt wurde. Man fand mindestens zweihundert Beteiligte in ganz Köln, bis hinauf in die Stadtspitze, die der „unaussprechlichen Sünde" frönten. Aber wie so vieles in Köln wurde auch dies nicht weiterverfolgt, sondern auf Rat der Universitätstheologen in kölschem Einvernehmen unter den Teppich gekehrt.

Seit den 1980er Jahren ist Köln wieder zu einem Eldorado der Schwulenszene geworden. Damit ist nicht nur die eng vernetzte community von Initiativen und Treffpunkten oder Selbsthilfegruppen rund um das SCHULZ, das „Schwulen- und Lesbenzentrum", gemeint, sondern auch das breit gefächerte Angebot an Gaststätten oder Bars, Hotels und Reisebüros, Blumen-, Mode- oder Buchläden – und was es sonst alles an Dingen des täglichen Bedarfs zu befriedigen gibt und was sich einmal jährlich am Christopher Street Day, dem ersten Sonntag im Juli, mit einer riesigen Parade sein massenhaftes und selbstbewusstes Stelldichein gibt.

PETER CANISIUS,
PROFESSOR,
EMPFIEHLT:

Mein Lieblingscafé ist das Café Jansen. Geräumig, nette internationale Bedienungen, morgens gutes Frühstück, mittags schöne kleine Essensangebote und ganztags gutes Kuchenangebot. Mitten in der Stadt, fußläufig zu allem, was es dort gibt, und nicht „Hohe Straße überlaufen".
Café Jansen
Obenmarspforten 7
Tel. 272 73 90

Mit dem Bau der Neustadt Ende des 19. Jahrhunderts gibt es in Köln auch eine Altstadt, der Bereich zwischen Rhein und Ringen. Für viele Kölner heißt nur das Quartier am Rhein rund um Groß St. Martin „Altstadt". In der Römerzeit eine Halbinsel vor der Stadtmauer mit Hafen und Militär, im Mittelalter Zentrum von Rheinhandel und Gewerbe, ist das Martinsviertel heute in der Hand der Köln-Touristen.

DAS MARTINS-VIERTEL, DIE »ALTSTADT«

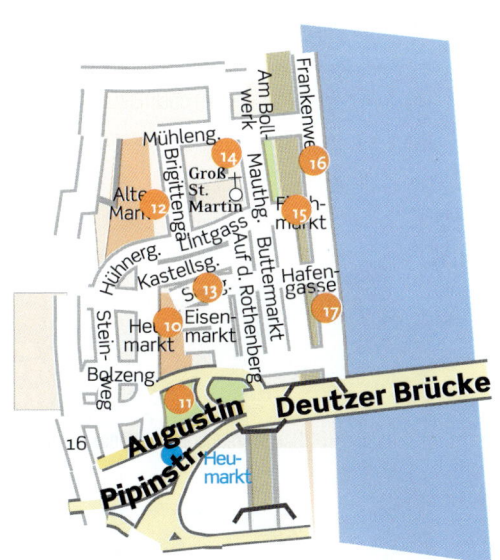

10

**HEUMARKT 65/
KARL MARX**

In Erinnerung an Karl Marx –
der Enkel Klaus Heugel, SPD
(links), weiht eine Tafel am Haus
Heumarkt 65 ein, neben ihm der
Historiker François Melis.

Die Tafel am Haus Heumarkt 65 aus dem Jahre 1998, direkt neben der Konditorei, haben wir dem Berliner Historiker François Melis zu verdanken. Drei Jahre lang nervte er die Politiker und Historiker in der Stadt mit seiner überraschenden Erkenntnis, dass exakt an dieser Stelle die alte Adresse „Unter Hutmacher Gasse 17" zu lokalisieren sei. Eine politisch wichtige Adresse, denn hier befanden sich einstmals die Redaktionsräume der „Neuen Rheinischen Zeitung", hier hatten Karl Marx und Friedrich Engels in den Revolutionsjahren 1848/49 als Redakteure und Autoren gewirkt.

*„Wir mussten eben nach Köln
gehen, und nicht nach Berlin.
Erst war Köln das Zentrum der
Rheinprovinz (...) und in jeder
Beziehung damals der fortge-
schrittenste Teil Deutschlands."*

Friedrich Engels

Heumarkt

Die Gestaltung des Heumarkts
im späten 19. Jahrhundert.

Die „Neue Rheinische Zeitung" geht auf die „Rheinische Zeitung" zurück, die unter Leitung des kaum 24-jährigen Karl Marx sechs Jahre früher, 1842/43, ebenfalls in Köln erschienen war – finanziert vom liberalen Kölner Bürgertum –, aber mit einem Verbot durch die preußische Regierung ihr Ende fand. Marx musste Köln verlassen.

Im April 1848 kehrte er aus dem Pariser Exil nach Köln zurück, hatte allerdings auch überlegt, nach Berlin, dem Zentrum des aufständischen Proletariats, zu gehen. Nun hatte Köln eine breite soziale Bewegung, den größten Arbeiterverein Deutschlands, liberales Bürgertum, aber andererseits auch zurückhaltende Aktivisten, die es nicht auf Straßenkämpfe mit dem preußischen Militär anlegten. So zeichnete sich die wichtigste Stadt am Rhein vor allem durch Massenaufläufe, Versammlungen und Petitionen aus. Und als Erscheinungsort der „Neuen Rheinischen Zeitung", dem wohl wichtigsten Organ dieser bewegten Zeit. Engels bezeichnete später einmal den Zustand der Redaktion als „einfache Diktatur von Marx", und das ließen sich immerhin Autoren wie Ferdinand Freiligrath, Moses Hess oder Georg Weerth gefallen.

Außer dieser Tafel und einer Figur auf dem Ratsturm gibt es keine sichtbare Erinnerung an den Philosophen Karl Marx in Köln. Er lebte damals mit Frau und Kindern in der Cäcilienstraße 7, während Engels nicht weit vom Heumarkt entfernt In der Höhle 14 wohnte. Die Redaktion der Neuen Rheinischen Zeitung hatte, bevor sie an die Adresse ihres neuen Druckers Johann Wilhelm Dietz wechselte, zunächst ihren Sitz nahe der Schildergasse in St. Agathe Nr. 12. Von dort nicht weit entfernt, in der Schildergasse 49, lag der zentrale Treffpunkt der damaligen Szene, das „Café Stollwerck". Dort wurde der „Kölner Arbeiterverein" gegründet, dort saß die „Demokratische Gesellschaft" und wahrscheinlich haben Marx und Engels im Café Stollwerck auch zu Mittag gegessen, Kaffee getrunken, Konferenzen abgehalten und, wenn es ungemütlich in den Redaktionsstuben war, vielleicht auch ihre Artikel geschrieben.

Jenny Marx, die Frau von Karl Marx, zuständig für die häusliche Basis in der Cäcilienstraße 7.

Arbeitsplatz von Karl Marx am Überbau: Redaktion und Druckerei im Sommer 1848 An St. Agathe 12.

Cafe Stollwerck in der Schildergasse 49: der Szenetreff der „48er".

„Marx wäre ewig in Köln geblieben, wenn man ihn gelassen hätte" – das war im Sommer 1992 das Motto einer „Bürgerinitiative für die Aufstellung eines Karl-Marx-Denkmals in Köln". Angesichts der Bedeutung des Philosophen für die Stadt und angestoßen durch die Denkmalstürmer in den damals neuen Bundesländern, verlangten einige Spaßköpfe um den Fotografen H. Hagemeyer und das Stadtmagazin StadtRevue einen der im Osten gestürzten Marxköpfe an den Rhein zu holen. Sie machten auch gleich Vorschläge für den Standort – und alle fielen darauf herein. Franz-Josef Antwerpes bot sich sofort für die Einweihung an: Hauptsache Presse. Nur einer wurde nicht nach seiner Meinung zum prominenten Nachbarn gefragt: Willy Millowitsch.

11

**HEUMARKT/
FRIEDRICH
WILHELM III.**

Auf einem alten Stadtplan kann man linksrheinisch auf dem Gelände neben der Deutzer Brücke poetische Straßennamen finden, die es zum Teil noch gibt, wie Unter Käster oder Augustinerstraße, und die zum Teil auch längst verschwunden sind, wie Paradiesgarten und Himmelreich. Auf diesem Areal standen früher die Markthallen, heute ist der ganze Bereich weitgehend vom Hotel Maritim überbaut. Angefangen hatte alles im Dritten Reich mit dem Durchbruch einer breiten Schneise am Rheinufer, die für eine monumentale Ost-West-Achse von Deutz bis zum Aachener Weiher fortgesetzt werden sollte. Die Planung der 1950er Jahre hat diese Baupolitik nahtlos fortgeführt – diesmal unter dem Primat von Ford und Daimler Benz: Die Innenstadt wurde „verkehrsgerecht" gemacht. Mit den Folgen einer verpfuschten Abfahrt von der Brückenrampe, der unklaren Straßenbahnanbindung und der Zerstörung des halben Heumarkts haben sich die Stadtplaner bis heute herumzuschlagen. Der Neubau des Hotels Maritim Ende der 1980er Jahre nach Entwürfen des Architekten Gottfried Böhm hat zwar die Lücke am Ufer wieder geschlossen und einen städtebaulich markanten Punkt gesetzt, aber es fehlt immer noch die Überbauung der Brückenrampe zur anderen Seite.

Parallel zur Markmannsgasse an der Nordseite der Rampe wird immer wieder von einem Museumsbau geträumt. Einst war es das Schokoladen-, dann das Völkerkundemuseum und inzwischen soll es ein „Duftmuseum" werden. Nach langen Verhandlungen gab der Rat der Stadt im Mai 2002 seine Zustimmung zu dem Bau eines 120 Meter langen, stromlinienförmigen Gebäudes an der Deutzer Brücke. Wegen der Hochwassergefahr an dieser Stelle soll es auf Stelzen stehen. Das Museum ist als ein „Eldorado der Sinne" gedacht, in dem das Riechen ebenso wie das Hören und das Sehen angesprochen wird. Geplant ist ein „Duftkanal" sowie eine Orangerie, bestückt mit Duftpflanzen, es soll eine Ausstellung zur Duftgeschichte sowie musikalisch stimulierte Duftmeditation geben. Außerdem will das Mekka für Schulklassen auch Schnupperkurse für Parfumeure anbieten. Das sind vorerst wortreiche Pläne, aber tatsächlich wäre ein Museum zum Thema „Duft und Riechen" in Köln nicht fehl am Platze. Köln ist immerhin mit „Farina gegenüber" die Stadt mit der ältesten Parfümfabrik weltweit. Köln ist auch die Stadt, deren Name ein eigenes Duftprodukt identifiziert – „Kölnisch-Wasser" –, und Köln ist immer noch ebenfalls der Standort eines medizinisch wirkungsvollen Produkts, des, wenn auch als „Oma-Wasser" verschrienen Destillats „Klosterfrau Melissengeist".

Die schlechte Pflasterung des Heumarkts mit Grauwacke ist nicht Schuld der Archäologen, sondern schuld ist die unendliche „Geduld" des kölschen Klüngels, der sich nicht in der Lage sah, trotz wiederholten Pfuschs die verantwortliche Baufirma in Regress zu nehmen. Es handelte sich um das Unternehmen des Ex-Bauern im Dreigestirn der Roten Funken, Roland Pilot, der als Fachbetrieb für Garten- und Landschaftsbau zwar weniger Ahnung von der Straßenpflasterei hatte, aber „Man kennt sich und man hilft sich ...".

Hommage der Kölner an die Preußen: das Denkmal für Friedrich Wilhelm III. auf dem Heumarkt.

Nicht weit entfernt, am Rande des Heumarkts, reitet der Preußenkönig Friedrich Wilhelm III. gen Osten. Das Denkmal war nach dem Zweiten Weltkrieg den Alträuchern und Sammlern zum Opfer gefallen.

Der Kölner Verkehrsverein hatte in den 1980er Jahren in einem ersten Anlauf über eine halbe Million Mark für einen neuen Reiter gesammelt, dazu die Reste des preußischen Relikts aus allen Ecken zusammengekramt und wieder auf dem Heumarkt vereinigt. Die ursprüngliche Fassung war 1878 von Kölner Bürgern als Hommage an den Preußenkönig geschaffen worden und wird von der heutigen Denkmalpflege als „subversive Überlistung" des preußischen Militärstaates hingestellt: Es sei gegen den erklärten Willen des Königs gelungen, mehr Zivilisten auf dem Sockel darzustellen als Militärs. Aber das kann auch nicht über die grandiose Anpassung des Kölner Bürgertums an die Hohenzollern hinwegtäuschen. Eine besonders süffisante Hommage an Berlin war etwa die damals erfolgte Umbenennung der zentralen Karnevalsfigur, des „Held Karneval" in „Prinz Karneval". Denn nach dem Sieg über die Franzosen 1870/71 gab es nur noch einen einzigen Helden in Deutschland – den Kaiser. Und da konnte natürlich auch das Rheinland keinen „Held Karneval" herumziehen lassen und seitdem haben wir den „Prinz".

Euros für Friedrich Wilhelm III.

Der Stadtkonservator ist auf der Suche nach knapp zwei Millionen Euro für die „Vollendung" des Preußenkönigs. Vergebens sucht man auf dem entsprechenden Werbeplakat nach einer distanzierenden oder ironischen Bemerkung über diesen Friedrich Wilhelm und dabei braucht man doch nur Friedrich Engels zu zitieren: „Einer der größten Holzköpfe, die je einen Thron regiert. Er war zum Korporal und zum Inspektor der Uniformknöpfe geboren. Er kannte nur zwei Gefühle: Furcht und feldwebelhafte Anmaßung."

„Ungerm Stätz " – früher beliebter Treff der Liebespaare am Heumarkt.

Der angrenzende Heumarkt ist in jüngster Zeit völlig erneuert und mit einer Tiefgarage unterkellert worden. Dabei hat man in der seinerzeit größten Grabung Europas die Geschichte dieses Handels- und Handwerksplatzes seit dem 10. Jahrhundert erforscht. Die Archäologen mussten sich allerdings mit bescheidenen Funden, mit Tierknochen und Scherben vor allem, zufrieden geben, denn dieser zentrale Marktplatz ist offensichtlich vorbildlich gereinigt und von Abfällen und Müll entsorgt worden. Aber man konnte hier die städtebauliche Entwicklung des Rheinviertels studieren, den Übergang von der römischen in die merowingische Epoche im 1. Jahrtausend, der ohne größere Brüche und Zerstörungen vor sich ging, die architektonischen Bau- und Entwicklungsphasen sowie die Zunahme der Bevölkerung. Eine alte Quelle berichtet allein in diesem Viertel von Menschen aus 50 verschiedenen Nationalitäten – und das schon im 12. Jahrhundert!

12

LINTGASSE

Die Lintgasse in der Altstadt, mit den schmalen hochgiebligen Häusern, dem buckeligen Straßenpflaster, den engen Durchgängen und kleinen Grundstücksschnitten gilt als „typisch" für das alte Köln. Der Blick von der anderen Rheinseite oder der Deutzer Brücke auf das Rheinpanorama ist millionenfach reproduziert worden. Hier wähnt man eine Atmosphäre, wie sie in der mittelalterlichen Stadt geherrscht haben könnte. Nun sind alle Teile Kölns im Laufe der Geschichte dutzendfach verändert und umgebaut und den Bedürfnissen ihrer Zeit und Besitzer angepasst worden. Dieses Quartier am Rhein lag Ende des 19. Jahrhunderts abseits dominierender Stadtentwicklungsinteressen und Finanzströme. Hier lebten keine großen Spekulanten, und keine Verkehrsachsen mussten für Sachzwänge oder Darstellungsgelüste gebrochen werden, so dass die alten Grundstücks- und Straßenschnitte erhalten blieben und der Bestand langsam vor sich hingammelte.

Siegfried, ein Heiliger der Nazis in der Salzgasse.

Das änderte sich erst in den 1930er Jahren, als die Nazis an die Macht kamen. Sie waren die ersten, die Stadtentwicklung, Sanierung und Arbeitsbeschaffung kombinierten und dabei gleichzeitig ihre „ästhetischen" Vorstellungen umsetzten. Die Rheinfront sollte in alter Harmonie wiederhergestellt und der schlechte Ruf des Rheingassenviertels zugunsten einer sauberen Wohngegend verändert werden. Hier lebten nicht nur die kinderreichen und sozialen Unterschichten, hier war der Schwerpunkt des Straßenstrichs und der düsteren Kaschemmen – nicht gerade das Klientel der neuen Machthaber. So wurde das dunkle Viertel „durchlichtet", wie der katholisch-bürgerliche „Neue Tag" im Juni 1935 schrieb. Die alten Bewohner wurden vertrieben, sozusagen der erste „Bevölkerungsaustausch" durch Flächensanierung, wie das später im brutalen Planungsdeutsch hieß. Zahlreiche Häuser wurden abgerissen und im „alten Stil" – oder was man dafür hielt – neu erbaut.

BARBARA MORITZ,
GRÜNE POLITIKERIN,
EMPFIEHLT:

Das Lint Hotel, ein individuelles
Haus mitten in der Altstadt, unterscheidet sich in Architektur und
Design erfrischend von den üblich
glatt polierten Hotelkettenange-
boten. Dokumentiert einen
extravaganten Stil, inklusive
ökologischem Konzept mit Brauch-
wassersammler, Müllvermeidung
und Sonnenkollektoren. Die
schönsten Zimmer im Giebel mit
Blick über die Dächer der Altstadt.
Im Erdgeschoss ein kleines Bistro
mit französischer Speisekarte
in Biovariante. Im Sommer
Biergarten vor Groß St. Martin.
Lint Hotel, Lintgasse 7
Tel. 92 05 50
www.lint-hotel.de

An einigen Gassen und Häuserfronten ist das bei genauem Hinse-
hen auch aufzuspüren. Typisch für die Neubauten aus den 1930er
Jahren sind die symmetrischen Hausachsen, die gleichmäßigen hellen Putzfassaden und die mit dunklem Werkstein abgesetzten Fens-
ter- und Türeinrahmungen. „Natürlich und ordentlich" war die Devi-
se. Die südliche Hälfte der Lintgasse, etwa Nr. 6 bis 26, stammt aus
den späten 1930er Jahren. An den Häusern Nr. 10 bis 12 ist sogar
die Zahl „1939" verewigt, der einzige Hinweis auf die ansonsten
eher verschwiegene Baugeschichte. Ähnlich die westliche Seite des
Buttermarktes. In diesen Gässchen sind nur einige ältere Häuser
stehen geblieben, am Buttermarkt etwa Nr. 1-3 und 16 und in der
Lintgasse Nr. 4 und 5. Historisch übernommen, aber aus ihrem
Zusammenhang gelöst wurden nur Einzelteile wie Reliefs, Torbögen oder Hausmarken, die man in die neuen Fassaden einputzte.
Auffällig ist in diesem Zusammenhang auch der harmonische Stil
am Rheinufer, an der Frankenwerft etwa bei dem Verwaltungsge-
bäude der „Köln-Düsseldorfer-Schifffahrtsgesellschaft", das der
Architekt Hubert Molis 1939 fertig stellte.

1939: In der Lintgasse findet sich
ein Hinweis auf das Alter der Altstadt.

Abgeschlossen wurde die Altstadtsanierung mit dem Umzug des
Hänneschen-Theaters im Jahre 1938 von der Sternengasse zum
Eisenmarkt und der Errichtung des Hänneschen-Brunnens auf dem
Ostermannplatz. Zur Wiedereröffnung am 31. Juli 1938 spielte man
die Geschichte der alten Stockpuppen-Bühne nach. Dabei trat ein
Bösewicht und Halsabschneider auf, der die Gründung des Hänneschen fast verhindert hätte, eine ausbeuterische und habgierige Person in Gestalt des jüdischen Pferdehändlers Abraham Schmul. Solche antisemitischen Tendenzen waren keine Ausnahme in der Zeit
und ähnlich wie der Karneval war auch das Hänneschen „Handlan-

ger, Gesinnungsgehilfe und Stimmungsmacher des Nationalsozialismus", so der Theaterwissenschaftler Hans-Peter Beyenburg, der die damaligen Spielpläne und Stücke untersucht hat.

Ein versteckter Hinweis auf die Urheber der Altstadtsanierung findet sich in einer Figur an der Hausecke Salzgasse/Buttermarkt. Bisweilen wird er verschämt als „heiliger Georg" ausgegeben, der den Drachen besiegt. Aber wer hat schon einmal einen nackten Heiligen gesehen, mit Penis und Hoden? Nein es ist der deutsche Siegfried mit seinem nationalen Bodybuilding-Körper, in dem der zeitgenössische Künstler damals „den deutschen Helden im Kampf mit dem Drachen, den Sieg der Ordnung und des guten Elementes über Anarchie und Verbrechen" sah. Na also!

Im deutschen Stil der 1930er Jahre: die Zentrale der „Köln Düsseldorfer Schifffahrtsgesellschaft".

Ein ganz anderes Kapitel der neueren Kunstgeschichte wurde ebenfalls in der Lintgasse geschrieben. In dem Haus Nummer 28, dem letzten vor dem Fischmarkt, befand sich Anfang der 1960er Jahre im Giebel mit Blick auf den Rhein das Atelier der Künstlerin Mary Bauermeister. Hier lud sie am 26. März 1960 unter dem Titel „Musik,

David Tudor und Kenji Kobayashi: Konzert am 14. Oktober 1961 im Atelier Bauermeister.

Architektur, Malerei, Texte" eine Reihe Künstler ein und initiierte damit in ihren Räumen eine Serie von Veranstaltungen, die zum Focus der avantgardistischen Kunst der frühen 1960er Jahre wurden. Ob der amerikanische Komponist John Cage oder der in Köln lebende Koreaner Nam June Paik, ob HG Helms mit experimentellen Texten oder der Bildhauer Heinz Mack mit seinen Lichtreliefs, ob Künstler wie Otto Piene oder Architekten wie Stefan Wewerka, sie alle kamen ins Atelier Bauermeister. Das radikal Neue dieser Zusammentreffen war das Aufbrechen der Gattungsgrenzen und das Zusammengehen der unterschiedlichen Künste. Diese Begegnung europäischer und amerikanischer Avantgardisten gehören zu den entscheidenden Impulsen der Entwicklung Kölns zur Kulturstadt, ja zur Hauptstadt von Fluxus und Happening in den 1960er und 1970er Jahren.

13

SALZGASSE 13

Über dem Eingang zum „Walfisch" schaut eine steinerne Fratze auf die Gasse hinunter. Ähnliche sind noch öfter in der Altstadt zu finden wie am Steinweg 3, Auf dem Rothenberg 11-13 und Ecke Lintgasse, am Marsplatz 3-5 oder in dem kurzen Seidenmacherinnengäßchen: ein „Grinkopf" mit zottigen Haaren, breiten Backen, blinden Augen, wulstigen Lippen und immer ohne Unterkiefer, aber mit zwei hauerähnlichen Haken im Mund. Die Köpfe heißen auch „Anno-Köpfe" und verweisen auf eine alte Legende über den Stadtherren des 11. Jahrhunderts, Erzbischof Anno. Dieser war ein harter, aber doch gerechter Herrscher, wie die Legende weiß. Als eines Tages ein Kaufmann und sechs Schöffen, untereinander befreundet und in derselben Karnevalsgesellschaft, eine alte Witwe betrogen und dann noch verspotteten und diese sich beim Erzbischof bitter beklagte, ließ der die Beschuldigten rufen, streng befragen und als sie den Betrug zugeben mussten, blenden. Und zur Warnung aller Kölner, als Abschreckung von Betrug und Klüngel, wurden an ihren Häusern die grauslichen Masken mit den blinden Augäpfeln angebracht.

Soweit die obrigkeitstreue Fassung der Legende. In Wirklichkeit verlief die Geschichte ein wenig anders – und wie bisweilen wurden auch hier Täter und Opfer vertauscht. Tatsächlich war Anno ein bedeutender Kunstliebhaber und Kirchenbauer, aber auch ein brutaler Machtpolitiker des hohen Mittelalters. Den ersten Kölner Bür-

Die Anno-Köpfe erinnern an den ersten Aufstand der Kölner im Jahre 1074 gegen ihren Stadtherrn.

geraufstand ließ er blutig niederschlagen, über 600 Beteiligte verjagen, ihr Vermögen konfiszieren und den Anführern die Augen ausstechen. Daher die blinden Fratzen! Es gibt aber noch eine dritte Ebene, neben Politik und Legende sozusagen „materialistisch" über diese „Köpfe" zu reden: Tatsächlich handelt es sich wohl um Bauschmuck an den Kaufmannshäusern. Die alten Gassen waren so eng, dass die Wirte und Geschäftsleute Hebebalken an die Hauswände lehnten, über die mit Hilfe von Flaschenzügen die Waren in ihre Keller und Lager herabgelassen wurden. Um den Balken einen festen Halt zu geben, mussten Löcher in die Hauswände geschlagen werden, die man dann zum Teil mit den Fratzen dekorierte. Deshalb haben sie auch diese Hauer und es fehlen die Unterkiefer, denn dort wurde der Balken fixiert.

14

GROß ST. MARTIN

Die mächtige Basilika, die dem Viertel seinen Namen gibt, ist Groß St. Martin. Der massive Vierungsturm bildet einen markanten Punkt im Rheinpanorama. Man hat dem Kirchennamen das Präfix „Groß" hinzugefügt, weil es noch eine kleinere Kirche für den heiligen Martin gibt. Von diesem Gebäude existiert neben dem Turm nur noch eine Kapelle, rechts und links eingeschachtelt von Autostraßen kurz vor der Auffahrt zur Deutzer Brücke.

Von den Bomben freigeräumt: der Blick von Groß St. Martin (links) und dem Stapelhaus am Fischmarkt (rechts) auf den Dom (1945).

Groß St. Martin und das ganze Quartier erstrecken sich über das Gebiet einer früheren Rheininsel oder Halbinsel, deren erste Bebauung aus einem Sport- und Fitnesscenter für die römischen Soldaten bestand. Später, als der Rheinhandel zunahm, wurden daraus mächtige Lagerhallen in einem großen Quadrat. Auf den Fundamenten einer dieser Hallen entstand dann im 10. Jahrhundert die

Kirche Groß St. Martin, wobei die späteren Neu- und Umbauten den römischen Grundriss und zum Teil sogar die alten Fundamente übernommen haben. Um die Jahrtausendwende siedelte der Kölner Erzbischof Everger dort schottische Benediktinermönche an, die im Kreuzgang des neuen Klosters das alte Carré der Lagerhallen übernahmen. Auch die in den 1970er Jahren errichtete Wohnanlage des Architekten Joachim Schürmann folgt mit dem großen Innenhof und der quadratischen Randbebauung dem Muster des römischen Grundrisses. Es ist derselbe Architekt, nach dem der berühmt-berüchtigte Schürmann-Bau in Bonn benannt war, heute Sitz der Deutschen Welle.

Beim Wiederaufbau von Groß St. Martin, den Schürmann zusammen mit seiner Frau gestaltete, ist bis in die Türklinken, über Wände und Fenster, Türen und Säulen, Kirchenbänke und Leuchter, Farbe und Material ein strenger Kirchenbau entstanden, der die romanische Gestalt in der Ästhetik der Moderne interpretiert sowie eine Raumgebung und nüchterne Atmosphäre besitzt, die keine andere der großen romanischen Kirchen in Köln ähnlich bietet.

An der hohen Böschungsmauer von Groß St. Martin zum Fischmarkt hin entdeckt man eine Steintafel, die an das Geburtshaus eines deutschen Revolutionärs erinnert: Robert Blum, einer der führenden Köpfe des ersten deutschen Parlaments, wurde hier am 10. November 1807 geboren. Der Vater stirbt früh an der Schwindsucht, die Mutter arbeitet als Dienstmädchen. Zwei Jahre geht der Junge aufs berühmte Dreikönigsgymnasium der Jesuiten, muss dann aber trotz bester Zeugnisse die Schule verlassen. So jobbt er bei verschiedenen Handwerkern, kommt zu einem Kaufmann für Rüböl-Laternen und seine erste lokalpatriotische Leistung ist eine „Kurze Abhandlung über die Straßenbeleuchtung" (1829).

Das war in Köln ein leidiges Thema, denn es gab immer wieder Stimmen in der Domstadt, die gegen den Frevel wetterten, dass der Mensch in Gottes natürlichen Ablauf von Tag und Nacht künstlich eingreife. Insofern hatten die Kämpfe für mehr Licht immer auch eine große Schnittmenge mit der Forderung nach mehr Vernunft. Der erste Beleuchter in Köln war übrigens ein Franzose, General Daumier, der direkt nach dem Einmarsch 1794 befahl, Wachslaternen an den Häusern anzubringen – mit wenig Erfolg, so dass er

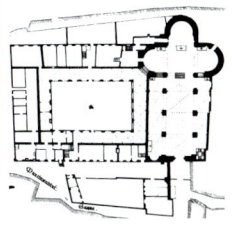

Plan von Groß St. Martin und den umliegenden Gebäuden aus dem Jahre 1707 – der viereckige Grundriss mit Innenhof war die Grundlage für die römischen Lagerhäuser, das Benediktinerkloster und die moderne Wohnanlage.

**FISCHMARKT/
ROBERT BLUM**

Es gibt manche Historiker, die Robert Blums Rolle in der deutschen Revolution von 1848 mit der von Rosa Luxemburg 1917/18 vergleichen. Schon 70 Jahre vor ihrem klassischen Ausspruch, Freiheit sei immer auch die Freiheit der Andersdenkenden, wird von Blum überliefert: „Was wäre auch die Freiheit, wenn sie nicht jedem Menschen und jeder Meinung vergönnt sei."

Volksschule von Robert Blum.

selber, gegen den Willen des Stadtrats, Öllampen aufstellen ließ. Das war nicht besonders hell und es dauerte noch mal ein halbes Jahrhundert, bis sich eine öffentliche Beleuchtung durchgesetzt hatte. Mit dem Beleuchtungstraktat ist Robert Blums Kölner Rolle zu Ende. Er geht als Theaterdiener nach Leipzig, engagiert sich kulturell und später auch politisch, gerät mit der Zensur in Konflikt und kommt schließlich 1848 als Abgeordneter ins erste deutsche Parlament nach Frankfurt in die Paulskirche.

Im Oktober 1848 reist er als Delegierter der deutschen Nationalversammlung nach Wien, um den aufständischen Bürgern eine Dankadresse zu übermitteln, wird dort von den kaiserlichen Truppen gefangen genommen und standrechtlich erschossen. In Deutschland ist man landauf, landab empört, in Köln kommt es zu Trauerkundgebungen und in der Minoritenkirche zu einem großen Totengottesdienst. Anfang des 20. Jahrhunderts wird dann die Gedenktafel an seinem Geburtshaus angebracht, das 1939 bei der Altstadtsanierung unter zynischen Kommentaren der Nazi-Presse abgerissen wird.

Das Schema klingt bekannt: hier das teure Jesuitengymnasium, dort das arme Proletarierkind Robert Blum.

16

FRANKENWERFT/ STAPELHAUS

Die Köln-Historiker weisen in aller Regel darauf hin, welche bedeutende Rolle das „Stapelrecht" für die mittelalterliche Ökonomie Kölns gespielt hat. Von einem Stapel-„Recht" zu sprechen, ist aber nur zur Hälfte richtig, denn tatsächlich handelte es sich hierbei eher um Zwang, und man kann es getrost als eine Art legalisierten Wegelagerertums bezeichnen. Technisch gesehen hängt das Stapelrecht mit dem Tiefgang der Schiffe zusammen und der Wassertiefe des Rheins, der früher natürlich noch nicht ausgebaggert wurde.

Das Stapelrecht war eine Art lizenziertes Raubrittertum: Die Kölner Händler kauften en gros und verkauften en detail und dazwischen der Stempel „Made in Cologne".

Bei Köln mussten die von Holland kommenden Waren auf flache-
re Kähne umgeladen werden. Bei Mainz passierte dasselbe noch
einmal für die niedrigste Strecke am Oberrhein. Dazu lud man die
Produkte aus, man „stapelte" sie. Aus dieser Notwendigkeit entwickelte sich eine besondere Art des Handels. Die gestapelten Waren
wurden drei Tage lang ausgestellt und angeboten und durften nur
an Kölner Händler verkauft werden. Die ließen sich eine Fülle von
Vorschriften einfallen, um sich alle Vorteile des Geschäfts durch Vor-
kaufsrecht und Subskription zu sichern.

Zunächst wurden die Waren einer strengen Prüfung unterzogen: Sie
wurden gemessen, gewogen, geteilt, dann neu verpackt und bekamen schließlich einen Wappenstempel „Made in Cologne". Nicht
zuletzt dadurch ist der Ruf zahlreicher „Kölner" Waren in aller Welt
begründet. Die auswärtigen Händler unterlagen einer strengen
Reglementierung. Da ihnen der Erwerb eigener Häuser in Köln untersagt war, mussten sie in Hotels und Gasthäusern absteigen. Die private Lagerung der eigenen Waren war ihnen verwehrt, dafür gab
es spezielle Häuser. Auch der Verkauf hochwertiger Produkte, wie
Pelze, Weihrauch oder Alaun, war verboten. Textilien etwa durften
nur in ganzen Ballen, Pfeffer, Zimt und Genever sackweise, Zucker
nicht unter vier „Broten", und rohe Seide nicht unter zwölf Pfund

In Köln musste alles von den
tiefer gehenden Niederländer
Schiffen auf die flacheren
Oberländer umgeladen werden –
hier mit einem Schwimmkran.

Weinhändler

Kohlverkäuferin

Gemüsefrau

Scherenschleifer

abgegeben werden. Mit diesen Regeln für den Handel en gros war die lästige Marktkonkurrenz ausgeschaltet und die Geschäfte en détail machten die Kölner selber.

Handel, Prüfung und Kennzeichnung der Waren führten zu einem großen Verwaltungsapparat, und es gab zahlreiche Berufe in der Domstadt, die nur damit beschäftigt waren, zu wiegen und zu messen, zu kontrollieren und dabei aus- und einzupacken, oder zu verschicken und zu transportieren. Man kannte Ober- und Untermarktmeister, Kürmeister, Marktherren, Schreiber, Diener, Marktpolizisten. Köln wurde so im Laufe der Jahrhunderte ein international bedeutender Handelsknotenpunkt mit eigenen Kontoren im Fernhandel, ohne in diesem Umfang auch Produktionsort der Waren zu sein. Das war nicht nur für den risikoarmen Geldzuwachs in der Stadt, sondern ist bis heute für die Herausbildung einer spezifischen Kölschen Mentalität von entscheidender Bedeutung. Bis in die Sprache, die von den populären Philosophen diesbezüglich immer wieder neu interpretiert wird, ist der Hang zum Vermitteln, Ausgleichen und Gewährenlassen Basis des heimischen Selbstverständnisses. Der Handel spielte sich an speziell dafür vorgesehenen Plätzen ab, an die Namen wie Buttermarkt, Eisenmarkt, Heumarkt oder Fischmarkt erinnern sollen. Für die Produkte gab es nicht nur Märkte, sondern auch Warenhäuser, in denen gestapelt und gehandelt wurde. Neben dem Gürzenich ist das einzig erhaltene das „Fischkaufhaus" vor Groß St. Martin am Rhein, heute „Stapelhaus" genannt. Im katholischen Köln spielte der Fischhandel schon wegen der vielen Fastentage eine bedeutende Rolle. Außerdem waren Hering oder Stockfisch Lebensmittel der armen Leute.

Nicht nur auf dem Fischmarkt wurde verkauft, auch auf dem Alter Markt saßen die „Feschwiever", Fischweiber, in der Platzmitte um den „Kax", den Pranger herum. In die Nähe der Häuser durften sie nicht, weil sich die feinen Bürger nicht nur an dem Gestank ihrer Fische, sondern auch an ihrem losen Mundwerk und deftigen Benehmen störten. An diese Fischweiber erinnert der Brunnen mitten auf dem Fischmarkt, übrigens eine der seltenen Frauendarstellungen auf öffentlichen Plastiken. Das Stapelhaus diente in der französischen Zeit als Zollbehörde, kurze Zeit auch als Handelskammer, wurde einige Male umgebaut und erhielt erst im 19. Jahrhundert den schlanken Turm an der Rheinuferseite. Heute dient es unter anderem dem „Berufsverband Bildender Künstler" (BBK) als Ausstellungshalle für zeitgenössische Kunst.

„Von Aachen", so schrieb im Jahre 1333 der italienische Renaisanceschriftsteller und Humanist Petrarca, „kam ich nach Köln, das durch seine Lage, seine Bevölkerung und durch den Fluss sehr berühmt ist. Man ist erstaunt, in diesem Barbarenland eine derart feine städtische Bildung anzutreffen. Am Tag vor St. Johannes war´s – die Sonne neigte sich bereits ihrem Untergang zu und alsbald führten mich meine Freunde zum Ufer, wo ich ein prächtiges Schauspiel bewundern konnte." Vielleicht war es hier in der Nähe des Kölner Pegels, an dem heutzutage der Wasserstand gemessen wird, wo Petrarca am 24. Juni einem heidnischen Brauch im angeblich so heiligen Köln beiwohnte. „Das ganze Ufer", so Petrarca weiter, „war mit einer unermesslichen Menge Frauen bedeckt. Ich staunte. Gütiger Gott, was für schöne Gestalten, Gesichter, Kleider! Wer das Herz von anderen Leidenschaften frei gehabt hätte, konnte sich da verlieben. Ich hatte mich an einem etwas erhöhten Ort aufgestellt und ich sah sie nacheinander alle in ihren Festgewändern. Frauen in lebhafter Erregung, manche mit duftenden Kräutern bekränzt, die Ärmel hatten sie bis zu den Ellbogen aufgestreift. Sie badeten im Fluss die Hände und die weißen Arme und murmelten dabei in ihrer mir unbekannten Sprache, ich weiß nicht was für Worte. Man sagte mir, das sei ein uralter Brauch, und das Volk sei fest davon überzeugt, alles drohende Unheil des ganzen Jahres spüle die Waschung am Fluss an diesem Tag hinweg."

17

**FRANKENWERFT/
PEGEL**

Ein heidnischer Mythos in Köln: im 14. Jahrhundert von dem italienischen Dichter Francesco Petrarca beschrieben und von Eduard von Steinle im 19. Jahrhundert gemalt.

Der Johannistag ist der Tag vor der Sommersonnenwende, kölsch „de Sonnkipp", der längste Tag des Jahres. Ein Fest erinnerte an die wieder kürzer werdenden Tage und die Zunahme der Dunkelheit. Man glaubte an Dämonen, Mächte der Finsternis und war von der reinigenden Kraft von Wasser überzeugt, wovon auch in der jüdischen Überlieferung das Untertauchen in der Mikwe zeugt. Die rituelle Reinigung am Vorabend zur Sommersonnenwende war der eine Brauch, ein Feuer am Johannistag ein anderer, der sich noch bis ins 19. Jahrhundert in Köln gehalten hat. Petrarcas Überlieferung weist auch auf einen weiteren Aspekt der Geschichte hin: Frauen glaubten wohl länger als Männer an die Kraft der Elemente. Sie praktizierten die alten Bräuche und tradierten bis in die Neuzeit auch die entsprechenden Segenssprüche und Weiheformeln. Sie feierten die Rituale in der Erwartung, damit den Lauf der Erde und der Gestirne günstig zu beeinflussen. Solche Kulte und Kulturen setzten sie dann später auch dem Verdacht der Hexerei aus.

DAS ZIFFERBLATT des Pegels. Bei ① wird der Stegbau vorbereitet, bei ② das Klärwerk abgestellt, bei ③ der Rheinufertunnel geschlossen, bei ④ steht der Heumarkt unter Wasser.

Die Uhr des Rheins geht anders

Regenfälle und Tauwetter haben den Rhein in Köln gestern binnen zwölf Stunden um fast einen Meter steigen lassen. Am Morgen zeigte die „Uhr" am Pegelturm am Frankenwerft 5,55 Meter, am Abend waren es 6,41 Meter. Wer diese „Uhr" richtig lesen will, muß beachten, daß ihr Zifferblatt nur zehn Meßstufen enthält, anders das Zifferblatt einer Zeit-Uhr, das zwölf Werte angibt. Ab 6,20 Meter – dieser Wert wird am Pegel etwa so angezeigt, wie bei einer Zeit-Uhr „7.10 Uhr" – herrscht Hochwasser. Bei 7 Meter (Pfeil 1) werden Vorbereitungen zum Stegbau getroffen, bei 8,50 Meter (2) wird das Großklärwerk außer Betrieb gesetzt, Kölns Abwässer fließen dann ungeklärt in den Rhein. Bei 9.50 Meter (3) wird die Hochwasserschutzmauer überflutet. Bei 13.50 Meter (4) werden Heumarkt, Altermarkt und Waidmarkt überflutet. Das war zuletzt 1784 der Fall. fk

Der Kölner Hang zum kollektiven Solipsismus ist bekannt. Man hört, dass Köln die längste Mauer, den größten Platz, die meisten Reliquien und den wichtigsten Oberbürgermeister in Deutschland hatte. Die heimischen Superlative steigen aber ins Unermessliche, wenn es um die „berühmteste Kathedrale der Welt" geht, nur noch bestätigt durch die Aufnahme in die Unesco-Liste des Weltkulturerbes. Da mischt sich auf einmal sprachlose Faszination mit der seligen Selbstbesoffenheit der Kölner, an den eigentlichen Koordinaten des Abendlandes zu stehen. Der Dom ist das Synonym für den Ort, an dem er steht, die „Domstadt am Rhein".

DER DOM

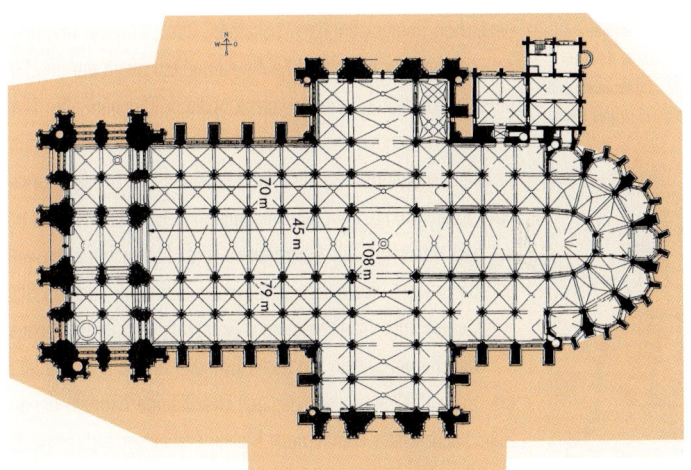

18

Eiltransport nach Köln: die Knochen der Hl. Drei Könige in Mailand geklaut.

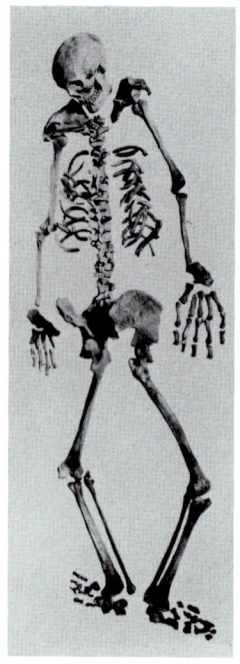

Reinold von Dassel, Röntgenaufnahme seines Sargs im Dom: Erzbischof im 12. Jahrhundert und Gründer des Pilgerzentrums West.

Westportal

Einmal im Jahr, an jedem 6. Januar, haben Kölner und Touristen die Chance, die wichtigsten Heiligen des Rheinlands leibhaftig zu sehen. An diesem Tag wird die Frontklappe vom goldenen Schrein der „Heiligen Drei Könige" im Dom entfernt und man kann die drei Schädel, aufgereiht wie auf einem Bücherbord, bestaunen. Dazu noch zwei weitere, aber unbekanntere Heilige im selben Sarg, den heiligen Felix und den heiligen Nabor. Und da es sich um die Patrone der Stadt handelt, beginnt die Stadtverwaltung an diesem Tag auch eine Stunde später ihren Dienst. Man weiß eben in Köln, wofür man dankbar ist.

Als der Kölner Erzbischof Rainold von Dassel im Jahre 1164 bei der Eroberung Mailands die „Reliquien" mitgehen und in einem Eiltransport nach Köln schaffen ließ, war das ein entscheidender Impuls für den Aufschwung der Stadt. Die kölsche Propaganda um die „ersten christlichen Könige", die Bedeutung, die sie damit für die deutschen Königskrönungen bekamen, ihre Definition als Schutzpatrone der Reisenden und Kaufleute und vor allem der unschlagbare Standortvorteil, dass es diese heiligen Knochen – im Unterschied zu Dutzenden anderer – eben nur in Köln gab, alles das führte zu einem ununterbrochenen Pilgertourismus, der für Jahrhunderte nach Köln strömte, ein optimales Incoming-Geschäft. Gut für Handel und Handwerk, für Gastronomie und Übernachtungsgewerbe, und es ist nicht verwunderlich, dass die drei dann auch im Stadtwappen als europaweit bekanntes Corporate Design auftauchten.

Manche bezweifeln mit guten Gründen, ob es sich hierbei um die „echten" Knochen der Heiligen Drei Könige handelt, denn die Bibel kennt weder Könige noch Heilige und nennt auch keine Zahlen. Kritische Historiker haben darauf hingewiesen, dass eine Verehrung dieser Knochen vor ihrem Auftauchen in Köln überhaupt nicht überliefert ist. Die älteste Quelle, die „vita eustorgii", die zum ersten Mal aus dem 4. Jahrhundert von diesen Heiligen berichtet, gibt es nicht im Original, sondern existiert überhaupt nur in einer „späteren Fassung", die in der Schreibstube des Kölner Klosters St. Pantaleon hergestellt wurde, und das war zufällig nach dem Auftauchen der drei in Köln Ende des 12. Jahrhunderts. Eine andere Quelle weiß zu berichten, dass die Mailänder vor dem „Raub" diese Knochen überhaupt nicht gekannt haben.

Wie auch immer: Gut erfunden ist gleichwohl wirkungsvoll und das funktioniert bis heute. Der Zustrom nach Köln begann jedenfalls mit der Verbreitung der Legende und einige Jahrzehnte später reichte der alte „Hildebold-Dom" für die frommen Touristen nicht mehr aus. Er wurde kurzerhand abgefackelt – ein heißer Abriss – und am 15. August 1248 der Grundstein für den heutigen, den gotischen Dom gelegt. Der Bau wurde mit großer Geschwindigkeit hochgezogen und nach kaum 70 Jahren waren Chor und Ostwerk mit dem Kranz der Chorkapellen fertig. Architektonisch und besucherstrategisch etwas völlig Neues, denn durch den breiten Chorumgang konnten die Massen kreuzungsfrei um die am Scheitelpunkt aufgestellten Drei-Königs-Reliquien herumpilgern und den Chor auf der anderen Seite wieder verlassen. Das funktionierte prächtig und reichte eigentlich auch für den Zweck und so ging es erst mal ruhiger weiter. Am Langhaus wurde gebaut, der Südturm begonnen, zwischendurch musste der Papst mit einem Sonderablass nachhelfen, aber trotzdem: 1560 war Schluss mit dem Dombau. Die Stadt hatte kaum mehr Geld und sich auch mit dem riesigen Bauvolumen übernommen und vor allem, inzwischen dominierte in ganz Europa ein anderer Stil, die Gotik war out.

Erst knapp drei Jahrhunderte später, als das Rheinland mit dem Wiener Kongress 1815 an die Preußen fiel und diese mit ihrem romantischen Interesse für das deutsche Mittelalter die halbfertige Ruine des Kölner Doms „entdeckten", wurde sein Weiterbau als Symbol der deutschen Einigung, als Bauwerk der Romantik, ja, als Nationaldenkmal propagiert. Eine denkwürdige Mesalliance war das beim katholisch-abendländischen Dom, im Besitz des Rom treuen

Kölner Dom

Rheinkohle statt Gold
Die Fische und die nackten
Nymphen
Sterben im romantischen
Wasser aus
Über die Brücke fahren nur
Trauerzüge
In Särgen wird das letzte Gold
Geschmuggelt
Der Osten exportiert seine
Frühsonne
Aurora ist kein Frauenname mehr
Doch passt er gut für eine
Aktiengesellschaft

Wir kamen von Frankreich
Über den Bahnhof hinaus fuhr
Unser Zug in den Kölner Dom
Die Lokomotive hielt vor dem
Allerheiligsten
Und kniete sanft
Zehn Tote kamen direkt ins
Paradies
Petrus „English spoken" auf dem
Ärmel, bekam ein gutes Trinkgeld
Die glasgemalten Engel
Telefonierten
Und flogen hinüber zur Cox-Bank
Rosa Dollarschecks einzulösen

Gegen Mittag wurde ein neuer
Zug gen Warschau gebildet.

Iwan Goll

Fünf Jahrhunderte war der Dom ein Rohbau – den Kölnern hat das nicht viel ausgemacht.

rheinischen Klerus und unter der Protektion der protestantischen Könige des preußischen Staates. Aber es klappte. 1882 wurde seine Vollendung gefeiert und seitdem erblicken wir dieses mächtige gotische Bauwerk des hohen Mittelalters hoch aufragend am Ufer des Rheins und über der Stadt und in seiner stolzen Gestalt – gerade mal 120 Jahre alt.

Roncalliplatz

Papst Johannes XXIII. und nicht ein Kölner Zirkus war Namenspate für diesen Platz an der Südseite des Doms, der Lieblingsplatz für Skater und Freiluftakrobaten, denen man an schönen Abenden bei waghalsigen Sprüngen und Pirouetten zuschauen kann. Bis ins

19. Jahrhundert lag hier der Eingangsbereich und Hauptplatz der Kirche. Auf dieser Seite drängelten sich Bettler, Pilger und Prostituierte. Der unvollendete Dom war während des 16. und 17. Jahrhunderts auch ein beliebter Kontakthof und Arbeitsplatz der Kölner Dirnen. Der halbfertige Bau mit Gängen, Nischen und Gerüsten bot vielfache Möglichkeit! Der Roncalliplatz sah Herrscher und Papstaufzüge, aber auch Hinrichtungen, Mord und Totschlag. Gegenüber, an der Ecke des heutigen Domhotels, lag das bischöfliche Gefängnis, die „Hacht". Zahlreiche Frauen wurden dort als Hexen eingesperrt, verhört, gefoltert und auf dem Platz vor dem Dom öffentlich verurteilt. Am Domhof, wie er damals genannt wurde, stand der „Blaue Stein", ein Basaltblock, der im öffentlichen Hinrichtungsritual eine wichtige Rolle spielte. Dreimal schlug der Henker die Verurteilten an den Blauen Stein mit den Worten „Ich stoße dich an den blauen Stein, du kehrst zu Vater und Mutter nicht mehr heim". Dann ging es in einem öffentlichen Zug nach Melaten, die Hinrichtungsstätte vor den Toren der Stadt. Zum letzten Mal wurde 1803

auf dem Domplatz das Urteil gegen Mathias Weber vollstreckt, genannt „der Fetzer", einen rheinischen Kleinkriminellen und genialen Schmuggler in der Franzosenzeit.

Auf dem Roncalliplatz finden heute die großen Open-Air-Auftritte statt, klassisch oder modern, politische Kundgebungen, einer von einem halben Dutzend Weihnachtsmärkten und hin und wieder ein Rockspektakel – immer scharf beäugt vom Domkapitel, das leicht „die Würde des Doms" gefährdet sieht. Auch der Zaun vor den prächtigen Südportalen wurde als Distanz schaffende Barriere errichtet. Nun kann man nur noch von Ferne die Südportale bewundern, die der Bildhauer Ewald Mataré gestaltete, damals unterstützt von einem Lehrling namens Joseph Beuys.

Inzwischen wird man um den gesamten Dom herum selten einen Bettler antreffen, und die Gaukler und Straßenmusiker müssen nach einer eigenen Satzung für die Domumgebung nach 20 Minuten die Position wechseln. Es gibt eigenes Ordnungspersonal, das darüber wacht und immer wieder wird eine separate Polizeistation am Dom ins Gespräch gebracht.

Bis Herbst 1996 fand man vor dem Dom die so genannte Klagemauer. Seit dem Beginn des ersten Golfkriegs im Januar 1991 existierte das fragile Gebilde aus Schnüren, Papptafeln, Latten und

Mein Dom – Dein Dom – Sein Dom?
(eine Auswahl)

■ *Roma protestieren gegen ihre Abschiebung. Rauswurf. (Januar 1990)*

■ *Katholische Arbeiter beten gegen Ausländerfeindlichkeit. Rauswurf durch den Domkapitular. „Mein Haus". (Oktober 1991)*

■ *Lesben küssen sich im Dom gegen die kirchliche Diskriminierung. Rauswurf. (März 1994)*

■ *Junger Mann randaliert: „Ich bin das Böse. Schaltet mich ab." Polizei schleppt ihn ab.*

■ *Türken demonstrieren gegen die Verhältnisse in den türkischen Gefängnissen. Räumung und Strafanzeige. (Juli 1996)*

■ *Hungerstreik von Kurden auf dem Südturm „Freiheit für Drusan Karatas". Geben auf wegen Kälte. (Dezember 1994)*

■ *Armin B. aus Bergheim rast nachts mit seinem Wagen gegen die Domportale. Liebeskummer. Entschuldigung angenommen. (Juli 1996)*

■ *Für RTL posieren zwei Nackte auf dem Hauptaltar. Strafanzeige. (Juli 1996)*

■ *Greenpeace entert die Domtürme: „Stoppt Gen-Manipulation". Strafanzeige wegen Hausfriedensbruch. (März 1997)*

■ *Amerikanischer Stuntman springt mit Fallschirm von der Besucherplattform. (September 1997)*

■ *Junge Frau weint im Dom. Rauswurf wegen „zu explosiver Trauer" laut Dompropst Henrichs. (September 2002)*

Heinrich Pachl

Fünf Thesen –
der moderne Kölner
Klüngel

Der Klüngel gehört zu Köln wie das Kölsch in die Kehle des Karnevalisten. Sprachlich stammt das Wort aus dem althochdeutschen „klungelin" („Knäuel") und ist verwandt mit dem englischen „to cling", also „sich anklammern". Klüngel ist demnach eine Art Zweikomponenten-Kleber, der öffentliches und privates Interesse miteinander verschweißt. Wie aber funktioniert der kölsche Klüngel? Da sind viele Rezepte im Umlauf, die in der Hauptstadt des Reibekuchens alle einem Grundmuster gehorchen: „Backe, backe Reibach!"

1. War früher der Klüngel eindeutig in negativem Ruf als unlautere Machenschaft, so ist der moderne Kölner Nachkriegs-Klüngel etwas, womit man sich brüstet. Als Voraussetzung musste der Klüngel vom Schatten der Korruption befreit werden. Klüngel ist demnach das Erledigen öffentlicher Interessen auf privatem Wege, Korruption hingegen das Erlangen privater Interessen auf öffentlichem Wege. Durch diese chemische Abspaltung von kriminellem Handeln kann der Klüngler am Gemeinwohl präsentieren und diesen Ruf von Zeit zu Zeit stärken, indem er wie ein Pate seine Beziehungen spielen lässt und Wohltaten vergibt, wenn der kleine Mann in seiner Alltagsnot sich an ihn wendet.

2. „Man soll dem Ochsen, der da drischt, nicht das Maul verbinden!", sagt die Bibel. Wer also für das Allgemeinwohl klüngelt, soll nicht darben und die Lust am opfervollen Tun verlieren. Daher wurde der moderne Klüngel rechtlich abgesichert. Darf keiner aus seinem öffentlichen Amt als Ratsmitglied unlautere Vorteile ziehen, so muss logischerweise umgekehrt gelten, dass kein Volksvertreter unzumutbare Nachteile erleidet. Ein Rechtsanwalt als Ratsherr darf sich zwar nicht an Prozessen der Stadt bereichern, andererseits aber nicht von der Übernahme städtischer Prozesse ausgeschlossen werden. Also

beschloss der Rat vor gut 20 Jahren, zwanzig Prozent der städtischen Prozesse an Ratsmitglieder zu vergeben. Was dem Rechtsgeschäft billig, muss anderen Geschäften recht sein. So werden öffentliche Maleraufträge ebenfalls anteilig an Ratsmitglieder vergeben usw.

3. „Ich wasche meine Hände in Unschuld." Da die Vermengung privater und öffentlicher Interessen immer in Gefahr ist aufzufliegen, hat sich der moderne Nachkriegs-Klüngel ein Selbstreinigungsmittel zugelegt, das so genannte Pilatus-Prinzip: „Ich wasche meine Hände in Unschuld." Dazu gehört ein Waschbecken, das sich auf dem berühmten Rathausklo befindet. Und wie oft konnten sich Ratsmitglieder von peinlichen Affären reinwaschen mit der Ausrede: Bei dieser Beratung oder Abstimmung war ich zwar anwesend, aber nicht zugegen, sondern gerade auf dem Klo.

4. Der Jagdschein als Notbremse: Der moderne Klüngel hat auch für den Fall vorgesorgt, dass einem Ratsmitglied irgendwann doch Korruption nachgewiesen wird. Dann spaltet sich der Klüngelbruder in zwei Wesen: die öffentliche Person und die private. Geld nahm der Privatmann in Unwissenheit oder als jugendliche Dummheit, so dass derselbe Mensch als öffentliche Amtsperson die Weste rein behält. Auf diese Weise ist der vormalige Oberstadtdirektor Ruschmeier als Privatmann zur Firma Esch & Oppenheim gewechselt, der er davor im Amt die Filetstücke der Stadt zugeschustert hat. Normalerweise wird das psychiatrisch betreut. Im Klüngel ist die gespaltene Persönlichkeit aber so pervers wie normal.

5. Die Reinigung durch das Opfer. Die Basis-Formel „Man kennt sich – man hilft sich" funktioniert nur, wenn die Grundregel beachtet wird: legal konstruieren. Ein Rest bleibt immer. Und in diesen 70 Prozent lauert die Gefahr. Wenn alle Stricke reißen, müssen Opfer gebracht werden. Und je härter das öffentliche Sparen, desto größer das Gedränge an den geschrumpften Trögen, umso grausamer muss ausgemustert und geschlachtet werden. Und das Los trifft unberechenbar – aber immer den Richtigen. Eiserne Regel: Lass dich nie erwischen und auf keinen Fall zum falschen Zeitpunkt. Diesmal traf es Heugel, dann Rüther, dann Schmitz. Die werden dem Volk zum Fraß vorgeworfen, damit es was zu beißen hat und sich abreagieren kann, damit der Klüngel überlebt. Und wer als Klüngelbruder zum Abschuss freigegeben ist, braucht sich um seinen Niedergang nicht mehr zu sorgen.

Blumenkübeln, initiiert und bewacht von dem Friedensaktivisten Walter Hermann, der auch selbst über vier Jahre in einer Bretterbude an der Ecke des Südturms logierte. Auf Papptafeln konnten die Menschen ihre Sorgen und Wünsche aufschreiben, die er dann an einer Wäscheleine zwischen den Laternenmasten aufhängte, Dutzende über- und untereinander: ein riesiges Fürbittenbuch. Sehr zum Unwillen des Domkapitels, das darin nur eine verunstaltende Beeinträchtigung seines Besitzes sah und mit Hilfe der Gerichte sowie der Stadt Köln nach jahrelangen Prozessen erreichte, dass die Klagemauer vor dem Dom weichen musste.

Stück für Stück wird 1918 die Kaiserglocke zersägt und in Kanonen zurückverwandelt. Nur der Klöppel bleibt erhalten.

An der Südseite des Doms, direkt hinter dem Kiosk mit der öffentlichen Toilette – in der sich übrigens bis vor kurzem die einzige für jedermann zugängliche „multikulturelle Toilette" Kölns befand, ein mediterranes Hockklo als „Hommage" der Stadt an ihre muslimischen Gäste – steht ein überdimensionaler Glockenklöppel in einer Wandnische. Das war ursprünglich eine französische Kanone, die 1874 zusammen mit anderen Beutekanonen des deutsch-französischen Krieges zur „größten Glocke aller Zeiten" gegossen wurde, der Kaiserglocke. Sie hing mit ihren 27 Tonnen bis 1918 im Südturm, wurde dann aber gegen Kriegsende zersägt und stückchenweise wieder in Kanonen zurückverwandelt. Diesmal in deutsche, und nur der Klöppel überlebte die Prozedur. Nun steht er dort als

Mahnmal für die alttestamentarische Forderung „Schwerter zu Pflugscharen oder Kanonen zu Glockenklöppeln".

Die fast zehn Meter hohe Granitstele an der Südostecke des Roncalliplatzes trägt den Titel „Columne pro Caelo", zu deutsch „Himmelssäule". Sie war in Köln nicht unumstritten, zu wuchtig, hieß es, und störend für den Dom. Doch gerade der Kontrast im Material und in der Bearbeitung, hier scheinbarer Rohzustand, dort feinste Gotik, produziert eine spannende Korrespondenz. Künstler der Stele ist der Düsseldorfer Bildhauer Heinz Mack und Stifter der Lions Club. Das Geschenk wurde im Mai 1984 anlässlich einer Distriktversammlung von Lions beschlossen und schon drei Wochen später vom Rat angenommen. Rasch wurde auch der massive Granitblock aus Portugal angeliefert, von Mack bearbeitet und aufgestellt – und dann kamen die Rechnungen: 90 000 Mark fürs Material, 130 000 Mark für Transport und die Aufstellung, dazu die Künstlerrechnung, die Nebenarbeiten und vieles mehr. Und keiner war zuständig. Weder der Lions-Bruder und damalige Oberbürgermeister Norbert Burger, noch der Lions-Bruder und Künstler Mack wollten damit zu tun haben, und der Initiator, ein Lions-Bruder aus Düsseldorf, sagte nur: „Da weiß ich überhaupt nichts von." Am Ende musste das Geld mühsam per Umlage und Mitgliedersammlung berappt werden.

„Dieses begehrte Land am Rhein, von Begehrlichen bewohnt, hat zahlreiche Herrscher gehabt, entsprechend viele Kriege gesehn, koloniale, nationale, regionale, lokale, konfessionelle, es hat Weltkriege gesehen, Pogrome hat es gesehen, Vertreibungen, und, immer wieder kamen Vertriebene anderswoher und wurden anderswohin vertrieben, und es schufen Scherben, Geröll und Trümmer, es schufen Ost- und Westverschiebungen nicht, was zu erwarten gewesen wäre: Gelassenheit. Wohl weil man uns dort, wo wir wohnen, nie ließ. Den einen waren wir zu westlich, den andern nicht westlich genug, und immer noch herrscht Misstrauen unter den demonstrativ Deutschen, als wäre die Kombination westlich und deutsch doch nur eine Täuschung der inzwischen unheilig gewordenen Nation, wo doch gewiss sein müsste, wenn dieses merkwürdige Land je so etwas wie ein Herz gehabt hat, lag's da, wo der Rhein fließt."

Heinrich Böll

Die Himmelssäule auf dem Roncalliplatz:
ein teures Geschenk vom Lions Club und Objekt der Begierde der rheinischen Alpinisten.

Ostchor

Tief in den Betonlabyrinthen der Domplatte findet man unter dem Ostchor eine vergitterte, kunsteiserne Pforte, durch die man nicht gehen, aber hindurchsehen kann. Man erkennt Ausgrabungen, alte Wände, Fundamente und in der Mitte ein achteckiges Becken. Eine Tafel weist darauf hin, dass es sich um das „Taufbecken des frühchristlichen Baptisteriums" handelt, errichtet im 5. Jahrhundert, und dann wird genau beschrieben, dass „die Täuflinge dieses nur 80 Zentimeter tiefe Becken in Nord-Süd-Richtung durchschritten", denn an diesen beiden Seiten befinden sich die Stufen, um hineinzusteigen. Aber leider passen die archäologischen Details nicht zu dieser frommen Darstellung. In einem Nachbarraum haben die Ausgräber eine ganze Schicht von Lebensmittelresten, Knochen, Fischgräten und vor allem bergeweise Austernschalen gefunden, davon wird auf der Hinweistafel schamhaft geschwiegen. Nun kann man sich sicher fröhliche Taufgesellschaften mit Champagner und Austern vorstellen, aber eher im heutigen Marienburg als im 5. Jahrhundert. Es handelt sich tatsächlich um ein Becken, vielleicht ein Zier- oder Planschbecken der benachbarten Villa mit dem berühmten Dionysosmosaik und hier haben sich – versorgt durch ein funktionierendes Transportsystem bis England – im 2. oder 3. Jahrhundert die reichen Kölner nach römischer Sitte vergnügt. Vielleicht haben ja die Kölner Christen, nach der Zerstörung dieser Villa im Frankensturm des 4. Jahrhunderts, das Becken weiterbenutzt, nicht als Plansch-, sondern als Taufbecken. Wenn wir auch sonst wenig wissen, wir wüssten damit immerhin, wo das heimische Christentum entstanden ist, in einem römischen Pool!

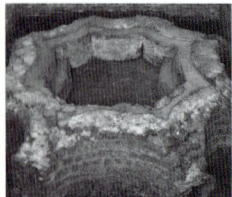

Das älteste Taufbecken Kölns –
ein römischer Luxuspool?

Eine Etage über der frühchristlichen Bütt findet man, an den Chor des Domes geschmiegt, einen kleinen Friedhof. Hier werden seit 1925 die Mitglieder des Domkapitels begraben – in der alten Tradition des Mittelalters, mit den sterblichen Überresten möglichst nah am Ort des religiösen Geschehens, sozusagen noch im Kontaminationsfeld des Altars zu liegen. Das Tor zu diesem Friedhof ist immer geöffnet, Tag und Nacht, ein stiller und verschwiegener Platz, und man kann sich die Besonderheiten dieses Begräbnisorts ansehen. Die Toten hier haben etwa kein Geburts-, sondern nur ein Sterbedatum, denn das ist ja nach katholischem Verständnis die Geburt zum wahren, dem ewigen Leben.

Der einzige Privatfriedhof Kölns:
die letzte Ruhestätte der Domherren hinterm Chor.

Es ist übrigens der einzige Privatfriedhof Kölns, ansonsten muss man seine Toten auf öffentlichen Friedhöfen abgeben. Dies brachte den immer zu einem Streit aufgelegten früheren Regierungspräsidenten Franz-Josef Antwerpes auf die Idee, beim Domkapitel um die Berechtigung nachzufragen. Dompropst Bernhard Henrichs, wie immer kämpferisch, fand die Anfrage „blödsinnig" und antwortete: „Was soll das. Das war schon immer so. Da hat noch nie einer die Bezirksregierung gefragt."

Bahnhofsseite

Die so genannte Domplatte – 1969/70 nach Plänen des Architekten Fritz Schaller gebaut – wird seit Jahren heftig kritisiert: im Osten hinter dem Domchor wegen ihrer gruftartigen Betondurchgänge und zum Bahnhof hin wegen der schwierigen Treppenläufe und einer Rolltreppe, die schon mehr als ein Jahrzehnt nicht mehr rollt. Es ist ein schlechter Kompromiss, der weder den Autos schadet noch den Fußgängern nützt. Erschwert durch den nahe liegenden Bahnhof mit Tausenden von Nutzern täglich, sind auch Stadt und Bahn seit Jahren unfähig, hier eine bessere städtebauliche Lösung zu verwirklichen.

Die Plombe im Nordturm, Erinnerung an die Bomben von 1943, wird demnächst zugemauert.

An der Ecke des Nordturms erkennt man in Sichthöhe über dem neogotischen Steinwerk den rohen Kern des Turms, gemauert aus einfachen Ziegelsteinen. An dieser Stelle wurde am 3. November

70

5.XI.1943.

Herr Dombaumeister Güldenpfennig erklärt namens der staatlichen
Dombauverwaltung folgendes :

Bei dem vorgestrigen Fliegerangriff auf Köln ist u.a. der Dom
beschädigt worden. Zur Durchführung der unbedingt erforderlichen
Sicherungsarbeiten sind etwa 120 cbm Mauerwerk auszuführen
(Stützung des angeschlagenen Pfeilers, Schliessung der sonstigen
Löcher an den Aussenwänden usw.), ferner sind Arbeiten an der
Dachkonstruktion auszuführen.
An bewirtschafteten Baustoffen werden hierzu benötigt :

     45 000   Ziegelsteine,
       200 Sack Zement,
         3 t Eisen.

Die Kosten der Sicherungsarbeiten belaufen sich auf 35 000 RM.
Die Ausführung der Arbeiten erfolgt durch die Bauunternehmung
Th.Wildermann, Köln, Heumarkt 56. Diese Firma ist in der Lage,
5 Stammarbeiter als Führungskräfte einzusetzen. Sie benötigt
dazu weiter etwa 10 Kriegsgefangene, darunter 4 Maurer, und
etwa 15 KZ-Leute. (Herr Bürgermeister Brandes, mit dem die Angelegenheit besprochen worden ist, hat sich mit der Bereit-
stellung dieser zusätzlichen Arbeitskräfte einverstanden erklärt.)
Zur Besprechung der Angelegenheit sind mit erschienen:

Herr Prof.Dr.Vogts, Konservator, und
Herr Th. Wildermann.

1943 ein achtzig Kubikmeter großes Stück Mauerwerk durch einen alliierten Bombentreffer herausgesprengt. Unmittelbar nach dem Treffer wurde in einer „Notoperation" die Stelle geflickt, da der Turm einzustürzen drohte. Diese so genannte Domplombe ist bis heute als Erinnerung an den Krieg sichtbar erhalten. Jahrelang erzählte man in Köln, das Loch sei von deutschen Pionieren „gegen den Willen der Heeresleitung" geflickt worden und eigentlich ein Dokument widerständigen Geistes gegen die Nazi-Herrschaft. In Wirklichkeit war es eine Kölner Firma in offiziellem Auftrag und mit Unterstützung von KZ-Häftlingen aus dem nahen Messelager. Um diese Plombe gab es in den 1990er Jahren heftige Debatten, ob sie als „Kriegsdokument" sichtbar bleiben soll oder nicht. Am Ende setzte sich der Dombaumeister Arnold Wolff durch, der seinen Traum vom Kölner Dom als einem Abglanz der himmlischen Vollkommenheit nicht von einer solchen Macke lädiert sehen wollte. Im Jahre 2008 wird die Plombe verdeckt sein.

Tiefgarage

Zwei Etagen unter der Domplatte findet man die Fundamente der römischen Nordmauer. Ziemlich genau an der Stelle, an der die PKWs heute von der Trankgasse aus in die Tiefgarage einfahren, lag das römische Nordtor, dessen mächtiger Bogen mit dem alten Kölner Firmenzeichen CCAA, Colonia Claudia Ara Agrippinensium, im Römisch-Germanischen Museum zu besichtigen ist. Eine Etage

Jahrzehnte verleugnet: Häftlinge aus dem KZ-Außenlager Köln-Messe und Kriegsgefangene mussten den Dom reparieren.

Nach Streit und Prozess wurde 1996 aus der Klagemauer eine mobile Demonstrationseinheit auf der Domplatte.

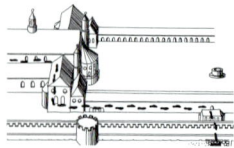

Der Fluchtweg des Erzbischofs
Anno aus der Stadt von 1074.

tiefer in der Tiefgarage, am Fundament der Mauer, stößt man auf einen Durchbruch, der noch unter der Mauer hindurchgeht. Ein Gang, den die Archäologen in den 1950er Jahren fanden und damit einen materiellen Beweis für eine alte Quelle, der „vita annonis", hatten, nach der Erzbischof Anno im Jahre 1074 bei einem Bürgeraufstand durch einen Geheimgang aus der Stadt geflohen war.

Der Geheimgang unter der Stadtmauer – im Parkhaus unter der
Domplatte haben Archäologen ihn
freigelegt.

*Durch die Ausgrabungen des
Kölner Doms führt auch
regelmäßig das Domforum.
Karten unter
Tel. 92 58 47-30
www.domforum.de*

*Gruppenführungen über
die Dächer und durch die
Ausgrabungen des Kölner
Doms: Dombauverwaltung
Tel. 179 40-555*

Bei dem Aufstand ging es um die Proteste einer neuen Kaufmann-schicht, die durch den Rheinhandel im 11. Jahrhundert zwar zu Reichtum und wirtschaftlichem Erfolg gekommen war, aber poli-tisch nichts zu sagen hatte. Zu allem Überfluss hatte Erzbischof Anno, vor allem berühmt als Kirchenstifter und Kunstmäzen, ein Kauf-mannschiff für seine privaten Zwecke beschlagnahmen lassen, was wie ein Funke im Pulverfass wirkte. Annos Truppen konnten jedoch die aufflammende Revolte niederschlagen, die als Anno-Aufstand in die Geschichte einging. Schon zwei Generationen später war es wieder so weit, bis sich die Kaufmanns- und Bürgerschaft so weit emanzipiert hatte, um das Stadtregiment selbst in die Hand zu neh-men. 1288, nach der Schlacht von Worringen, die in Köln gerne als Sieg über den Erzbischof gefeiert wird – bei der die Stadt aber nur das Glück hatte, auf der richtigen Seite zu stehen, der Siegerseite – musste der Stadtherr die Stadt verlassen und seitdem in Brühl oder Bonn oder auf seinen sonstigen Besitzungen im Rheinland leben.

Die Straßen und Plätze rund um den Kölner Dom gehören zu den frequentiertesten Orten der Stadt. Tausende Pendler strömen täglich aus dem Bahnhof zu ihren Arbeitsplätzen in der City. Tausende Touristen aus aller Welt bewundern jeden Tag Kirchen und Kunst rund um den Dom oder flanieren in den Tempeln des Konsums.

RUND UM
DEN DOM

19

UNTER FETTEN-HENNEN

FRANS BIRCKMAN.

Die dicke Henne: Corporate Design
der Druckerei Frans Birckman
aus dem 16. Jahrhundert.

Der schöne Name dieser Straße geht ursprünglich auf das Haus „Vetter Hennen" zurück und diente als Vorlage für ein Firmenzeichen des dort ansässigen Buchdruckers und Verlegers Frans Birckmann (geb. 1513): eine dicke Henne, die ihre Küken beschützt. Dieses Signet machte man dann zum Namen der Straße, die bald zur Hauptadresse der Kölner Drucker avancierte. Sicherlich trug die Nähe zum Dom und den kirchlichen Auftraggebern ebenso dazu bei wie die in der Straße An der Rechtschule angesiedelte juristische Fakultät der Kölner Universität. Im Laufe des 16. Jahrhunderts zählte man über hundert Drucker in Köln. Ähnlich wie die Goldschmiede gehörten sie zur städtischen Bürger- und Oberschicht, da sie über reichliches Vermögen verfügen mussten, um die teure Produktion der Bücher vorzufinanzieren. Gedruckt wurden überwiegend lateinische und hier vor allem theologische Schriften, wobei Domkapitel, Rat und Universität genau darauf achteten, dass sich keine humanistischen oder reformatorischen Tendenzen in die Stadt einschlichen. Drucker, die es trotzdem wagten, etwa die Schriften Luthers zu verlegen, wurden unterdrückt und verfolgt oder ins Exil vertrieben, wie Vater und Sohn Gottfried Hirtzhorn, die nach Antwerpen auswanderten. In Köln wurden als erster Stadt in Deutschland schon am 12. November 1520 auf dem Domhof die Werke Luthers öffentlich verbrannt und drei Jahre später führte der Rat für alle „Druckschriften über Papst, Kaiser, Fürsten oder Herren" die Vorzensur ein.

Über dem Café Reichard an der Ecke zur Burgmauer, mit der schönen Terrase vor dem Westportal und im Schatten der Domtürme, stimmt vor allem die neugotische Fassade. Dahinter stecken die Hörfunkstudios des Westdeutschen Rundfunks in einem modernen Zweckbau. Die alte Fassade des Gründerzeitbaus wurde in den 1970er Jahren in gleichmäßige Stücke zersägt, nummeriert und abgetragen, um später wieder an den Beton angeklebt zu werden. Zu verdanken haben wir dieses Meisterstück zur Rettung der historischen Bausubstanz einer WDR-Morgensendung in den späten 1980er Jahren, in der gegen die Kölner Stadtverwaltung, bzw. die lokale Politik und für irgendwelche Hausbesetzer Partei ergriffen wurde. Darauf verdonnerte der Stadtrat, als zufällig am selben Tag ein entsprechender Abrissantrag des Senders für das Reichard-Haus auf der Tagesordnung stand, in einer Retourkutsche den WDR zum Erhalt der Fassade.

Mancher bedauert, wie sich der WDR seit den 1950er Jahren in der Kölner Innenstadt ausgebreitet hat. Vor allem das in den Architekturformen gelungene, aber überdimensionierte Vierscheibenhaus – von den Architekten Hentrich, Petschnigg und Partner 1962 bis 1970 gebaut – über der Nord-Süd-Fahrt und die architektonisch eher simplen Zweckbauten entlang der Straße An der Rechtschule bilden städtebaulich eine Barriere. Sie werden nur ein wenig durch die weißen Marmorreliefs des Bildhauers Karl Hartung an der Fassade längs An der Rechtschule aufgelockert. Andererseits sind der Gewinn zentraler Arbeitsplätze und die intensive kulturelle Kommunikation durch den WDR in die Stadt hinein, nicht zu unterschätzen. Angefangen hat alles Anfang der 1950er Jahre am Wallrafplatz, als anstelle des zerstörten Hotel Monopol ein neues Funkhaus gebaut wurde. Der in jüngerer Zeit völlig restaurierte Bau zeigt im Inneren eine Fülle hervorragender künstlerischer und architektonischer Details der Zeit, die heute Denkmalwert besitzen. Angefangen vom Paternoster – dem Heinrich Böll in seiner Erzählung „Doktor Murkes gesammeltes Schweigen" ein literarisches Denkmal gesetzt hat –, über die großen Treppenhausverglasungen von Georg Meistermann, das Foyer und den großen Sendesaal, nach dem früheren Intendanten „Bismarck-Saal" benannt, mit allen Details bis hin zu Lampen, Wandpanelen oder Türgriffen.

Großer Sendesaal im Funkhaus des WDR – der Charme der 1950er Jahre.

„Das Campi ist ein Magnet, der von alleine anzieht, weil einem da, in der flirrenden Atmosphäre (...), manchmal auch Einfälle zufliegen, die zu Hause, am Schreibtisch, nicht kommen wollen."

Hans Bender

Die ehemalige Funkhaus-Kantine ist heute das „Campi am Wallrafplatz", ein sorgfältig restauriertes Lokal, mit Wand- und Deckengemälden in einer Fresco-ähnlichen Technik der 1950er Jahre. Das Campi, nach dem Kölner Gastronom italienischer Herkunft Gigi

Das erste Campi 1948 auf der Hohe Straße 154: Szenetreff der frühen Jahre.

Campi, ist eine Institution in Köln. Das alte Café Campi aus den späten 1940er Jahren lag an der Hohe Straße 154. Es war die erste original-italienische Eisdiele in Köln und gleichzeitig als Espressobar ein beliebter Treffpunkt der Kölner Literatur- und Künstlerszene – ob Heinrich Böll oder Jürgen Becker und der junge Günther Wallraf, auch viele Jazzmusiker verkehrten dort.

**BURGMAUER/
MARIENGARTEN-
GASSE**

Mancher Pekingreisende berichtet von der berühmten „verbotenen Stadt". Die hat Köln auch zu bieten, zwar kleiner und bescheidener, aber im Unterschied zur Stadt der chinesischen Kaiser ist die „verbotene Stadt" in Köln bis heute nicht öffentlich zugänglich. Hier, an der Burgmauer, leben in einem separaten Areal die Domherren. Nur von der Straße aus sind hinter Eisengittern ihre Häuschen, der Park und die Garagen zu sehen. Von der Außenwelt hermetisch abgeschlossen wurde eine stille Oase mitten in der Stadt geschaffen. Auf den Klingelschildern der Sprechanlage am Portal findet man die Namen von Weihbischof, Dompropst und diversen Mitgliedern des Metropolitankapitels, wie der fromme Aufsichtsrat des Doms offiziell heißt. Der Name der westlichen Begrenzungsstraße, Mariengartengasse, erinnert an ein Kloster der Zisterzienserinnen namens „Mariagarten" aus dem 13. Jahrhundert, das ein umfangreiches Gebiet mit über 20 000 Quadratmetern bis zur heutigen Neven-du-Mont-Straße umschloss.

Das Kapellchen am Ende der Burgmauer ist der letzte Ruheplatz der Domherren, dort werden die Toten aufgebahrt, bevor man sie auf ihrer „letzten Reise" zum eigenen Friedhof am Domchor begleitet. Die oberste Treppenstufe gegenüber der Kapelle markiert die „Spitze" Kölns, den topografischen Höhepunkt. Der Blick hinab zur Nord-Süd-Fahrt bis in die ausgegrabenen Fundamente des römischen Mauerturms kann die Höhenunterschiede gut verdeutlichen. Mit 56,5 Metern über dem Meeresspiegel war dort zweitausend Jahre lang der höchste natürliche Punkt der Stadt, bis nach dem Zweiten Weltkrieg die Trümmerberge an der Inneren Kanalstraße noch höher wuchsen.

56,5 Meter über dem Meer: Hier befand sich früher der höchste Punkt Kölns.

Die anschließende Mariengartengasse zwischen den tristen WDR-Bauten und das ganze Quartier westlich des Doms war im späten Mittelalter lokales Zentrum von autonomen, religiösen Frauengruppen, den Beginen. Diese laienreligiöse Bewegung war eine

Form zugelassener Selbstständigkeit von Frauen, die unverheiratet waren und es auch bleiben wollten. Die Beginen waren in Konventen organisiert, die kollektiv produzierten und zusammen lebten, aber anders als die Nonnen in den Klöstern kein Gelübde ablegten und den Konvent auch wieder verlassen konnten.

Köln war eine Hochburg der Beginen. Mindestens 170 Gemeinschaften in über drei Jahrhunderten sind in der Stadt bekannt. In der Mariengartengasse, der Elstergasse, An der Rechtschule, der Komödienstraße, aber auch in der Stolkgasse oder Marzellenstraße und Unter Sachsenhausen lagen ihre Häuser. Allein in diesen sieben Straßen kennt man knapp 60 Konvente. In ganz Köln gab es bis zu 1000 Beginen und das bei einer maximalen Gesamtbevölkerung von 40 000 Menschen in dieser Zeit.

Bemerkenswert an den Beginen ist ihre relative Unabhängigkeit von der kirchlichen Hierarchie. Die Gemeinschaften wurden von gewählten Meisterinnen geleitet, waren halbwegs „demokratisch" organisiert und konnten sich zum Teil ihre eigenen Kleriker auswählen. Typisch für die Beginenkonvente wurde eine Art schwärmerischer Theologie und Frauenmystik, mit einigen bedeutenden Vertreterinnen, die erst in unserer Zeit von der feministischen Theologie wieder entdeckt worden sind. Später, im 15. und 16. Jahrhundert, kam es vor allem in Städten wie Köln mit einer großen

Der Beginen-Konvent der Hl. Dreifaltigkeit, gegründet 1365 von Ritter Johann von Denandt.

HEIKE-MELBA FENDEL, AGENTIN, EMPFIEHLT:

Für romantische Momente die Bank vor dem Cafe R., mit wechselnden Liebhabern und unverwechselbaren Eindrücken, wenn sich der Dom bei Vollmond um sieben Zentimeter nach links neigt.

Ein Ort des Trostes, die Bank neben der Bronzestatue von W. M., wenn kein Liebhaber zur Stelle ist und man sich von Willi in die Arme nehmen lassen kann und dann keinen anderen mehr braucht.

Bank mit: Unter Fettenhennen
Bank ohne: Eisenmarkt

Beginen e. V.

Seit 1995
Initiative engagierter Frauen
zur Unterstützung von
Frauenprojekten: kulturell,
wirtschaftlich, sozial, spirituell
und gesellschaftspolitisch.
Mit Ausstellungen, Lesungen,
Spenden, Diskussionen,
Büchern und Aktionen.
Geplant wird ein „Beginenhof"
als Wohnprojekt für Frauen.
Alle Veranstaltungen im
„Beginen-Fenster"
Markmannsgasse 7
www.beginen.de

Zahl an Handwerkern und Zünften zu Konflikten. Die Männer sahen in den Produktionskollektiven der Frauen zu Recht eine Konkurrenz und drängten sie, wo immer sie konnten, zurück. Ein Teil der Arbeit der Beginen, vor allem die Krankenpflege, wurde in die Frauenklöster überführt. Die Beginenkonvente wurden in Orden umgewandelt und damit unter kirchliche Kuratel gestellt. Beginen, die sich nicht anpassten, wurden verfolgt und vertrieben, so dass es in Köln im 17. Jahrhundert keine Beginenkonvente mehr gab.

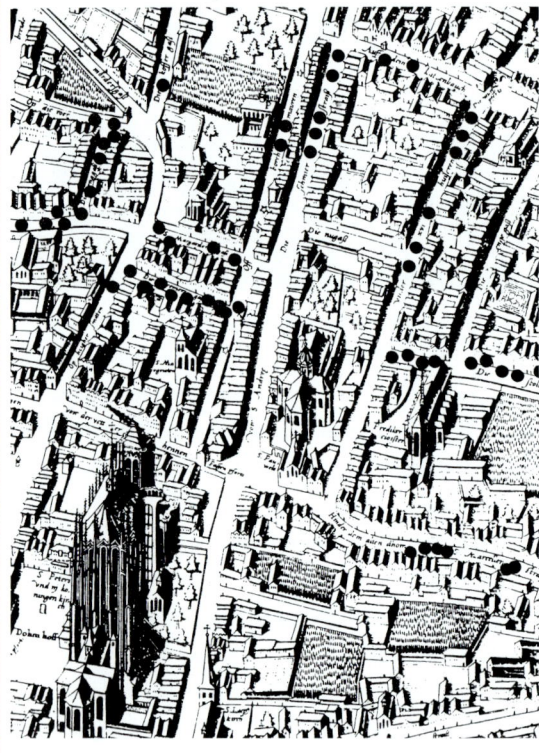

Beginen waren vor allem rund um den Dom angesiedelt, zeitweilig gab es über 1000 in Köln. Die einzelnen Konvente wurden auf dem Mercator-Plan von 1571 nachträglich eingezeichnet.

Eines der ältesten Kölner Frauenklöster, die „Augustinerinnen-Cellitinnen von St. Elisabeth", heute in Lindenthal, führt seinen Ursprung auf eine Beginengemeinschaft aus dem Jahre 1312 zurück. An diese Historie erinnert eine unscheinbare Tafel – in Köln übrigens der einzige öffentliche Hinweis auf die Beginentradition – in der Höhe des ersten Stockwerks am Haus Antongasse 7 in der Nähe der Schildergasse, wo das Kloster bis zum Zweiten Weltkrieg stand. Von dem autonomen Geist der alten Frauengruppe will die Klostergeschichtsschreibung indes weniger wissen, als von der karitativen Krankenpflege ihrer Vorläuferinnen.

22

Der einzige Hinweis auf die mittelalterliche Universität im Stadtbild Kölns ist das Straßenschild An der Rechtschule. Die 1388 gegründete Hochschule hatte vier Fakultäten mit zusammen rund 300 Studenten und residierte in vergleichsweise bescheidenen Gebäuden. Die Juristen besuchten die Rechtschule oder schola juridica (auf dem heutigen WDR-Gelände) und die Theologen saßen neben dem Dom. Die Artistenfakultät lag in der Stolkgasse und daraus entstand später das Gymnasium Tricoronatum, heute das Dreikönigsgymnasium oder DKG, wie der Kölner abkürzt.

Die Kölner Universität, die als Erste in Deutschland von Bürgern und nicht von einem Fürsten gegründete Hochschule, hatte einen Vorläufer im studium generale der Dominikaner, ebenfalls an der Stolkgasse. Hier unterrichteten so bedeutende Intellektuelle wie Albertus Magnus (ab 1248), seine ebenso berühmten Schüler Thomas von Aquin oder Meister Eckhart, der später hier selber als Magister tätig wurde. Aber auch die Universität, obschon nach der Reformation eher ein Hort der katholischen Rechtgläubigkeit und kaum vom Geist der Aufklärung umweht, kannte einige große Schüler oder Lehrer wie Nikolaus von Kues (1425), den Humanisten und Reformator Ulrich von Hutten (1505) oder den Astrologen und Universalgelehrten Agrippa von Nettesheim (1510). Dieser Geheimwissenschaftler, 1486 in Köln geboren, auf den sich bis heute Okkultismusfans und Untergangspropheten aller Couleur berufen, schied allerdings mit Kritik als Hochschullehrer von der Kölner Uni. Er zählte sich zu den hier bekämpften Humanisten, kämpfte gegen die Hexenprozesse und rechnete es sich als Ehre an, in Köln gehasst zu werden.

Agrippa von Nettesheim, Humanist, Abenteurer, Alchemist und Hochschullehrer in Köln.

Wo sich heute das Studio B des WDR befindet, lag bis 1798 die juristische Fakultät. Zeichnung von 1840, als das Gebäude Domizil einer Taubstummenschule war.

Das Museum für Angewandte Kunst ist einer der schönsten öffentlichen Bauten Kölns der 1950er Jahre. Der Architekt Rudolf Schwarz nimmt das Grundmuster des früheren Klosters der Minoriten auf – die alte Minoritenkirche schließt an das neue Museum an – und schafft mit einem geschlossenen Innenhof fast eine Neuanlage des Kreuzgangs, eine Oase in der City. Die beiden Sitzfiguren vor dem Museum, Ferdinand Franz Wallraf und Johann Heinrich Richartz, sind der Sammler und der Finanzier des gleichnamigen Museums, das ursprünglich hier seinen Sitz hatte. Wallraf, der letzte Rektor der alten Universität, ist hinreichend in Köln bekannt und auf seine manische Sammelleidenschaft geht nicht nur das Wallraf-Richartz-Museum zurück, sondern auch das Stadtmuseum und das Römisch-Germanische Museum, ebenso wie das Historische Archiv und die Universitäts- und Stadtbücherei.

Richartz (1795-1861), Spross einer Kölner Gerberfamilie, beteiligte sich an der Rheinisch-Westindischen Handelskompanie, die Felle und Häute aus der Südsee und Südamerika importierte, und gründete Ende der 1930er Jahre eine eigene Niederlassung in Buenos Aires. Er war maßgeblich an der kolonialen Ausplünderung des La-Plata-Gebietes beteiligt und wurde bald zum führenden Fellhändler Europas. Mit 56 Jahren zog er sich, einer der zehn reichsten Männer der Stadt, aus dem Geschäftsleben zurück. Er war kinderlos und wollte wie alle Mäzene seine Spur in der Geschichte hinterlassen oder, wie er selber betonte, nur beweisen, dass er „der Herr seines Geldes" ist. Neben dem Museum finanzierte er auch den Neubau der Lindenburg, das heutige Universitätskrankenhaus in Lindenthal. Woher das Geld stammt, darüber spricht man in solchen Fällen nicht – obwohl es auch eine alte Volksweisheit gibt, nach der die größten Ganoven die Erbauer der schönsten Kathedralen sind – oder heutzutage eben der Museen.

23

**MINORITENSTRASSE/
MINORITENKIRCHE**

Die Minoritenkirche ist eines der wenigen Gotteshäuser eines Bettelordens in Köln. Hier siedelten sich schon 1229, wenige Jahre nach der Ordensgründung durch Franz von Assisi, die Franziskaner an, die auch als „Minderbrüder", lateinisch „Minoriten", bezeichnet werden. Dieser Orden war vom Papst bei aller kritischen Tendenz überhaupt nur erlaubt worden, um mit einer gleichen Waffe die Häresien der damals populären Ketzer zurückzudrängen. Die Franziskaner lehnten, ähnlich wie die Ketzer, Reichtum und Prunk der Kirche ab. Ihre Anhänger liefen barfuß oder in Sandalen herum, nur mit einer braunen Kutte aus einfacher Wolle bekleidet, mit einem Strick um den Leib, und lebten ausschließlich vom Betteln und von Almosen. Sie genossen bald große Popularität, weil sie als soziale und praktische Alternative zur verkommenen Machtkirche erschienen. Ihr Radikalismus ließ jedoch schon in der zweiten Generation spürbar nach und wenig später blieb nur ein fundamentalistischer Flügel, die „Spiritualen", den Gründungsidealen treu, wofür er von den eigenen Ordensbrüdern, den realpolitisch orientierten „Konventualen", wie Ketzer verfolgt wurde. Es war eben das alte Spiel von Fundis und Realos.

Ausdruck des Armutsideals der Franziskaner in Köln ist der fehlende Turm an der Kirche. Sie sollte einfach bleiben, was auch am schmucklosen Inneren, dem grauen Stein und den weiß getünchten Wänden deutlich wird. Einer der berühmtesten Franziskaner-Theologen, Duns Scotus, der die Philosophie mit den experimen-

Als Kirche eines Bettelordens fehlt der Minoritenkirche der repräsentative Turm.

Der Franziskaner-Theologe
Duns Scotus in seiner Zelle mit
Marienposter.

Papst Johannes Paul II. an
Adolph Kolpings Grab.

Der Kölner Jesuit Adam Schall von
Bell ist auch zur Romanfigur
geworden.

tellen Naturwissenschaften versöhnte, der große Konkurrent der Kölner Scholastiker Albertus und Thomas, ist hier in einem Steinsarkophag des Bildhauers Joseph Höntgesberg beigesetzt. Eine lateinische Inschrift am Fußende fasst seinen globalen Weg zusammen: „Schottland hat mich geboren – England nahm mich auf - Frankreich lehrte mich – Köln behält mich."

Nicht weit von ihm ruht ein jüngerer Kollege, der sozial engagierte Kleriker Adolph Kolping. Der „Gesellenvater vom Rhein" ist auf dem Vorplatz auch in einer monumentalen Plastik beim Händedruck mit einem Handwerksburschen dargestellt und wurde in der Domstadt schon früh als der Gegenspieler zu Karl Marx stilisiert. Papst Wojtyla sagte im November 1980 beim Besuch an Kolpings Grab: „Als Adolph Kolping in Köln seine ersten Gesellenvereine gründete, wirkte auch Karl Marx in Köln. Er rief zu Umsturz und Klassenkampf auf, Adolph Kolping wollte die Gesellschaft durch christliches Verhalten wandeln." Inzwischen redet von Karl Marx kaum noch einer, während Adolph Kolping 1991 selig gesprochen und sein Grab um einen halben Meter angehoben wurde.

Mit der Säkularisation 1802 wurden die Franziskaner vertrieben und in die Klostergebäude zog die kommunale Armen- und Hospitalverwaltung ein. Am Neujahrstag des Jahres 1826 wurde dort die städtische Sparkasse eröffnet, die ursprünglich die Groschen der Unterschichten und Armen Kölns sammeln und so bei der Vorsorge fürs Alter helfen sollte. Im Gegensatz zur späteren Bankpraxis wurden damals noch für die kleineren Guthaben höhere Zinsen gezahlt als für die größeren. Außerdem war die Einlagenhöhe nach oben begrenzt.

An der Südseite der Kirche, auf dem Bürgersteig zur Minoritenstraße, findet man eine wuchtige Figur aus weißem Muschelkalk, die auf der Brust eine Art Wappenschild mit dem Bild eines Pelikans trägt. Der Vogel ist das Symbol der chinesischen Mandarine, der höchsten Beamten am kaiserlichen Hof. Die Skulptur des Kölner Bildhauers Elmar Hillebrand stellt den Kölner Jesuiten Johann Adam Schall von Bell dar, der es in Peking aufgrund seiner astronomischen Kenntnisse bis zum Hofastronom und Mandarin brachte, eine Position, die kein anderer Ausländer erreichte. Er starb 1666 und sein Grab wird in der Kölner Partnerstadt Peking heute noch gepflegt.

24

Im Mittelalter galt Kolumba als eine der ersten Adressen Kölns, eine reiche Pfarrgemeinde, in der die Spitzen der Stadt lebten, und es war die größte Gemeinde gemessen an der Kopfzahl der Schäfchen. Fast vierzig Bürgermeister und Rektoren der Universität wurden an

**TUNISSTRAßE 4/
ST. KOLUMBA,
DIÖZESANMUSEUM**

und in St. Kolumba beerdigt, ein Teil der Gräberanlage unter der Kirche ist archäologisch erschlossen. St. Kolumba wurde im Zweiten Weltkrieg bis auf ein paar Mauerstümpfe und einen einzigen Pfeiler zerstört. Und an diesem Pfeiler fand sich eine von den Bomben unversehrte Marienfigur, die „Madonna in den Trümmern". Rundherum auf den Fundamenten des früheren Turms wurde 1950 auf Initiative des kunstbegeisterten Pfarrers Josef Geller nach Entwürfen von Gottfried Böhm die „Kolumba-Kapelle" errichtet. Im Inneren des schlichten Baus findet man Arbeiten der Kölner Moderne wie das Rundfenster von Thorn Prikker (1911), die Chorfenster von Ludwig Gies, das Apsisfenster mit der heiligen Katharina von Georg Meistermann und die schöne Skulptur „Antonius predigt den Fischen" von Ewald Mataré.

Über dieser beliebten Kapelle, die bewusst die Zerstörungen durch den Zweiten Weltkrieg und auch den Wiederaufbau erfahrbar halten soll, entsteht das neue Diözesanmuseum. Der Schweizer Architekt Peter Zumthor gewann 1997 einen Wettbewerb, an dem sich der Neubau orientiert. Die Vorgabe war, nicht nur die Kolumba-Kapelle zu erhalten, sondern auch das Grabungsfeld, das bis in

Pilgerstätte für Architekturfreaks: der Neubau des Diözesanmuseums von dem Architekten Peter Zumthor.

die römische Baugeschichte zurückreicht, zugänglich zu machen. Geplant ist eine hohe Halle, die die archäologische Zone und die Kapelle überwölbt. Dann sind mittelalterliche Ausgrabungen und Reste der Kriegszerstörung sowie ein Ort des Gebets und nicht zuletzt der ästhetischen Anschauung unter einem Dach vereint. In einem der innovativsten Museen der Stadt mit einer transparenten Architektur, die teilweise in einem „gestrickten Mauerwerk" den Innen- mit dem Außenraum verbindet, sind dann einige der schönsten Kunstwerke Kölns versammelt.

25

AN DEN
DOMINIKANERN/
ST. ANDREAS

Unter der Adresse An den Dominikanern 6-8 firmiert die „Residenz am Dom", eine Seniorenwohnanlage der gehobenen Klasse. Mit Pool, Wellness-Oase, Restaurant, mit Arzt, Betreuung und eigener Bankfiliale im Haus. Bei Mieten von 2000 Euro für ein 40-Quadratmeter-Apartment wurde hier ein Fünf-Sterne-Altersruhesitz etabliert. Nachdem der erste Betreiber Rentaco kurz nach der Eröffnung Insolvenz anmelden musste, ist das nächste Unternehmen dabei, die Wohnungen und Apartments an den alten Mann und die alte Frau zu bringen. Für diesen einfallslosen Neubau musste allerdings ein großer, neugotischer Komplex des späten 19. Jahrhunderts abgerissen werden, die ehemalige Hauptpost. Davor stand an dieser Stelle eine preußische Kaserne und noch früher das Dominikanerkloster.

Die alte Hauptpost in der Straße An den Dominikanern kurz nach dem Bau Ende des 19. Jahrhunderts: Prachtbau der Neugotik mit allen technischen Finessen.

Die Mönche waren und sind immer noch stolz auf ihr berühmtestes Ordensmitglied, das dort im 13. Jahrhundert lebte und lehrte: Albertus Magnus, auch „Der Deutsche" und „Doctor universalis" genannt. Weniger stolz sind sie mit Recht auf einen anderen Dominikaner, der ebenfalls dort lebte und arbeitete, Heinrich Institoris. Er war vom Papst bestellter Inquisitor für Deutschland, Professor an der hiesigen Universität und als Verfasser des 1487 zum ersten Mal erschienenen „Hexenhammer" der wichtigste Theoretiker der Frauenverfolgung in der frühen Neuzeit. Über dieses Werk urteilte der Historiker Soldan: „Barbarisch an Sprache wie an Gesinnung, spitzfindig und unverständlich in der Argumentation, originell nur in der Feierlichkeit, mit der die abgeschmacktesten Märchen als historische Belege vorgetragen werden, das verruchteste und zugleich läppischste, das verrückteste und dennoch unheilvollste Buch der Weltliteratur."

Albertus Magnus,
„Doctor universalis".

Fundamentalismus beginnt immer mit der Zerstörung von Büchern und Bildern – „Der hl. Dominikus als Begründer der Inquisition", Gemälde von Pedro Berreguette (um 1500).

Der „Hexenhammer" erlebte noch zu Lebzeiten seines Autors mehr als ein Dutzend Auflagen und avancierte bald zum Standardwerk der Hexenverfolgung. Die Dominikaner waren ja ein Orden mit Erfahrung, waren sie doch einige Jahrhunderte früher eigens im Kampf gegen die Ketzerei des hohen Mittelalters gegründet worden und rekrutierte doch der Papst in ihren Reihen immer die fähigsten Inquisitoren der katholischen Kirche. Im 16. Jahrhundert war es wieder-

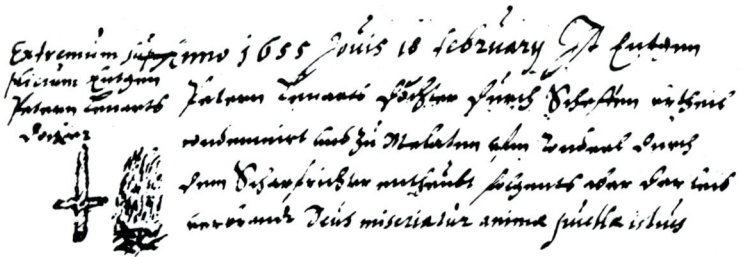

Auszug aus einem Kölner Hexenprotokoll im Historischen Archiv der Stadt Köln.

um ein Dominikaner, der damalige Prior des Kölner Klosters, Jakob Sprenger, der zugleich Inquisitor für die Erzbistümer Köln, Mainz und Trier war.

Kaum ein paar Schritte entfernt in der Marzellenstraße 32–40, am heutigen Generalvikariat, erinnert eine Gedenktafel an den Jesuiten Friedrich von Spee (1591–1635), einen der heftigsten Kritiker der Hexenprozesse, Lehrer an dem dort ansässigen Gymnasium Tricoronatum, der vor allem mit seiner anonym erschienenen Schrift „cautio criminalis" vehement gegen die Hexenverfolgung zu Felde zog. In der Handelsstadt Köln war es mit den Hexenprozessen nicht ganz so schlimm wie in anderen Städten. Das liegt einmal an der stärkeren wirtschaftlichen Stellung der Frauen in der Stadt, zum anderen an dem Emanzipationsstreben der Bürger gegenüber dem Erzbischof. Dennoch gab es in einem Zeitraum von über 100 Jahren insgesamt 97 Prozesse, bei denen 37 Frauen ermordet wurden. Die im wahren Sinn des Wortes „Schauplätze" waren das bischöfliche Gefängnis am Dom – die „Hacht" –, der Domhof und die Hinrichtungsstätte auf Melaten.

Das Kloster wurde mit der Säkularisation 1802 aufgelöst, die Dominikaner aber nach dem Zweiten Weltkrieg in der nahe gelegenen Kirche St. Andreas wieder angesiedelt. Hier befindet sich auch das Grab von Albertus Magnus. St. Andreas gehört zu den romanischen Kirchen, steht aber nicht im Mittelpunkt der Aufmerksam-

keit wie Groß St. Martin oder Maria im Kapitol. Das wird sich sicherlich ändern, wenn irgendwann in den nächsten Jahren die hellen Notverglasungen der beiden Querhäuser durch neue Fenster ersetzt werden, an denen der Düsseldorfer Künstler Markus Lüpertz arbeitet. In Köln gibt es eine lange Debatte um die Neugestaltung der Innenräume der romanischen Kirchen insgesamt, vor allem um die farbigen Fassungen, aber bisher sind die Beispiele wie in St. Aposteln oder die Decke in St. Pantaleon eher abschreckend. Das kann sich ändern, wenn sich Künstler vom Rang Lüpertz' sich des Themas annehmen.

**MARZELLENSTRAßE/
ST. MARIÄ HIMMEL-
FAHRT**

Die rosa Farbe unterscheidet St. Mariä Himmelfahrt schon äußerlich von dem in Köln vorherrschenden Stil der Romanik. Die äußere Pracht dieses Baus setzt sich in der farbenreichen Ausstattung, mit dem Marmor, Holz und Stuck des Inneren fort. St. Mariä Himmelfahrt ist der einzige repräsentative Barockbau Kölns; die wenigen anderen Kirchen aus dieser Zeit, wie die Marienkirchen in der Kupfer- und in der Schnurgasse, die Kirche der Ursulinen in der Machabäerstraße oder die Elendskirche am Katharinengraben, erscheinen dagegen fast wie Zweckbauten. In Köln gibt es nur wenige Baudenkmäler dieser Epoche, weil die alte Reichsstadt im 17. Jahrhundert finanziell daniederlag. Die feudalen Bürger und Mäzene lebten längst in den neuen Handelsmetropolen, es gab auch keinen Fürsten mit Hofstaat und entsprechend luxuriösen Ambitionen, der die Stadt nach seinem Muster hätte umbauen können. Das hat die alten romanischen Bauten Kölns erhalten, die andernorts häufig dem barocken Zeitgeist weichen mussten.

Frontalunterricht der Jesuiten im
Kölner Dreikönigsgymnasium.

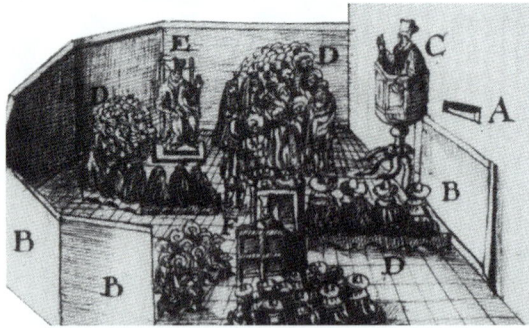

1544, wenige Jahre nach ihrer Gründung, ließen sich die Jesuiten in Köln nieder und übernahmen bald darauf eine Schule, die sie zu

einem ideologischen Hort der Gegenreformation ausbauten. Die
„Bursa tricoronata", wie sie nach einem Gebäudewappen benannt
wurde, existiert heute noch als Dreikönigsgymnasium. 1618 begannen die Jesuiten mit dem Bau einer neuen Kirche, die ihren
Geschmack und Geist repräsentieren sollte. Sie wurde als Marien-
kirche der Leitfigur des antiprotestantischen und volksreligiösen Auf-
bruchs geweiht.

Der hässliche Klotz nebenan
nimmt St. Mariä Himmelfahrt das
Licht.

Eine markante Rolle bei der Inszenierung der Farbenpracht des
Innenraums spielt das Licht, dessen Wirkung allerdings durch den
dunklen Neubau der ABC-Bank direkt neben der Kirche empfind-
lich eingeschränkt wird. Die Baugenehmigung für die Bank galt
eigentlich nur bis zur Höhe der Dachrinne von Mariä Himmelfahrt,
doch wurden zwei Etagen darüber hinaus illegal weitergebaut und
als „Technikgeschosse" deklariert. Wie so oft bei einflussreichen
Schwarzbauern in Köln hat die Bauaufsicht dagegen nichts unter-
nommen.

Mit der Auflösung des Jesuitenordens durch Papst Clemens XIV.
kurz vor der französischen Revolution wurde Mariä Himmelfahrt als
Kirche aufgegeben. Kurzfristig diente sie als Lazarett für „venerisch
Kranke". Später wurde auf ihrem Altar eine „Göttin der Vernunft"
platziert. Doch dieser atheistische Kult der jakobinischen Aufklärer
hielt sich nicht lange. 1798 konnten einige Privatleute das Gebäude kaufen und noch während der französischen Herrschaft 1801 in
eine Pfarrkirche umwandeln. Heute ist Mariä Himmelfahrt ein Zentrum der kölschen Italiener und hier werden von der Missione Cat-
tolica Italiana Messen in italienischer Sprache gefeiert.

Auf dem Altar der späteren Kirche
St. Mariä Himmelfahrt die
„Göttin der Vernunft".

**HAUPTBAHNHOF/
HOHENZOLLERN-
BRÜCKE**

Es gibt wohl keine andere Domstadt in Europa, in der man, im
Hauptbahnhof angekommen, seinen ersten Schritt in die Stadt macht
und dann fast in die Kathedrale hineinstolpert. Diese städtebauliche
Situation, Dom und Bahnhof nebeneinander, haben wir dem
Preußenkönig Friedrich Wilhelm IV. zu verdanken. Das war der
„Romantiker" auf dem Thron, der schon als Kronprinz sein Herz ans
Rheinland verloren hatte, der Errichter der rheinischen Burgen und
große Förderer des Kölner Dombauvereins. Unter seiner Ägide
wurde der Dom das Symbol der nationalen Einigung Deutschlands.
Und er bestimmte höchst persönlich die Streckenführung der neuen
Eisenbahn und auch der Brücke über den Rhein.

Die erste internationale
Eisenbahnstrecke
Köln-Aachen-Antwerpen.

Konsumparadies und Wartehalle:
der neu gestaltete Kölner
Hauptbahnhof.

Dom und Hohenzollernbrücke –
in einer Achse.

*„Immer wenn ich aus dem
Aquarium der Halle des Haupt-
bahnhofs hüpfe, singe ich und
springe ich hoch wie der Dom."*

Jürgen Becker (1962)

Der Wunsch nach einer solchen Brücke war älter, denn rechts und links des Rheins gab es Mitte des 19. Jahrhunderts vier verschiedene Eisenbahnstrecken, die von zwei Gesellschaften betrieben wurden. Die Kölner Unternehmer hatten früh erkannt, welche Rolle der Schienenweg an Stelle der Rheinschifffahrt einmal spielen könnte.

Ludolf Camphausen, Unternehmer und einer der Förderer des jungen Karl Marx und dessen „Rheinischer Zeitung", sprach vom „eisernen Rhein" und er war es auch, der die erste internationale Eisenbahnlinie von Köln nach Antwerpen (1843) vorantrieb. Nach Osten gab es bald eine zweite Linie von Köln über Düsseldorf bis zur preußischen Grenzstation Minden (1847). Der Rhein war dabei für den Personen- und mehr noch für den Güterverkehr eine lästige Barriere, jedes Mal musste über den Rhein umgeladen und umgestiegen werden. Für eine Brücke und auch einen zentralen Bahnhof gab es mehrere potenzielle Standorte. Die Ingenieure favorisierten den Gereons-Bahnhof im Norden, dort wo heute der MediaPark liegt. Dort hätten sie auf dem freien Feld vor der Stadtmauer ungehindert bauen können. Friedrich Wilhelm IV. verfügte aber, dass die Brücke in der verlängerten Domachse steht, als Symbol des Industriezeitalters und zugleich die grandiose Fortsetzung des abendländisch-katholischen Köln im protestantisch-preußischen Brückenbauwerk. Dem Hauptbahnhof musste die erste öffentliche Gartenanlage, die Flora, weichen. Nach der Zerstörung im Zweiten Weltkrieg hätte noch einmal die Chance bestanden, Brücke und Bahnhof nach Norden zu verschieben. Aber als im Winter 1945/46 nach wenigen Monaten wieder die ersten Züge über eine Behelfsbrücke rollten, hatte sich der Sachzwang durchgesetzt.

Heraus zum 1. Mai – auch im Dritten Reich.

Die imposante Bahnhofshalle, ein transparenter Stahl- und Glasbau des späten 19. Jahrhunderts, der sich über alle Gleise wölbt, wurde in der jüngsten Zeit generalsaniert. Bereits 1991 hat man ihn durch eine Vorhalle, eine Stahlglaskonstruktion, zum Rhein hin verlängert, deren Transparenz nicht nur natürliches Licht, sondern auch einen freien Blick auf den Dom gewährt. Im Zuge der Umstrukturierungen der Bundesbahn wurde der gesamte Hauptbahnhof in ein modernes Konsum- und Einkaufszentrum verwandelt. Die Umgestaltung war indes mit einem Funktionswandel des bisher öffentlichen Raums verbunden, der nun den konsumierenden und zahlenden Kunden vorbehalten bleiben soll. Das betrifft vor allem die Armen und Obdachlosen, für die der Bahnhof bisher auch ein Aufenthalts- und Nutzungsraum mit Toiletten, Schließfächern und Angeboten des täglichen Bedarfs bedeutete. Trotz heftiger Kritik versucht die Bahn mit eigenem Ordnungs- und Sicherheitspersonal, die unerwünschten Nutzergruppen vom Bahnhofsgelände fern zu halten.

Ein weiterer Punkt der öffentlichen Kritik ist der Umgang mit manchen ausländischen Reisenden. Der Kölner Hauptbahnhof, für den internationalen Verkehr aus Belgien, England, den Niederlanden oder Frankreich die erste große Station in Deutschland, ist immer wieder auch ein Ort, an dem Flüchtlinge eintreffen. Der oft rüde Umgang mit den Menschen durch den Bundesgrenzschutz hat in Köln ein „Komitee gegen amtlichen Rassismus" provoziert, das durch ständige Beobachtung grundsätzlich verhindern will, dass „fremdländisch" oder „ausländisch" aussehende Reisende belästigt und verunsichert werden.

CORDULA STRATMANN, KOMIKERIN, EMPFIEHLT:

Einer meiner unumstrittenen Lieblingsplätze ist der Hauptbahnhof. Auf dem Vorplatz verfalle ich sofort ins Schlendern, genieße die letzten Male seine ausgeprägte Hässlichkeit, bevor ich den Zug besteige, der mich zum Besuch in meine Heimatstadt Düsseldorf bringt. Dort gehe ich liebend gerne alte Wege ab. Der Volksgarten zum Beispiel war mein Arbeitszimmer beim Abitur, in der Altstadt am Rheinufer lag meine Schule und der Rhein hat in meinen Freistunden Flüche (Schule) und Flehen (ständiges Verliebtsein) in seinem Wasser versenkt. Heute fängt mein Weg am Schlossturm an und führt mich zum super gelungenen neuen Hafenviertel. Menschenskinder, Leute, ist Düsseldorf eine schöne Stadt!

28

**TRANKGASSE 20/
GULLIVER**

„Gulliver" heißt die Überlebensstation in einem der nördlichen Bahn-bögen unter der Hohenzollernbrücke. Fast 40 000 Männer und Frauen besuchten im ersten Jahr nach der Eröffnung 2001 diese Einrichtung, um dort die Toiletten zu nutzen, zu duschen, zu früh-stücken und zu Abend zu essen, in die Kleiderkammer zu gehen, im „Dormitorium" auszuruhen oder um einfach nur Freunde zu treffen. Es sind Menschen von der Straße, viele Obdachlose und Bettler,

In den Bahnbögen am Hauptbahn-hof die Überlebensstation Gulliver mit Dusche und Café.

Trebegänger, Stricher und Drogenabhängige oder aber Reisende, die diese Angebote nutzen können, ohne von Sozialarbeitern zwangsweise betreut zu werden. Die Verortung in der Lebenswelt der Gäste, niedrigschwellig im wahrsten Sinne des Wortes, gebrauchswertorientiert und die Akzeptanz durch die Gäste machen die Attraktion von Gulliver aus.

Gäste im Gulliver.

Konzept und Name gehen zurück auf ein Projekt von Kölner Design-studenten, die sich Mitte der 1990er Jahre mit den öffentlichen Toi-letten beschäftigten, die die Stadt privatisieren wollte. Zur selben Zeit brach ein neuer „Sauberkeitsdiskurs" in Köln aus, der sich glei-chermaßen gegen Junkies und Bettler richtete, wie auch gegen Straßenmusiker und Obdachlose. Das „Elend", immer auch Ausdruck urbaner Situation, sollte nicht mehr öffentlich sichtbar sein. Dagegen wandte sich unter anderem das „Kölner Arbeitslosenzentrum", das bereits ein Lobby-Restaurant in der Domstraße betreibt, das vor allem von Obdachlosen und anderen Armen frequentiert wird. Das KALZ mietete den Brückenbogen von der Bahn, gewann zahlreiche Geschäftsleute der Innenstadt als Sponsoren und beruhigte das Sozialamt. Als schließlich der renommierte Museum-Ludwig-Architekt Peter Bussmann die Planung und Gestaltung von „Gulliver" übernahm, waren alle Dinge beisammen, hier eine einzigartige Anlaufstation einzurichten.

Inzwischen überlegt man, in den benachbarten Bögen auch ein Hotel zu schaffen, das ein zentrales Bedürfnis obdachloser Menschen nach einem Schlafplatz jenseits von Massenunterkunft oder Straße erfüllen soll. Der Architekt Jens Morsch hat Pläne entwickelt, man rechnet und bastelt am Konzept und als Name ist „Hotel Robinson" im Gespräch.

Gulliver
Trankgasse 20
Tel. 120 60 91
Mo–Fr 6–22 Uhr

In der Mittagspause 13–15 Uhr ist das Lobby-Restaurant geöffnet.
Domstr. 81
Tel. 139 04 08
Sa/So 10–18 Uhr
www.is-koeln.de/kalz/

MUSEUM LUDWIG/ HEINRICH-BÖLL-PLATZ

Das Museum zwischen Dom und Rhein ist , ebenso wie ein knappes Dutzend weiterer Kunsttempel in aller Welt, nach einem einzigen mäzenatischen Stifterpaar benannt: Ludwig. Peter Ludwig war Süßwarenfabrikant, Kunstprofessor und internationaler Sammler, seine Gattin Irene Ludwig sorgte als Mitinhaberin der Schoko-Dynastie Monheim für die ökonomische Ausstattung seiner Leidenschaft. Bereits 1969 hatte der Sammler einen Teil seiner Bilder als Leihgabe an das Wallraf-Richartz-Museum gegeben, aber sein Traum war ein „eigenes Museum". Das setzte er in einer Melange aus Raffinesse, Klüngel und mit der Qualität seiner Sammlung auch durch. Zunächst wurde er im Herbst 1975 Ehrenbürger der Stadt Köln – Irene Ludwig erst 20 Jahre später, obwohl von ihr die ökonomische Basis für den künstlerischen Überbau stammt –, daraufhin vermachte er im Frühjahr 1976 in einem Schenkungsvertrag seine Sammlung moderner Kunst der Stadt Köln – unter der Bedingung, dass hierfür ein neues Museum gebaut werden muss, und zwar spätestens bis 1985, zu seinem 60. Geburtstag.

Der ganze Heinrich-Böll-Platz ist eine Skulptur von Dani Karavan.

Von Anfang an gab es Proteste gegen das Museum, die weniger die Kunst, sondern die Kosten für den städtischen Haushalt und die Zentralisierung in der City kritisierten. Es war im Wesentlichen sozialpolitischer Protest. Getragen wurden die vielfältigen Aktionen

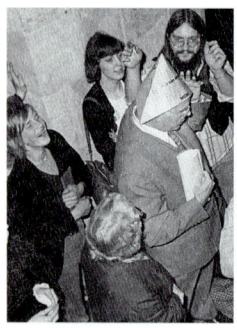

Pop mit Peter Ludwig: Der Kunstkönig erhält 1980 von den Museumskritikern einen lustigen Hut.

vor allem vom Verein SSK, der „Sozialistischen Selbsthilfe Köln", einer damals aktiven Gruppe, die sich um Themen wie Obdachlosigkeit, Wohnungsspekulation, Psychiatrie und Stadtplanung kümmerte und die mit ihrer Kritik an den Museumsplänen bis hinein in die Ortsvereine der SPD Zustimmung fand – während die Parteispitze unter dem damaligen Vorsitzenden Günther Herterich unbeirrt den Museumsbeschluss verfocht. Der SSK nutzte jede Gelegenheit, seinen Protest öffentlich zu dokumentieren und initiierte in vielfältiger Weise spielerische Alternativen: Er deklarierte eigene Objekte als Sammlung „Cologne brutal" und machte sie der Stadt Köln vergeblich zum Geschenk oder feierte im Vorgriff auf den Baubeginn mit einem großen Happening die Grundsteinlegung für das Museum auf einem Abrissgrundstück an der Aachener Straße. Das waren kreative Spielweisen im Duktus jener Jahre, wie auch die Anregung zu einem Volksentscheid, der damals rechtlich überhaupt noch nicht möglich war.

Das waren die 1980er Jahre, heute sehen auch viele der Kritiker das Ergebnis anders. Die Architekten Peter Bussmann und Godfried Haberer haben mit dem Museum sowie dem Neubau der Philharmonie, die nie umstritten war, nicht nur ein schönes Architekturobjekt in die City gesetzt, sondern in einer markanten und schwierigen Zone zwischen Rheinufer, Eisenbahn und Dom einen gelungenen städtebaulichen Akzent geschaffen. Eine Folge ist einer der schönsten Plätze in Köln, der Heinrich-Böll-Platz. Die leicht ansteigende ruhige Fläche und die dann radikal abknickenden Treppen pointieren eine ursprüngliche Situation, die hier wieder erlebbar wird: Köln, die Stadt am und über dem Fluss. Dazu kommt die spannungsreiche Gestaltung des Platzes durch den israelischen Künstler Daniel Karavan. Er nennt sein Werk „Maalot, Environment aus Granit, Gusseisen, Ziegelsteinen, Eisen und Schienen, Gras und Bäumen".

Peter Ludwig hat später, kurz vor seinem Tode im Jahre 1996, noch einen weiteren museumsstrategischen Coup gelandet. Er vermachte der Stadt Köln seine umfangreiche Picasso-Sammlung mit der Auflage, auch diese Werke in „seinem" Museum öffentlich zu präsentieren. Dafür musste das bisher dort auch untergebrachte Wallraf-Richartz-Museum weichen. Nach langen Debatten um den Standort wurden schließlich in einer vor dem Jahre 2003 seltenen

Koaliton von CDU und Grünen der neue Standort, zwischen Gürzenich und Rathaus, und als Architekt Oswald Maria Ungers festgelegt. Heute sind alle darüber glücklich.

„Kunst soll ein Ding sein, von dem man, wenn man es findet, nicht weiß, was zum Teufel man damit tun soll."

Lawrence Weiner

Zwischen Domchor und Museum Ludwig findet man im Boden eine massive Eisenplatte, fast zwei mal zwei Meter, mit der rätselhaften Inschrift „1 x So ein paar Dinge". Zwei ähnliche Platten liegen in der Nähe zwischen Dom und Bahnhof und eine vierte etwas weiter weg am Stadtgarten „1x1x2 Mehr". Es sind Arbeiten des amerikanischen Künstlers Lawrence Weiner unter dem Titel „Ein Quadrat im Rheinland bauen", die die Gesellschaft für moderne Kunst am Museum Ludwig im Jahre 1995 der Stadt geschenkt hat.

„It doesn't matter where they fall as long as they fall in the rhineland." – Lawrence Weiner beim Aufbau seiner Arbeiten.

Die passende Frage auf die für manchen rätselhafte Antwort dieser Objekte hat Weiner selber gestellt: „Hat der Künstler ein Verhältnis zur Stadt? Oder hat die Stadt ein Verhältnis zum Künstler?" Jedenfalls hat diese Kunst ein Verhältnis zu ihrer Umgebung, denn die rationale Form des Quadrats, das Grundmuster von Architektur überhaupt, ist ein deutlicher ästhetischer Kontrast in einer durch Geschichte und Bomben und Klüngel ungeformten und krummen Stadt. Nun steht der Kölner da, verbeugt sich beim Lesen vor dem Dom und blickt auf die Klarheit eines Quadrats.

**FRANKENWERFT/
UNTER DER
HOHENZOLLERN-
BRÜCKE**

Fast unter der Hohenzollernbrücke findet man direkt an der Rhein-promenade eine aus mehreren Dreiecken zusammengesetzte Betonplastik. Die Form erinnert an den dreieckigen Winkel der KZ-Häftlinge. Eine Inschrift oben in dem Stein lautet: „Totgeschlagen – Totgeschwiegen. Den schwulen und lesbischen Opfern des Nationalsozialismus." Damit wird nicht nur an die Verfolgung der homosexuellen Männer im Dritten Reich erinnert, sondern zum ersten Mal in der Bundesrepublik war hier auf einem Denkmal für die NS-Opfer das Wort „lesbisch" zu finden. Es hatte einige Jahre gedauert, bis dem damaligen Oberbürgermeister Norbert Burger die Zustimmung dazu abgerungen werden konnte. Und es wird nicht nur an das „Totgeschlagen" bis 1945 erinnert, sondern zugleich daran, dass dieses Verbrechen noch lange in der Zeit der Bundesrepublik „verschwiegen" und der von den Nazis verschärfte Paragraf 175 des Strafgesetzbuches erst 1968 wieder gemildert wurde. Der Platz des Denkmals, am Rheinufer und nicht weit entfernt vom Bahnhof, bezieht sich auf frühere Toiletten in der Nähe, Treffpunkte der Homosexuellen, die „Klappen", die häufig Ziel von Überwachung, Razzien oder Überfällen durch SA und Polizei waren.

**RONCALLIPLATZ/
RÖMISCH-GERMANI-
SCHES MUSEUM**

Nach den ersten Bombardierungen Kölns wurde im Sommer 1941 auf der Südseite des Doms ein Bunker als Schutzraum für die Menschen der Altstadt gebaut. Als Bauarbeiter setzte man vor allem Zwangsarbeiter ein, aber immer waren Archäologen dabei, da man hier an der Nordostecke der alten Römerstadt wichtige Funde vermutete. Tatsächlich stießen sie in geringer Tiefe auf mittelalterliche und römische Mauern und bald wurden über eine Grundfläche von fast 3000 Quadratmetern die Umrisse eines prächtigen Stadtpalais sichtbar, mit Gartenhof, Winter- und Sommerwohnungen, mit einem Dutzend Läden zur Hafenstraße hin und einem Speisesaal, dessen Bodenmosaik fast vollständig erhalten war, das Dionysosmosaik. Die Ausgrabungen sprachen sich schnell herum und als die ersten farbigen Bilder freigelegt wurden, strömten die Kölner in Scharen herbei. Über 30 000 Menschen kamen trotz Bunkerbau und Krieg zur Baustelle, um das Mosaik zu bestaunen. Es wurde notdürftig gesichert, mit Sand bedeckt und darüber ein mächtiger Bunker errichtet.

So blieb das Mosaik erhalten und wurde nach Kriegsende bereits im Herbst 1946 als erstes Museum nach dem Krieg zu den Europa-Tagen öffentlich zugänglich gemacht. Nun konnte man in einer Baubude über dem Bunker den trunkenen Dionysos bewundern, umgeben von tanzenden Satyrn mit Instrumenten und Tieren, Amor auf einem Löwen und Pan auf dem Ziegenbock. Als die Farben verblassten, versuchte man sie mit Alkohol und Bohnerwachs aufzufrischen, aber das tat dem 1700 Jahre alten Werk nicht besonders gut. 1959 hatte man die rettende Idee: Das ganze Werk wurde mit Stoff überzogen, die Steine von hinten gelöst und auf eine große Holzrolle gewickelt, herausgehoben, mit einer Kunststoff-Beton-Masse hintergossen und in einem Stahlrahmen wieder eingesetzt. Ein paar Jahre später wurde das neue Museum auf dem Fundament des Bunkers gebaut, das berühmte Mosaik als Mittelpunkt. Dazu kamen die unzähligen Funde, die Generationen von Kölnerinnen und Kölner aus dem Boden geholt haben. Im Jahre 1974 eröffnet, ist es bis heute ein Publikumsmagnet in der Römerstadt am Rhein. Das Dionysosmosaik ist durch die großen Glasfronten zum Roncalliplatz auch jederzeit und von jedermann von außen zu besichtigen.

Die Regierungschefs tafeln beim G8-Gipfel im Sommer 1999 auf dem Dionysosmosaik im Römisch-Germanischen Museum: Macht demonstrieren und Zeichen setzen – da hat sich seit den Römern nichts geändert.

32

**AM HOF 12–14/
BRAUHAUS FRÜH**

Petrus von Mailand, Inquisitor und Schutzpatron der Kölschbrauer, als Relief über dem Brauhaus Früh.

*INGEBORG UND
GISBERT BROVOT,
KARNEVALISTEN,
EMPFEHLEN:*

Brauhaus Sion, aber ausschließlich die Schänke. Die unverwechselbare Brauhausluft macht Durst auf frisches Fasskölsch. Ein Besuch lohnt sich am Samstagvormittag, wenn die Gruppen sich zum „Brauhauswanderweg" aufmachen. Die Wanderführer sind Stadt-„Originale", wir unterhalten uns gerne mit ihnen und dabei bewundern wir ihren Spagat zwischen Wahrheit und Glauben.
Brauhaus Sion
Unter Taschenmacher 5-7
Tel. 257 85 40

In der grauen Steinfassade über dem Eingang zum Brauhaus Früh gibt es ein großes, doch wenig auffälliges Relief, das eine Geschichte von Ketzern und Mönchen erzählt, die man an einem Wirtshaus kaum erwartet. Man sieht das Brustbild eines streng blickenden Mannes mit einem Messer in der Brust und einem Schwert im Schädel: Es ist Petrus Martyr, auch Petrus von Mailand genannt. Der lebte im 13. Jahrhundert und entstammte einer italienischen Katharerfamilie, gehörte also zum Milieu einer damals weit verbreiteten Ketzerbewegung. Aber dieser Peter kehrte in den Schoß der römisch-katholischen Kirche zurück und wurde ausgerechnet Dominikaner – Mitglied des Ordens, aus dessen Reihen die meisten päpstlichen Ketzerverfolger des Mittelalters kamen. Im Volksmund lautete die Übersetzung des Ordensnamens „domini cani" wörtlich „die Hunde des Herrn".

Peter avancierte zum Inquisitor, zuständig für Oberitalien und als Renegat besonders prädestiniert, die früheren Glaubensgenossen zu verfolgen. Im Jahre 1252 ereilte ihn sein blutiges Schicksal auf der Landstraße zwischen Como und Mailand. Mehrere Täter, und wie die Legende weiß, von Katharern bezahlt und gedungen, stießen ihm ein Messer in die Brust und spalteten ihm mit einem Schwert den Schädel. Papst Innozenz IV. erkannte schnell die propagandistische Chance des Mordes und sprach in Höchstgeschwindigkeit schon wenige Monate später den toten Inquisitor heilig. Jetzt war er der „Heilige Petrus Märtyrer" und seine Geschichte wie sein Bild, mit Schwert im Schädel und Dolch in der Brust, wurde im katholischen Abendland rasch verbreitet. Nach Köln kam er durch die Brauer, eine der reichsten Zünfte, die ihn zu ihrem Schutzpatron machten. Wahrscheinlich von den Dominikanern überredet, die sich dadurch einen Zutritt zum Kreis der populären rheinischen Heiligen versprachen. Aber gegen die Gereons und Severins und vor allem die 11 000 Ursulas hatte er keine Chance und so fristet er bis heute eher ein Schattendasein an der Brauhausfassade. Die Kölschbrauer allerdings pflegen seine Erinnerung in der „Petrus-von-Mailand-Bruderschaft" und treffen sich jährlich zum Patronatsfest am 29. April in der Dominikanerkirche St. Andreas. Hier findet man eine Darstellung des Petrus Martyr auf dem „Rosenkranzbild" mit der klaffenden Kopfwunde sogar in Farbe – da macht sich das Blut allemal besser ...

Die nördliche Altstadt hat nicht dieselbe Prominenz wie etwa das südlich gelegene Severinsviertel, obwohl der Eigelstein mit den angrenzenden Straßen vielleicht der Teil der Stadt ist, der am ehesten einen Eindruck vom alten Köln wie auch von der neuen Lebendigkeit und Vitalität in dem Nebeneinander unterschiedlicher Kulturen und Menschen in der Domstadt geben kann.

DIE NÖRDLICHE ALTSTADT

Lübecker Str.
ring
K-Hansa-
ring
Hansa-
Ebert-
platz
Eigel-
stein-
tor
Leesberg-
str.
Turiner Str.
Sch.
Weiden-
gasse
Im Stavenhof
stein
str.
Dagobert-
str.
Kling Plank-
gasse
Unter
Krahnen-
hof
Musik-
hoch-
sch.
Salz-
magazin
str.
Johnenbäumen
Sch.
An der
Linde
St. Kunibert
gasse
Kuniberts-
gasse
Eintracht-
Ursula
garten-
str.
Ursula kloster-
str.
St.
Urs.
Machabäer-
Eigel-
Kreuzk.
St. Corpus
Christi
Dom-
str.
Victoriastr.
Ursulaplatz
Ursulastr.
Maximinen-
str.
Aller-
heiligen-
str.
Pol.
Jakorden-
str.
Johannisstr.
Joh.
haus
Brandenb.
Str.
Breslauer
Platz/Hbf
Köln/Hbf

39
40
34
36
35
37
38
33

33

**URSULAPLATZ 24/
ST. URSULA**

St.-Ursula-Krone.

Die meisten katholischen Kirchtürme krönt ein Gockel oder eine Wetterfahne, aber hier entdeckt man schon von weitem eine Ausnahme von dieser Regel: eine Krone auf St. Ursula. Es geht um eine Königstochter namens Ursula und ihre Krone kam als barocke Haube im 17. Jahrhundert nach einem Brand auf die romanische Kirche. St. Ursula ist eine der populärsten Kirchen der Stadt, was zweifelsfrei mit dieser Heiligen und ihrer bewegten Geschichte zusammenhängt, vielleicht auch mit dem, was an vor- und nebenchristlichen Elementen in ihrer Verehrung mitschwingt.

Die Königstocher Ursula macht vor der großen Reise gemeinsam mit ihren Freundinnen einen Segelkurs.

Ursula soll das Kind des bretonischen Königspaares Daria und Nothus gewesen sein. Die lange kinderlosen Eltern hatten ein Gelübde abgelegt, das Kind ins Kloster zu stecken, wenn sie denn eins bekämen. Ein Mädchen kam zur Welt, wuchs auf und war als Königstochter Ursula nicht nur reich, sondern auch schön und klug – eine Spitzenpartie also, die manches Jünglingsherz höher schlagen ließ. Ihr eigenes aber blieb kühl, sie liebte die Unabhängigkeit, vielleicht auch die Frauen. Sie wollte sich partout nicht verheiraten lassen und sie kannte das Versprechen ihrer Eltern. Eines Tages hörte Ätherius, der Sohn des schrecklichen Königs Conan, von der schönen Jungfrau Ursula und brachte seinen Vater dazu, Ursulas Eltern ein erpresserisches Ultimatum zu stellen: Hochzeit oder Krieg. Alle waren erbost, aber auch ratlos, bis Ursula die rettende Idee hatte. Die kam zeitgenössisch als Engel im Traum: Sie sei mit der Heirat einverstanden unter drei Bedingungen. Erstens müsse sich der Heide überhaupt einmal taufen lassen, zweitens müsse er drei Jahre warten und drittens wolle sie in dieser Zeit mit ihren zehn besten Freundinnen eine Weltreise machen. Die Erleichterung über diese Lösung

war groß, der Pakt kam zustande, der König ließ die besten Schiffs-
bauer kommen und Ursula lernte den Umgang mit Steuer und Segel.
Das alles ist übrigens auf einem wunderbaren Bildzyklus von 1456
genau zu verfolgen, der im nördlichen Querhaus der Kirche hängt.

Der Papst Cyriacus tauft all die
schönen Frauen und zieht
anschließend mit Ursula und
ihren Freundinnen in die weite
Welt. Die Vatikanbürokratie ist
empört.

Die Frauen fuhren mit Freundinnen und Dienerinnen los, besuchten Städte und Länder und kamen eines Tages den Rhein hinauf bis
Köln. Hier hatte Ursula die fixe Idee – der Engel! –, den Papst in
Rom zu besuchen. Sie kamen per Schiff bis Basel und überquer-
ten dann zu Fuß die Alpen. In Italien gefiel es ihnen außerordentlich gut, umgekehrt müssen auch die Italiener an den Frauen Gefallen gefunden haben: Der regierende Papst Cyriacus war von Ursula
und ihren Freundinnen so angetan, dass er spontan den Heiligen
Stuhl verließ und sich der Frauengruppe anschloss. Die Vatikanbürokratie war natürlich erbost und strich ihn aus der Papstliste, wie
die Legende erzählt: „Sie glaubten, er sei von Sinnen gekommen,
dass er die päpstliche Würde wollte lassen, um dass er hinter etli-
chen unsinnigen Weibern möchte laufen."

Weitere Erzbischöfe und Kardinäle schlossen sich an und ab
Basel segelten wieder alle den Rhein hinab. Unterwegs in Mainz

kam ihnen Ätherius entgegen, der es nicht mehr ohne die heftig ersehnte Braut ausgehalten hatte. Obwohl die drei Jahre Wartezeit noch nicht um waren, fielen sich die Versprochenen um den Hals und segelten gemeinsam weiter. Aber wie das manchmal im Leben so ist, statt des Happy End kommt die Katastrophe: Vor Köln wurden die Schiffe von Hunnen, die seit Monaten vergeblich die Stadt belagert hatten, überfallen, ausgeraubt und die Reisenden ermordet – bis auf Ursula, Ätherius und ihre beste Freundin Cordula. Der Hunnenfürst Attila machte Ursula den Hof, vergebens. So wurden die drei schließlich auch hingerichtet: Ätherius mit dem Schwert, Ursula mit Pfeil und Bogen – deshalb der Pfeil in ihrer Hand als Attribut –, und ihre innigste Freundin Cordula, die allein nicht weiterleben mochte und ihr Versteck verließ, als Letzte erschlagen. Deswegen wird heute noch Cordulas Namenstag am 22. Oktober gefeiert, einen Tag nach Ursula. Da es sich bei der Legende um eine tragische Variante handelt, kamen die rettenden Engel erst, als alle tot waren und vertrieben die Feinde, so dass die Kölner die Leichen bergen und beerdigen konnten. Sie errichteten eine Kapelle, später eine Kirche und Basilika.

Memento Mori in der „Goldenen Kammer" in St. Ursula: Was heute in Vergessenheit gerät, kann hier bestaunt werden – der Umgang mit dem Toten in einem barocken Schauraum mit Knochen und Schädeln drapiert.

Die Bau- und Kunstgeschichte St. Ursulas sind nicht ganz so eindeutig. Aus dem frühen 5. Jahrhundert ist eine Stiftertafel, die „Cle-
matius-Inschrift", erhalten, nach der ein reicher Mensch dieses
Namens „aus dem Osten" kam und, „von heftigen Visionen
gedrängt", auf eigene Kosten von Grund auf eine ältere Märtyrerinnenkirche renovieren ließ. Für diese Zeit haben die Archäologen
auch eine erste Kapelle an der Stelle der heutigen Kirche nachgewiesen. Dies ist nicht ungewöhnlich, da hier nahe der römischen
Ausfallstraße nach Norden zahlreiche Gräber lagen und die frühen
christlichen Kirchen oft auf römischen Friedhöfen entstanden. Gegen

Ende des ersten Jahrtausends entstand dann die Legende um die
reisenden Frauen – anfangs noch ohne den Namen Ursulas. In dieser Zeit (922) wird die Märtyrerinnenkirche an Gerresheimer Stiftsdamen übergeben, die vor den Ungarn nach Köln geflohen waren.
Vielleicht war dieses Fluchterlebnis der Hintergrund für die Ursula-
Legende, vielleicht aber auch die Eroberung Kölns durch die Normannen ein paar Jahre früher (881). Jedenfalls fiel der Stoff bei
den Kölnern auf fruchtbaren Boden, und als sie im 12. Jahrhundert
Stadtmauer und Kirche erweiterten und bei den Bauarbeiten auf ein
ausgedehntes Gräberfeld stießen, galt jeder Knochen als „Beweis"
für die Geschichte und war zugleich eine begehrte Reliquie aus dem
„Ager Ursulanus", wie die Gegend genannt wurde. Schon früh war
die Legende um den Papst Cyriacus und die Kardinäle erweitert worden, als man auf männliche Skelette stieß und deren Herkunft in
einer Frauengruppe begründen musste. Und um die Masse der
gefundenen Reliquien zu erklären, ersann man einen einfachen und

Keine christliche Hundehütte,
sondern das alte Reliquiengehäuse
des Hochaltars von St. Ursula.

Früher pilgerten die frommen
Besucher von St. Ursula unter
dem Reliquienschrein hinter dem
Altar hindurch.

zugleich frommen Lesetrick: Aus den „XI M(artyres) V(irgines)", also elf ermordeten Jungfrauen, machte man „XI M(ilia) V(irgines)", elftausend Jungfrauen.

Der Erfolg der frommen Legende ist bis heute in der Goldenen Kammer, einem barocken Reliquienraum in der Südwestecke von St. Ursula, zu bestaunen. Wie ein riesiges Reliquiar, in das man hineingehen kann, ist der hohe Raum über und über mit Schädeln, Armspangen, Beinknochen, Hüften oder Gelenken in kunstvoller Ornamentik bedeckt, manche auch zu Worten und Sätzen zusammengelegt. Alles edel für den frommen Schauer in den dominanten Farben Rot und Gold geschmückt, für das Blut der Ermordeten wie auch als Symbol ihres himmlischen Triumphs. Für manche ist dieses barocke Beinhaus, eine Stiftung des Kölner Ehepaars Crane im Jahre 1643, auch eine „Schreckenskammer", wie das benachbarte Brauhaus heißt. Aber ganz gleich, ob man die „Goldene Kammer" eher für ein Produkt nekrophiler Leidenschaften hält oder eher als religiöse Schatzkammer sieht, sie ist auch Dokument einer anderen Umgangsweise mit Tod und Sterben, als das heutzutage in unserer Kultur der Verdrängung üblich ist.

Auf der Suche nach dem Ursprung der Legende und dem Ursulakult stießen feministische Historikerinnen auch auf vorchristliche Spuren. Der Name kann von „Ursa", also „Bärin" abgeleitet sein, für die auch das Sternbild des Großen Wagen steht, der – ähnlich wie Ursula mit ihren 11 000 Freundinnen – mit Myriaden von Sternen umgeben ist. Eine englische Historikerin vermutet, hier sei möglicherweise eine sächsische Bärengöttin „Horsel" verehrt worden. Und so wie Ursula als Patronin für einen guten Tod und den Übergang vom Leben ins Jenseits gilt, steht der Bär in vielen Darstellungen und in der vorchristlichen Symbolik als Mittler zwischen Himmel und Erde. Schließlich wurde in der Ursulakirche in einem Pfeiler die eingemauerte Figur der ägyptischen Göttin Isis gefunden, die als Bewahrerin des Lebens galt und, ähnlich wie Ursula, immer mit einem breiten Schutzmantel als Beschützerin dargestellt ist.

Der Bau um die Kirche St. Ursula wurde zu einem der vornehmsten Frauenstifte Kölns. Bald konnten dort nur noch Damen aus freiherrlichen Häusern eintreten und nach und nach wurde aus einer kirchlichen Frauengemeinschaft eine Versorgungseinrichtung für unverheiratete höhere Töchter.

Der Bär als Reittier eines gehörnten Gottes: Verbindungen zwischen „ursa", die „Bärin" und Ursula?

34

**WEIDENGASSE/
EIGELSTEIN**

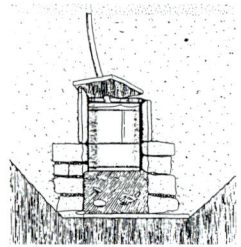

Römisches Brandgrab auf dem Eigelstein mit einem Versorgungsschacht für die „letzte Reise".

Ursprünglich war der „Eigelstein" eine römische Landstraße, über die das Militär mit den Stützpunkten Neuss und Xanten verbunden war und der Verkehr bis in die südlichen Niederlande floss. Schon in der Römerzeit siedelte man störende Betriebe vor der Stadtmauer an: Gerbereien und Leimsieder wegen des Geruchs, Schmiede, Glasbläser und Töpfereien wegen der Brandgefahr. Die Handwerker arbeiteten und wohnten auch dort. Außerdem wurden entlang der Straße nach römischer Tradition und Vorschrift die Friedhöfe angelegt, Nekropolen, deren Grabsteine die Reisenden an die Toten erinnern sollten. Diese zwei Funktionen – Gewerbegebiet und Gräberfeld – führten im mittelalterlichen Köln zu einem Siedlungsschwerpunkt am nördlichen Rande der Stadt und entlang der alten Landstraße.

Auf der Weidengasse, die vom Eigelstein in einem Bogen zum Hansaring führt, dominieren Gemüseläden, Lebensmittelgeschäfte und Kebabstuben, türkische Schlemmerrestaurants, Trödelläden, Bäckereien und Reiseunternehmen. Manche sprechen von „Kölsch-Istanbul", vergessen aber leicht, dass nur ein kleiner Teil der rund 80 000 türkischen Kölner den sichtbaren Aufstieg zum Kaufmann oder Gastwirt geschafft hat – wie Ibrahim Abi, der sich in der Weidengasse 1962 als erster Türke mit einem Ladenlokal selbstständig machte. In der Weidengasse isst man in allen Preislagen gut, hier sind die besten Restaurants türkischer Küche zu finden, wie das edle und vielfach ausgezeichnete Bizim oder der Bosporus auf der anderen Straßenseite. Neben den türkischen Geschäftsleuten, die inzwischen auch Schmuck, Musikinstrumente und Brautkleider verkaufen, haben in der Weidengasse immer noch die Alträucher, die angestammten Second-Hand-Läden, ihren festen Platz.

Von der Weidengasse 30 führt ein Durchgang zum benachbarten Stavenhof, der bis vor kurzem eher Prototyp eines gesellschaftlichen Randbezirks war. Im Stavenhof arbeiteten bis vor einigen Jahren ältere Prostituierte, die in den Bordellen der Innenstadt nicht mehr gefragt waren oder später dann in dem Abschreibungspuff „Pascha" an der Hornstraße in Ehrenfeld die Zimmermiete nicht erwirtschaften konnten. In den 1920er Jahren war der Stavenhof eine Hochburg der Kommunisten. In der Kneipe „Ohm-Paul" am Gereonswall traf sich der linke Rotfrontkämpfer-Bund, während am Eigelstein das Weinhaus Vogel als rechter SA-Treff galt. Aber von all dem ist kaum noch etwas zu finden und inzwischen gilt der Stavenhof als „In-Adresse" für Künstler, Internetbetriebe oder Architekten. So wie das ganze Viertel um Weidengasse und Eigelstein im Umbruch ist, nachdem es 1989 zum Sanierungsgebiet erklärt

wurde. Der neue MediaPark übte Druck auf Verkehr, Mieten oder Büroplanung aus und die alte Bausubstanz verlangte ebenfalls nach Modernisierung. Aber es gibt gegensätzliche Interessen: Die Händler und Kaufleute, zusammengeschlossen in einer Interessengemeinschaft, wollen Durchgangsverkehr, Parkplätze und ihre Straßenfeste. Die Anwohner verlangen eher Ruhe, mehr Grün oder Radwege und öffentliche Einrichtungen. Eine Gruppe, die türkischen Kölner, äußern sich dabei am wenigsten, obwohl sie als eine der größten Gruppen und mit der Mehrheit aller Kinder im Kerngebiet sicherlich die meisten Interessen anzumelden hätten. Inzwischen ist die Veränderung auch deutlich zu sehen und zu erleben: Viele Altbauten sind saniert, manches wurde neu gebaut und eine Reihe öffentlicher Einrichtungen, wie die Jazzhausschule in der Eigelsteintorburg oder die Kindertagesstätte in der Weidengasse, wurden geschaffen.

Weidengasse und Eigelstein – eine Domäne der türkischen Kölner.

Die Unsicht-Bar Deutschlands erstes Dunkel-Restaurant, in völliger Dunkelheit, konzentriert auf die Sinne. Schmecken – riechen – fühlen – hören. Stavenhof 5–7 Tel. 200 59 10 www.unsicht-bar.com

35

UNTER KRAHNENBÄUMEN / NORD-SÜD-FAHRT

„UKB" nach der Straße Unter Krahnenbäumen nennen Eingeborene das ganze Viertel zwischen Nord-Süd-Fahrt und der Kirche vom heiligen Kunibert am Rhein. Der Name hat nichts mit irgendwelchen Kränen am Rhein zu tun, sondern stammt von den „Krähenbäumen", wie der Wacholder im Mittelalter genannt wurde, auf dem die Krähen gerne sitzen. In den frühen 1970er Jahren wurde hier die Musikhochschule gebaut, die trotz Sichtbeton und großflächiger Dimension mit den auffälligen roten Fassaden- und Fensterteilen dem Viertel nicht geschadet hat. Im Gegenteil. Der vielfältig gegliederte Bau nach den Entwürfen der Architekten von „Werkgruppe 7" und „Bauturm" stellt einen neuen Mittelpunkt dar. Dies war früher einmal ein wichtiger Medienstandort, als 1927 das Funkhaus in der Dagobertstraße, die Urzelle des WDR, mit damals immerhin 153 Mitarbeitern, eröffnet wurde.

Von dem bedeutendsten Fotografen Kölns der Nachkriegszeit, Chargesheimer, gibt es den wunderbaren Bildband „Unter Krahnenbäumen", der dieses Viertel zeigt, wie es in den 1950er Jahren mit Läden, Straßenszenen, Festen und Prozessionen aussah, ein Stück mediterranen Lebens und ein Rest des alten Köln, hinübergerettet über die Zerstörungen durch den Krieg. Das alles ist nicht mehr da, die Nord-Süd-Fahrt hat UKB und das ganze Viertel geteilt, ein amputierter Rest ragt noch aus dem Eigelstein.

UKB, Unter Krahnenbäumen: ein Markenzeichen für die persönlichste Art der Kölner zu leben. Drei Fotos von Chargesheimer zu Prozessionen und Festen in Köln Anfang der 1950er Jahre.

Die innerstädtische Trasse wurde schon von den Nazis entworfen: Man installierte Anfang der 1940er Jahre eine eigene „PlanungsGmbH", die nach dem Sieg die neuen Städte errichten sollte. Der Krieg ging bekanntlich verloren, aber die Planer blieben. Die Firma wurde in „WiederaufbauGmbH" umbenannt und die alten Pläne von denselben Leuten aus den Schubladen geholt. Sowohl

die monumentale Ost-West-Achse über die Hahnenstraße als auch die Nord-Süd-Fahrt gehen auf solche NS-Planungen zurück. Immer nach dem Motto des NS-Bauchefs Fritz Todt: „Für die Straßen des Führers ist uns keine Landschaft zu schade."

**DOMSTRAßE 81/
WOLF VOSTELL**

In dem Eckhaus zur Dagobertstraße befindet sich die „LoRe", ein Geschäftslokal, in dem es zweimal im Jahr Rummel gibt. Einmal, wenn die Kölschmusiker „De Höhner" hier aufspielen, und zum anderen, wenn irgendein Prominentenkoch gut gesinnte Menschen bewirtet. „LoRe" das heißt Lobby-Restaurant und ist eine Einrichtung des Kölner Arbeitslosenzentrums. Hier können Berber und Banker gemeinsam essen, zwar zu unterschiedlichen Preisen, aber das gleiche Menü. Wenn auch keine Banker hier verkehren, ist es doch ein Ort in der Stadt, in dem es täglich ein gutes Menü für Trebegänger, Punker oder Junkies gibt, und das Ganze selbst organisiert und betrieben von ehemaligen Obdachlosen. Die Höhner sind übrigens die Paten des Lobby-Restaurants.

In demselben Geschäftslokal befand sich 30 Jahre zuvor in den bewegten Sechzigern eine der innovativsten Galerien der Stadt, die „art intermedia" des Galeristen Helmut Rywelski. Exakt davor auf der Straße entstand im Jahre 1969 in einer Parklücke die Aktionsplastik des Künstlers Wolf Vostell mit dem Titel „Ruhender Verkehr".

Der erste Standort der Aktionsplastik „Ruhender Verkehr" von Wolf Vostell in der Domstraße.

Vostell betonierte damals bei laufendem Autoradio einen Opel Kapitän mit dem amtlichen Kennzeichen K-HM-175 ein, nachdem er den Wagen bis oben hin mit Fotos und Zeitungen gefüllt als zeitgeschichtliches Mausoleum präpariert hatte. Der Fluxuskünstler Wolf Vostell lebte von 1959 bis 1971 in Köln und experimentierte in dieser Zeit viel mit anderen Künstlern, deren besondere Qualität nicht nur die Überschreitung der klassischen Kunstgrenzen, sondern auch die Provokation aller Gewohnheiten des Publikums war.

Das Bauamt genehmigte das Objekt zunächst als „Baustelle", zu deren Sicherung der Galerist jeden Abend eine Baulampe aufhängen musste. Aber bald fühlte sich der fließende durch den „ruhenden Verkehr" gestört, und Kölns Kulturdezernent drohte mit einem Presslufthammer anzurücken. Am Ende fand sich ein Mäzen, der die Plastik kaufte und der Stadt mit der Auflage schenkte, sie öffentlich zu präsentieren. So fand sie nach Jahren zunächst einen Platz am Haubrich-Hof vor der Volkshochschule und später auf dem Mittelstreifen des Hohenzollernrings als zeitgemäßes, ja geradezu zukunftsweisendes Objekt, das die Schönheiten des Verkehrs erschließt, wenn er erst einmal zur Ruhe gebracht ist. Der Chef des Museum Ludwig, Kasper König, will das Werk zum Ursprungsort in die Domstraße zurückbringen: „Der Standort am Ring ist total falsch. Vostell wollte einen Parkplatz blockieren." Aber nicht nur als zeitgenössische Aktionskunst sticht diese Arbeit hervor, sondern auch als Beleg dafür, wie Künstler kritisch mit dem Objekt Auto umgehen können, im Unterschied etwa zu HA Schults Flügelauto auf dem Turm des Stadtmuseums, das als Auftragskunst zum Jubiläum der Firma Ford den „Fetisch Auto" im Grunde verherrlicht.

RUND UM ST. KUNIBERT

Nichts mehr erinnert daran, dass das Quartier rund um St. Kunibert einmal das erste innerstädtische „Industriegebiet" war. Es sei denn, man findet dieses kleine Schild „AFO Krawatten-Fabrik von August Flachtmann" in der Machabäerstraße 56. Aber gerade dieser Bau von 1869 erinnert weniger an Fabrik als an einen Prachtbau der italienischen Renaissance mit Fassadenmalerei, Reliefs und Figurenfries, wie man ihn selten in Köln findet.

Die Voraussetzungen der Industriegeschichte an dieser Stelle war zum einen die Säkularisation 1802 und zum anderen die Fülle an Klöstern und Kirchen seit dem Mittelalter. Man versteht bei der

Verkauf, Spekulation, Abriss: das Schicksal der meisten Kölner Kirchen und Klöster nach der Säkularisation 1802.

Betrachtung alter Stadtansichten, dass Köln einmal das „Rom des Nordens" genannt wurde: eine katholische Stadt mit angeblich so vielen Kirchen, Klöstern und Kapellen, dass man jeden Tag eine

andere besuchen konnte, 365-mal, das ganze Jahr hindurch. Nachdem die Stadt von den Franzosen besetzt war, die die Niederlassungs- und Gewerbefreiheit einführten und die Kirche enteigneten, kamen die beiden Dinge zusammen: das frische Kapital für neues Gewerbe und die zahlreichen leer stehenden Gebäude, in denen sich die frühen Manufakturen und Fabriken entfalten konnten.

Eines der ersten Produkte in industrieller Herstellungsweise war Zucker auf der Basis von Rohrzucker, „Kolonialzucker" genannt, der aus den Kolonien über den Rhein herbeigeschifft werden konnte. Johann Jakob Herstatt gründete 1805 die erste Zuckerfabrik im Altenberger Hof an der Ecke Johannisstraße/Servasgasse, vormals der prächtige Stadtsitz der Zisterziensermönche von Altenberg im Bergischen Land. Zwei weitere Zuckerfabriken gab es südlich von St. Kunibert am Rheinufer. In das alte Stift St. Ursula zog für einige Jahre eine Seidenmanufaktur ein, während das Kapuzinerkloster in der Machabäerstraße in der preußischen Zeit als Baumwollspinnerei und -schneiderei genutzt wurde, bevor man es abriss. Heute befindet sich hier die Verwaltung von REWE.

Ein weit über Köln hinausragendes Kapitel der Industriegeschichte wurde ebenfalls dort aufgeschlagen. Eine Tafel an dem Eckhaus Johannisstraße/Servasgasse erinnert daran, dass im Jahre 1864 Nikolaus August Otto dort die atmosphärische Dampfmaschine zum so genannten Otto-Motor entwickelte und eine Motorenfabrik gründete. Mit dieser Fabrik zog er einige Jahre darauf nach Deutz und sie entwickelte sich später zu dem Weltunternehmen Klöckner-Humboldt-Deutz (KHD). Finanziert übrigens wurde der Ingenieur Otto von dem Kölner Zuckerfabrikerben Eugen Langen.

38

KUNIBERTS-KLOSTERGASSE 2/ ST. KUNIBERT

Die ehemalige Stiftskirche nördlich der Eisenbahnbrücke am Rhein ist die jüngste der romanischen Kirchenbauten Kölns. Sie ist als Letzte nach den Kriegsschäden restauriert und erst 1993 vollständig wieder eröffnet worden. St. Kunibert wurde zwischen 1200 und 1247 gebaut und ein Jahr vor der Grundsteinlegung des Doms eingeweiht. In seiner lichten Weite und den hohen Gewölben verrät der Bau den damals neuen Stil der Gotik. An diesem Standort gab es schon vorher eine Kirche für den alten Wasserpatron und Papst Clemens, die der Kölner Erzbischof Kunibert im 7. Jahrhundert bauen ließ. Kunibert ist selber hier auch begraben.

Neben Kunibert und Clemens spielten die beiden Brüder Ewaldi für diese Kirche eine wichtige Rolle, wegen ihrer unterschiedlichen Haarfarbe der eine als schwarzer, der andere als weißer Ewald tituliert. Sie sind hier gemeinsam in einem goldenen Schrein beigesetzt. Die beiden waren als Missionare, wohl genauer als Militärseelsorger, an der Seite der fränkischen Truppen an der Unterwerfung der Sachsen beteiligt, wurden aber schon in Dortmund-Applerbeck erschlagen und zwar genau am 3. Oktober. Für einige Spötter ist das übrigens ein entscheidender Hinweis für den neuen deutschen Nationalfeiertag am 3. Oktober: bei der Eroberung des Ostens auf der Strecke geblieben und im Rheinland begraben! Es sind übrigens nicht die einzigen Opfer der Ostkolonisation, die am Rhein als Heilige verehrt werden. Im Dom stößt man etwa auf die Reste eines gewissen Agilolf, der als Diplomat im Dienste Karl Martells im Osten ums Leben kam, oder des Kölner Bischofs Hildiger, der auch in den Sachsenkriegen umkam. Das ist kein Zufall, denn Köln war im 9. Jahrhundert nicht nur Mittelpunkt einer Kirchenprovinz, die von Lüttich bis vor die Tore Hamburgs reichte, sondern der Kölner Erzbischof wie überhaupt die Kirche spielten bei der Politik der Unterwerfung und Eroberung des Ostens im frühen Mittelalter immer eine entscheidende Rolle.

Der Kirchenchor in St. Kunibert ist durch einen Schacht direkt mit einem Brunnen verbunden. Der Wasserheilige Clemens passt auf …

Zu den beiden Ewaldi gibt es allerdings noch eine andere Fassung der Legende, nach der sie durch einen Brunnen unter der Kirche angeschwemmt wurden. Nun existiert tatsächlich ein Brunnen in der Kirche. Er lag bei dem ersten frühmittelalterlichen Bau wohl vor dem Kirchenchor im Osten und wurde im 13. Jahrhundert in den Neubau einbezogen. Der Brunnen mit einem 17 Meter tiefen Schacht ist in der Krypta zu finden. Nach oben zum Chor hin ist er durch einen Deckendurchbruch fortgeführt, der exakt in der Vierung vor dem Altar auskommt und mit einer modernen Abdeckplatte des Kölner Bildhauers Elmar Hillebrand (1955) verschlossen wurde.

Kunnebäätspözleed

*En Kölle ess et anders, dofür
hammer ne Pöz
Dä ess wie mer all wesse bei uns
en Kunebäät
Doren sind nur klein Kinder ov
Mädchen un ov Jung
Do kann mer sich bestelle e
richtig kölsch Fassung.*

*Us däm schöne Kunebääts Pözge
Kohmen all mer ohne Hemb un
Bözge
Jo dä Storch dä hät uns
heimgebraht
Un hät uns bei die Mamma en et
Bett gelaht.*

*Dä Storch dä deit se bränge ov
ein vielleich och zwei
Et kann jo och passere, dat hä
sugar brängk drei
Em Pöz do ess e Wasser, dat gitt
de Fraue Trus
Un Freud un och vill Levven dann
e Kind brängk en et Hus.*

Us däm schöne ...

... und zu seinen Füßen geht es noch weiter hinab in die vorchristlichen Tiefen unter der Kirche.

In Köln heißt er Kunibertspütz und sein Wasser galt früher als Hilfe bei Unfruchtbarkeit. Es war angeblich sogar Brauch unter den jungen Kölnerinnen, vom Kunibertspütz zu trinken, um die Schwangerschaft zu befördern. Und angeblich soll es bis heute junge Frauen oder Paare mit dem Wunsch nach Kindern geben, die in die Kirche gehen, um „in d'r Pütz ze loore". Möglicherweise gehen

Legende, Brauch und sogar Kirchenbau auf ein Fruchtbarkeitsheiligtum im frühen Rheinland zurück. Das neue Christentum hat häufig seine Kirchen auf die Kultstätten anderer Religionen gesetzt, um deren Verehrung zu unterbinden oder manches in neuem Gewand fortzusetzen. Es ist jedenfalls auffällig, die alte Quelle, das heißt den heutigen Brunnen an dieser architektonisch herausragenden Stelle zu finden. Vielleicht ist die Legende von den beiden Ewalden die christianisierte Fassung eines uralten Fruchtbarkeitsglaubens, wobei in diesem Fall die Quelle keine jungen Heiden, sondern alte Heilige gebar!

Über dem Eingang des benachbarten Marienhospitals findet man als Gründungsdatum den 8. Dezember 1854. Das ist exakt der Tag, an dem Papst Pius IX. das Dogma der „Unbefleckten Empfängnis Mariens" verkündete. Aus diesem Anlass errichtete eine Gruppe frommer und ultramontan eingestellter Katholiken eine Mariensäule vor dem erzbischöflichen Palais, die heute auf dem Gereonsdriesch östlich von St. Gereon steht. Andere, ebenso fromme, aber eher sozial engagierte Katholiken gründeten aus demselben Anlass ein „Hospital für Arme und unheilbar Kranke", die seinerzeit im städtischen Bürgerhospital am Neumarkt nicht aufgenommen wurden. Weil diese Armen oft bis zu ihrem Tode im Marienhospital versorgt wurden, hieß die Einrichtung früher auch kurz und treffend „Dudespidöölche" – „Todesspital".

EIGELSTEIN/ EIGELSTEINTOR

Neben dem prächtigen Hahnen- und dem massiven Severinstor ist das nördliche Eigelsteintor ein eher bescheidener Rest der Stadtbefestigung, die mit über sechs Kilometer Länge, mit Gräben, Mauern, elf Toren und zahlreichen Vorwerken einmal eine der umfangreichsten Stadtbefestigungen Europas war. In einer Nische des Tors auf der Stadtseite steht ein wetterfester Abguss vom „Kölschen Boor" – das Original befindet sich im Rathaus. Die Figur wurde 1891 als Dokument der Treue und Loyalität der Kölner beim Besuch des deutschen Kaisers Wilhelm II. aufgestellt. Seit dem späten Mittelalter als Symbol der Reichsstadt Köln überliefert, wurde sie erst mit dem Dreigestirn im Kölner Karneval populär und hat mit Landwirtschaft überhaupt nichts zu tun.

Sie geht auf eine Gliederung des „Heiligen Römischen Reiches Deutscher Nation" nach dem so genannten Quaternionensystem,

Der „Kölsche Boor" als Kriegsheld: 1915 war jeder Nagel, der in die Holzfigur gehauen wurde, mit einer Kriegsspende verbunden. Heute steht der vernagelte Bauer im Stadtmuseum.

der magischen Vierheit, zurück. Man stellte sich das Reich als Haus mit vier Seiten vor und für jede der Seiten stand symbolisch eine Gruppe. Das war damals ganz im Zeitgeschmack, der es gern mit Sinnbildern und Zahlenmystik hielt. An der Spitze der Reichsordnung standen die Kurfürsten und dann folgten die Herzöge, die Grafen und Ritter, die Städte und schließlich die Bauern, zu denen Köln seltsamerweise gerechnet wurde. Und niemand weiß, warum! Der Verfasser der berühmten Koehlhoffschen Chronik von 1499 war denn auch ausgesprochen sauer, Köln zu denen zu zählen, „die mit misth und unflait umbgain". Immerhin gelte Köln für die „gantze werlt" als eine Metropolis, was so viel sei wie eine „Hauptstadt in Almanien". Wie man sieht – die Differenz zwischen Fremd- und Eigenbild der Kölner war damals schon ausgeprägt. Wobei man zum Thema „Köln als Metropole" ja sagen muss, dass es keine Schande ist, Provinz zu sein. Blöd ist es eben nur, wenn man das nicht weiß, und das gilt bis in die Gegenwart.

Der Bauer als Statussymbol der alten Reichsstadt Köln – und keiner weiß, wie wir daran gekommen sind.

Auf der Innenseite der Torburg hängt oben in dem östlichen Turmbogen ein halb zerschossenes Bootswrack, selbst vielen Kölnern ist es noch nie aufgefallen. Eine Tafel erinnert: „Die Trümmer des Kutters mahnen an den ruhmvollen Untergang von S. M. Cöln im Seegefecht bei Helgoland am 28. August 1914." Wen oder an was sie mahnen, ist den liebevoll kultivierten Resten nicht zu entnehmen. In jedem Jahr am 28. August erinnern die Rentner von der „Marinekameradschaft Leuchtturm" an den „ruhmvollen Untergang der Cöln", singen einige Shanties, wobei von den damals ersoffenen 379 Matrosen dabei allerdings selten die Rede ist.

Bereits 1918 folgte ein zweites Kriegsschiff mit dem Namen „Cöln", das jedoch schon wenige Monate später vor Scapa Flow aus den eigenen Reihen versenkt wurde, um nicht den Engländern in die Hände zu fallen. Der dritte Kreuzer „Cöln" wurde 1930 vom damaligen Oberbürgermeister Konrad Adenauer getauft und 1945 in Wilhelmshaven schon wieder versenkt.

Innenseite Eigelsteintor:
Unter den Resten des Rettungs-
boots der S. M. Cöln, die am
28. August 1914 versenkt wurde,
trauern alljährlich am Tage des
Untergangs die Kameraden von
der Kriegsmarine.

Es folgte – nach kurzer Pause – in den 1950er Jahren wieder eine Fregatte „Köln", die erstmals ein ziviles Ende fand: Sie wurde 1982 verschrottet, während die neueste, die fünfte Ausgabe mit zu dem Nato-Kommando gehörte, das 2002 auf der Suche nach internationalen Terroristen vor dem Horn von Afrika patrouillierte. Mit diesem Kriegsschiff gibt es eine offizielle Patenschaft der Stadt Köln, die trotz aller Kritik der Friedensbewegung nie gekündigt wurde. Im Gegenteil, die Marinesoldaten kommen jedes Jahr zu Weihnachten an den Rhein um im städtischen Kinderheim in Sülz ihre Weihnachtspäckchen abzugeben.

Die Eigelsteintorburg wurde Anfang der 1990er Jahre gründlich renoviert und dann nach langem Gerangel der „Offenen Jazzhaus-Schule" übergeben. Damit hatte sich eine freie Kulturinitiative gegen Karnevalsvereine oder den Brauereiverband durchgesetzt. Der Verein, der jährlich rund 1200 Kindern und Jugendlichen den Weg zur Musik ebnet, hat die Torburg 30 Jahre lang in Erbbaupacht übernommen, ohne Miete, doch mit der Verpflichtung zum Unterhalt des Baus und der Auflage, ihn allen zugänglich zu halten. So gibt es in der ersten Etage einige Räume, die Bürger, Vereine oder Firmen aus dem Veedel gegen einen Kostenbeitrag mieten können, sei es für eine Hochzeit, für ein Seminar oder für die Bürgerversammlung. Ein öffentliches Haus mit öffentlichen Mitteln: eine der seltenen Ausnahmen im Reigen der Kölner Stadttore und Türme.

„Ruhmvoller" Untergang der S. M.
Cöln vor Helgoland: 379 Matrosen
starben.

„Du sollst diesen Namen tragen
zur Ehre dieses heiligen Köln,
zur Erinnerung an die alte Stadt.
Wie sie deutsches Wesen und
deutsche Art treu schirmt und
hütet am Rheinstrom, so sollst
du hüten und schirmen die deutsche Heimat und deutsche Ehr'
auf den Wassern des Meeres."

Konrad Adenauer anlässlich der
Taufe des Kreuzers „Cöln" 1930

EIGELSTEIN 115

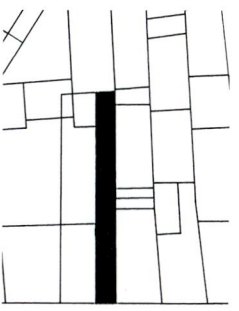

Das schmalste Haus der Stadt
mit 2,56 Meter Breite!

Fünf Etagen hoch ragt das Gebäude auf dem Eigelstein und trotzdem ist es leicht zu übersehen. Es gehört zu den Dingen, die man erst beim zweiten oder dritten Blick wahrnimmt, dann aber nicht mehr vergisst: das schmalste Haus Kölns mit 2,56 Meter Breite und einer Tiefe von 32 (!) Metern. Mancher hätte die Lücke, genauer: die Scheibe zwischen den Nachbarn, gar nicht als Grundstück wahrgenommen. Aber eine neugierige Bauherrin und zwei innovative Architekten, Arno Brandlhuber und Bernd Kniess, haben es gewagt. Hier konnte gar kein Haus im eigentlichen Sinne entstehen, es galt, den Spalt zwischen den Hauswänden zu überbrücken. So wurden auch keine eigenen Außenmauern gebaut, sondern die Decken und Querwände wie ein Regal an den Häusern rechts und links eingehängt. Im Erdgeschoss mit einem Hochparterre entstand ein Ladenlokal, in dem eine Werbeagentur arbeitet, und darüber drei schmale, aber ganz lange Wohnungen, die nur jeweils durch eine Nasszelle unterbrochen sind. Erschlossen sind diese Etagen, die sich wie ein Bergspalt zwischen den Nachbarn nach oben schieben, über eine außen, hinter dem Haus liegende Freitreppe. Lässig und noblessig wirkt dieses schmalste Haus und es ist ein echter – Lückenfüller.

Die nördliche Neustadt beginnt mit dem Ebertplatz und erstreckt sich bis zur Inneren Kanalstraße. Dort steht noch eine Reihe der prächtigen Gründerzeithäuser – vom Krieg und auch von den Banken und Versicherungen als Sanierungsobjekte verschont. In den 1980er Jahren entwickelte sich die nördliche Neustadt zu einer Hochburg der Bürgerinitiativen mit dem ersten selbst verwalteten Bürgerzentrum.

HINTER DEM EBERTPLATZ

Es war einmal ... eine prächtige Anlage in der Abfolge von Boulevards und Plätzen entlang der Ringe – der Ebertplatz. Irgendwann
in den 1970er Jahren wurde er autogerecht umgebaut und schiebt
sich seitdem als Barriere zwischen Eigelstein und Agnesviertel wie
ein aufgeschlagenes Kellergeschoss und ist für Fußgänger oder Radfahrer nur im Hürdenlauf zu überwinden. Zum Rhein hin schließt
sich eine Grünanlage an, mit Teich und Wasserlauf, die Reste eines
ehemaligen Sicherheitshafens, der Anfang des 19. Jahrhunderts für
die Rheinschifffahrt angelegt worden war und von dem bauliche
Reste im Tiefkeller einiger Häuser am Theodor-Heuss-Ring noch
erhalten sind. Am Rande der Grünanlage findet man – und zwar
genau in der nordöstlichen Ecke von Theodor-Heuss-Ring/Clever
Straße – unter einer großen Eisentür einen der seltenen Zugänge
zur Kölner Unterwelt, den Zutritt zur städtischen Kanalisation. Hier
tritt man als Erstes in den „Kronleuchtersaal", eine mit Ziegelstein
gemauerte Gewölbehalle, mit großen Zu- und Abflüssen, in denen
träge und geruchsintensiv die grauen Abwässer der Stadt fließen.
Dieser an eine Basilika erinnernde Raum wird nach dem großen
Kronleuchter benannt, der eingeschaltet wird, wenn hier Events,
Konzerte oder Führungen stattfinden.

Der Einstieg in die Unterwelt am
Theodor-Heuss-Ring.

*Zutritt zum Kronleuchtersaal
letzter Sa im Monat
(Mai – Sep)*

*Infos zu den Konzerten
im Kronleuchtersaal
Tel. 221-227 46
www.steb-koeln.de*

Das Besondere an diesem „Kronleuchtersaal" ist, dass er der
Stadt Köln und den Kölner Bürgern nicht gehört. Er wurde zusammen mit vier Klärwerken und dem größten Teil der Abwasseranlagen
im Jahre 2000 an eine US-amerikanische Briefkastenfirma verleast
und von der Stadt Köln am selben Tag wieder zurückgeleast, so
genanntes Cross-Border-Leasing. Seitdem ist eine Bankentochter
auf den Cayman Islands, einer karibischen Finanzoase, wirtschaftliche Eigentümerin. Dieses Geschäft haben sich die Banken aus-
gedacht. Es suggeriert wirtschaftliche Tätigkeit durch Investitionen
im Ausland und bringt nach amerikanischem Recht enorme
Steuervorteile, die sich die Banken untereinander teilen, und etwas,
aber wirklich nur wenig, fällt dabei auch für die Stadt Köln und ihre
Stadtwerke ab. Tatsächlich dient das Ganze dem Zweck der Steuer-
umgehung, zum Schaden des amerikanischen Steuerzahlers. Nach
demselben Prinzip haben die Kölner Verkehrsbetriebe schon 1996
über 100 ihrer damals neuen Straßenbahnwagen und die Messe
im Jahr 2002 die Ausstellungshallen aus der Hand gegeben. Auch
die Gas- und Wasserwerke sind an diesem Geschäftsmodell

Der Kronleuchtersaal bietet
Konzerte der besonders
geruchsintensiven Art.

HANSARING 97/ HANSAHOCHHAUS

Szczepan Nowak, beteiligt am Warschauer Aufstand im August 1944, erinnert sich an das „Gemeinschaftslager Hochhaus": „Das war ein 16-Etagen-Gebäude. Nach den Bombardierungen verwüstet, nicht beheizt. Ich habe auf der vierten Etage neben dem Fenster geschlafen. Nach jeder Bombardierung waren die Fensterscheiben zerbrochen und am Ende hat man Sperrholz eingesetzt. Ich habe bei der Reparatur von Gleisen gearbeitet. Einmal in der Woche haben wir eine Ration von Lebensmitteln bekommen. Ich war damals 24 Jahre alt und hätte die ganze Ration in zwei Tagen aufessen können. Ich bin 1,85 Meter groß, ich wog damals 61 Kilo. Ich sah wie eine Bohnenstange aus."

interessiert. Der Kronleuchtersaal ist für Jahre verleast, was aber, wenn wirkliche Investitionen anfallen? Wenn die Kölner weniger Wasser verbrauchen und ihre Anlage reduzieren möchten? Wenn der amerikanische Besitzer auf einmal Modernisierungen verlangt? Was ist bei einer Bankpleite oder einer Änderung der Steuergesetze? Wer ist dann zuständig? Holt sich der Stadtkämmerer Erlaubnis oder Geld dann auf den Cayman Islands? Der Bürger fragt, der Politiker schweigt und die Banken freuen sich.

Als 1924/25 das Hochhaus mit seinen 17 Geschossen am Hansaring nach Plänen der Architekten Jakob Koerfer und Leopold Schweitzer gebaut wurde, galt der fast siebzig Meter hohe Bau zum Zeitpunkt seiner Fertigstellung als höchstes Haus Europas. Die rote Backsteinverkleidung über einem Stahlskelett illustriert eine gelungene Symbiose klassischer Stilformen, etwa mit den spitzen, fast gotisch anmutenden Fenstern und der strengen Formensprache des Bauhaus.

Das Hansahaus besitzt noch einen der wenigen fahrbaren Paternoster in Köln, amtlich „Umlaufaufzug" genannt, die seit einiger Zeit aus „Sicherheitsgründen" von der Stilllegung bedroht sind. Deshalb wurde dieser Paternoster auch im März 1993 vom Rheinischen Verein für Denkmalpflege zum Denkmal des Monats erklärt. Es lohnt sich jedenfalls – falls man am Pförtner vorbeikommt –, bis ins fünfzehnte Stockwerk hinaufzuzockeln, dann noch zwei Etagen weiter zu steigen und den weiten Blick über die nördliche Altstadt, besonders den MediaPark, und die Ringe zu genießen.

Im Dritten Reich waren im Hansahochhaus fast 900 Zwangsarbeiter der nahen Reichsbahn untergebracht. Es diente als eines von über 250 Lagern, die über das ganze Stadtgebiet verteilt waren, oft in der Nähe von Fabriken oder Betrieben, in denen die meist aus dem Osten zwangsweise verschleppten, aber auch aus dem Westen zwangsverpflichteten „Fremdarbeiter" arbeiten mussten. Sie wurden fast nie bezahlt, und obwohl nahezu alle Firmen, etwa Ford, Glanzstoff, KHD oder Liesegang, und auch Bahn, KVB, Stadt Köln oder die Feuerwehr von ihnen profitierten, dauerte es Jahrzehnte, bis sich die Verantwortlichen mehr als 50 Jahre nach Kriegsende dazu bereit erklärten, wenigstens eine gewisse finanzielle „Entschädigung" für die Zeit der Zwangsarbeit zu leisten.

Das Hansahochhaus am Hansaring galt 1925 als bautechnische
Sensation: Das Stahlskelett wurde
mit Backstein verkleidet.

**MELCHIORSTRASSE 3/
BÜRGERZENTRUM
ALTE FEUERWACHE**

Im Agnesviertel, genauer: zwischen Kaspar-, Melchior- und Baltha-
sarstraße, liegt das älteste selbst verwaltete Kultur- und Bürgerzentrum Kölns die „Alte Feuerwache". Von der Hauptfeuerwache
aus dem Jahre 1890 sind noch prächtige Teile des zweifarbigen
Backsteinkomplexes mit Branddirektion, Steigeturm, Pferdeställen
und der früheren Wagenhalle mit den originalen gusseisernen Säulen erhalten.

Als Ende der 1970er Jahre die Feuerwehr in den Kölner Norden umzog, plante die Stadt, den Komplex abreißen und an der
Stelle ein Zentralbad für sportive Großereignisse errichten zu lassen. In dieser Zeit war das Agnesviertel eine Hochburg alternativen
Lebens und bürgerschaftlichen Protestes, auch Heimat der „BINA"
(Bürgerinitiative Nördliche Altstadt), die schon früh von der Stadt
die Feuerwache für ihr kulturelles und soziales Engagement verlangt hatte. Und als dann am 4. April 1977 der letzte Feuerwehr-
mann das Gebäude verließ, nutzte die BINA vom selben Tag an die
leere Wache für ihre Feste, Werkstätten, Gruppentreffs und Ähnliches – und ging nicht mehr hinaus! Zunächst ignoriert, dann geduldet, ging der Komplex nach jahrelanger Arbeit und zähen Streite-

reien als Verein „Bürgerzentrum Alte Feuerwache (BAF)" in die Selbstverwaltung ihrer Benutzerinnen und Benutzer über. Grundlage dafür war ein denkwürdiger Ratsbeschluss, bei dem am 14. Oktober 1985 erstmals in der Kölner Stadtgeschichte CDU und Grüne gemeinsam stimmten. Die SPD war gegen die Autonomie dieses Projekts, weil sie sich das gleichberechtigte Glück der Bürger nur unter kommunaler Oberaufsicht vorstellen konnte. Inzwischen ist die Alte Feuerwache – nach einem glücklichen 25-jährigen Geburtstagsfest im Jahre 2002 – ein lebendiges Kulturzentrum mit innovativem Musik-, Theater- und Diskussionsprogramm, mit zahlreichen Projektgruppen und Initiativen, von der TTE-Bücherei über die türkische Frauengruppe bis zum Freidenkerverband oder dem Jazz-Dance für Anfänger.

Flohmarkt im Hof der Alten Feuerwache.

Die Bürgerinitiativen sind auch für eine Reihe weiterer Veränderungen im Agnesviertel „verantwortlich": Die Weißenburgstraße etwa war die erste verkehrsberuhigte Straße in Köln und wie hier führte die Verkehrsberuhigung im Viertel schon nach wenigen Jahren zu einer spürbaren Verringerung von Abgasemissionen, Lärm und Unfällen. Ohne Bürgerinitiativen hätte es das nicht gegeben, und auch nicht die letzten Bäume in der Krefelder und der Merheimer Straße oder die Verengung der Neusser Straße. Andererseits, und das ist das Dilemma der Geschichte, machten solche Erfolge das Viertel attraktiver und führten mit der Aufwertung, ähnlich wie in der Südstadt oder im Belgischen Viertel, auch zu einer Steigerung der Mieten und zur Zunahme von Eigentumswohnungen auf Kosten billigen Wohnraums.

44

NEUSSER PLATZ/ ST. AGNES

Mit dem Wiener Kongress fiel das Rheinland an Preußen und in Köln zog preußisches Militär ein. Die alte Stadtbefestigung aus dem Mittelalter diente weiterhin als militärische Bastion. Nachdem mit dem Krieg gegen Frankreich 1870/71 aber das weite Land vor der Stadtbefestigung, das Rayongelände, strategisch überholt und ein neuer Festungsgürtel um die Stadt errichtet worden war, der Militärring mit neuen Bastionen und Kasematten, konnten die Stadtmauer und der Rayon aufgegeben werden. Das preußische Kriegsministerium bot es der Stadt zum Kauf an. Doch in der Öffentlichkeit kam es schon wegen der Verhandlungen mit Berlin zu einem Sturm der Entrüstung: dass der Rat das uralte kölsche Bauwerk, das die Vor-

Neusser Straße mit
Agneskirche 1935.

Agnes Roeckerath, geb. Schmitz,
die Gattin von Peter Roeckerath,
einem der reichsten Männer Kölns
Ende des 19. Jahrhunderts, brachte das Geld in die Ehe.

St. Agnes in the Kappesfield.

fahren im 12. Jahrhundert den Erzbischöfen abgetrotzt hatten, jetzt
den Preußen abkaufen wollte! So setzte der Rat eine Geheimkom-
mission ein, unter Vorsitz des katholischen Religionslehrers und
Zentrumsabgeordneten Peter Josef Roeckerath, und nach zwei-
jährigen Verhandlungen einigte man sich mit Preußen auf den Preis
von rund 12 Millionen Goldmark, eine exorbitante Summe für die
damalige Zeit. Jeder Quadratzentimeter wurde nun zu Bauland
gemacht, jeder Stein der alten Mauer abgerissen, damit auf dem
alten Festungsgelände neue Wohnstätten und Betriebe entstehen
konnten.

Am Ende rechnete sich das Geschäft für die Stadt. Sie erhielt
ihren Einsatz doppelt zurück und mit ihr viele private Spekulanten
und Grundstückshändler, wie zum Beispiel Peter Roeckerath, dem
aus der Ehe mit der Bauerntochter Agnes Schmitz eine Reihe von
vormals wertlosen Rübenäckern vor der Stadt gehörte und der nach
dem erfolgreichen Abschluss in Berlin seinen Religionslehrerhut an
den Nagel hängte und zum Makler umsattelte. Denn mit den teu-
ren Grundstückspreisen stieg auch der Wert seiner Rübenäcker.
Zwanzig Jahre später war Roeckerath einer der reichsten Männer
Kölns, aber wie jeder gute Katholik hatte er ein schlechtes Gewissen und vermachte nach alter Tradition ein Zehntel seines Besitzes
der Kirche – zum Bau eines neuen Gotteshauses. Unter drei Bedingungen: Erstens musste sie an einer von ihm festgelegten Stelle
stehen, zweitens bestimmte er den in Köln ungewöhnlichen Baustil
einer Hallenkirche und drittens musste sie nach seiner Frau Agnes
Roeckerath, geborene Schmitz, benannt werden. Daher Agneskir-

che und Agnesviertel und am Ende wurde Roeckerath in der Krypta seiner Kirche beigesetzt, wo er heute noch ruht.

HÜLCHRATHER STRAßE 7/ HEINRICH BÖLL

„Hülchrather Straße 7" das ist nicht nur eine Adresse in der Kölner Nordstadt, sondern auch der Titel eines berühmten Essays von Heinrich Böll, den er 1969 anlässlich seines Umzugs aus dem ländlichen Vorort Müngersdorf schrieb. Heinrich und Annemarie Böll lebten mit ihren Söhnen in der Hülchrather Straße bis 1982 – die Zeit von Bölls bekanntestem Engagement, im PEN und im Schriftstellerverband, wie auch in Menschenrechtsgruppen oder der Friedensbewegung. Hier schrieb er die Romane „Gruppenbild mit Dame", „Fürsorgliche Belagerung" und vor allem „Die verlorene Ehre der Katharina Blum oder: Wie Gewalt entstehen und wohin sie führen kann". Gerade dieser Roman ist wegen der Auseinandersetzung mit der zunehmenden Terrorismus-Hysterie der 1970er Jahre bekannt, in die Böll selber einbezogen war. So war er im Fernsehen als Sympathisant der „Baader-Meinhof-Gruppe" beschimpft worden, der den „Boden der Gewalt gedüngt" habe. Es war die Zeit, in der der

Man muss lange suchen, um ein Foto von Heinrich Böll zu finden, das ihn ohne Zigarette zeigt – auch hier nicht ohne auf seinem Balkon in der Hülchrather Straße.

Schriftsteller von der politischen Polizei mit Hausdurchsuchungen behelligt und vom Verfassungsschutz observiert wurde. Es war aber auch die Zeit seiner großen literarischen Erfolge und der Verleihung des Literaturnobelpreises im Jahre 1972.

Obschon Böll die Mischung aus städtischem und dörflichem Leben im Agnesviertel liebte, verließ er es Anfang der 1980er Jahre. Für ihn gab es drei verschiedene Köln, wie er mehrmals betonte: die Stadt der Kindheit und seiner Erinnerung, dann das zerstörte Köln nach dem Krieg, in dem er Größe und Würde sah, und schließlich das wieder aufgebaute Köln, das ihm fremd war. Später kam noch ein viertes Köln dazu, die laute Stadt der Autos. Heinrich Böll ging schließlich aufs Land, in das Eifeldorf Langenbroich und nach Bornheim am Rande des Vorgebirges, wo er auch begraben liegt.

Für Ulrich Sonnemann zum 60. Geb. Tag

gib alarm
sammle deine freunde
nicht
wenn die hyänen heulen
nicht
wenn der schakal dich umkreist
oder ~~mmm~~die haushunde kläffen
nicht
wenn der ochs unterm Joch
einen fehltritt tut
oder der Muli am Göpel stolpert
+
gib alarm
sammle deine freunde
wenn die karnickel die zähne blecken
und ihren blutdurst anmelden
wenn die spatzen ~~adlerflug~~ sturzflug üben
und zustossen
gib alarm

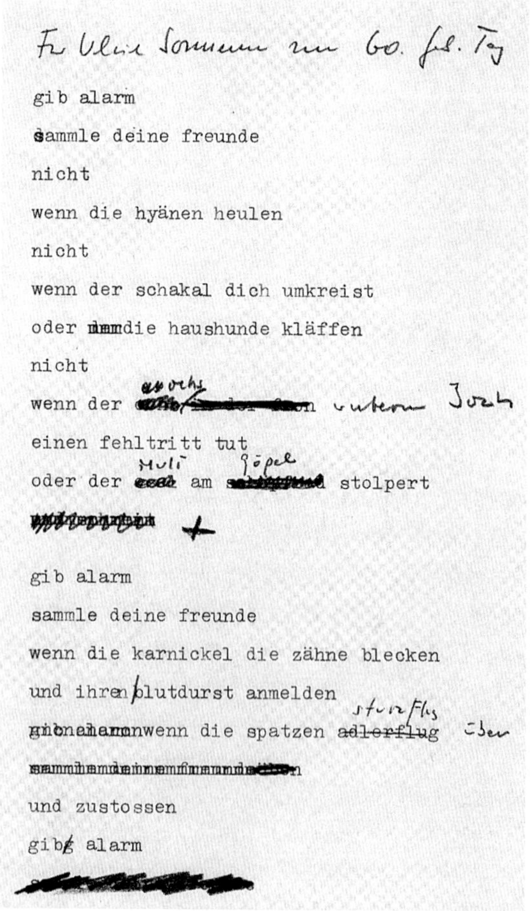

Gib Alarm!
Für Ulrich Sonnemann

Gib Alarm
Sammle Deine Freunde
nicht
wenn die Hyänen heulen
nicht
wenn der Schakal dich umkreist
oder
die Haushunde kläffen
nicht
wenn der Ochs unterm Joch
einen Fehltritt tut
oder der Muli am Göpel stolpert
Gib Alarm
Sammle Deine Freunde
wenn die Karnickel die Zähne
blecken
und ihren Blutdurst anmelden
Wenn die Spatzen Sturzflug üben
und zustoßen
Gib Alarm

Heinrich Böll

Die Hülchrather Straße ist noch eine zweite Adresse für Literatur: das Eckhaus zur Riehler Straße war das Elternhaus der Schriftstellerin Hilde Domin, die unter dem Namen Hilde Palm 1912 in Köln geboren wurde. In diesem ganzen Viertel um das Gericht herum, 1907 bis 1911 im Stil des Historismus errichtet, überwiegen heute noch gutbürgerliche Wohnhäuser der Gründerzeit. Die Straßennamen weisen auf den Stolz des nationalen Bürgertums im neuen deutschen Staat hin mit den Erinnerungen an die preußischen Siege im deutsch-französischen Krieg (Weißenburg, Sedan, Wörth) oder an die beteiligten Militärs wie Generalfeldmarschall Blumenthal. Wie bei der ganzen Neustadt wurde nach einem einheitlichen Stadtentwicklungsplan gebaut: weiter westlich zur Bahn hin die Arbeiterquartiere, hier die großen Mietwohnungen für die Mittelschicht, und überquert man die Riehler Straße zum Rhein hin, folgt das Villengebiet. Selbst heute noch und trotz der Kriegszerstörung bilden in dem rheinnahen Quartier die frei stehenden Häuser mit den vielen Bäumen, den großzügigen Straßenführungen ein innerstädtisches Refugium. Viele Villen mussten Versicherungs- und Bankgebäuden weichen oder wurden umgebaut und abgerissen. Typische und eindrucksvolle Fassaden solcher Großbürgerhäuser sind vor allem in der Worringer Straße noch zu besichtigen. Die Nummer 23, von dem Architekten Carl Moritz im Jahre 1906 im Typ eines streng gegliederten Jugendstilbaus entworfen, beherbergte früher das Musikhistorische Museum und heute ein feines Stadthotel.

Köln

Die versunkene Stadt
für mich
allein
versunken.

Ich schwimme
in diesen Straßen.
Andere gehn.

Die alten Häuser
haben neue große Türen
aus Glas.

Die Toten und ich
wir schwimmen
durch die neuen Türen
unserer alten Häuser.

Hilde Domin

46

NEUSSER WALL/ FORT X

Im Winter kann man von den Wiesen aus schräg durch die Bäume hindurch das alte preußische Fort X sehen. Benannt nach Prinz Wilhelm von Preußen ist es das einzig vollständig erhaltene Fort des inneren Festungsrings, der zwischen 1816 und 1840 vor der alten Mauer von Nord nach Süd in einem Halbkreis um die Stadt geschlagen und durchgängig nummeriert wurde. Andere Reste sind vom Fort V am Südbahnhof, vom Fort IV im Volksgarten und vom Fort I im Hindenburgpark zu sehen, neuerdings auch der Fundamentrest eines Vorwerks in dem See am MediaPark. Am Fort X kann man noch die typische Anlage preußischer Festungsbauwerke studieren. Der kreisrunde Ziegelsteinbau im Stil des romantischen Klassizismus weist nur sparsame Verzierungen auf. Zwei Ringe von Kasematten umschließen den inneren Bau, auf dem ein aparter, aber

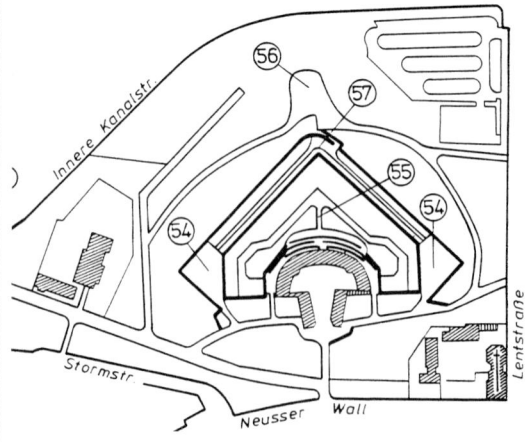

recht unbekannter „Rosengarten" angelegt wurde, nachdem das Militär die Festung geräumt hatte. Hier ist es selbst im Hochsommer angenehm frisch, still und intim. Das Fort beherbergt heute Proberäume der „Kölner Ratsbläser" und wird von der städtischen Denkmalpflege und dem Grünflächenamt als Depot genutzt. Der Außenbereich dient bisweilen als immer wieder überraschende Spielstätte für Tanz- oder Performancegruppen, für Musik oder einfach nur für jedermann und seine Freizeit.

Prinz Wilhelm von Preußen, nach dem das Fort benannt wurde, ist jener berüchtigte „Kartätschenprinz", der in Berlin in den revolutionären Märztagen des Jahres 1848 das Feuer auf die demonstrierenden Arbeiter und Studenten eröffnen ließ, wobei mehr als 300 umkamen. Die Empörung war damals so groß, dass Wilhelm nach Holland flüchten musste.

Die Gegend rechts und links der Gereonstraße liegt ein wenig im Schatten der innerstädtischen Einkaufspassagen und Kulturtempel. Hier trifft man auf weniger Touristen als sonst in der City und Einheimische beim Bummeln oder Shoppen sieht man auch nicht. Gleichwohl wird in diesen wenigen Straßenzügen manche Entscheidung getroffen, die wichtig für ganz Köln ist.

KARDINAL UND BANKEN

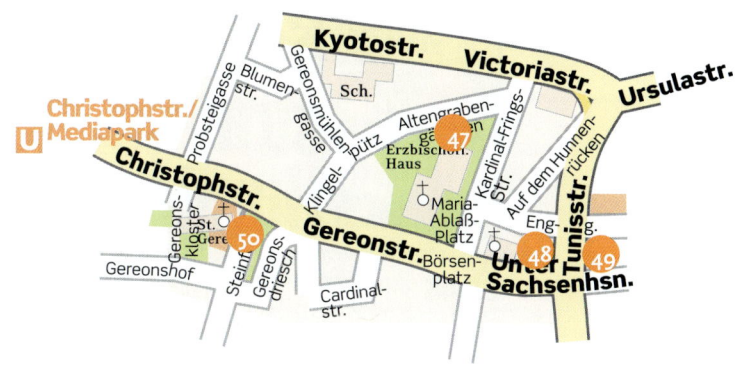

47

ALTENGRABEN-
GÄßCHEN/
DER KARDINAL

Henker bei der Arbeit – darüber
hinaus war er als Zuhälter der
städtischen Prostituierten tätig.

Bevor Köln die Grenzen der Römerstadt sprengte und im 12. Jahrhundert die große Befestigungsmauer errichtet wurde, gab es bereits zwei Stadterweiterungen. Dabei wurde der „Niederich", ein nördlich gelegenes, niedrigeres Stadtgebiet, mit einem Wall umgeben, dessen Verlauf heute in etwa die Eintrachtstraße folgt. Der Name „Altengrabengäßchen" soll an diese Befestigung erinnern, an den alten Graben vor der Mauer. Im 16. und 17. Jahrhundert war dies einer der verrufensten Winkel der Stadt. Hier wohnte der Henker, hier lebten Dirnen und die Leute, die die Kloaken entleeren mussten, spöttisch „Goldgräber" genannt. Der Henker war nicht nur für die Hinrichtungen zuständig, sondern hatte auch Aufsicht über die Prostituierten und kassierte als „Zuhälter" Schutzgelder von ihnen. Er kontrollierte alle unehrenhaften, aber öffentlichen Berufe wie den

Hunde und Katzen liegen dem
Express besonders am Herzen.

Das Palais des Kardinals in der
Kardinal-Frings-Straße mit
Priesterseminar, Kapelle und Park
– eine Oase in der Stadt (1958).

Abdecker oder Schinder, die genannten „Goldgräber" oder auch den „Hundeschläger". Das war ein städtischer Angestellter mit dem speziellen Auftrag, frei laufende Hunde, schon damals eine größere Plage, totzuschlagen.

Im Altengrabengässchen waren die Unberührbaren konzentriert. Heute schirmt eine hohe Ziegelsteinmauer einen anderen Unberührbaren vor den neugierigen Blicken der Kölner ab: den Kardinal. Auf einem kleinen Klingelschild an der Toreinfahrt Kardinal-Frings-Straße 10 ist sein Name zu finden. Er lebt in einer grünen Oase, in die man nur von einem der Kirchtürme von St. Gereon hineinspähen könnte. Allerdings gibt es auch für neugierige Purpurfreunde bisweilen einen anderen Blick in seinen Park zu erhaschen: von dem erhöhten Parkdeck im Innenhof des Geschäftshauses Gereonstraße 12-18, wenn die Toreinfahrt offen ist.

Hermann Göring verabschiedet sich am 27. Juni 1934 in der Gereonstraße nach seinem Besuch beim Kardinal.

In seinem Palais an der Gereonstraße empfing der damalige Kardinal Schulte am 27. Juni 1934 Hermann Göring. Es war der Kardinal, der kurze Zeit später, im März 1936, beim Bruch des Versailler Vertrages und dem Einmarsch der deutschen Truppen ins

„Eine heilige Gralsburg mitten im Feindesland": Feldgottesdienst des Kölner Kardinals von Hartmann am 12. April 1916 bei der 16. Division im französischen Trosly-Loire.

entmilitarisierte Rheinland nach Berlin telegrafierte: „In den denkwürdigen Stunden, da die Wehrmacht des Reiches wiederum als Hüterin des Friedens und der Ordnung in das deutsche Rheinland Einzug hält, begrüße ich die berufenen Waffenträger unseres Volkes mit ergriffener Seele und eingedenk des erhabenen Beispiels opferbereiter Vaterlandsliebe, ernster Manneszucht und aufrechter Gottesfurcht, das unser Heer von jeher der Welt gegeben hat."

Doch von solchen Geschichten wollen die heutigen Amtsinhaber nichts mehr wissen. Dabei war das kein Ausrutscher in der martialischen Propaganda: Ob Vorläufer wie Felix Kardinal von Hartmann, der mit Stolz während des Ersten Weltkrieges unter „seinen feldgrauen rheinischen Diözesanen" an der Front in Frankreich weilte, um ihnen „Herz und Hand zu stärken", oder Nachfolger wie Joachim Kardinal Meisner, der in den 1990er Jahren eine eigene „Soldatenmesse" zum Weltfriedenstag im Januar kreierte. Es gibt einen stimmigen und bewährten Mix von Kardinalspurpur und Feldgrau.

Pfiffe und Buhrufe nach dem Soldatengottesdienst am 22. Januar 1998: Joachim Kardinal Meisner wird durch Militär von Demonstranten abgeschirmt.

48

UNTER SACHSENHAUSEN, NORDSÜD-FAHRT/ HERSTATT-BANK

Ihren Namen hat diese Straße von dem womöglich ersten Wohnblock Kölns, einem Gebäude, das unter einem Dach 16 Häuser umfasste und der vermögenden Patrizierfamilie Overstolz gehörte: „Unter 16 Häusern". Die Straße entwickelte sich im 20. Jahrhundert zur Kölner Bankenallee und ist heute eine der ökonomisch wichtigsten Adressen der Stadt: die großen Geschäftsbanken Deutsche, Dresdner und Commerzbank in einer Reihe mit der Hypo und der Amro, der türkischen IS Bankasi und Delbrück & Co. und gegenüber die wichtigste Kölner Privatbank Oppenheim. In Köln spielten die Banken seit dem 19. Jahrhundert die erste Geige, reich geworden vor allem durch Grundstücksgeschäfte und enorme Spekulationsgewinne, aber auch durch ihre innovative Geschäftspolitik, wie die Finanzierung von Eisenbahn oder Dampfschifffahrt. Banken wie Sal. Oppenheim, Herstatt, der Schaafhausensche Bankverein oder das Bankhaus Stein wurden alle erst im frühen 19. Jahrhundert gegründet. Sie gehörten jedoch bald zu den bedeutendsten Finanziers der frühkapitalistischen Unternehmen und trugen entscheidend zur schnellen Erschließung des Ruhrbergbaus bei. Kölner Bankiers waren die ersten, die die Aktiengesellschaft als Publikumsgesellschaft am Markt etablierten.

Die Bauten der früheren HerstattBank aus den 1950er Jahren stehen unter Denkmalschutz.

An der Ecke zur Nord-Süd-Fahrt erblickt man einen großen Zwillingsbau, der trotz seiner sieben hohen Geschosse noch leicht und schlank wirkt – ein typischer Bau der 1950er Jahre, geplant von dem Architekten Hans Koerfer. Vor diesem Gebäude rottete sich am Morgen des 27. Juni 1974 eine Menschenmenge zusammen, die allem Anschein nach den bürgerlichen Kreisen der Stadt zuzurech-

Erregte Sparer suchen ihr Geld:
vor der Herstatt-Bank am
27. Juni 1974.

nen war. Es waren erregte Kunden und Sparer der Kölner Privatbank Herstatt, die hier ihren Sitz hatte und just an diesem Tage
zusammengebrochen war. Der Crash wurde zur ersten großen Ban-
kenpleite der Bundesrepublik mit einem Schuldenloch von 1,2 Milliarden Mark, ausgelöst durch riesige Devisenspekulationen. Über
20 Jahre dauerte die Abwicklung der Herstatt-Bank, wobei ein Kon-
kurs vermieden wurde und die rund 40 000 Kunden am Ende
immerhin noch über 80 Prozent ihrer Einlagen zurückerhielten. Die
Schuldigen, Verursacher und Beteiligten der Pleite – Bankier Herstatt, Devisenhändler Dattel, Mehrheitsaktionär Gerling und alle
anderen – konnten sich allesamt mit Hilfe ihres Geldes herauskau-
fen oder kamen mit Bewährungsstrafen davon, auch wenn ihr Ruf
– jedenfalls zeitweilig – in Köln ramponiert war.

So wie hier wurden nach den Kriegszerstörungen in der Innenstadt in den 1950er Jahren zahlreiche und qualitätsvolle Neubauten errichtet, von denen viele in den 1980er Jahren unter Denkmalschutz gestellt wurden. Köln ist damit wohl die Stadt in
Deutschland mit den meisten „Baudenkmälern" dieser Nach-
kriegsepoche.

UNTER SACHSEN-
HAUSEN 4/BANK-
HAUS OPPENHEIM

Seit 1801 gibt es das Bankhaus Oppenheim in Köln, als der Bonner Finanzier Salomon Oppenheim sich hier niederließ. Der erfolgreiche Unternehmer war nach zehn Jahren bereits der zweite am
lokalen Markt, engagierte sich für die Emanzipation der Juden und
war erstes jüdisches Mitglied im Vorstand der Kölner Handelskammer. Die Bankiers Oppenheim, später zum Protestantismus konver-
tiert, waren nicht nur gute Geschäftsleute, die immer eine zentrale

Rolle im rheinischen Geldadel spielten und die es schafften, ihr Bankhaus ohne Enteignung und „Arisierung" über die Zeit des Nationalsozialismus hinüberzuretten. Sie waren auch große Mäzene für Synagoge, Kirche, Kultur und Caritas in ihrer Heimatstadt Köln. Heute bezeichnet sich das Bankhaus Oppenheim als führende Privatbank Deutschlands und will nach den Worten des persönlich haftenden Gesellschafters, Matthias Graf von Krockow, die Nummer eins in der Welt werden. Immerhin ist Oppenheim, mit Geschäftsstellen in acht Ländern der Welt, der letzte „global player" mit Sitz in Köln, nachdem alle anderen international tätigen Unternehmen, ob Ford oder die Lufthansa, in der Domstadt nur noch Niederlassungen unterhalten oder wie zuletzt Gerling verkauft wurden.

Die Oppenheims sind Privatbankiers und beim private banking ist man diskret, man redet nicht über die reichen Kunden, deren Geld man bewahrt und vermehrt. Geschätzt werden rund 5000 Kunden mit liquidem Vermögen nicht unter zwei Millionen Euro, eher mehr. In Köln übernahm das Bankhaus seit den 1980er Jahren eine neue Rolle, als es sich mit dem Troisdorfer Bauunternehmer Josef Esch zusammentat und in geschlossenen Immobilienfonds, den „Esch-Oppenheim-Fonds", eigene Großvorhaben projektierte mit einem Gesamtvolumen von rund zwei Milliarden Euro, so zum Beispiel das Bezirksrathaus Köln-Nippes, die Kölnarena, das Du-Mont-Carré oder das Coloneum in Köln-Ossendorf. Das Schema ist immer gleich: Der Fond projektiert die Objekte, tritt als Investor auf, nie aber selber als Betreiber, sondern sucht sich einen sicheren und langfristigen Mieter oder Nutzer. Ein gewisser Anteil der Gewinne wird wieder im nächsten Fond untergebracht. Dabei spielt die Nähe zu den politischen Entscheidungsträgern – wie etwa zu dem früheren SPD-Fraktionschef Klaus Heugel oder dem ehemaligen Oberstadtdirektor Lothar Ruschmeier – eine entscheidende Rolle, um die Bauvorhaben auch durchzusetzen oder die öffentliche Hand als sichere Mieter zu gewinnen. Die Anleger geben ihr Geld, aber tragen in der Regel kein tatsächliches wirtschaftliches Risiko. Das ist die Spezialität von Oppenheim oder mit den Worten Graf von Krockows: „Für wenige tun wir alles." So auch für Lothar Ruschmeier, denn der wurde unmittelbar nach seinem Ausscheiden aus städtischen Diensten einer der Geschäftsführer der Holding der Esch-Oppenheim-Fonds.

50

Eine öffentliche Frage, im Sommer 2002 von den Kölner Grünen gestellt, die nie beantwortet wurde.

Diese Strategie hat jedoch städtebauliche und politische Folgen, die auch öffentlich angegriffen werden, wie etwa bei der Kölnarena. Die Kölner Grünen haben das Thema im Frühsommer 2002 aufgegriffen mit einer Plakatkampagne unter dem Motto „Wem gehört die Stadt?". Dabei waren nicht nur Oppenheim, Ruschmeier und Heugel plus dessen Nachfolger Norbert Rüther (SPD) porträtiert, sondern auch der CDU-Politiker Rolf Bietmann oder der frühere Regierungspräsident Franz-Josef Antwerpes, der Verleger Alfred Neven DuMont und Stollwerck-Chef Hans Imhoff – und als Gag schließlich der kölsche Schäl. Das aber erregte Alfred Freiherr von Oppenheim besonders, wie er den Grünen empört schrieb, „(...) in der Nähe eines Betrügers" positioniert zu sein. Die Grünen zeigten jedoch keine Reue: „Wir würden Ihnen sicherlich Unrecht tun, Sie nicht zum Kreis dieser einflussreichen Persönlichkeiten zu zählen."

GEREONSDRIESCH 4/ ST. GEREON

Von allen romanischen Kirchen hat St. Gereon die eigentümlichste Gestalt. Das hohe Dekagon, Zehneck, geht auf einen spätantiken Ovalbau zurück, über den es viele Vermutungen gibt. War er eine

Festhalle oder ein Grabbau, war er Märtyrerkirche? Neuere Funde und Untersuchungen datieren ihn ins 4. Jahrhundert, damit als ältesten Hochbau in Köln, und nehmen ein Mausoleum an. Dessen Konstruktion ist mit Kuppel und Rundbau der edelsten Kategorie römisch-kaiserlicher Architektur zuzuordnen. Wie bei vielen anderen Kirchen rund um die ehemalige Römerstadt wurden auch an St. Gereon ausgedehnte Friedhofsanlagen und Gräber freigelegt. Der römische Bau war schon früh wegen seiner prächtigen, goldenen Mosaiken berühmt, und als daraus eine christliche Kirche wurde, nannte man sie „Zu den goldenen Heiligen". Die fränkischen Könige, die eine Zeit lang in Köln residierten, benutzten St. Gereon wohl als Krönungs- und Grabeskirche.

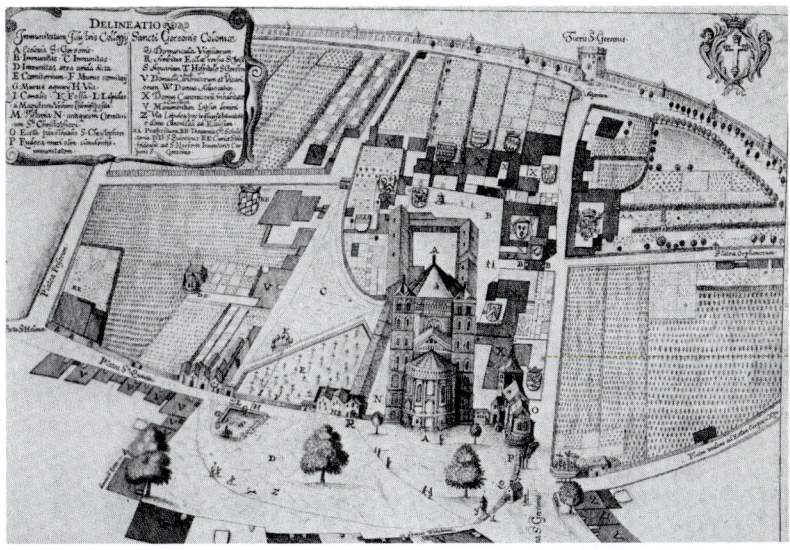

Wegen seines damals schon hohen Ansehens wurde der alte Bau in der Stauferzeit nicht wie andere Kölner Kirchen abgerissen, sondern mit einem Zehneck ummantelt, die alte Substanz sozusagen wie eine Reliquie gefasst, und mit einer Kuppel überwölbt. Dazu kamen der eher wie ein lang gezogener Hals wirkende Chor und die Apsis mit den Osttürmen. Die Funktion des Baus für die fränkischen Herrscher, das reiche Herrenstift, die „Reliquien"-Funde im Umkreis der Kirche und der berühmte Kuppelbau, dies alles führte zu der bis heute herausragenden Bedeutung von St. Gereon. Nicht zuletzt trug dazu auch die Legende vom Heiligen Gereon mit seinen 6666 Mauren bei.

Die Kölner Stifte: mächtige Produktionseinheiten, autonom vom Stadtrat und Selbstversorger.

St. Gereon und die Bundeswehr

Heute wäre er einer von uns

Es ist erstaunlich, mit welcher Anmaßung Leserbriefschreiber Schulz-Trieglaff behauptet, „die Soldaten der Bundeswehr" würden einen lebenden Kameraden Gereon nicht akzeptieren, weil er ein Außenseiter sei.

Sicherlich wäre auch der Hl. Gereon als „kluger" Mann heute einer von „uns", der wüßte, daß Frieden für „uns" nicht Konfliktlosigkeit, wohl aber Gewaltlosigkeit ist. Um aber Konflikte ohne Gewalt zu lösen, ist notwendigerweise die Sicherung gegen Gewalt erforderlich.

H.-D. Vogels, Oberleutnant
Mitglied des Pfarrgemeinderats
beim Katholischen
Standortpfarrer Köln
Köln 40

Josef Beuys pflanzte 1985 in Köln drei Linden und setzte drei Basaltsteine an St. Gereon ab.

Die Römer hatten Elitetruppen aus der oberägyptischen Stadt Theben an den Rhein beordert, um einen Aufstand niederzuschlagen. Als sich die inzwischen zum Christentum konvertierten Soldaten unter ihrem Anführer Gereon aber weigerten, Unbewaffnete umzubringen, wurden sie selbst erschlagen. Die Leichen warf man in einen Brunnen, aus dem später die Kaisermutter Helena die Überreste barg. Über den Brunnen und zur Verherrlichung der Reliquien ließ Helena an dieser Stelle die prächtige Kirche „ad sanctos aureos", „Zu den goldenen Heiligen", errichten.

In dieser Geschichte ist im Kern eine pazifistische, aber verschüttete Tradition des Urchristentums enthalten: Die frühen Gemeinden lehnten den Soldatenberuf als unehrenhaft ab. Es ist verständlich, dass eine solch kompromisslose Haltung zu Konflikten führte und viele Christen der frühen Gemeinden ihre Konsequenz mit dem Leben bezahlten. Sie wurden damals als Heilige verehrt. Mit dem Aufstieg des Christentums zur Staatsreligion hat man diese Tradition nach und nach eliminiert, die Soldatenmärtyrer verschwanden wieder aus den Heiligenkalendern. Der Rest der Geschichte wurde in Legenden verpackt, in denen sie keine Überzeugungstäter mehr sind, sondern nur noch Opfer. Der Treppenwitz der Geschichte jedoch ist, dass Gereon später zum Patron der Soldaten und der Nato gemacht wurde.

Auf dem Gereonsdriesch ist die neugotische Mariensäule bemerkenswert, war sie doch eher ein kirchenpolitisches als ein religiöses Denkmal. 1854, in einer Zeit zunehmender demokratischer und frauenbewegter Bedrohung der autoritären katholischen Kirche, verkündete der Papst als irrationale Reaktion auf aufklärerische Tendenzen und wachsende Distanz vieler Menschen das „Dogma von der unbefleckten Empfängnis Mariens". Als Kölner Huldigung an Papst und Dogma – „ohne Unterlass den wahren Glauben zu verkünden" – wurde die „Immakulata" schon im folgenden Jahr entworfen, erst vor dem erzbischöflichen Palais an der Gereonstraße und später hier aufgestellt. 1985 wurden, genauso wie seinerzeit in Kassel zur Documenta, von Joseph Beuys drei Linden am Nordrand des Platzes zur Christophstraße gepflanzt und daneben drei Basaltsteine aufgestellt. Das Ganze fand statt als Aktion im „Jahr der romanischen Kirchen" und anlässlich der Ausstellung des Kölnischen Kunstvereins mit dem Titel „Raum – Zeit – Stille".

Wenn in Köln von Vergnügen und Unterhaltung die Rede ist, dann spielt immer auch das Gebiet um die Ringe, den MediaPark und den Friesenplatz eine gewisse Rolle. Vor nicht allzu langer Zeit war das Quartier eher ein Versicherungsviertel mit Rotlichtmilieu, heute überwiegen Kneipen, Konsum und Medien.

VOM MEDIAPARK
ZUM STADTGARTEN

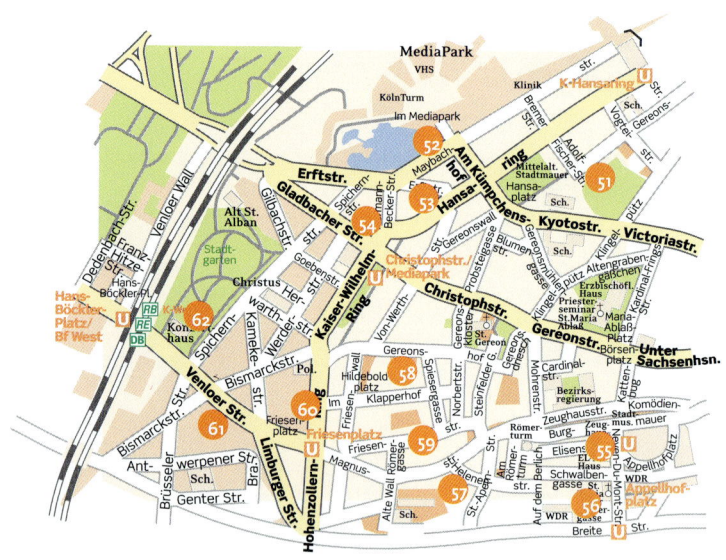

KLINGELPÜTZ

Die im Stadtgebiet sichtbaren Hügel und Erhebungen sind mit Ausnahme der etwas höher liegenden Altstadt meistens Schuttberge. Die Anhöhen längs der Inneren Kanalstraße, eine der wenigen Gele-

Der Klingelpütz von 1838: modernste Knastarchitektur nach amerikanischem Vorbild.

genheiten in Köln bei Schnee auch mal Schlitten zu fahren, bergen die Trümmer des Zweiten Weltkrieges und bei dem Hügel hinter der Stadtmauer handelt es sich um die Reste des Gefängnisses „Klingelpütz". Der Name geht auf einen Kölner Bürger namens „Clingelman" zurück, dem im Mittelalter ein Brunnen an dieser Stelle gehörte: auf kölsch „Clingels Pütz" – und vom Grundstücksbesitzer über den Straßennamen zum Gefängnis. Wie viele andere staatliche Einrichtungen bauten die Preußen 1836/38 auch dieses Zentralgefängnis, nachdem bis dahin verschiedene Türme der Stadtmauer als Gefängniskammern gedient hatten. Der Neubau war nach den letzten amerikanischen Erkenntnissen der Knast-Architektur sternför-

Nach dem Essen müssen die Häftlinge im „Correctionshaus" zu Köln zum Hofgang (1845).

Josef Engels (28)

Mathias Josef Moritz (20)

Hermann Hamacher (22)

Otto Waeser (21)

mig angelegt, mit einem achteckigen Mittelstück zur zentralen Überwachung der vier abzweigenden Flügel, mit Verwaltungs- und Wirtschaftsräumen, Bibliothek und einer Kirche.

An das düsterste Kapitel dieses Gefängnisses in der Zeit des Nationalsozialismus erinnert ein quaderförmiger Gedenkstein am Wiesenhang. Bis zum zweiten Kriegsjahr 1940 verzehnfachte sich die Zahl der Häftlinge im Klingelpütz auf über 15 000 und die Überfüllung wie auch die ständigen Luftangriffe, bei denen die Gefangenen in ihren Zellen bleiben mussten, bedeuteten ein kaum vorstellbares Martyrium. Die große Zahl von über tausend Hinrichtungen während des Faschismus, an die der Stein erinnert, hängt damit zusammen, dass der Klingelpütz zentrale Hinrichtungsstelle war für eine Reihe Sondergerichte.

Nicht weit entfernt – in der Grünanlage vor der Stadtmauer am Hansaring – befindet sich eine Bronzeplastik „Mutter mit ihrem toten Kind" des niederländischen Bildhauers Marie Andriessen. An dieser Stelle sind sieben unbekannte Opfer, eine Frau und sechs Männer begraben, deren Leichen am 25. Mai 1945 auf dem Klingelpützgelände gefunden und hier beigesetzt wurden. Diese

Gedenkstätte war die erste Erinnerung in Köln an die Opfer der nationalsozialistischen Gewaltherrschaft und diente bis in die 1960er
Jahre als Ort offizieller Gedenkfeiern am 8. Mai und als Ausgangspunkt zahlreicher antifaschistischer Demonstrationen.

Der Hansaplatz hieß im Dritten Reich „Spangenbergplatz" nach
einem lokalen „NS-Märtyrer". Bei Zusammenstößen am Eigelstein
und hier am Hansaplatz zwischen SA und dem Roten Frontkämp-
ferbund waren kurz nach der Machtergreifung ein 21-jähriger SA-
Mann namens Winterberg und der 28-jährige Spangenberg
erschossen worden. Dabei spielten neben politischen Gründen auch
Rachemotive eine Rolle, denn die beiden waren früher einmal Mitglieder bei den Kommunisten gewesen und dann „übergelaufen".
17 Kommunisten wurden als Verdächtige verhaftet und schon im
Juli in einem Schauprozess vor dem Kölner Schwurgericht ange-
klagt; sechs verurteilte die Kölner Justiz zum Tode und die Übrigen
zu langjährigen Zuchthausstrafen. Am 30. November 1933 fanden
im Klingelpütz die Hinrichtungen statt. Auf persönliche Weisung Hermann Görings wurden die sechs Arbeiter Josef Engels (28), Mathias
Josef Moritz (20), Hermann Hamacher (22), Otto Waeser (21),
Bernhard Willms (ohne Altersangabe) und Heinrich Horsch mit dem
Handbeil erledigt. Wie beteiligte Juristen später berichteten, sollen
sich dabei grauenhafte Szenen abgespielt haben, weil der Henker
noch nicht genügend routiniert war.

Der Klingelpütz geriet ein letztes Mal während der 1960er Jahre
in die Schlagzeilen, als Misshandlungen der Häftlinge durch Prü-
gelkommandos der Wärter bekannt wurden und außerdem zahlreichen Gefangenen die Flucht aus dem Bau gelang, der als „undicht
wie ein Teesieb" galt. Man machte sehr schnell die baulichen Män-
gel der alten Anlage dafür verantwortlich und errichtete im Zuge der
„Humanisierung des Strafvollzugs" das neue Gefängnis in Ossendorf, das als Muster sozialer Isolation und optimaler Häftlingskon-
trolle gilt und umgangssprachlich in Köln immer noch „Klingelpütz"
genannt wird. Der alte Knast wurde abgerissen, der Platz aufgeschüttet und die Trümmer bepflanzt. Heute erstreckt sich den Hügel
hinab eine leicht lieblose und verwahrloste Parkanlage mit
Wäldchen, Wasser, Wiesen und einem Kinderspielplatz.

Die Stadtmauer mit den beiden Türmen hinter oder je nach Sicht
vor dem Gelände ist eines der wenigen Relikte des einstmals stol-

Bernhard Wilms (25)

Heinrich Horsch (25)

zen und mächtigen Festungsbauwerks, das sich in einem großen Halbkreis von mehr als vier Kilometern um die Stadt herumzog. Seit dem 12. Jahrhundert war an dieser Mauer gebaut worden, die Bür-

Die Stadtmauer am Hansaring blieb stehen, da sie in Privatbesitz war.

ger hatten sie in langen Kämpfen den erzbischöflichen Stadtherren abgerungen und sie war Garant der Freiheit der Reichsstadt Köln gewesen. Ende des 18. Jahrhunderts war sie kurz vom französischen und im 19. Jahrhundert vom preußischen Militär besetzt gewesen. Am 11. Juni 1881 schließlich wurde die erste Bresche in das Bauwerk gesprengt und dann in kürzester Zeit alles abgetragen. Der Grund war die Enge der alten Stadt in der Boomzeit des 19. Jahrhunderts, aber der Hintergrund war auch eine riesige Spekulationswelle, bei der sich mancher Kölner Politiker eine goldene Nase verdiente. Die Kölner waren so abrisswütig, dass sie ausgerechnet vom Berliner Kriegsminister von Kameke verpflichtet werden mussten, wenigstens die drei wichtigsten historischen Stadttore und zwei Mauerteile als Schaustücke zu erhalten, sonst wären auch die auf der Abraumhalde gelandet.

Der Turm an der nördlichen Seite, der Gereonsmühlenturm, und das bebaute Stück im Süden blieben übrigens nur erhalten, weil sie damals schon nicht mehr dem Militär gehörten, sondern Privatpersonen. Den nördlichen Turm benutzt eine katholische Jugendgruppe als Treffpunkt und Café, das gern von den benachbarten Hansa-Gymnasiasten genutzt wird. An der südlichen Seite hat der Kölner Architekt Hans Schilling 1954 sein Wohn- und Atelierhaus in die Rückseite der Stadtmauer hineingesetzt. Schilling ist einer der stil-

leren, aber gleichwohl stilprägenden Architekten der Nachkriegszeit, der in Köln unter anderem Neu St. Alban im Stadtgarten, die
Handwerkskammer und das Maternushaus entworfen hat.

Auf der anderen Seite des Gereonswalls hat sich 2002 der Architekt Johannes Schilling sein eigenes Atelierhaus errichtet, vis-à-vis
dem Elternhaus. Äußerlich ein klarer Glas-Beton-Bau, hat er ein
Stück urbane Baukunst auf ein nicht definiertes Eckgrundstück
gesetzt, das zuvor eher nebensächlich als Autoabstellplatz diente.
Der Bau wirkt wie eine große Kommode, in deren vier Ebenen die
Schubladen eingesetzt oder auch weggelassen wurden. Völlig über-
raschend ist der Eindruck im Inneren, ein rundum verglastes Atrium im Erdgeschoss, die offenen Arbeitsplätze in den drei Etagen
und die immer wieder überraschenden Blickachsen innerhalb und
nach außen. Der Bauherr sieht alles, er braucht nur den Kopf zu
wenden, den Besucher und die Mitarbeiter, aber auch den Dom und
den Nouvel-Turm im MediaPark oder auch sein Kinderzimmer in der
Stadtmauer auf der anderen Straßenseite.

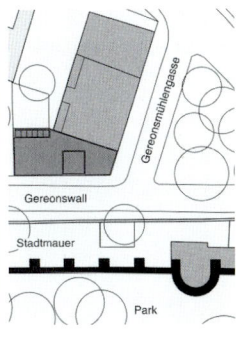

Atelierhaus von Johannes
Schilling – urbane Stadtkultur.

Im Jahre 1988 gründeten Stadt, Land und ein privater Investor die
„MediaPark Entwicklungsgesellschaft" und kauften der Bahn für
knapp 40 Millionen Mark den größten Teil des vormaligen Güter-
bahnhofs Gereon ab. Das war die Zeit der großen Pläne, die Stadt
Köln und das Land NRW zu einem Medienstandort erster Klasse zu
puschen. Teilweise ist das auch gelungen, nicht nur, weil der größte öffentliche Sender, der WDR, schon in Köln saß, sondern auch

**MAYBACHSTRAßE/
MEDIAPARK**

Rainer Pause

Zur Kritik der Rheinischen Vernunft

Gereon, unser Kölner Stadtheiliger, hat sich seinerzeit von den Römern erschlagen lassen. Entsetzlich! Da fragt man sich heute als Rheinländer: Wie konnte es dazu kommen? Wäre das auch nicht anders gegangen? Ich meine: Was hat es ihm genutzt? – Ich möchte aber auch nicht missverstanden werden und seine Verdienste mindern: Es war natürlich mutig von ihm, sich den Römern entgegenzustellen, er war ein Held, ein Märtyrer! Insofern entspricht er natürlich ganz unserer rheinischen Mentalität. Schließlich haben auch wir immer leiden müssen, gerade unter den Preußen, bis heute! Wie oft sind wir besetzt worden?! Und wir haben uns auch gewehrt, immer wieder. Gut, wenn man's genau nimmt, wir haben uns vielleicht nicht ganz so stark gewehrt wie Gereon, nicht so konsequent vielleicht, dass wir tatsächlich dafür gestorben wären. Insofern sind wir Rheinländer vielleicht keine Märtyrer im strengen Sinne.

Kriege haben wir immer ganz ungern geführt, es hätte ja Tote geben können! Denn eines ist klar: Wenn der Rheinländer mit einer anderen Meinung konfrontiert wird, vor allen Dingen, wenn er das Gefühl hat, der andere weiß besser Bescheid, dann baut er sich vor ihm auf: „Ach, is mer doch ejal!" Und stellt damit die Gleichheit wieder her! Man sagt ja auch: die Ejalité! Dafür musste der Franzose eine Revolution machen. Uns ist das in die Wiege gelegt, wir machen keine Revolution, wir führen auch keine Kriege, wir lassen uns besetzen! Denn davon haben wir immer profitiert: Vom Franzosen haben wir beispielsweise die liberté, um es frei zu übersetzen: die freie Liebe, außerdem die Frikadellchen, die Fisimattentchen und die Fisternöllchen.

Womöglich wusste Gereon seinerzeit die Vorzüge eines Rückzugs noch gar nicht zu schätzen! Kein Wunder eigentlich, denn ursprünglich war er kein Rheinländer, sondern ein – wie sagt man? – Neger sagt man ja heute nicht mehr! – also ein dunkelhäutiger zugezogener Afrikaner aus Oberägypten, genauer gesagt, einer der ersten Imis quasi. Er kannte die Spielregeln noch nicht und ist dann tatsächlich für seine Überzeugung gestorben! Ein Unding für einen Rheinländer! Andererseits hatte das natürlich für uns einen großen Vorteil: Dadurch, dass das im Rheinland passiert war, hatten wir ganz unverhofft unseren ersten Märtyrer!

Ich will es mal philosophisch formulieren: Wenn der berühmte Philosoph, der Kant, das Rheinland besser gekannt hätte, dann hätte er nicht die Kritik der Reinen, sondern die Kritik der Rheinischen Vernunft geschrieben! Denn so lautete doch immer die zentrale Frage: Wie kann man zum Märtyrer werden oder als Märtyrer schön verehrt werden, ohne selbst leiden zu müssen? Und das war die geniale Lösung: Die ersten Märtyrer waren keine Rheinländer, sondern Neger. Und daraus entspringt auch die sprichwörtliche rheinische Ausländerfreundlichkeit.

Überhaupt: wenn Jesus seinerzeit im Rheinland gekreuzigt worden wäre, dann wäre das anders gelaufen! Dann wären wir mit ihm zusammen auf den Ölberg gegangen, also genauer gesagt, auf den Ölberg im Siebengebirge, oder gleich daneben auf den Petersberg, denn da gibt es doch so ein herrliches Restaurant, wo der Adenauer nach dem Krieg so schön mit den Westmächten rumgemaggelt hat. Da hätten wir uns mit Jesus ein bisschen zusammengesetzt, er hätte vielleicht, um die Stimmung etwas aufzulockern, die Weinreste von Kanaa spendiert, wir hätten in entspannter Atmosphäre verhandelt und das Ergebnis wäre wahrscheinlich gewesen: Er wäre in Zukunft für die Getränke aufgekommen, wir wären damit zufrieden gewesen – er wäre nie gekreuzigt worden!

Und vor allen Dingen hätte es noch einen Vorteil: Ohne Kreuzigung gäb's nicht diese schreckliche sessionslose Zeit, die Fastenzeit. Es gäbe keinen Karfreitag, und ohne Karfreitag auch keinen Aschermittwoch, und ohne Aschermittwoch dann – allerdings, auch, – konsequenterweise keinen Karneval!? Oh! ... Ja, ... Dann ist er womöglich doch zu Recht gekreuzigt worden!? Schließlich gäbe es ohne Kreuzigung keine Auferstehung und ohne Auferstehung keine Erlösung und ohne Erlösung gäbe es kein Christentum. Und was wären wir ohne Christentum? Das Rheinland wäre undenkbar. Was wären wir ohne Beichte und die beruhigende Gewissheit, anschließend die alten Fehler noch einmal begehen zu können?

Güterbahnhof Gereon:
merkantiler Knotenpunkt des
19. Jahrhunderts.

durch die Ansiedlung von RTL, dem erfolgreichsten Privatsender der Republik. In dessen Gefolge kamen zahlreiche Produktionsfirmen, Journalistenbüros, Ausstatter und der ganze Tross von Folgebetrieben, die seitdem in Köln mehr als 10 000 neue Arbeitsplätze im gesamten Medienbereich geschaffen haben, allerdings weniger im MediaPark. Hier tat sich die Stadt schwer. Investoren gingen baden oder pleite, ein Filmfestival erwies sich als Flop, die Bebauung zog und zog sich hin und erst, als mit massiver Unterstützung der Stadtsparkasse einige kulturelle Unternehmen wie die SK-Kulturstiftung mit Tanzarchiv und Foto-Museum oder das Literaturhaus hier untergebracht wurden, nachdem der WDR seine Jugendwelle Eins Live in den MediaPark verfrachtete und sich Radio Köln, für ein paar Jahre auch der Fernsehsender VOX ansiedelten und die Medienakademie Komed, hat der Park auch mit Medien zu tun. Seit kurzem ist auch Emi Electrola dort. Ansonsten ist es der übliche Mix aus Praxen und Internetbüros, Marketingateliers und Ärztehaus.

MediaPark – virtueller Marktplatz
für Meinungen und Medien im 21.
Jahrhundert.

Ungefähr um das Jahr 2004, fast 20 Jahre nach dem ersten Ratsbeschluss vom Mai 1986, wird wohl die letzte Baulücke geschlossen sein und sich das gesamte Areal als städtebaulicher Fixpunkt präsentieren. Dazu hat entscheidend der 148 Meter hohe „Kölnturm", nach den Plänen des französischen Architekten Jean Nouvel beigetragen, auch wenn der sich das Ganze schlanker und graziler vorgestellt hatte. Für diese Lösung hatte sich aber kein Investor gefunden. So ist hier zwar kein Medienzentrum, aber eine abwechslungsreiche Architektur der Blöcke und Segmente entstanden, die

um den kreisrunden Platz mit der Brunnenanlage des Bildhauers
Otto Piene herum verläuft, die dem Ganzen eine Licht- und Bewe-
gungsmitte gibt. Bemerkenswert sind auch der „See" mit den Fun-
damentresten preußischer Militärbauten im Wasser und der elegant
geschwungenen Brücke oder die Wohnschlange im Hintergrund
neben Schilf und Ried, am Abend besonders schön das holografi-
sche Objekt des Kölner Künstlers Hingsmartin auf dem Umspann-
werk der Elektrizitätswerke, das im Jahre 1995 den Kölner Archi-
tekturpreis erhielt, und vor allem auch die ebenfalls preisgekrönte
Fußgängerbrücke der Architektin Verena Dietrich hinter dem Media-
Park, über die Bahntrasse hinweg zum Herkulesberg in den Inneren Grüngürtel hinein. Man muss herumgehen, oder auch hinein,
nach oben fahren und hinunterschauen, man muss auf dem kreisrunden Platz seinen Kaffee trinken oder einfach nur im Literaturhaus sitzend dem vorbeifahrenden ICE zuschauen: Es hat lange
gedauert, aber inzwischen hat auch der MediaPark ein Gesicht und
Gewicht. Seinen „Charme" entwickelt er allerdings eher am Abend
oder bei Nacht als beim hellen Licht des Tages.

Die „Wohnschlange" im Grünen
am MediaPark.

In den Goldfundgebieten Alaskas wurden die besten Stellen unter
den Goldgräbern in „Claims" aufgeteilt, damit sie sich nicht gegenseitig in die Quere kamen. So ähnlich war das in Köln rechts und
links der Ringe mit den Versicherungen. Der Claim der Allianz etwa
lag am Hansaring stadtauswärts bis zur Gladbacher Straße; auf der
anderen Seite schloss sich entlang des Kaiser-Wilhelm-Rings das
Schürfgebiet der Gothaer Versicherung an, und stadteinwärts liegt
noch heute das Terrain von Gerling. In ihren Gebieten konnten sie
sich ausbreiten, bauen, immer mehr Wohnungen in Büros umwandeln, denn die Stadtverwaltung folgte weitgehend den Wünschen
der Versicherungsriesen, bis in den 1970er Jahren vor allem Mie-
ter- und Bürgerinitiativen dagegen protestierten.

   Die Neustadt war ursprünglich als bürgerliches Wohngebiet vorgesehen, als sie Ende des 19. Jahrhunderts errichtet wurde – mit
prächtigen Häusern an den breiten Boulevards, den Ringen und
repräsentativen Wohnungen in den Seitenstraßen. Später kamen
Geschäfte in der Erdgeschosszone dazu, aber der Charakter des Viertels blieb im Großen und Ganzen erhalten. Das änderte sich nach
dem Krieg durch Zerstörungen, Wohnungsnot und durch eine städ-

53

ERFTSTRASSE 5
HAUSBESETZUNG

*„Was den Bomben
nicht gelungen,
schaffen Banken
und Versicherungen."*

*Plakattext der
1970er Jahre*

1979, Erftstraße: vergammelt und besetzt.

2000, Erftstraße: Fassade für die Allianz gerettet.

Alles Allianz – die alte Volksschule Spichernstraße.

tebauliche und ästhetische Missachtung dieser Gründerzeitarchitektur. Kinderreiche Familien, Arme, Studenten zogen in die oft großen Wohnungen, in den 1960er Jahren entstanden im Belgischen Viertel die ersten Wohngemeinschaften. Es gab billigen Wohnraum, bis die Versicherungen und Banken begannen, diese Häuser aufzukaufen, abzureißen und mit Büros oder rentableren Wohnungen neu zu bebauen. Die Folge waren Verdrängung und steigende Mieten einer- und Protest andererseits.

Nach den erfolglosen Protesten folgten oft Hausbesetzungen, wenn die Mieter nicht freiwillig gehen wollten und Studenten oder andere die leer stehenden und zum Abriss vorgesehenen Häuser einfach wieder bewohnten. Hier in der nördlichen Neustadt war ein Schwerpunkt der Hausbesetzerbewegung und Köln eine Hochburg bundesweit. Das Haus Erftstraße 5 etwa hat die einzige im Original erhaltene Fassade auf der Südseite der Straße, die ansonsten weitgehend in der Hand der Allianz ist. In diesem Haus lebten Ende der 1970er Jahre fast ein Jahr lang Besetzer ohne Strom und Wasser. Sie wurden vertrieben und es wird sie kaum trösten, dass sie die Fassade retten konnten. Um die Ecke herum in der Spichernstraße 52 stand einer der schönsten Jugendstilbauten der Gründerzeit, Besitzer war die Stadt Köln. 1974 wurde das Haus im Schnellverfahren abgerissen, an die Allianz verkauft und die Stelle wieder bebaut. Ebenso ging die Volksschule in der Spichernstraße aus dem Jahre 1900 an die Allianz, die heute in dem zweiflügeligen Ziegelsteinbau, ein Muster von humaner Schularchitektur aus dem 19. Jahrhundert, ihr Ausbildungszentrum unterhält.

Eine Folge von Abriss und Spekulation sind auch die genormten Bürobauten auf der Südseite der Gladbacher Straße zwischen Wer-

derstraße und Ring. Hier standen Wand an Wand sechs denkmalgeschützte Häuser, die der Gothaer Versicherung zum Opfer fielen.
Nach Protesten erhielt die Versicherung die Auflage, zu gleichen Teilen Büros und Wohnungen zu errichten. Heute steht an dieser Ecke
ein schwarzer Ziegelsteinbau mit angehängten Erkerbalkonen, stil-
und geschmacklos – mit überwiegend Büros.

Als die alten Bauten noch standen, wurde das Eckhaus Nummer 7
im Herbst 1976 über Monate besetzt, immer wieder geräumt, dabei
auch zum ersten Mal durch das „Sondereinsatzkommando" (SEK)
der Polizei. Die treibende Kraft dieser Aktionen war der SSK (Sozialistische Selbsthilfe Köln), der es immer wieder schaffte, die Öffentlichkeit mit populär-unkonventionellen Methoden gegen die Spekulanten einzunehmen. Als etwa wieder einmal nach einer Räumung
der Eingang des Abrisshauses zugemauert wurde, vermauerte der
SSK am nächsten Morgen im Gegenzug den Direktionseingang der
Gothaer Versicherung.

Alle diese Aktionen haben die Spekulation nicht verhindert, aber
sie haben mit ihren Informationen und Happenings die demokratische Spielbreite in der Stadt ausgeweitet und für eine Belebung der
Stadtgesellschaft gesorgt. Und neben der Denkmalpflege haben solche Aktionen dazu geführt, dass die Wertschätzung für die Häuser
und Architekturen zugenommen hat.

**Alles Gothaer – Austausch der
Gründerzeithäuser gegen tristen
Bürobeton in der Gladbacher
Straße.**

**Die Polizei hindert die
„Wohnraumrettungsgesellschaft"
(WRG) an der Arbeit.**

54

**KAISER-WILHELM-
RING 31**

Unmittelbar nachdem die Amerikaner die Stadt Köln erobert hatten,
in den Märztagen des Jahres 1945, wurde im Hauptverwaltungs-
gebäude der Allianz Kaiser-Wilhelm-Ring/Ecke Gladbacher Straße
provisorisch das Rathaus eingerichtet. Der damals in Köln als Kriegs-

Massendemonstration gegen
Hunger und Demontagen am
Kaiser-Wilhelm-Ring, Sitz der
Stadtverwaltung nach dem
Zweiten Weltkrieg.

berichterstatter weilende englische Autor George Orwell hat darüber berichtet, ebenso wie über die Aufstellung einer Bürgerpolizei, „die aber weder Waffen noch Uniformen erhielten". Bis 1953 blieb die Stadtverwaltung und in diesem Gebäude tagte auch für mehrere Jahre der Stadtrat. Hier wurden schon unter dem ersten Oberbürgermeister nach dem Krieg, Konrad Adenauer, früh die Schalthebel der neuen Macht mit alten Gefolgsleuten aus dem konservativen Zentrum besetzt. Noch ehe die junge Republik wusste, was „Restauration" bedeutete, wurde sie in Köln praktiziert. Und

Flugblatt aus dem Hungerwinter
1946/47.

Schmerzerfüllt teilen wir Ihnen mit, daß heute früh 6 Uhr unser

LETZTES BROT

im Alter von nahezu 2 Tagen verschieden ist.

Es folgte ihm gleichzeitig das letzte Achtel Butter in die Ewigkeit.

Mit knurrendem Magen werden wir ihrer stets gedenken.

In großer Sorge:

KARL HUNGER UND FRAU
Lotti, geb. Fleischlos
WILLI HUNGER UND FRAU
Putti, geb. Ohnefett
ERICH HUNGER UND FRAU
Mausi, geb. Eiermangel
AUGUST KOHLDAMPF UND FRAU
Rosi, geb. Magermilch
ERNA KARTOFFELKNAPP als Braut

BAD ELEND, im Kalorienjahr 1946
Steckrübengasse 13

Etwaige Brotspenden bitten wir im Trauerhause unauffällig abzugeben. Beileidsbesuche bitten wir zu unterlassen.

hier wurde auch weitgehend die „Entnazifizierung" verhindert oder hintertrieben. Anfang Februar 1946 berichtete Ernst Schwering, später selber Oberbürgermeister in Köln: „Der Schuloffizier (der Besatzungsmacht) ließ im Lauf der vergangenen Monate zahlreiche Parteigenossen (der NSDAP) in der Schule und in den Büros der Stadtverwaltung wieder zu. Dasselbe tat der für die Finanzen zuständige Offizier. Er ging dabei von der Erwägung aus, dass eine ordnungsgemäße Finanzwirtschaft unter allen Umständen garantiert werden müsse." Das Resultat: Fast 40 Prozent der früheren Nazibeamten und -angestellten Kölns waren Ende 1948 wieder eingestellt und nur 16 Prozent waren mit Rente ausgeschieden. Später schätzte man sogar, dass mindestens 80 Prozent aller früheren NSDAP-Mitglieder der Stadtverwaltung entweder in Amt und Würden oder in Rente waren.

Am Kaiser-Wilhelm-Ring kam es vor dem provisorischen Rathaus in dem fürchterlich kalten Winter 1946/47 auch zu den ersten großen Volksaufläufen nach dem Krieg, den „Hungerdemonstrationen". Damals legten Zehntausende in den Kölner Großbetrieben wegen der miserablen Ernährungslage die Arbeit nieder und streikten.

„So als ob das Büdchen einen grünen Schatten hinterlassen hätte, schlicht und unprätentiös in seiner Erscheinung, massiv und konzentriert in seiner Materialität."

Martin Mlecko

Unter den Kastanien, am Anfang der vom Kaiser-Wilhelm-Ring zum MediaPark führenden Hermann-Becker-Straße, stößt man am Boden auf ein Glasmosaik. Das wohl eher zufällig, denn es breitet sich nicht pompös aus und man muss in die Knie gehen, um die kleine Inschrift am Rand zu entziffern: „Trinkhalle 1979. Das Glas-

Der Kiosk von Heinrich Reintges – die Erinnerung liegt auf der Straße.

mosaik erinnert an den Kiosk von Heinrich Reintges, den er als Erbauer von 1950 bis 1997 hier betrieben hat." Dieser flaschengrüne Bodenteppich stammt von dem heute in Berlin lebenden Künstler Martin Mlecko und nimmt in seinem Ausmaß genau die Grundfläche des Kiosks ein, den Heinrich Reintges über 40 Jahre dort betrieb, bis er von der Stadtverwaltung unter sentimentaler Aufmerksamkeit des Publikums vertrieben und einige Jahre später sein selbst gebautes Büdchen abgerissen wurde.

55

**APPELLHOFPLATZ
23–25, EL-DE-HAUS,
NS-DOKUMENTATIONS-
ZENTRUM**

Gefängnistür im EL-DE-Haus.

Leopold Dahmen hieß der Bauherr und Besitzer dieses Hauses und nach seinen Initialen ist es auch benannt. Das graue, breit angelegte Bürogebäude wurde von Dahmen 1935 gebaut und 1936 an die Gestapo vermietet. Hier hatte die Geheime Staatspolizei für den Gau Rheinland und Aachen ihren Sitz mit einem eigenen Gefängnis- und Foltertrakt in zwei Kelleretagen und einer Hinrichtungsstätte hinter dem Haus. Tausende von Häftlingen, zunächst politische Oppositionelle, Sozialdemokraten und Kommunisten, dann während des Krieges auch protestierende Jugendliche von den „Edelweiß"-Piraten", Kriegsgefangene und vor allem zahlreiche ausländische Zwangsarbeiter und Zwangsarbeiterinnen waren dort eingesperrt, wurden verhört, häufig misshandelt, gefoltert und viele von ihnen auch umgebracht. Die Gestapo hatte ein eigenes Terrain auf dem Westfriedhof, auf dem zahlreiche Opfer aus der „Elisenstraße", so die Eintragung im Totenbuch des Friedhofs, begraben sind.

Das EL-DE-Haus ist eines der wenigen Gebäude der Innenstadt, das im Krieg fast unversehrt blieb, so dass 1945 die Stadtverwaltung hier einziehen konnte. Die Haftzellen im Keller wurden als Aktenkeller genutzt und gerieten in Vergessenheit. Seit Ende der 1960er Jahre war es der Kölner Sammy Maedge, der immer wieder auf das EL-DE-Haus hinwies, vor allem auf die Zellen mit ihren zahllosen Wandinschriften, die Hunderte von Häftlingen in den Kriegsjahren und in fast allen europäischen Sprachen als Botschaft oder Hilferuf hinterlassen hatten. Erst mit Unterstützung einer Bürgerinitiative regte sich 1977 allmählich Protest in der Kölner Öffentlichkeit. Die Stadt als Mieterin erklärte sich lange für unzuständig, der Besitzer Dahmen wollte die „alten Kamellen ruhen" lassen.

Jahrzehnte lang lagerte die Stadtverwaltung ihre Akten in den Gestapozellen – ein „Einbruch" von Kurt Holl (Bild) und Gernot Huber im März 1978 brachte den Beweis.

Einem Fotografen, Gernot Huber, und einem engagierten Lehrer, Kurt Holl, gelang es schließlich bei einem nächtlichen „Einbruch" im März 1978, Zellen und Inschriften zu fotografieren und das, was bisher nur vom Hörensagen bekannt war, öffentlich zu dokumentieren. Aufgrund internationaler Berichterstattung sah sich auch der

Die Wandinschriften in den Zellen: „Gottes Mühlen mahlen langsam, aber sicher!!!"; „Kinder müssen kommen für den Krieg/Räder müssen rollen für den Sieg/Köpfe müssen rollen nach dem Krieg."

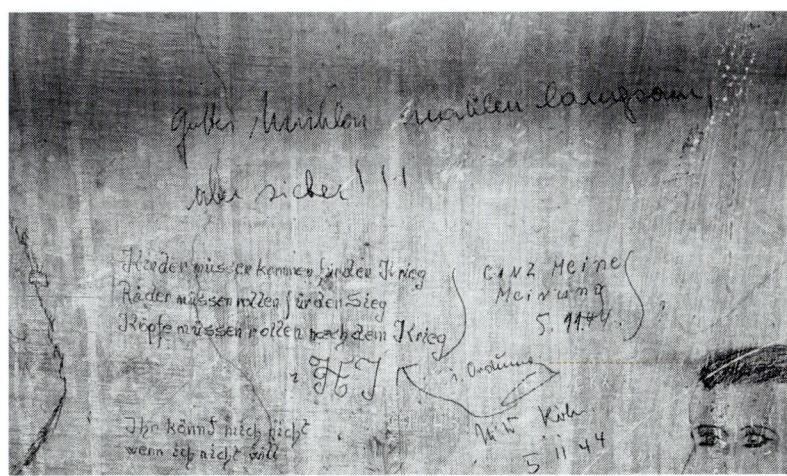

Rat der Stadt Köln nun endlich gezwungen, die Keller unter Denkmalschutz zu stellen.

Gleichzeitig wurde die Einrichtung eines Dokumentationszentrums zur Geschichte des Nationalsozialismus in Köln beschlossen. Aber wieder erst acht Jahre später, und wieder erst auf öffentlichen Druck hin, wurde dieser Beschluss 1987 umgesetzt. Und es dauerte noch einmal Jahre, bis endlich die letzten „zivilen" Behörden das EL-DE-Haus geräumt hatten und in dem gesamten Gebäude die Dauerausstellung zur Geschichte des Nationalsozialismus in Köln eröffnet werden konnte. Inzwischen gibt es nicht nur die Gedenkstätte im Keller, im Bereich des früheren Gestapo-Gefängnisses, sowie das Museum in den Etagen darüber, sondern auch einen Bereich für Sonderausstellungen, eine umfangreiche Fachbibliothek und Medienräume, sowie Arbeits- und Büroräume des NS-Dokumentationszentrums.

56

**MARIA IN DER
KUPFERGASSE,
DU-MONT-CARRÉ**

1630 kamen aus dem niederländischen Herzogenbosch vertriebene Nonnen nach Köln und ließen sich in der Kupfergasse, der heutigen Schwalbengasse, nieder. Im Gepäck hatten sie eine schwarze, aus Lindenholz geschnitzte Marienfigur. Für diese „Schwarze Muttergottes" errichteten sie eine eigene Kapelle, die sie später mit einer barocken Kirche (1705) überbauten. Diese Madonna war und ist bis in die Gegenwart eine hochverehrte und in vielen Sorgen und Nöten angeflehte Schutzfigur. In der Domstadt wird kolportiert, dass sogar ein früherer Trainer des 1. FC Köln vor wichtigen Spielen zur schwarzen Muttergottes pilgerte und für den Sieg eine Kerze anzündete.

Es gab auch Zeiten, da erhielten schwangere Frauen von den Nonnen der Kirche eine Kerze und einen schmalen weißen Leinengürtel, der in roter Farbe mit den Initialen von Jesus und Maria bedruckt war. Er wurde um den Leib gebunden und sollte zu einer guten Geburt verhelfen. Die Kerze zündete man an, wenn die Geburtswehen einsetzten, und bevor sie abgebrannt war, sollte auch die Geburt beendet sein.

Der Name Schwalbengasse wird manchmal populär-kölsch mit der „Bordsteinschwalbe" in Verbindung gebracht, der Umschreibung für Prostituierte. Das ist zwar etymologisch an den Haaren herbeigezogen, aber historisch nicht falsch. Denn in dieser Gegend um Auf dem Berlich lag im Hochmittelalter das Zentrum der städtischen

Marizibill

In der Hohe Straße zu Köln

Ging sie am Abend auf und ab

Offen für alle und hübsch dabei

Dann trank sie

Müde vom Pflaster

Im schummrigen Brauhaus ein

Spätes Bier.

Guillaume Apollinaire

„Heilige Mutter Gottes spile für uns!" Die Schwarze Madonna in der Kupfergasse ist auch für den FC da.

Maria Magdalena, zuständig für die Prostituierten.

Dirnen. Die Steuerliste der Gemeinde nennt schon im 13. Jahrhundert ein „Haus der schönen Frauen" in der Schwalbengasse, das älteste nachgewiesene Bordell überhaupt in Deutschland, das – den Steuerbeträgen nach zu urteilen – hohe Umsätze brachte.

In Köln, damals die größte Stadt Deutschlands im Mittelalter, arbeiteten zahlreiche Prostituierte, denn der enorme Fremdenverkehr stellte eine beträchtliche Einnahmequelle dar. Dazu kamen die großen kirchlichen Veranstaltungen, die Staatsbesuche der regierenden Häupter, bei denen es üblich war, erst einmal mit dem gesamten Hofstaat ins Bordell zu gehen, und die gesamte urbane Situation, die die Prostitution begünstigten. Erst im ausgehenden Mittelalter verschlechterte sich mit der allgemeinen Situation der Frauen auch die Stellung der Prostituierten. Aus dem vormaligen Schutz durch die städtischen Henker wurde immer mehr ein Zuhälterverhältnis. An den Rand der Gesellschaft gedrängt, bekamen die „Huren" deren Doppelmoral zu spüren: Einerseits brauchte man sie, gleichzeitig wurden sie aber öffentlich verachtet.

Es gab natürlich auch eine eigene Schutzheilige der Prostituierten, Maria Magdalena, und seit dem 13. Jahrhundert einen nach ihr benannten Frauenorden, die „Magdalenerinnen" oder „weißen Frauen". Sie waren für „Reuerinnen" zuständig, das heißt speziell dafür da, Prostituierte aufzunehmen. Das was in unserer Zeit Selbst-

hilfegruppen der „Huren" versuchen, lag damals in den Händen der Kirche. In Köln lag ein Kloster des Weißfrauenordens an der Ecke Blaubach/Perlengraben und eins für „bekehrte Mädchen" existierte bis zur Säkularisation am Eigelstein im „Haus Bethlehem".

Auf der anderen Seite ist mit dem Du-Mont-Carré eine der jüngsten Malls der Innenstadt entstanden, deren Architektur allerdings eher auf Aldi zugeschnitten scheint. Es ist ein Objekt des Esch-Oppenheim-Fonds, finanziert von den Zeitungsverlegerfamilien DuMont und Schütte. Kein Zufall, denn dort lag jahrzehntelang das Kölner Pressezentrum mit Kölner Stadt-Anzeiger und Express, mit Redaktionen, Verlag und Druckerei.

Obwohl die Denkmalpflege lange versuchte, den Vorgängerbau, 1938 im Stil der Moderne von dem Architekten Wilhelm Riphahn errichtet, unter Denkmalschutz zu stellen und ein Kompromiss nach jahrelangem Prozess am Ende wenigstens die Rettung der Fassade vorsah, wurde diese bei den Abbrucharbeiten leider und ganz zufällig so beschädigt, dass sie nicht mehr zu retten war. Interessant bei diesem Objekt ist auch, dass die U-Bahn-Aus- und Eingänge der Haltestelle Appellhofplatz so lange umgeplant und dann verlegt wurden, bis sie unmittelbar in dem Tiefparterre des Du-Mont-Carrés endeten, obschon es sich um ein öffentliches und kein privates Verkehrsmittel handelt.

22. November 1848: Sturm auf die Kölnische Zeitung, die Vorläuferin des Stadt-Anzeigers – von den Druckern zurückgeschlagen. Sonst blieb es in der Revolutionszeit von 1848 ziemlich ruhig auf den Straßen Kölns.

HENRIETTE KNOBLAUCH, MUTTER, EMPFIEHLT:

Wer sich in Köln Hals über Kopf verliebt und ein individuelles Hochzeitskleid sucht, findet hier, was er braucht. Bestickte Seide, französische Spitzen, Chiffons, feine Wolle oder italienisches Leinen, Adressen von Schneider-Innen inklusive. Aber auch für Tage auf normalem Niveau und zum Selbernähen bleibt einem selten die Qual der Wahl erspart! Auf Kleinstem die wirklich schönsten Stoffe.
Conturas, St.-Apern-Straße 56-58
Tel. 257 67 32

57

ERICH-KLIBANSKY-PLATZ

Der Löwe schmückt die Spitze des Brunnens auf dem Erich-Klibanski-Platz.

Gegenüber dem Eingang zum Dorint-Hotel an der Helenenstraße stößt man mitten auf einem kleinen Platz, umgeben von den Galerien und Geschäften der Kreishausgalerie, auf einen Brunnen mit den Namen von 1100 Kindern und Jugendlichen, die „von Köln aus in den Tod getrieben wurden". Es waren jüdische Kinder und an dieser Stelle befand sich das einzige jüdische Gymnasium im Rheinland, die „Jawne". Nichts außer dem „Löwenbrunnen", der auf dem früheren Schulgelände steht, erinnert daran. Der Platz ist nach dem letzten Direktor des Gymnasiums, Erich Klibansky, benannt. Mit den Nazis begann auch für diese Schule die Zeit der Repressionen und Verfolgung und Klibansky sah schließlich keine andere Möglichkeit, als die Kinder auf die Auswanderung aus Deutschland vorzubereiten. Fünf Klassen mit insgesamt 130 Schülerinnen und Schülern konnte er nach England in Sicherheit bringen, die anderen wurden verschleppt und umgebracht. Er selber wurde mit seiner Familie am 20. Juli 1942 vom Bahnhof Deutz-Tief aus deportiert und in der Nähe von Minsk ermordet.

58

GEREONSHOF/ GERLING-KONZERN

Das Zentrum des Gerling-Konzerns am Gereonshof wurde in mehreren Stufen im monumentalen Stil der 1930er Jahre gestaltet, allerdings erst nach 1950. Der Platz vor dem Hochhaus, das an der Spitze eher an ein Mausoleum als an ein Büro erinnert und von einem Speer-Schüler entworfen wurde, heißt „Ehrenhof". Der Nazi-Bildhauer und Architekt Arno Breker hat ihn gestaltet. Von Breker stammen auch zahlreiche Plastiken und Reliefs im Innern und Äußeren des Komplexes, wie der seinen Mantel teilende heilige Martin oder der heilige Drachentöter Georg. Die Körperästhetik der beiden Figuren an der Ostwand erinnert eher an germanische Helden als an christliche Heilige, und von Schultern und Bizeps des Bettlers vor St. Martin darf man annehmen, dass sie im KDF-Programm gestählt wurden. Tatsächlich diente ein „Verwundeter Krieger" von Breker aus dem Jahr 1936 als Entwurf. Das ganze Figurenensemble ist für eine Versicherung ungewöhnlich: Oder ist der Drachentöter metaphorisch als Retter bei der Feuerbrunst zu verstehen und der manteilende Martin als Helfer bei Kälteeinbruch?

Symbolisiert dann der heilige Christopherus am westlichen Eingang des Ehrenhofs die Hilfe bei Wasserschäden und die Heiligen Drei Könige gegenüber stehen für die netten Überraschungen? Für

Naziästhetik unterm Heiligen-
schein – der hl. Martin teilt den
Mantel.

die alten Kölnerinnen und Kölner war ja vielleicht die Hilfe ihrer Heiligen so etwas wie ein kostenloser Versicherungsschutz.

Von demselben monumentalen Gestaltungswillen wie der
Ehrenhof ist auch der Rundbau am Klapperhof geprägt, der als dritter Bauabschnitt erst in den 1960er Jahren entstand.

Von Arno Breker stammen die
Pläne für den „Ehrenhof" der
Gerling-Zentrale.

Der Initiator dieser ganzen Anlage, der 1991 verstorbene Hans Gerling, wurde seinerzeit einfühlsam und wohl informiert von dem Kölner Schriftsteller Günter Wallraff beschrieben, der sich für einige
Zeit als Bote in dem Konzern verdingt hatte. Es lohnt sich, an einem
Sonntagnachmittag mit Wallraffs Klassiker „Ihr da oben – wir da
unten" in der Hand in den dann weitgehend menschenleeren Straßen

rund um den Gerling-Komplex spazieren zu gehen und Passagen über dessen Erbauer zu memorieren: Der Zusammenhang zwischen Persönlichkeitsstruktur und Baugestalt liegt auf der Hand.

Günter Wallraff schlich sich 1973 als Bote bei Gerling ein und posiert stolz auf dem Schreibtisch des Konzernchefs.

HANS-GERD HELLENKEMPER, RÖMISCH-GERMANISCHES MUSEUM, EMPFIEHLT:

Von der Helenenstraße aus biege ich vor dem Kolpinghaus ein und es sind nur wenige Schritte bis zu dem stark überwucherten Helenenturm. Seinen Namen hat er im 19. Jahrhundert bekommen nach der Kaisermutter Helena und übrigens auch einer der ersten Archäologinnen. Der Turm ist uralt und war Teil der römischen Stadtmauer. In diese halbrunde Mauerschale setze ich mich auf die Steinbank und kann mir ausmalen in meiner Phantasie, dass dies in langen Jahrhunderten eine wunderbare Gelehrtenstube war. Helenenturm, Helenenstraße

Eine andere Ära in der Architektur des Unternehmens scheint mit den Gerling-Erben angebrochen zu sein. Der neueste Bauabschnitt wurde Anfang des neuen Jahrhunderts gefeiert. Mit dem „Gerling-Ring-Carré" an der Ecke Friesenstraße und Hohenzollernring wird ein markanter städtebaulicher Akzent gesetzt. Der amerikanische Architekt Norman Foster hat sich dabei mit den drei dominanten Türmen und den Seitenflügeln offenbar an der Idee der Stadttore orientiert, die tatsächlich nicht weit entfernt lagen – das neue Carré befindet sich auch genau auf der historischen Linie der früheren Stadtmauer. Das Ring-Carré bedeutet eine Abkehr von der einseitigen Büro- und Geschäftsbebauung der Innenstadt, denn in der Mischnutzung zwischen Büros, Läden und vor allem Wohnungen sind vielfältige Varianten zwischen diesen Funktionen möglich, obschon das natürlich seinen hohen Preis hat. Völlig neu ist das ökologische Konzept: Durch die Dreifachverglasung kann die Außenluft zirkulieren, man braucht keine Klimaanlagen, die Sonnenenergie wird passiv genutzt und schließlich verbessern Wasser und Grün im Inneren das Klima.

FRIESENSTRAßE 64–66/BRAUHAUS PÄFFGEN

Das Friesenviertel galt im Mittelalter als ein Stadtteil der kleinen Leute. Keine Hauptstraße führt durchs Quartier aus der Stadt heraus, es war eher Randlage. Seinen Namen erhielt es von Tuchhändlern aus Friesland und England, die sich im 10. Jahrhundert hier angesiedelt haben sollen. Auch in der Neuzeit lebten im Friesenviertel unmittelbar hinter den Stadtmauern eher Hilfsarbeiter und Ungelernte: „Zebinge-Männer", die den Hausrat flickten, oder

„Appeltiffe", Frauen, die auf der Straße Äpfel verkauften, „Stopp-liesger", die Wäsche oder Stopfarbeiten machten, „Kaateschläger-sche", Wahrsager und „Lööchtemänner", die auf den dunklen Straßen am Abend die Lampe trugen.

In den 1960er Jahren wurde das Viertel lange als erstes Köl-ner Sanierungsgebiet gehandelt. Die Bausubstanz galt als schlecht, der Standard war niedrig und die Nutzer des Rotlichtmilieus wur-den als „problematisch" angesehen. Dann begann der Gerling-Kon-zern die alten Häuser aufzukaufen und die alteingesessenen Mie-ter zu vertreiben oder die Bauten bis zum Abriss leer stehen zu lassen. Vor allem in den 1980er Jahren vollzog sich der Wandel. Das Ergebnis ist augenfällig: Gastronomie aller Art dominiert, Modeläden und Design und zu den Ringen hin eine ganze Armada so genannter In-Lokale. Eine Untersuchung belegt, dass Mitte der 1990er Jahre im Friesenviertel jeder zweite Anwohner erst drei Jahre zuvor eingezogen und dass von 21 Lebensmittelläden aus dem Jahre 1954 nur noch ein einziger übrig geblieben war. Und der ist mittlerweile auch geschlossen.

11. Juni 1881: Die erste Ladung Dynamit an der alten Stadtmauer – Hermann Becker, der „rote Becker", war verantwortlich.

Die Aura des Alten, die Markenzeichen des „original Kölschen" wer-den dennoch gebraucht: So ließ man bei der Modernisierung der

Die Potemkinschen Häuser der Kölner Denkmalpflege: Der Rest der alten Fassade Friesenstraße 5-15 ist Teil eines neuen Geschäftshauses.

Häuser oft die Fassaden stehen, während dahinter alles abgerissen und mit besserer Raumausnutzung bei höherer Rendite neu gebaut wurde. Vor allem die Häuser, die die Rückseite des Renaissance-Hotels bilden, mussten diese Potemkinsche Verwandlung über sich ergehen lassen. Über 200 Millionen Mark hat allein der Gerling-Konzern investiert und zählt man die anderen Investoren dazu, kommt man an die Milliardengrenze. „Die größte privat finanzierte Stadtsanierung", so überschwänglich feierte seinerzeit Oberstadtdirektor Kurt Rossa die Veränderung.

Vom Haus Friesenstraße 61 blickt von der ersten Etage ein schnurbärtiger Herr hinab: Hermann Becker – der „Rote Becker", wie er wegen seiner roten Haare, aber auch wegen seiner Jugendgesinnung genannt wird. Er lebte dort von 1875 bis 1885. Hermann Becker trieb als Kölner Oberbürgermeister maßgeblich die Schleifung der mittelalterlichen Stadtmauer voran, aber auch die Stadterweiterung und die späteren Eingemeindungen. Vor seiner Wahl hatte Becker bereits ein bewegtes politisches Leben geführt. Er gehörte im Kölner Arbeiterverein zu den führenden Köpfen der 1848er Zeit. Nach dem Verbot von Karl Marx' „Neuer Rheinischer Zeitung" gründete er sein eigenes Blatt, die „Westdeutsche Zeitung", mit dem er ständigen Ärger mit Behörden und Justiz wegen Majestätsbeleidigung und Aufstachelung der Bevölkerung hatte. 1852 zählte er zu den Angeklagten in dem berüchtigten Kölner Kommunistenprozess. Anschließend saß er fünf Jahre in Festungshaft und da er im Anschluss daran nicht nach Köln zurückdurfte, ging er nach Dortmund. In Abwesenheit wurde er dann 1875 zum Kölner Oberbürgermeister gewählt – und er kam zurück.

Hermann Becker, erst Kommunist, dann Oberbürgermeister: Kölner Karrieren.

Das „Päffgen" schräg gegenüber gehört wohl als untrennbarer Bestandteil zum Ambiente des Veedels. Jeder Fremdenführer über Köln stellt es als „die" kölsche Weetschaff dar, als Inbegriff des typischen Brauhauses und entsprechend ist die Resonanz. Man findet im dem meist überfüllten Päffgen vor allem Touristen und Geschäftsleute. Viele rühmen dieses Brauhaus, das von zwei Lokalgeboten bestimmt wird. Erstes Gebot: Im Päffgen sind alle Menschen Zecher und alle Zecher gleich. Zweitens: Um Mitternacht wird dichtgemacht.

„(...) möchte ich, bevor durch Deine lenkende Hand mein letztes Stündlein schlägt, noch einmal im Päffgen am Stammtisch gesessen sein."

Letzter Wille eines Zechers

Im Hohenzollernring 97 – heute ein intimes Stadthotel – saß von 1975 bis 1977 die Redaktion der ersten und ältesten Kölner Alternativzeitung, das „Kölner VolksBlatt". Gegründet wurde das Blatt 1973 nach einem großen Fest aller Bürgerinitiativen auf dem Neumarkt und erschien dann ab Januar 1974 monatlich, gegen Ende der 1970er Jahre auch 14-tägig. Später zog die Redaktion in die nahe gelegene Palmstr. 17 um. Köln war immer eine Hochburg der selbst bestimmten und freien Initiativen. Ganz gleich ob in der Straße oder im Stadtteil, ob zu Verkehrs- oder Erziehungsfragen, ob Gewerkschaft, Hausbesetzer, Frauen- oder Friedensbewegung, ob Atomkraftwerke oder Solidarität mit der Dritten Welt, in Köln exis-

60

HOHENZOLLERN-RING 97/VOLKS-BLATT

tierten damals über hundert solcher undogmatischer Gruppen. Sie alle haben Entscheidendes zum Reformklima der 1970er und 1980er Jahre beigetragen und oft die Betonpolitik der regierenden großen Koalition aus SPD, CDU und Stadtverwaltung korrigieren können.

Das VolksBlatt-Kollektiv 1975 um den Redaktionstisch am Hohenzollernring.

Das Kölner VolksBlatt war bis in die 1980er Jahre ihre Zeitung, bis neue Entwicklungen zu den Selbsthilfebewegungen, die bunten Stadtmagazine wie die „StadtRevue" oder der „Schauplatz", später die „Kölner Illustrierte" den Markt prägten und die neue Partei der Grünen viele alternative Ansätze aufsog. Die Zeitung erschien mit verändertem Konzept und nachlassender Bedeutung bis Mitte der 1990er Jahre. Einige aus der Redaktion gründeten einen Buchverlag mit dem Namen „Kölner Volksblatt Verlag", andere organisierten das „Köln Archiv" als Sammlung der Protest- und Alternativbewegung, das sich heute als Depositum im Stadtarchiv befindet.

Das Haus am Hohenzollernring 97 sah in seiner langen Geschichte manche Originale: Im Keller gab es Ende der 1960er Jahre die erste Diskothek der Domstadt, das „lovers". Dort verkehrte Jimmy Hendrix, als er in Köln war, aber auch die Jusos, die APO waren hier Gast und die Stones. Oben im Haus arbeitete der Bildhauer Heinrich Brummack, Wolfgang Niedecken hatte hier zeitweise ein Atelier und unterm Dach vegetierte nach einem Brand ganz zum Schluss noch ein kommunistischer Tierpfleger namens Fritz Schneider. Der war in den 1980er Jahren in Köln allerdings eher wegen seiner Demonstrationsleidenschaft als seiner Tierliebe bekannt und ging auch schon einmal für seine öffentlich herumgetragene Parole „Ich scheiße auf diesen Staat" für sechzig Tage ins Gefängnis.

Max Schönenberg und Erna Schönenberg, das sind zwei Namen auf den blankgewetzten Messingtäfelchen im Bürgersteig vor dem Haus Venloer Str. 23. Und es sind zwei Namen von mehr als 1300, die man überall im Stadtgebiet finden kann, immer gleich groß, etwa 10 mal 10 Zentimeter. Immer steht darauf: „Hier wohnte" und dann folgen Name, Jahrgang und Todesdatum. Vor allem in der Neustadt, um den Griechenmarkt, in der Südstadt, aber auch in Ehrenfeld findet man viele dieser „Stolpersteine", die an die Opfer des Nationalsozialismus erinnern.

Dr. Max Schönenberg war Arzt, 1885 in Hamm geboren, seine Praxis lag in der nahen Bismarckstraße. Verheiratet war er mit Erna Kaufmann, ein Sohn Leopold wurde 1920 geboren. Den 17-jährigen Pold, wie sie ihn nannten, konnten die Eltern nach der Machtergreifung der Nazis im Jahre 1937 nach Palästina in Sicherheit bringen. Die Eltern blieben in Köln, kehrten sogar nach einem Besuch in Palästina 1939 wieder zurück und schrieben später auch

„Lieber Pold. In wenigen Tagen wirst Du Dein Elternhaus verlassen. Du gehst frohen Herzens. Vor Dir liegt die Zukunft. Wir lassen Dich nicht leichten Herzens ziehen. Aber es muss sein."

Dr. Max Schönenberg 1937 an seinen Sohn Leopold

ihrem Schwager, der nach Shanghai entkommen war und sie drängte, nachzukommen: „Wir würden Dich und uns zu einem dauernden Vegetieren in Schanghai verurteilen. Das reizt uns nicht. Es lädt uns auch zuviel Verantwortung Dir gegenüber auf. Entweder es findet sich eine constructive Lösung oder wir gehen mit unseren Leidensgefährten den gleichen Schicksalsweg."

Das Haus in der Venloer Straße wurde von den Nazis in ein „Judenhaus" umgewandelt, das heißt nach und nach mit jüdischen Familien belegt. „Jetzt sind Bestrebungen im Gange, die Juden aus den Häusern der Christen und die Christen aus den Häusern der Juden herauszubekommen. Wir nähern uns Schritt für Schritt dem Ghetto des Mittelalters." Aber wie fast 10 000 Juden und über

Die Kölner Familie Schönenberg mit neuem Auto.

Über 1000-mal überall in der Stadt: Stolpersteine.

1000 Sinti und Roma und viele, viele andere Kölnerinnen und Kölner, werden die Schönenbergs 1942 nach Theresienstadt deportiert, wo Max Schönenberg am 8. Januar 1943 umkommt. Seine Frau Erna wird nach Auschwitz gebracht, ihr Todesdatum ist unbekannt.

Der Kölner Künstler Gunter Demnig ist der Initiator dieser kleinen Erinnerungstafeln, die er Stück für Stück selber beschriftet und verlegt hat. Die Stadt gab nach einigem Zögern erst im Jahre 2000 die Zustimmung zur Verlegung der Stolpersteine, allerdings ohne jede finanzielle Beteiligung. Hamburg, Berlin, Bonn oder Leverkusen, überall dort hat Demnig inzwischen seine Erinnerungsmale gesetzt. Es sind immer die Lebensorte der NS-Opfer: Juden, Christen, Homosexuelle, Zeugen Jehovas, „Zigeuner", Euthanasieopfer oder Kommunisten. Im Unterschied zu anonymen Gedenkstätten will Gunter Demnig, ohne dessen sture Beharrlichkeit es die Steine nicht gäbe, jedem der Opfer seinen Namen öffentlich zurückgeben. Er will, dass wir heute über die Steine „stolpern", sie mit den Füßen blank reiben und irritiert nachdenken, was die Orte, an denen die Steine liegen, mit diesen Menschen zu tun haben, die wir nicht kennen, aber an die diese Steine erinnern.

Gunter Demnig
Tel. 25 14 89
demnig@aol.com
Ein Stolperstein kostet 75 Euro.

62

**VENLOER STRASSE 40/
STADTGARTEN**

Durch ein steinernes Torquadrat an der Ecke Venloer/Spichernstraße betritt man den ältesten Kölner Park, den Stadtgarten. Dieses Eingangstor, vom Verein „Pro Stadtgarten" gesponsert, betont augenfällig den Kontrast von Großstadt auf der einen und Natur auf der anderen Seite. Der Park wurde 1827/29 vor den damaligen Stadtmauern, auf dem Acker sozusagen, im heute noch gepflegten klassischen Landschaftsstil angelegt. Aus dem 19. Jahrhundert stammen eine Reihe einzeln stehender Bäume, die als Naturdenkmäler

Das Stadtgarten-Restaurant in den 1950er Jahren, heute ein beliebter Szenetreff.

geschützt sind. In unseren Tagen leidet die unbeschwerte Nutzung der Anlage allerdings erheblich unter rücksichtslosen Hundebesitzern – wie auch in allen anderen innerstädtischen Grünanlagen –, die ihre Lieblinge mehrmals täglich hemmungs- und folgenlos in den Park scheißen lassen.

In das ehemalige Stadtgarten-Restaurant der 1950er Jahre an der Venloer Straße ist in den 1980er Jahren das „Jazz-Haus", der heutige „Stadtgarten", mit Gastronomie und Musikräumen, Ausstellungen und diversen Musikangeboten eingezogen. Auch das ein Resultat dieser bewegten Jahre in Köln, denn eine freie Initiative als Träger und unkontrolliert von den Parteien, das war den Stadtbürokraten nicht leicht abzuringen. Heute ist der Stadtgarten eine auch international anerkannte Adresse, natürlich für Jazz, aber inzwischen auch für die ganze musikalische Bandbreite. Im Sommer sitzt man im Außenbereich halb im Park und wunderbar im Grünen, sofern es gelungen ist, einen Platz zu ergattern.

Ein augenfälliges Tor am Eingang zum Stadtgarten – „pro Stadtgarten" ist der Sponsor.

Auf der anderen Seite des Stadtgartens gegen die Bahngleise hin ist die Kirche Neu St. Alban, von Hans Schilling gestaltet, ein herausragendes Beispiel der progressiven Kirchenarchitektur der Nachkriegszeit. St. Alban, aus den Ziegeln der Kriegstrümmer errichtet, war in den 1960er Jahren ein sonntäglicher Treffpunkt des liberalen und linken Katholizismus Kölns, der damals so genannten Nonkonformisten. Hier arbeitete von 1955 bis 1978 der Pfarrer Hugo Poth, der schon lange vor dem Zweiten Vatikanischen Konzil in seiner Kirche die Liturgiereform praktizierte und mit seinen Predigten Sonntag für Sonntag scharenweise die kritischen Katholiken anzog.

Die Ziegel von Neu St. Alban am Stadtgarten-Park stammen aus den Trümmern des zerstörten Köln.

Der Neumarkt ist seit fast 1000 Jahren der zentrale Platz der Stadt. Hier ballt sich der Verkehr und Tausende überqueren ihn täglich auf ihrem Weg zu den Kaufhäusern und Einkaufspassagen. Der Neumarkt ist auch der Ort der großen Paraden und Umzüge, der massenhaften Vergnügen und politischen Proteste. Rund herum findet sich alles, was das urbane Leben der City bestimmt.

RUND UM DEN NEUMARKT

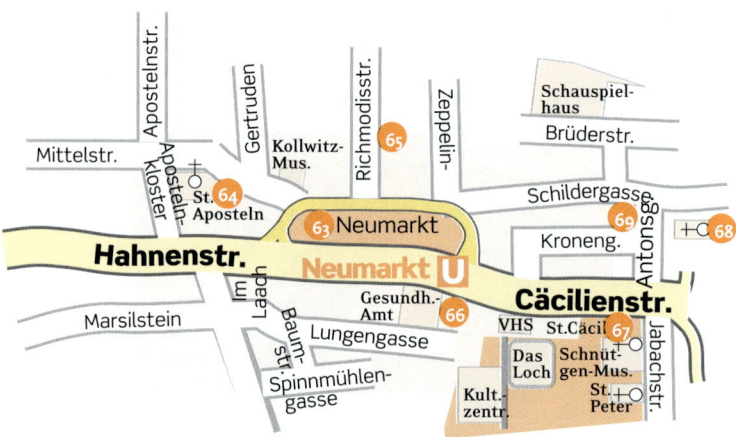

63

NEUMARKT

Der Neumarkt ist nicht nur der größte, sondern auch der älteste Platz der Innenstadt. In der römischen Zeit ein Wohnquartier, durch das eine Straße aus der Stadt hinaus Richtung Westen führte, wurde er schon im 11. Jahrhundert in seiner heutigen Dimension angelegt. Seitdem blieb er unbebaut und die Archäologen vermuten deshalb, nach einigen Funden bei Kanalarbeiten in den 1920er Jahren, umfangreiche „Bodenschätze" der römischen Epoche unter dem Platz. Aber in Köln haben die Archäologen genug mit Notgrabungen zu tun, bedingt durch Großbauten in der Innenstadt oder den Bau der Nord-Süd-U-Bahn, und außerdem ist kein Geld da. So haben sie nicht nur alle Tiefgaragenpläne für den Neumarkt erfolgreich abgewehrt, sondern sie wollen nicht einmal graben, um die einzigartigen „Bodenurkunden" nicht zerstören zu müssen. Das sollen künftige Generationen machen.

Aus der Franziskanerkirche „ad olivas" wurde nach der Säkularisation eine Tabakfabrik, später zog das Militär ein – heute steht hier der „Olivandenhof".

Im Mittelalter diente der Platz mit einer Tränke und einem Brunnen als Viehmarkt und als Schützenplatz für die militärischen Übungen und die Schützenfeste der wehrhaften Bürger. Er soll aber auch Tanzplatz der „Hexen" gewesen sein, wie viele Frauen unter der Folter in den Hexenprozessen aussagten. In der französischen Zeit fanden hier die großen Massenkundgebungen statt. Am 9. Oktober 1794, drei Tage nach dem Einmarsch in die Stadt, wurde auf dem Neumarkt von den Revolutionstruppen der Freiheitsbaum aufgepflanzt: eine nackte Tanne, oben mit der roten Jakobinermütze geschmückt und mit den blau-weiß-roten Farben der Republik umwunden. Inzwischen wird der Platz von allen benutzt und bespielt: Ob Wein-

Französische Revolutionäre verfeuern die Heiligenfiguren.

Käthe-Kollwitz-Museum

Das kleine und ambitionierte Kollwitz-Museum im Haus der Kreissparkasse am Neumarkt besitzt rund 800 Arbeiten der Künstlerin: Drucke, Zeichnungen und Kleinplastiken. Im Wechsel werden etwa 200 Exponate davon ausgestellt, in unregelmäßigem Turnus zeigt das Museum Sonderausstellungen anderer Künstler.
Neumarkt 18-24
Tel. 227-23 63
www.kollwitz.de
Mo geschl.

königin oder Funkenbiwak, Bücherherbst und Weihnachtsmarkt, auf dem Neumarkt findet fast alles statt. Und dabei tost ständig der Verkehr rundherum, trotz aller Versuche, ihn auf der Südseite zu bündeln. Bisher haben die Autofreunde der großen Parteien im Kölner Stadtrat dies verhindert. Im Jahre 1967 ging vom Neumarkt einer der entscheidenden Impulse für die Kunststadt Köln aus, als die kritische Kunstszene sich als Kontrast zum frisch gegründeten „Kölner Kunstmarkt" zum „Neumarkt der Künste" vereinigte.

In den letzten Jahren haben sich vom Neumarkt aus die großen Fußgängerpassagen und Einkaufszonen in die Innenstadt eingegraben. Das Neueste rund um den Neumarkt ist die suburbane Erschließung. Man kann etwa am Josef-Haubrich-Hof in die U-Bahn abtauchen, unter dem Neumarkt hindurchflanieren, in das Kellergeschoss der Neumarktgalerie wechseln, dann an der anderen Seite entweder in den Olivandenhof einbiegen oder es mit dem Tiefparterre von Karstadt probieren. Dann muss man allerdings an der Breite Straße kurz auftauchen, um gleich wieder im Du-Mont-Carré zu verschwinden, mit direktem Zugang zur U-Bahn. Dort wechselt man entweder in die Opern-Passagen oder spaziert durch die Zwischenebene der Bahn unter der Neven-du-Mont-Straße entlang, um am Ende jenseits der Zeughausstraße direkt am Kattenbug wieder aufzutauchen. Oder auch umgekehrt, auf jeden Fall hat man mit dem einen Kilometer langen Fußmarsch reichlich Gelegenheit zu Konsum, Kommerz und KVB, und das alles ohne Regenschirm.

64

NEUMARKT 30/ ST. APOSTELN

St. Aposteln wurde direkt an der römischen Stadtmauer gebaut. Der Pfarrer kürzte seinen Weg über einen Steg auf der Mauer ab, der in den Chor der Kirche führte. Das zugemauerte Türchen ist noch zu sehen – für die Historiker ein Beleg, wie hoch die Römermauer war.

St. Aposteln ist eine der jüngeren romanischen Kirchen und basiert weder auf einem antiken Vorgängerbau noch auf einem römischen Friedhof. Der Bau mit dem ebenmäßigen Kleeblattchor und dem mächtigen Turm, dem „Apostelklotz", ist sichtbar von byzantinischen Elementen geprägt. Viele halten diese Kirche mit den ausgewogenen Proportionen des Baukörpers und seinen harmonischen Details für den vollendetsten Bau der Romanik in Köln. Hinzu kommt die beherrschende städtebauliche Position am Neumarkt, die heute allerdings wegen des dominierenden Verkehrs schwer wahrzunehmen ist.

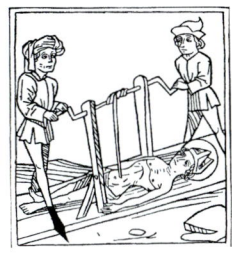

Dem hl. Erasmus wurde der Darm herausgedreht – er hilft bei Durchfall.

Unmittelbar hinter dem Eingang findet sich das Figurenensemble der „14 NothelferInnen". Einer dieser uralten Heiligen und Helfer, Christopherus, ist durch den ADAC bekannt geblieben. Die Anrufung der anderen ist doch ein wenig aus der Mode gekommen: Blasius hilft bei Halskrankheiten, weil er einem Jungen zu Hilfe eilte, der eine Fischgräte verschluckt hat; der Drachentöter Georg wird bei Schlangenbiss, Pest und Aussatz angerufen; Erasmus, dem unter der Folter „a tergo" die Därme herausgerissen wurden, hilft bei Leiden des Unterleibs; der heilige Veit wird bei Epilepsie („Veitstanz") und Hysterie um Hilfe gebeten und Achatius bei Todesangst; die Jungfrau Margarete gilt als Siegerin über den Teufel und ist mit einem Drachen an der Kette dargestellt, sie hilft bei den Wehen; Pantaleon, der griechische Arzt, soll bei Kopfschmerzen angerufen werden; Cyriacus und Ägidius sind für Geisteskrankheiten zuständig, der erste für Besessenheit, der zweite für Epilepsie; Eustachius, begleitet von einem Hirsch mit einem Kreuz im Geweih, ist der Patron der Förster; die heilige Barbara steht bei jähem Tod zur Verfügung und Katharina, die Patronin für schreibende Intellektuelle, die heidnische Professoren belehren konnte, hilft bei Leiden der Zunge, bei rhetorischer Ladehemmung also, daher auch die Gänsefeder in der Hand als Symbol. Schließlich der heilige Dionysius, der nach seiner Enthauptung den Kopf unter dem Arm trägt und selbstverständlich bei Kopfschmerzen hilft.

Der hl. Dionysius ohne Haupt – zuständig bei Kopfschmerz und Migräne.

Persönliches Leid und Schmerz werden zum Spezialgebiet der Heiligen, denn hier sind sie Experten. Die Verehrung der Vierzehn kam im späten Mittelalter auf, und das Programm ihrer Patronate oder auch Matronate spiegelt etwas von den beherrschenden Nöten der Entstehungszeit. Erstaunlich ist die Fülle der Geisteskrankheiten, bei denen Hilfe gesucht wurde. Vielleicht drückt sich darin auch die magische Wundergläubigkeit einer Zeit aus, die zwischen Wahnsinn, Zauber und Hexerei kaum unterschied.

In Köln gab es in den 1990er Jahren eine längere und teils heftig geführte Debatte um die Ausmalung der romanischen Kirchen. Im Mittelalter waren Wände und Decken der Kirchen in der Regel bemalt, sind aber immer wieder verändert und dem Zeitgeschmack angepasst worden – im Barock, im 19. Jahrhundert oder eben mit dem Wiederaufbau nach dem Krieg. Spötter wie die frühere Denkmalchefin Hiltrud Kier sprachen von „Rohbaustellen" angesichts der mächtigen, aber farblosen Kirchenräume. Am deutlichsten wird dies in St. Georg, der Kirche, die bereits in den 1920er Jahren in einer vom Bauhaus beeinflussten Nüchternheit restauriert wurde. Der Maßstab dabei war immer die Verdeutlichung der Architektur und das Sichtbarmachen des Baukörpers im Stein und Material. In St. Aposteln hat man versucht, an die alten Raumgestaltungen anzuknüpfen und den Maler Hermann Gottfried Anfang der 1990er Jahre mit der Ausmalung der Choranlagen beauftragt. Das Thema ist ein biblisches Bildprogramm nach der Offenbarung und das ästhetische Ergebnis katastrophal. Die Kritik war harsch. Aber bisher hat noch kein Pfarrgemeinderat und kein romanischer Kirchbauverein den Mut gehabt, einen der großen Künstler der Gegenwart und ohne fragwürdiges Bildprogramm oder bindende Vorgaben arbeiten zu lassen. Es wäre den Versuch wert.

**RICHMODSTRASSE/
RICHMODISTURM**

In der Richmodstraße findet man einen achteckigen Turm, der früher wie ein toskanischer Campanile über die Dächer hinwegragte, den Richmodisturm. Er ist der sichtbare Rest eines herrschaftlichen Palais, wie sie die reichen Kölner Familien rund um den Neumarkt besaßen. Ganz oben im Turm, unter der Dachbrüstung, schauen zwei weiße Pferdeköpfe aus dem Fenster hinunter, ein Symbol und zugleich eine Legende, die die Kölner früher im Fach Heimatkunde gelernt haben.

Es war einmal im Jahre 1349, in Köln herrschte die Pest. Damals starb auch die schöne Richmodis von Aducht und wegen der Pestgefahr musste sie sofort begraben werden. Zwei Totengräber sahen beim Schließen des Sarges, welch kostbaren Schmuck der trauernde Witwer, Mengis von Aducht, seiner Geliebten auf die letzte Reise mitgegeben hatte. Die zwei Bestatter gingen daraufhin in der Nacht zurück und gruben Richmodis wieder aus. Voller Schrecken sahen sie, dass diese plötzlich die Augen aufschlug: Sie war nur

scheintot. Aducht, der trauernd auf seinem Turm saß, wollte die Botschaft nicht glauben und fluchte, dass eher seine zwei Pferde den engen Treppenturm hinauflaufen und den Kopf zum Fenster hinausstrecken würden, als dass Richmodis noch lebte. Und genauso passierte es, weswegen das glückliche Paar später die ausgestopften Pferdeköpfe an den Turm hängen ließ.

Die schöne Richmodis von Aducht war nur scheintot und kletterte aus dem Grab.

66

NEUMARKT 15–19/ GESUNDHEITSAMT

Im „Kunstführer Köln" wird das Gesundheitsamt an der Süd-Ost-Seite des Neumarktes vor allem wegen seiner „ausgedehnten ruhigen Werksteinfassade" gerühmt und erwähnt. Dieses ehemalige „Haus Bing" wurde 1908 von dem Architekten Heinrich Müller-Erkelenz entworfen – so viel ist zu erfahren, doch nichts über die Geschichte des Hauses. Zwischen 1933 und 1945 haben dort die Nazis und ihr medizinisches Hilfspersonal die Zwangssterilisation,

Während der Nazizeit saßen im Gesundheitsamt Täter.

die Euthanasie und die Vernichtung von Tausenden Kölner Männern und Frauen organisiert. Unmittelbar nach der Machtergreifung 1933 verkündeten sie ein Programm der „Erbgesundheit und Rassenhygiene", das auch im Gesundheitsamt Köln realisiert wurde. 1934 führten sie eine Zentralkartei aller ihnen bekannten Personen ein, die später die Grundlage für Ausmerzung und Vernichtung wurde. Betroffen waren psychisch Kranke, geistig und körperlich Behinderte, Taubstumme, Tuberkulosekranke, Fürsorgezöglinge, aber auch Arbeitsinvalide und Kriegsopfer und vor allem Juden. Das Gesundheitsamt prüfte, wie „rein" Abstammung oder „erbbiologischer Zustand" der Betroffenen war, oft eine entscheidende Voraussetzung für Heirat, Beruf, Anstaltsunterbringung oder Zwangsmaßnahme. Fast 4000 Zwangssterilisationen sind mit der Begründung „angeborener Schwachsinn" oder „Schizophrenie" angeordnet worden. Ein einziger Beschäftigter, der leitende Stadtarzt Dr. Franz Vonessen, weigerte sich „aus weltanschaulichen und aus religiösen Gründen" die Zwangssterilisationen mit zu verantworten. Er wurde 1937 in den Ruhestand geschickt. Später wurden im Gesundheitsamt auch die Krankenmorde mit dem Begriff „Euthanasie" vorbereitet und organisiert. Im Kölner Gesundheitsamt wurde 1997 auf Kosten und Initiative von Mitarbeitern in der Eingangshalle eine Gedenktafel zu dem Thema angebracht.

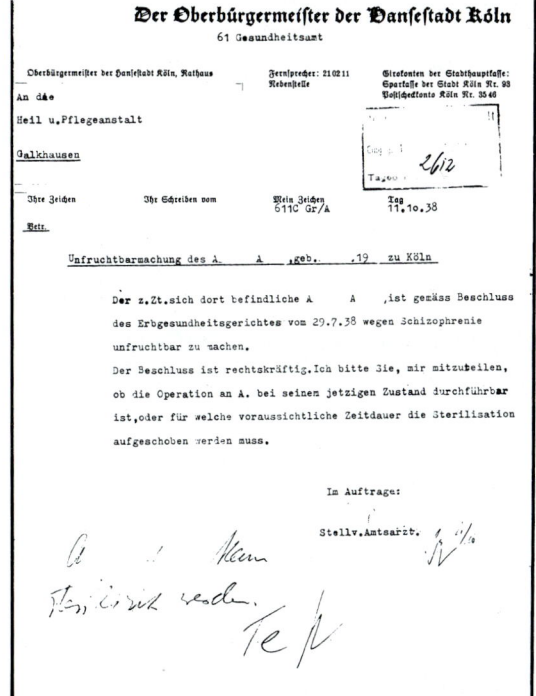

„ ... ist wegen Schizophrenie unfruchtbar zu machen."

Bruder Tobias, der Gründer des
Alexianerordens.

Die Gegend südlich des Neumarkts ist historischer Boden im Hinblick auf Gesundheit und Fürsorge. Nicht nur dass das erste öffentliche Krankenhaus hier lag, das Bürgerhospital aus dem 19. Jahrhundert auf dem Gelände des neuen Kulturzentrums, auch die
Lungengasse hinter dem Gesundheitsamt oder die nahe „Alexia-
nerstraße" erinnern an alte Fürsorgeeinrichtungen. Die „Lungen-
brüder", auch „Alexianer", waren anfangs für die Bestattung der
Toten zuständig, später unterhielten sie eine Art geschlossene Anstalt
für Geisteskranke und kümmerten sich um Verhaltensauffällige. Die
Alexianer müssen eine ziemlich robuste Mannschaft gehabt haben,
die auch bei pädagogischen Problemen in Anspruch genommen
wurde. Prügelstrafe und Verwahrung im Kloster waren an der Tagesordnung. Man sperrte dort Querulanten und Dissidenten ein oder
Menschen, die man dafür hielt. 1682 etwa saß Nikolaus Gülich,
der Sprecher des Aufstandes gegen Korruption und Klüngel im Rat,
dort ein, bis er auf Druck der Straße freigelassen und in einem Tri-
umphzug mit den Stadtsoldaten vorneweg zu seinem Zunfthaus
zurückgebracht werden musste.

Anfang des 16. Jahrhunderts wurde aus dem Haus der Alexianer ein Armenhaus, dessen zweiter Name „Arbeitshaus" den neuen
Charakter verdeutlicht. Köln war eine der urbanen Attraktionen weit
und breit und zog Bettler, Müßiggänger und Lebenskünstler aus aller
Welt an. Es kam die Idee auf, diese Leute in geschlossenen Anstal-
ten unterzubringen und zur Arbeit zu zwingen. 1707 wurde dann
das Armenhaus um einen Flügel erweitert, der auch beim Namen
nannte, was er darstellte, das „Zuchthaus".

67

**CÄCILIENSTRASSE/
MUSEUMSQUARTIER**

In Köln gibt es diese immer währenden Geschichten, die häufig nach
demselben Schema ablaufen: lange geplant, vieles beredet, manches beschlossen und wenig getan. So auch die Geschichte um ein
neues Kulturzentrum östlich des Neumarkt entlang der Cäcilienstraße. Die Idee ist über zehn Jahre alt und hing ursprünglich mit
den beengten Verhältnissen im Museum Schnütgen sowie mit dem
Hochwasser in den Depots des Rautenstrauch-Joest-Museums am
Standort Ubierring zusammen. Es ging wohl auch um die Platzsu-
che für das neue Wallraf-Richartz-Museum und hat ebenfalls mit
der Volkshochschule, der Kunsthalle und dem Kunstverein zu tun.
Vieles von dem sollte in dem neuen Kulturzentrum gebündelt und

in vielfältiger Nutzung und mit den entsprechenden Synergieeffekten zusammengeführt werden. Anfangs gab es dafür keine Mehrheiten im Rat, bis Grüne und CDU sich für einen anderen Standort des Wallraf-Richartz-Museum in der Nähe des Rathauses entschieden. Dann gab es kein Geld für die Planung und anschließend zwar die Planung, aber keine Einigung über die neue Aufteilung zwischen den Institutionen. Als nach jahrelangen Konferenzen darüber eine Einigung erzielt worden war, wurde auch mal gehandelt und die alte Kunsthalle abgerissen – begleitet vom schrillen Protest einiger prominenter Künstler, bei dem nie klar wurde, was dabei Protestkunst und was Kunstprotest war. Dann kämpfte der Kunstverein, der den zeitgleichen Abriss der eigenen Räume wohl übersehen hatte, für ein neues Domizil gegen einen Designverein, der neu im Spiel war und allein schon deshalb den Kürzeren zog.

Der Kunstverein erhielt in dem früheren britischen Kulturzentrum „Brücke" an der Hahnenstraße seinen neuen Standort und scheint dort wohl glücklich zu sein. Währenddessen begannen die Bagger

Rettet die Kölner Kunsthalle

Der Totentanz über der Kunsthalle – auch prominenter Protest konnte den Abriss nicht verhindern.

endlich, die Baugrube auszuheben. Sie wurden dann aber plötzlich gestoppt, als man auf ein Riesenloch stieß – doch diesmal nicht an Ort und Stelle, sondern im Stadthaushalt. Jetzt wäre eigentlich die Zeit, wieder von vorne zu beginnen, mit der Planung …

SCHILDERGASSE 57/ ANTONITERKIRCHE

Die Antoniterkirche ist das älteste protestantische Gotteshaus in Köln, in dem seit 1805 Gottesdienste gefeiert werden. Die Reformation war zu diesem Zeitpunkt zwar schon fast 300 Jahre vorbei und es gab auch schon länger evangelische Christen in Köln. Die freie Religionsausübung war ihnen in der katholischen Reichsstadt jedoch verboten, sie mussten sich heimlich treffen. Erst mit dem Einmarsch der französischen Revolutionstruppen, der Entmachtung des klerikalen Systems und der Einführung der Religionsfreiheit, durften auch die Protestanten öffentlich beten. Die Antoniterkirche war ihre erste Kirche in Köln, den ersten Gottesdienst konnten sie aber schon drei Jahre früher, am 23. Mai 1802, im Saal der Brauerzunft in der Schildergasse 96 feiern. Ein Schild am Boden der Fußgängerzone schräg gegenüber vor dem Haus Schildergasse 96 erinnert daran. Die Antoniterkirche wurde bereits in der zweiten Hälfte des 14. Jahrhunderts als Klosterkirche der Antoniter errichtet und hat deshalb wie alle Klosterkirchen auch keinen Turm.

Es war die Zeit der Pest und die Antoniter waren ein armer Orden. Im Seitenschiff hängt eine Plastik von Ernst Barlach: Der schwebende Engel, der die Züge der Künstlerin Käthe Kollwitz trägt, die von Barlach verehrt wurde, erinnert an die Toten des Zweiten Weltkriegs. Ursprünglich für den Dom in Güstrow gegossen, wurde das Original von den Nazis als „entartete Kunst" eingeschmolzen. Später wurde vom Gipsmodell dieser zweite Abguss angefertigt.

Die Antoniterkirche war nicht nur die erste evangelische Kirche der Stadt, sondern ist bis heute ein Fokus des Protestantismus. Und sie ist mit Kulturveranstaltungen, Stadtpredigten oder Debatten ein Ort der öffentlichen Auseinandersetzung um die Rolle von Religion in einer modernen Großstadt. 1968 war sie mit dem „Politischen Nachtgebet" das Zentrum der kritischen Christen und ein wichtiger Ort der sozialen Protestbewegungen Kölns. Anfang der 1990er Jahre kam die Kirche wieder in die Schlagzeilen, weil sie als eine der ersten das „Kirchenasyl" gewährte. Sie bot den von Abschiebung bedrohten Roma-Familien aus dem früheren Jugoslawien über

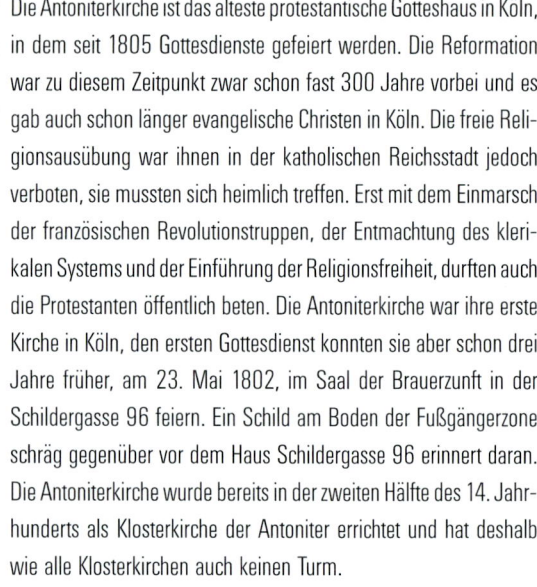

Der schwebende Engel von Ernst Barlach in der Antoniterkirche trägt die Züge von Käthe Kollwitz – Skizze von 1926.

Evangelische Informationsstelle mit Publikationen, Stadtführungen, Infos über alle 62 Kirchengemeinden in Köln sowie die Hilfs- und Beratungseinrichtungen. Mo–Fr 11–18 Uhr Tel. 660 57 20 www.antoniter-city-kirche-koeln.de

Jahre Unterschlupf, bis ein legaler Aufenthalt für sie erkämpft war. Bekannt ist die Antoniterkirche auch wegen ihrer „10-Minuten-Andachten", das schnelle Gebet zwischendurch für den modernen Citynutzer, wofür der Kabarettist Jürgen Becker das Prädikat „McDonalds unter den Kirchen" verliehen hat. Außerdem gehört ein „Welt-Laden" dazu mit fairen Produkten und Informationen zu Welthandel und Globalisierung sowie in einem neuen Pavillon neben der Kirche die Informationsstelle des Evangelischen Stadtkirchenverbands. Den Neubau hat der Architekt Ulrich Coersmeier entworfen, ein angenehmer Ort in der hektischen City mit dem Blick durch die hohen Glasfronten auf den alten Kirchenbau.

Stanton (lies: St. Anton!)
im Citypavillon an der Antoniter-
kirche Café & Restaurant
Schildergasse 57
Tel. 271 07 10

69

SCHILDERGASSE 37/
DADA SIEGT

Schildergasse 37 – eine gesichtslose Adresse immer gleicher, aber häufig wechselnder Geschäfte – war bis zum Zweiten Weltkrieg der Stammsitz eines alten Kölschbrauers, des Brauhauses Winter. An dessen Stammmarke Richmodis-Kölsch, die 1998 von Gaffel geschluckt wurde, wird sich der eine oder andere Genießer vielleicht erinnern. Diese alte Adresse war im Jahre 1920 Schauplatz eines bemerkenswerten Kunsthappenings. Damals gab es im Kunstgewerbemuseum eine juryfreie Ausstellung, an der einige Kölner Künstler nicht teilnehmen durften. Daraufhin mieteten sie sich den

Lichthof dieses Brauhauses Winter und organisierten unter dem Titel „Dada-Vorfrühling" ihre eigene Ausstellung, in die man angeblich nur durch einen „für Herren" reservierten Raum, die Toilette, gelangte. Am Eingang wurden die Besucher von einem Mädchen im Kommunionkleid empfangen, das zotige Gedichte aufsagte, und das Publikum wurde aufgefordert, Werke von Max Ernst mit der Axt zu

Die Kunst ist politisch, jedenfalls beim Kölner Dada: Plakat 1920 von Max Ernst entworfen.

Lieber Max,

Roll nicht von deiner Spule
Sonst bricht dein Backsteinzopf
Sonst picken dir die Winde
Die Flammen aus dem Kropf
Sonst fließt aus deinen Röhren
Der schwarze Sternenfisch
Und reißt mit seinen Krallen
Die Erstgeburt vom Tisch
Mit herzlichen Grüssen
Von Haus zu Haus
Dein altes Haus

Brief von Hans Arp an Max Ernst

zerschlagen. Die ganze Ausstellung, an der auch Hans Arp und Francis Picabia teilnahmen und die den Anti-Kunst-Anspruch der Dadaisten belegte, war von verschiedenen Performances begleitet, die trotz irritiertem Publikum und wütender Lokalpresse, den internationalen Rang der jungen Kölner Dada-Bewegung festigte. Sie wurde wegen Pornografie und öffentlichen Skandals gleich wieder polizeilich geschlossen und überprüft, ob es sich um eine Werbeveranstaltung für ein „Homosexuellenbordell" handele und konnte dann schließlich wieder eröffnet werden unter dem stolzen Motto „DADA siegt". Die Anführer der legendenumwobenen Schau waren Johannes Theodor Baargeld und Max Ernst, der seit Herbst 1918 am Kaiser-Wilhelm-Ring 14 mit Louise Straus-Ernst Wohnung und Atelier teilte – das „Dadahaus", bald Treffpunkt der literarischen und künstlerischen, aber auch der politischen Szene Kölns.

Max Ernst malt sich 1922 im Kreis der Freunde: Er selbst sitzt auf dem Knie von Dostojewski. Hinter ihm mit ausgestrecktem Arm Hans Arp, von rechts tritt Theodor Baargeld herein. Die Frau, die sich rechts hinten abwendet, ist Gala Eluard, der Max Ernst nach Paris folgte.

Die erste Ausstellung der Kölner Dada-Gruppe fand im November 1919 im Schaefeschen Haus am Dom statt, dem damaligen Sitz des Kölnischen Kunstvereins. Von dieser Ausstellung fühlte sich die englische Besatzungsmacht provoziert und beschlagnahmte Plakate und Kataloge mit so absurden Texten wie „Schlagt das warme Ei aus der Hand" als anarchistische Propaganda. Meine Werke in jener Zeit sollten nicht gefallen, sondern aufheulen lassen", kommentierte das Max Ernst später.

Im mittelalterlichen Köln gehörte dieses Quartier zu den gehobenen Wohngebieten. Stadtvillen, große Kirchen und mächtige Stifte bestimmten das Leben in den Gassen und Straßen. Zwei der schönsten Marienkirchen sind dort heute noch zu bewundern. Zu den Bächen – Rothgerberbach, Blaubach und Mühlenbach – hin überwog das Handwerk, der Rhein ist nicht weit.

ZWEIMAL MARIA: KAPITOL UND LYSKIRCHEN

**STERNENGASSE 10
u. 30/MARIA MEDICI**

Die Sternengasse, heute eine gesichtslose Seitenstraße im Weich-bild der autobeherrschten Cäcilienstraße und wie so vieles in der Innenstadt durch den Bau der NS-Fahrt auseinander gerissen, war einmal eine repräsentative Verbindung zwischen den Veedeln um St. Cäcilia und St. Peter auf der einen sowie Maria im Kapitol auf der anderen Seite. Man kann sich heute wirklich nicht vorstellen, dass in der Sternengasse einmal Goethe im Haus Jabach Station gemacht hat oder Beethoven als jugendlicher Star sein erstes Kon-zert gab, dass der Domkapellmeister Leibl in der Sternenstraße lebte und hier der Maler Wilhelm Leibl aufwuchs.

Die Sternengasse um 1890:
rechts das Brauhaus „Zum
Rubens", früher Wohnort
von Peter Paul Rubens,
auch Maria Medici logierte hier,
schließlich war es Spielstätte
des Hänneschen-Theaters.

Heute ist die Sternengasse von einem nüchternen Zweckbau der Telekom dominiert, der ein Dutzend Hausnummern überspannt. In der Nummer 10 etwa, ein Teil des Postgrundstücks, wuchs Peter Paul Rubens auf. Der Vater Jan Rubens war Anwalt und Notar und musste als Calvinist mit der Familie aus Antwerpen fliehen. Im Jahre 1568 fand er zunächst als Emigrant in Köln Aufnahme, musste aber nach einem Techtelmechtel mit einer verheirateten Prinzessin die Stadt Richtung Siegen verlassen und kam sogar wegen „Majestätsbeleidigung" ins Gefängnis. Deshalb kam der Sohn Peter Paul im Jahre 1577 auch in Siegen und nicht in Köln zur Welt, wohin die Eltern erst ein Jahr später zurückkehrten. Zwölf Jahre seiner Kindheit verbrachte der junge Rubens in der Domstadt, bis die Mutter nach dem Tod des Vaters – der in der nahen Kirche St. Peter beigesetzt ist – nach Amsterdam zurückkehrte. Rubens betrat nie mehr Kölner Boden, malte aber im Alter auf Bestellung eines der reichsten Kölner, Everhard Jabach, und in Erinnerung an die Kindheit für seine damalige Pfarrkirche die „Kreuzigung Petri". Das Bild, das in pathetischer Eindringlichkeit Schmerz und Leiden des greisen Apostels Petrus zeigt, hängt heute noch in St. Peter.

Prominente Emigrantin: Maria Medici.

In diesem später so genannten Rubenshaus logierte ein halbes Jahrhundert danach eine vielleicht noch berühmtere Mieterin: Maria de Medici, französische Königin, die bei den Hofintrigen zwischen ihrem Sohn Ludwig XIII. und dem berühmt-berüchtigten Kardinal Richelieu den Kürzeren gezogen hatte. Sie musste Frankreich verlassen und kam nach langer Irrfahrt im Exil im Sommer 1641 nach Köln. Hier starb sie am 3. Juli 1642. Ihr „Herz" ließ sie in der östlichen Achskapelle des Doms beisetzen, direkt vor dem goldenen Schrein mit den Knochen der Heiligen Drei Könige, während ihr Leib in die Königsgruft nach St. Denis überführt wurde. Aus dem Rubenshaus wurde später ein Brauhaus und Weinlokal und im Hinterhof logierte von 1926 bis 1938 das Kölner Puppentheater Hänneschen. An all das erinnert ein großes, aus weißem Marmor und Kupfer gearbeitetes Relief neben dem Eingang zum Fernmeldeamt in der Sternengasse 14-16.

Die Bierbrauerei Joosten 1888, Stammlokal der SPD zur Zeit der Sozialistengesetze, ...

Man erfährt dort allerdings nichts davon, dass sich ein paar Hausnummern weiter, Nummer 30, heute ebenfalls von der Post überbaut, ein ganz anderes Kapitel der Stadtgeschichte abspielte. Hier lag im 19. Jahrhundert das Brauhaus Joosten, ein Lokal, in dem sich zur Zeit der Sozialistenverfolgung unter Bismarck die Sozialdemokraten trafen. Das musste unter konspirativen Vorzeichen geschehen, also getarnt als Arbeiterbildungsverein oder Männerchor, als Versammlung der „Hilfskasse" und geselliges Beisam-

... wird 1930 "Brauhaus zum Prinz Eugenius".

mensein. Ein weiterer konspirativer Treff der illegalen SPD war ganz in der Nähe, die Wirtschaft von Wilhelm Steinbüchel in der Großen Witschgasse 10.

Hiermit zeige ich ergebenst an, daß mein Lokal allen Gästen zugänglich ist, die auf dem Boden der heutigen Gesellschaftsordnung stehen und sozialdemokratische Vereine Versammlungen bei mir nicht mehr abhalten können.

Peter Paffrath
Stammheim, Bahnhofstraße.

**GRIECHENMARKT-
VIERTEL**

Das Griechenmarktviertel zwischen Neumarkt und Bächen sowie Nord-Süd-Fahrt und Mauritiussteinweg war ein Handwerkergebiet im alten Köln. Auf der Böschung des Duffesbachs, dem heute der Verlauf der Bäche entspricht, stand die Römermauer. An den Ufern ließen sich um die Jahrtausendwende aus Friesland eingewanderte Weber nieder, hier gab es aufgrund des fließenden Gewässers günstige Produktionsbedingungen und gleichzeitig lagen die emittierenden Gewerbe, mit ihrem Gestank und Dreck, am Rande der Stadt. Die Straßennamen, zwar erst im frühen 19. Jahrhundert eingeführt, erinnern an diese Tradition des Quartiers. Der Rothgerberbach oder der Perlengraben, vom lateinischen „perla" für „Fell", weisen auf die Gerber hin, während der Blaubach und die Färbergasse an die Färber erinnern. Der Waidmarkt war im Mittelalter der Handelsplatz für Waid, eine Kreuzblütlerpflanze, aus der das typische Kölner Blau gewonnen wurde, das heute noch als Arbeitsfarbe die Schürze jedes Köbes schmückt. Schließlich haben auch Kämmergasse und Spinnmühlengasse mit verwandten Berufen zu tun und rheinwärts der Filzengraben.

In der ersten Hälfte des 20. Jahrhunderts galt das Griechenmarktviertel als das Viertel der Armen, der Ostjuden und der „Zigeuner". Rund ein Viertel der etwa 16 000 Kölner Juden in den 1920er Jahren waren aus Polen, Russland oder Galizien eingewandert und prägten den Stadtteil mit Second-Hand-Angeboten in winzigen Ladenlokalen, den Hinterhofgebetsräumen, Flickschneidereien und kleinen Metzgereien. Hier wurde neben Kölsch auch Jiddisch

Schemmergasse – die 1950er Jahre unter Denkmalschutz.

gesprochen. Dazu kamen viele Sinti-Familien, die ebenfalls zu den ganz Armen gehörten und vielfach nur vom Kleinhandel, vom Reparieren und Maggeln lebten. Sie gehörten mit zu den Ersten, die von den Nazis vertrieben und oft genug deportiert und umgebracht wurden. An mehreren Stellen im Viertel, wie Bobstraße 6-8, Agrippastraße/Ecke Kleiner Griechenmarkt und Ecke Kämmergasse, ist ähnlich wie vor dem Rathaus ein Erinnerungsmal des Kölner Künstlers Gunter Demnig zu finden, das mit dem in den Boden eingelassenen Schriftzug „1000 Sinti und Roma Mai 1940" an die Deportation und Ermordung erinnert.

Am Großen Griechenmarkt floss das Blut der Weber die Straße hinab.

Am Großen Griechenmarkt gab es zweimal in der Stadtgeschichte blutige Kämpfe zwischen Bürgern und der Staatsgewalt. Das erste Mal im Jahre 1371 bei dem großen Weberaufstand, bei dem es ursprünglich um einen neuen Zoll ging, aber im Grunde um eine größere Beteiligung der Handwerker am Stadtregime. Der Aufstand wurde blutig niedergeschlagen, so heftig – wie eine zeitgenössische Quelle berichtet –, dass das Blut der Weber die Straßen färbte. Der Aufstand trug entscheidend zur Beteiligung der Zünfte an der Stadtherrschaft und am Zustandekommen des Verbundbriefs 25 Jahre später bei.

Es ging ums Überleben

Vielen Kölnern, die die letzten Kriegsmonate in Kellern und Bunkern hausten und wohl überwiegend sehnsüchtig auf das Eintreffen der Amis warteten, ist aus eigenem Erleben hinreichend bekannt, daß nächtliche Feuergefechte zwischen Gestapo und oppositionellen Gruppen keine Seltenheit waren. Nach der Erfassung der Jugendlichen für den Baueinsatz "Westwall" desertierten viele Jungen und kehrten mit Hilfe verständnisvoller Eisenbahner in ihre Heimatstadt zurück. Um den Jagdkommandos der Hitlerjugend zu entgehen, versteckten sie sich in Trümmern oder fanden Unterschlupf bei Bekannten. Der für den Schanzeinsatz verantwortliche Oberbannführer Wallrabe wurde bei einer Razzia von einer Widerstandsgruppe erschossen.

Der jahrelange Luftkrieg hatte – im Gegensatz zu den Behauptungen unwissender Schreibtischstrategen – den Willen zur Fortsetzung des Krieges und den Glauben an die Führung längst untergraben. Geblieben war nur noch der Wille, den Krieg unter allen Umständen zu überleben.

Die Briten waren über die chaotischen Zustände im bombardierten Köln gut informiert. Das beweist der Bericht eines Schweizer Korrespondenten, der am 16. November 1944 unter der Überschrift „Himmler hangs 2... in Cologne" in der britische... Tageszeitung „Daily Express... veröffentlicht wurde.

Das Presseorgan der SS „Da... Schwarze Korps" veröffentlicht... in der Ausgabe vom 28. Novem... ber 1944 die Todesanzeige de...

DAILY EXPRESS

THURSDAY NOVEMBER 16 1944

Himmler hangs 2... in Cologne

SCHLAGZEILE des „Daily Ex... press" 1944, Todesanzeige fü... erschossenen Gestapo-Führe... (unten): Dokumente für bewaf... neten Widerstand in Köln.

ℍ-Sturmbannführer
Dr. **Max Hoffmann**
Leit. d. Staatspolizeist. Köln
Inh. versch. Orden u. Ehrenzeichen
starb im Alter von 37 Jahren
am 27. 11. 1944 den Heldentod.
Frau Edith Hoffmann, geb. Stark,
und Söhne Felix, Rüdiger und
Bolko, nebst Angehörigen.
Berlin-Zehlendorf-West, Planetta-
straße 4.

Kölner Gestapochefs Dr. Ma... Hoffmann, der am 27. Novembe... 1944 bei einem Feuergefecht ... Köln den Tod fand.

Willy Nieße...
Köln

Kölner Stadt-Anzeiger vom 4. Januar 1985.

Der zweite Aufstand datiert ins Jahr 1944. Köln war eine der wenigen Städte innerhalb des Dritten Reichs, in denen es gegen Kriegsende zu bewaffnetem Widerstand kam. Beteiligt waren jugendliche Edelweißpiraten, desertierte Soldaten, entflohene Zwangsarbeiter, politisch Verfolgte sowie das „Nationalkomitee Freies Deutschland", ein Zusammenschluss von Antifaschisten und Kommunisten.

Allein im Verlauf von zwei Wochen, während des Dezembers 1944, meldete die Polizei sieben Feuergefechte in Köln. Den Höhepunkt bildete ein zwölfstündiges Gefecht am Großen Griechenmarkt. In den Kellern und Trümmern der Häuser hatte sich eine Wider-

standsgruppe verschanzt und verteidigte sich mit Maschinenpisto-
len und Handgranaten. Erst als die Keller gesprengt wurden, konnte die Gruppe überwältigt werden. Sieben Menschen kamen dabei
ums Leben. Bei diesen militärischen Auseinandersetzungen im
Herbst und Winter 1944 wurden allein fünf politische Leiter, darunter der NSDAP-Ortsgruppenleiter Soentgen und der Gestapo-
Chef Hoffmann sowie ein SA-Mann, ein HJ-Führer und sechs Poli-
zeibeamte erschossen.

Zum heutigen Flair des Viertels gehört auch der Wasserturm,
das erste zentrale Wasserreservoir der Stadt seit den Römern, 1868
bis 1872 von dem englischen Ingenieur John Moore geplant. Mit
fast 4000 Kubikmetern war er der größte Hochbehälter auf dem
Kontinent, bis er nach dem Bau des unterirdischen Wasserreser-
voirs am Zugweg um 1900 stillgelegt wurde. Es gab dann, vor allem
nach dem Zweiten Weltkrieg, zahlreiche Ideen und Pläne zur Umnut-
zung, von einem automatischen Parkhaus, über ein Planetarium oder
ein Spielcasino bis zu einem Unterwasserclub und sogar zu einem
Columbarium, einem letzten Ruheort für 50 000 Urnen in diesem
imposanten Bau, den ein Architekturkritiker auch schon einmal als
„Engelsburg in der Kölner Stadtlandschaft" bezeichnete. Heute ist
es das „Hotel im Wasserturm", eine der edelsten Adressen Kölns,
gekonnt umgebaut von dem Architekten Konrad Heinrich, wobei die
Steinsichtigkeit der geometrischen Architektur, die Pfeiler und Bögen
und Stege unzählige Ein- und Durchblicke gewähren. Dabei wurden ganz verschiedene Zimmer und Suiten geschaffen, die von der
französischen Designerin Andrée Putman individuell gestaltet worden sind. Dazu passt auch die konstruktivistische Skulptur des amerikanischen Künstlers Donald Judd im Foyer. Auf den oberen Teil
wurde ein neues Geschoss aufgebaut, in dem man jetzt in einem
Restaurant sitzt und über die Stadt blickt.

Bis Anfang des 21. Jahrhunderts war der Waidmarkt vor allem der
Ort der Polizei. Das Präsidium wurde 2002 nach Kalk auf das Gelän-
de der ehemaligen Chemischen Fabrik Kalk verlegt und hier am
Waidmarkt wird wohl ein Investor das Areal in der bewährten Kom-
bination von Büros, Läden und Wohnungen bebauen.
An der Ecke Mühlenbach/Hohe Pforte steht ein neoklassizistischer
Bau mit abgerundeter Ecke und einem dominanten Obergeschoss

„Die Nacht war ihr einziger Freund und Verbündeter. Das war die Stunde, wo sie sich von Gejagten in Jäger verwandelten. Jeder musste auf der Hut vor ihnen sein, zumal wenn er bewaffnet war, denn Waffen waren für die Geflohenen die Erfüllung ihres sehnlichsten Wunsches. Wenn schon ihr Leben nichts wert war, dann sollte es wenigstens andere teuer zu stehen kommen. So hatten sie sich allmählich eine ganze Sammlung von SS-Pelerinen, Mützen, Stiefeln und Waffen – Maschinen- pistolen, Pistolen, Granaten – angelegt. Streiften sie anfangs allein oder paarweise herum, so fanden sie allmählich zusammen, vereinigten sich, bildeten kleine Gruppen von vier bis acht Mann."

Alexander Agafonow, „Erinnerungen eines notorischen Deserteurs"

**WAIDMARKT/
SCHWULES LEBEN**

Barberina - Prinzess
TANZ-CAFE
Brauns Bier-Bar
KÖLN (Rhein) Hohe Pforte 2a

aus dem Jahre 1910, der einmal das Eldorado der Homosexuellenszene barg, die „Barberina". Wegen der Lage im ersten Stock in
der Szene auch „Hochschule" genannt und mit einer Nachtlizenz bis
morgens um fünf ausgestattet, war es in den 1950er Jahren ein
zentraler Treff oder, wie ein Zeitgenosse einem Freund schrieb:
„Diese Bar würdest du ,the last train to paradise' nennen, weil sich
dort alles trifft, was die Nacht liebt oder in ihr ein Geschäft macht."
Das ist gerade in der spießigen Adenauerzeit nicht zu unterschätzen, in der noch der von den Nazis verschärfte Homosexuellen-Para-
graf 175 des Strafgesetzbuches in Kraft war. Hier arbeitete auch
Trude Herr Mitte der 1950er Jahre als Bardame. Ihre deftige Art,
Witze zu erzählen, und ihre Trinkfestigkeit werden heute noch
gerühmt.

„Trude Herr liebte die Barberina
als Ort prallen Lebens, das grell,
direkt und mitunter auch brutal
war." (Gérard Schmidt)

Mit dem Entzug der Nachtkonzession Anfang 1965 fanden die
beliebten Travestieshows und die rauschenden Feste in der „Barberina" ein jähes Ende. Der Name der Bar geht auf eine bekannte
Tänzerin des 18. Jahrhunderts, Barberina Campanini, zurück, die
am preußischen Hof vor allem von Friedrich dem Großen geschätzt
wurde – wegen ihrer starken männlichen Beine!

Ein weiteres Kapitel aus dem Kölner Schwulenmilieu spielte sich in der Toilette unmittelbar vor dem Polizeipräsidium ab. Am Abend des 8. Juni 1966 überraschte eine zufällige Polizeistreife neun Männer in der dunklen Anlage und machte daraus einen Homosexuellen-Skandal, obwohl keinem der Anwesenden sexuelle Handlungen nachgewiesen werden konnten und die Ermittlungsverfahren später alle eingestellt wurden. Bei den Ermittlungen spielten auch die lange geleugneten „Rosa Listen" eine Rolle. Das war eine spezielle und illegale Schwulenkartei der Polizei, die erst Jahre später abgeschafft wurde.

Für einen endete die Verhaftung an jenem Juniabend dennoch mit gesellschaftlicher Diskriminierung und dem Ende der beruflichen Karriere. Der Kölner Regierungspräsident Franz Grobben (CDU) war einer der Toilettenbesucher, er beantragte auf Druck des Innenministers wenige Tage nach dem Vorfall seine Versetzung in den Ruhestand. Vor allem die Presse beteiligte sich an der Stimmungsmache, der Express mit Formulierungen wie: Er sei an einem Ort aufgefallen, der von „abartig Veranlagten" frequentiert werde, und die SPD-nahe NRZ behauptete, schon lange werde über „Grobbens auffällige Liebenswürdigkeit zu jüngeren Männern getuschelt". Grobben wurde schnell vergessen, die großen Stadtchroniken nennen nicht einmal seinen Namen und erst in jüngerer Zeit wurde der „Fall Grobben", der in Wirklichkeit ein Fall „Kölner Gesellschaft" ist, von den schwulen Historikern wieder aufgerollt.

Die Herrentoilette vor dem früheren Polizeipräsidium am Waidmarkt zur Zeit des Skandals 1966. In dem Toilettenraum (rechts) saß später eine Wartefrau, die die Pissoirs beobachten konnte.
Heute ist alles geschlossen.

73

**MARIENPLATZ 19/
MARIA IM KAPITOL**

Maria im Kapitol, für viele Kölner die schönste der romanischen Kirchen, und das dazugehörige Stift zählten einmal zu den ersten Adressen am Rhein. Bis zur Säkularisation 1802 war es das vornehmste Damenstift nicht nur der Stadt, sondern vielleicht ganz Deutschlands und nahm schon im frühen Mittelalter nur Frauen aus Fürstenhäusern auf.

Einen immer noch imposanten Eindruck verschafft ein Spaziergang rund um den alten Stifts- oder Immunitätsbezirk, dessen Mauern teilweise noch stehen. Er führt über die Kasinostraße vorbei an dem Äbtissinnenhaus, in dem Dorothea und Friedrich Schlegel von 1804 bis 1806 lebten, über die belebte Pipinstraße auf den ruhigen Lichhof hinter dem Chor der Kirche, mit der Erinnerungsfigur an die Toten des Zweiten Weltkriegs, die „Trauernde" von Gerhard Marcks (1949), sowie seit 1994 mit einer Basaltstele als Gedenkstein für die an den Folgen von Aids Verstorbenen mit dem Text „Auch das Feuer seht – nicht nur das fallende Laub – wenn der Sommer geht." Es geht weiter durch das alte Immunitätstor, das Dreikönigspförtchen, das nach kölscher Überzeugung im Jahre 1164 das Eingangsportal für die Heiligen Drei Könige in die Stadt gewesen ist, und zurück über den Marienplatz, auf dem Anfang der 1990er Jahre zum ersten Mal eine Straßenparty der Schwulen und Lesben gefeiert wurde, aus der sich der europaweit bekannte Christopher Street Day entwickelte.

Die Basis der Kirche bilden die Fundamente eines römischen Tempels. Bei der Anlage ihrer Provinzhauptstadt muss die Römer die Terrassierung am Rhein angesprochen haben. Die „Hügel" mit immerhin über zehn Meter Höhenunterschied zum Rhein haben sie vielleicht an die sieben Hügel ihrer Heimatstadt erinnert. So entstanden auf diesen Erhebungen der Tempel des Mercurius/Augustus (unter dem Dom), der Palast des Provinzstatthalters (unter dem Rathaus) und der Tempel der wichtigsten, der kapitolinischen Götter (unter St. Maria). Der Kirchenname „im Kapitol" übernimmt die Erinnerung so wie der Bau die Fundamente. Die Römer verehrten hier die Göttin Juno und deren Lieblingstochter Minerva, eine wichtige Matronin für die Städte, das Handwerk, die Wissenschaft und die Künste, sowie Junos Gatten Jupiter. Die Christen verehrten später am selben Ort Maria, die schließlich häufiger das Matronat anderer Göttinnen übernehmen musste.

St. Maria im Kapitol: Der Name der Kirche geht auf den römischen Tempel zurück, auf dessen Fundamenten die Kirche steht, die Bauvorlage für den berühmten Kleeblattchor steht in Bethlehem.

Man betritt die Kirche durch den Kreuzgang, der von ruhigen Innenstadtwohnungen flankiert wird. Früher war dieser Bezirk den Stiftsdamen vorbehalten, die von einer Empore im Westen des Kirchenraums dem Kult folgten. Baugeschichtliches Vorbild hierfür ist die Kaiserpfalz in Aachen. Die Geschichte der Kirche wurde immer entscheidend von Frauen bestimmt. Die erste der uns bekannten ist Plektrudis, die Gattin eines fränkischen Regenten namens Pippin, die sich auf diesen Staatsbesitz zurückzog, als ihr Mann sich eine Zweitfrau nahm. Nach Pippins Tod 714 versuchte sie ihrem Enkel den Thron gegen Karl, den Sohn von Pippins Freundin, zu sichern. Ihr eigener Nachkomme war gestorben oder ermordet worden, was in den fränkischen Herrscherfamilien oft identisch war. Plektrudis unterlag im familiären Streit. Der Enkel starb – oder wurde umgebracht – und Karl wurde König, wegen seiner militärischen Qualitäten trug er bald den Beinamen „Martell", der Hammer.

Eine weitere wichtige Frau für Maria im Kapitol war Ida, Enkeltochter von Kaiser Otto II. und Kaiserin Theophanu. Zu Idas Zeit, im 11. Jahrhundert, war es üblich, dass die Prinzessinnen, die nicht standesgemäß verheiratet werden konnten, vielleicht auch nicht wollten, Äbtissinnen von Stiften oder Klöstern wurden. Das garantierte ihnen Selbstständigkeit und ließ ihnen die Möglichkeit, frei über ihr Erbe zu verfügen und sich wissenschaftlich oder künstlerisch zu entfalten. Diese Regelung betraf nicht nur die adeligen Töchter, sondern alle selbstständigen und reichen Frauen der Zeit. Die Stiftsdamen genossen dabei gegenüber den Klosterfrauen nicht nur den Vorteil, kein Armutsgelübde ablegen zu müssen oder mit Dienerinnen leben zu können, sondern auch samt ihrem Geld das Stift wieder verlassen zu können.

Ida wurde die Bauherrin des heute noch erregenden Kirchenbaus mit der Dreikonchenanlage, dem ersten kleeblattförmigen Chor im nördlichen Abendland, dessen Vorbilder in der Bethlehemer Geburtskirche und der byzantinischen Architektur zu finden sind. Keine der romanischen Kirchen Kölns schafft so variationsreiche und gegensätzliche Raumeindrücke wie Maria im Kapitol. Im Chor und in den Umgängen ist nachzuvollziehen, wie sehr der Bau von der Liturgie des Hochmittelalters mit Prozessionen und Stationen bestimmt war. Und nicht zufällig entdeckten in jüngerer Zeit avantgardistische Musiker und Theaterleute, wie etwa John Cage, diese Kirchenräume wieder neu zur Inszenierung ihrer Kunst.

Grabplatte der Königin Plektrudis.

Der Chor von St. Maria im Kapitol am 8. Mai 1945 – der Regen fiel bis in den Keller.

Welche Bedeutung dieser Bau früher hatte, mag man daran ermessen, dass zur Altarweihe am 5. Juli 1049 der Kaiser und der Papst selber erschienen und von 272 Bischöfen berichtet wird – eine der frühen kulturellen Massenveranstaltungen mit wirtschaftlichem Effekt! Nach der Entzweiung der Stadt mit dem Kölner Erzbischof wurde Maria im Kapitol im 14. Jahrhundert zur Hauptkirche des Rates, während der Dom immer die Bischofskirche war und mental bis in die Gegenwart geblieben ist. In Maria im Kapitol wurden Bürgermeister eingeführt und beerdigt, hier begannen die großen Prozessionen, hier musste der Erzbischof seinen Weihnachtsumzug auf einem weißen Maultier starten und hierhin flossen zahllose Testate, Stiftungen und Erbschaften.

Der fromme Hermann Josef, der den biodynamischen Apfel dem Jesuskind anbietet.

Um Maria im Kapitol ranken sich eine Fülle von Legenden. Die bekannteste ist die von dem elfjährigen Hermann Josef, der auf dem Schulweg dem Jesuskind seinen Apfel anbot und sein Geschenk tatsächlich losgeworden ist. Die entsprechende Figur von 1180, die „Mutter Gottes, die das Jesuskind liebkost", steht heute auf einer Konsole hinter dem Altar in der Apsis. Ständig liegt vor ihr ein frischer Apfel. Dies zeigt, wie lebendig die Legende noch ist, und regt außerdem zum Nachdenken an, wie weit hier ein antiker Mythos durchscheint und ob nicht überhaupt die „schöne Frau" gemeint ist und der Apfel eine ähnliche Bedeutung hat wie in der griechischen Mythologie die Geschichte von Helena und Paris. Das Erlebnis des Knaben, der emotional so überwältigt war, dass er schon als 14-Jähriger zu den Prämonstratensern nach Kloster Steinfeld in der Eifel ging, wo man ihn heute als den „Seligen Hermann Josef" verehrt, wird von manchem allerdings auch als Beginn einer ekklesiogenen Neurose interpretiert.

Marias Rippchen, der Kiefer eines Wals im Seitenschiff von Maria im Kapitol: Jeden Knochen stellten die Kölner aus.

Eine bizarre Geschichte rankt sich um die riesigen Knochen, die über dem Beichtstuhl in der westlichen Ecke des südlichen Seitenschiffs hängen: Zint Märjens Repp. Das Kuriosum soll von einem vorzeitlichen Saurier stammen, tatsächlich handelt es sich um den 4 Meter langen Unterkiefer eines Grönlandwals aus der späten Eiszeit. Der mag sich in grauen Vorzeiten in den Rhein verirrt haben und so wurden seine Reste irgendwann am nahe gelegenen Ufer ausgebuddelt. Und wie immer, wenn die Kölner einen Knochen fanden, machten sie daraus eine Reliquie und erfanden die entsprechende Legende: Marias Rippchen! Die Ausstellung der Riesenknochen selber war nicht so ungewöhnlich. Im Mittelalter wurden – als bizarre Objekte einer wundergläubigen Zeit – Straußeneier oder Elefantenzähne, Hörner von Nas- und vermeintlichen Einhörnern und sogar ausgestopfte Krokodile in den Kirchen aufgehängt.

74

AN DER MALZMÜHLE 1/ UBIERMONUMENT

Im Jahre 1950 feierte Köln seinen 1900. Geburtstag und es könnte sein, dass es 55 Jahre später schon um die 2000-Jahr-Feier geht. Die erste Geburtstagsfeier erinnerte daran, dass die in Köln geborene Kaisergattin Agrippina im Jahre 50 ihren Mann dazu brachte, dem Geburtsort die Stadtrechte zu verleihen. Bei der 2000-Jahr-Feier wird es um den ältesten materiellen Nachweis dieser Stadt gehen, den ersten datierbaren Bau und zugleich das älteste Bauwerk aus Stein nördlich der Alpen, das Ubier-Monument. Wenn man einige Meter unter dem heutigen Straßenniveau vor den mächtigen Tuffquadern steht, die die Basis des imposanten Eckturms bilden und wenn man hier in der mit hohen Betonpfeilern abgestützten Halle auf Mauer, Graben und Kanalreste blickt, dann wird schnell klar, dass dies keine germanisch-ubische Eigenleistung sein kann. Das römische Militär hatte immer eigene Bautrupps mit Ingenieuren und Facharbeitern dabei und den Stil dieses Monuments halten Experten für deutlich hellenistisch beeinflusst.

Die Basis des zehn mal zehn Meter messenden Turms sind in den Ufermatsch des früher bis hierher reichenden Rheins getriebene Eichenpfähle, darüber eine etwa 40 Zentimeter dicke gegossene Zementplatte, auf der die behauenen Quadersteine liegen, mörtellos und nur mit Holzklammern verbunden. Das Alter der Bäume kann man genau bestimmen, sie sind im Frühjahr des Jahres 5 n. Chr. gefällt und sofort verarbeitet worden und bei der entwickelten Ingenieurtechnik war der Turm spätestens im Jahre 6 fertig. Es gab einen zweiten im Norden, ziemlich genau an der Stelle, an der heute die Werkstätten des Museum Ludwig vor der Hohenzollernbrücke an die Bahngleise stoßen, und zwischen den beiden Ecktürmen eine Holz-Lehm-Mauer auf der Hochwasserkante zum Rhein. Damals war Köln noch keine Stadt nach römischem Recht und es gab auch noch keine Provinz Niederrhein und folglich keinen „Regierungspräsidenten" oder „Prätor". Aber es war ein zentraler Ort, eine Konventstadt, und hier lag das Hauptquartier des Oberbefehlshabers des gesamten Heeresbezirks, der mit seiner Leibgarde wohl in der ubisch-römischen Stadt lebte. Die Truppen waren außerhalb stationiert, vielleicht auf dem erhöhten Gelände der Alteburg, dem heutigen Marienburg.

75

**FILZENGRABEN 4/
TRINITATISKIRCHE**

Ab 1802 durften in Köln die ersten evangelischen Gottesdienste öffentlich gefeiert werden. Die französische Besatzungsmacht stellte dafür die alte Klosterkirche der Antoniter zur Verfügung. Das reichte wohl auch zunächst, denn die Mehrheit der Kölner war katholisch. Diese Situation änderte sich mit dem Anschluss des Rheinlands an Preußen im Jahre 1815 und der Stationierung preußischer Truppen in Köln, deren Offiziere, wie auch der Verwaltungsapparat des Regierungspräsidenten, ganz sicher mehrheitlich Protestanten waren. Bald war die kleine Kirche an der Schildergasse zu klein und außerdem wollte man für die „amtliche" Religion auch einen eigenen Bau schaffen. Mit energischer Unterstützung durch König Friedrich Wilhelm IV. wurde 1857 bis 1860 die Trinitatiskirche als erster evangelischer Kirchenbau Kölns errichtet. Im Stil lehnte sich der Architekt August Stüler an den preußischen Klassizismus an und griff damit auf antike Formelemente der altchristlichen Basilika zurück. Die neue protestantische und preußische Richtung im Sakralbau wollte sich deutlich von den in Köln vorherrschenden romanischen und gotischen Kirchen absetzen.

Thomasmesse für Zweifler,
Randständige und Agnostiker
www.thomas-messe.de

Trinitatis, der Evangelische Dom,
der erste protestantische Kirchen-
neubau in Köln, 1860 vollendet.

Trinitatis, auch als „Evangelischer Dom" bekannt, ist auch heute noch die größte evangelische Kirche der Stadt und eines der wenigen nach den starken Kriegszerstörungen original wieder aufgebauten Bauwerke des preußischen Klassizismus. Sie zählt zum Ensemble der Innenstadtkirchen, die zwar kaum eine Wohngemeinde rundherum haben, aber gleichwohl vielfältig genutzt werden. Hier finden die Gottesdienste der Gehörlosenseelsorge statt oder fromme Specials wie die „Thomasmesse" für religiöse Zweifler und Menschen, die nicht kirchlich gebunden sind, hier gibt es Konzerte und Aktivitäten des Stadtkirchenverbandes. Vor allem profiliert sich Trinitatis in den letzten Jahren als Ort innovativer und exzeptioneller Ausstellungen moderner Kunst, von Lesungen oder Konzerten. Im Filzengraben 4, rechts neben Trinitatis, befand sich bis zur so genannten Machtergreifung 1933 in dem Vorgängerbau des heutigen Hauses die Gau- und Ortsgeschäftsstelle der NSDAP.

Neben der Trinitatiskirche befand sich bis 1933 die Gauleitung der NSDAP.

AN LYSKIRCHEN 12/
ST. MARIA
LYSKIRCHEN

Die Denkmalschützer haben lange darüber debattiert, wie die mittelalterlichen Kirchen mit Gemälden, Bildern, Figuren oder farbigen Fenstern im Innern ausgesehen und gewirkt haben mögen. Wahrscheinlich waren sie sehr viel bunter, als wir die monumentalen Räume im Hell-Dunkel-Kontrast heute kennen, und sie hatten sicherlich eine viel emotionalere Wirkung. Maria Lyskirchen, benannt nach ihrem Stifter, dem reichen Bürger Lysolfus, kann heute noch einen Eindruck des früheren Zustands vermitteln. Als Einzige der romanischen Kirchen besitzt diese Kirche die originalen Deckenmalereien, die auch den Krieg überlebt haben.

Um das Jahr 1220 wurde die Kirche als dreischiffige Basilika erbaut, zunächst als Privat- und später als kleine Pfarrkirche genutzt. Eine alte Legende über den Kölner Bischof Maternus, dessen Sarg hier am Rheinufer angeschwemmt worden sein soll, bringt sie in Verbindung mit dem nahen Fluss. Maria Lyskirchen ist eine Schifferkirche – entsprechende Utensilien zeugen davon, wie der alte Wasserpatron Nikolaus und der mächtiger Anker vor der Figur oder die große Madonna im nördlichen Seitenschiff, die früher vor der Kirche stand, weithin sichtbar für alle Rheinschiffer.

Das große Mittelgewölbe ist mit zwei parallelen Bildlegenden ausgemalt, die vom Altar aus zu lesen sind: Rechts finden sich Darstellungen des Alten und links analog dazu des Neuen Testaments. Spannender als dieses theologische Standardprogramm sind die Legenden in den Gewölben der beiden Seitenkapellen: in der südlichen die Nikolaus- und in der nördlichen die Katharinenlegende. In der Nikolausgeschichte geht es unter anderem um einen jüdischen Kaufmann – zu erkennen an dem spitzen Hut –, der bestoh-

Fresken in St. Maria Lyskirchen:

Die Philosophen im Ofen.

Katharina wurde gefoltert und enthauptet.

Der Kaufmann schlief und die Diebe räumten den Laden aus.

Das Nikolausbild bekam Dresche. Der Heilige hatte nicht aufgepasst.

Am Ende liefern die Diebe die Beute beim hl. Nikolaus ab.

len wird und dafür das Schutzbild des Heiligen verdrischt, weil der nicht aufgepasst hat. Daraufhin besorgt Nikolaus die Beute wieder, aber als umfassender Wohltäter befreit er auch die drei Diebe aus dem Schraubstock.

Die hl. Katharina wird üblicherweise mit einer Schreibfeder in der Hand dargestellt und gilt ihrer überragenden Klugheit wegen als Heilige der Intellektuellen. In dem Bilderzyklus in der Trinitatiskirche wird ihre ganze Biografie erzählt. Die junge Christin Katharina (Bild 1) überzeugt mit ihrer intellektuellen Potenz heidnische Philosophen und bekehrt sie zum Christentum (2), woraufhin ein wütender Kaiser Maxentius die Philosophen in einen Ofen (3) und Katharina ins Gefängnis stecken lässt. Aber die macht weiter mit ihrem Missionswerk und kann sogar die Kaisergattin und den Gefängnisdirektor bekehren (4). Maxentius will sie dafür rädern lassen, aber das Rad wird von Engeln zerschlagen (5). Es hilft nicht, am Ende werden die Kaiserin (6) und Katharina (7) schließlich gefoltert und enthauptet und den Engeln bleibt nur, sie auf dem Berge Sinai (8) zu beerdigen. Und von dort wiederum haben die christlichen Kreuzfahrer des hohen Mittelalters den Katharinenkult ins Abendland transportiert und hier wiederum für die Verbreitung solcher Geschichten gesorgt.

Maria Lyskirchen hat auch noch in anderer Weise mit dem Rhein und dem Wasser zu tun. Man findet hoch über dem Westportal eine Marke, die den Hochwasserstand des verheerenden Eisgangs vom Februar 1784 anzeigt. Die Geschichte des Rheins ist immer wieder mit Hochwasserkatastrophen verbunden, die Liste der Überflutungen ist lang.

Doch keine Katastrophe hat so schreckliche Erinnerungen hinterlassen wie diese, an die mehrere Marken erinnern, wie an dem länglichen Eckhaus Filzengraben/Am Leystapel, am äußeren Chor der Elendskirche und eine neuere an der „Schmitz-Säule" auf dem Platz vor Groß St. Martin.

28 Fuß Hochwasser, das sagt wenig, auch wenn man es nach dem heutigen Pegel auf 13,60 Meter umrechnet. „Um 7 Uhr morgens", heißt es in einem zeitgenössischen Bericht, „brach, während aus allen Stadtteilen Jung und Alt dem Rheine zueilten, das Eis zum zweiten Mal los. – Entsetzliches Bild! Die Fluthen, die bereits eine ganz außerordentliche Höhe erreicht hatten, stürzten Eis auf Eis. Die

Schiffe wurden reihenweise entweder an den Mauern zerschmettert oder von den Tauen abgerissen und mitgeschleppt, dass den Schiffern kaum einige Augenblicke übrig blieben, ihr nacktes Leben

zu retten. Sie wollten fliehen. Das beispiellos schnell aufschwellende Wasser, das nach genauer Beobachtung binnen einer Viertelstunde um fünf Fuß stieg, hatte jedem den Weg zur Flucht verlegt. Nun hörte man von allen Seiten ein Mark und Bein durchdringendes Angst- und Hülfe-Geschrei. In den Speicherfenstern, auf den Dächern sah man Tausende von Menschen in Todesnoth die Hände ringen und nach allen Richtungen um Hülfe flehen."

Überschwemmungen gab es immer in Köln – dank Flussregulierung, Straßen- und Siedlungsbau heute immer öfter.

Wenngleich es heute nicht mehr so dramatisch zugeht, gibt es immer wieder und neuerdings in kürzeren Abständen Hochwasser. Die raschen Schwankungen des Wasserspiegels haben sich verstärkt, seitdem der Rhein und die Nebenflüsse begradigt, kanalisiert, ausgebaggert und viele Freiflächen zubetoniert worden sind.

Auf Stegen durch die Altstadt. Die Gaffer werden denunziert, obwohl sie nur ihre Neugier befriedigen.

77

MALAKOFFTURM / SCHOKOMUSEUM

Café im Schokoladenmuseum

Man sitzt dicht über dem Wasser, die Schiffe tuckern vorbei, die heiße Schokolade ist lecker – die Beletage des Museums ist zu mieten. Tel. 93 18 88-0 www.schokoladenmuseum.de

Im Ruhrgebiet stößt man manchmal auf einen Turm mit dem Namen Malakoff, in der Regel ein massiver Förderturm des Ruhrbergbaus, der heute unter Denkmalschutz steht. Ein solches Bauwerk steht in Köln an der Einfahrt zum Rheinaufhafen, ursprünglich der Teil eines preußischen Festungsbauwerks aus dem Jahre 1855. Der Name hat nichts mit den Preußen zu tun, auch nichts mit dem Rheinland oder dem Ruhrgebiet, sondern mit dem Krimkrieg 1853/56. Malakoff hieß ein Fort der Festung Sewastopol am Schwarzen Meer, das die russischen Verteidiger elf Monate lang gegen eine englisch-französische Übermacht gehalten haben. Das Fort Malakoff galt im nationalistisch gesonnenen Europa fortan als Symbol für Kraft und Stärke und nach dem Krieg nannte sich der kommandierende französische Marschall Pelissier sogar „Herzog von Malakoff". Bis heute gibt es in Frankreich auch eine Torte dieses Namens.

Als die Preußen ihre militärischen Anlagen aus der Stadt Köln verlagerten, ging der Turm im Jahre 1893 in die neue Hafenanlage ein. Hier wurde das technische Herzstück für die Hydraulik der Drehbrücke untergebracht, die die Halbinsel mit dem Ufer verbindet. Die Hydraulik war eine wichtige Übergangstechnik nach der Dampfmaschine und vor dem Elektromotor. In der zweiten Hälfte des 19. Jahrhunderts wurde sie in vielen Häfen genutzt, um schwere Lasten zu bewegen, Schleusen zu öffnen oder Kräne zu bedienen. Selten sind die hydraulischen Anlagen wie an dieser Drehbrücke erhalten: Ein Elektromotor treibt eine Pumpe an, die Wasser mit 50 atü Überdruck auf eine hydraulische Presse führt. Diese hebt die ganze Brücke um 11,2 cm an, damit ein Hydraulikkolben dann in kaum einer Minute die Brücke ans Ufer schwenkt und die Schiffe freie Ein- oder Ausfahrt haben. Die Brücke wird hydraulisch nur noch einmal jährlich bewegt. Denn als Stollwerck-Mehrheitsaktionär Hans Imhoff das ehemalige Zollamt erwarb, um hier sein Schokoladenmuseum zu errichten, gehörten auch Turm und Brücke dazu und ein eigener Brückenwärter. Der allerdings war nach einiger Zeit zu teuer und ein Elektromotor zum Betrieb des Ventils wurde eingebaut. Wenn nun ein Schiff tutet und in den Rheinauhafen ein- oder ausfahren will, startet die Dame von der Museumskasse die Drehbrücke per Fernbedienung. Der Stadtkonservator grummelte im Hintergrund und stimmte dann zu: Denkmalpflege light!

Künstlerhaus Rhenania im Rheinauhafen um 1997.

Für manche ist das Imhoff-Stollwerck-Museum – immerhin das bestbesuchte Museum der Stadt –, nur eine bessere Fabrikausstellung. Aber abgesehen davon, dass das weder für das clevere

Management noch für die Präsentation der Kultur- und Naturgeschichte der Schokolade oder die reale Produktion in einer Pralinenstraße gilt, hat sich der oft als Schokoladennapoleon titulierte Unternehmer Hans Imhoff mit dem Museum vor allem selber ein fulminantes Denkmal gesetzt. Imhoff, ein kleiner, dicker, äußerst tatkräftiger Mann, stammt aus dem Arme-Leute-Viertel um den Griechenmarkt und er wollte Zeit seines Lebens hoch hinaus. Das hat er auch geschafft. Zum Teil mit ruppigen Methoden und unternehmerischer Schläue und unter Ausnutzung aller bekannten und unbekannten Spielarten des Kölschen Klüngels wurde er einer der reichsten Männer dieser Stadt, im Jahre 2002 auch Ehrenbürger Kölns. Imhoff hat aber auch – im Unterschied zu den allermeisten Millionären – mit einer großzügig ausgestatteten Stiftung von 75 Millionen Euro für lang wirkend Gutes im kulturellen und sozialen Bereich gesorgt.

Hans Imhoff. Schokonapoleon und Ehrenbürger Kölns. Aktionärsversammlung im Gürzenich 1980.

Auf der nördlichen Terrasse des Schokoladenmuseums, auf der man wie an einem Schiffsbug steht, hat man einen der schönsten Blicke auf den Strom und die Stadt. Gerade an einem lauen Sommerabend

Malakoffturm, Drehbrücke und Zollamt um 1930.

ist dies ein wunderbarer Platz, und immer zugänglich. Nebenan grüßt der hl. Nikolaus – der Patron der Seeleute, der Schüler und der Holländer – die Rheinschiffer. Von hier aus erblickt man bei niedrigem Wasserstand auch den ansonsten unsichtbaren Duffesbach, der ein wenig weiter flussabwärts aus der Ufermauer tritt, genau dort, wo die Angler gewöhnlich auf ihre Beute warten. Die Fische tummeln sich offenbar gern in der nahrhaften Drecksbrühe, die einst historische Dimension besaß: Am Ufer des Baches errichteten die Römer ihre südliche Stadtmauer, den Gerbern und Färbern des Mittelalters brachte er frisches Wasser, im Vorgebirge war er Gegenstand ewiger Streitereien um die Wasserrechte und schließlich gab er den Straßen ihren Namen, die seinen unterirdischen, heute kanalisierten Verlauf markieren: Duffesbach, Weidenbach, Rothgerberbach, Blaubach, Mühlenbach oder Filzengraben.

RHEINAUHAFEN

Fast 20 Jahre nach den ersten Plänen und Entwürfen und zehn Jahre nach dem städtebaulichen Ideenwettbewerb rollten im Herbst 2002 im Rheinauhafen endlich die Bagger. Große Veränderungen und umfangreiche Bauten stehen an, nachdem der über 100 Jahre

Wie riesige Kräne sollen die Neubauten im Rheinauhafen auf den Rhein hinausragen. Die Kölner sind skeptisch.

alte Hafen seine wirtschaftliche Rolle längst verloren hat. Mit Ausnahme des Schokomuseums auf der nördlichen Spitze und des benachbarten Sportmuseums wird hier fast alles verändert, nur die denkmalgeschützten Bauten bleiben stehen. Demnächst werden gläserne Neubauten, die wie maritime Portalkräne aufs Wasser hinausragen, die Silhouette des Rheinufers bestimmen. Viele Stadtplaner und die Anwohner haben das kritisiert: Mit rund 16 000 Quadratmetern Nutzfläche werden diese Kranhäuser riesig und das Stadtpanorama entscheidend verändern. Aber das genau wollten die Ratsmehrheiten und die Investoren: eine solitäre Architektur. Sie setzen auf eine spektakuläre Inszenierung, um die Cityfunktion der Kölner Innenstadt zu stärken. Vorgesehen sind etwa ein Drittel Wohnungen und ein Drittel Kunst/Kultur und etwa 40 Prozent Gewerbe und Büros. Vor allem um den Bayenturm herum wird die Wohnbebauung konzentriert – bei Quadratmeterpreisen um 5000 Euro und mehr kann man sich die künftigen Hafenbewohner in den rund 700 neuen Wohneinheiten schon vorstellen.

Infopavillon zum Rheinauhafen
Einfahrt zum Rheinauhafen
gegenüber Dreikönigenstraße.
www.moderneskoeln.de

Im 19. Jahrhundert wurde das Werthchen, wie diese Insel hieß, zum beliebten Ausflugsziel der Kölner – mit Limonadenbuden und Badestrand und einer eigenen Polizeiverordnung von 1833, die den Zugang der Geschlechter zum Wasser exakt regelte. Als dann ab 1891 der Hafen angelegt, die Kaimauern befestigt und ein Becken gebaut wurden, erhielten die Kölner als Ersatz den nahe gelegenen Römerpark.

Erst im 19. Jahrhundert lernten die Kölner schwimmen. Die Badeplätze und Schwimmbäder lagen am Rhein.

Außer dem mittelalterlichen Bayenturm stammen die wenigen historischen Bauten im Rheinauhafen alle vom Ende des 19. Jahrhunderts. Die großen Hallen rechts und links unter der Severinsbrücke sind römischen Lagerhäusern nachgebildet. Das alte Lagerhaus der früheren Transportfirma Rhenania, am Innenbecken des Yachthafens, erhielten vor mehr als 15 Jahren die Künstler, die nach

Drehkran Herkules unter Denkmalschutz – sechs Arbeiter bewegten ihn per Muskelkraft.

Die schweren Portalkräne aus dem Rheinauhafen sind längst verschrottet – Hafen ist nicht mehr Arbeit, sondern Nostalgie.

Siebengebirge: Schöner Wohnen am Strom – Lagerhäuser von Hans Verbeek 1910.

dem Abriss der Stollwerck-Fabrik dort weichen mussten und hier ein lebendiges Zentrum unabhängiger Kunst und Kultur schufen. Mit dem Totalumbau des Hafens fürchten sie aber auch hier gehen zu müssen oder die neuen Mieten in dann edlen Ateliers nicht mehr aufbringen zu können.

Von den zahlreichen Kränen, die vor einigen Jahren noch auf den breiten Schienen am Kai standen, gibt es nur noch fünf. Der älteste ist ein Drehkran im nördlichen Bereich, der „Herkuleskran" aus dem Jahre 1898 mit einer Hebelast von 30 000 Kilogramm. Seine größte lokale Leistung erbrachte er 1924, als er die 24 Tonnen schwere Petersglocke für den Dom vom Schiff auf einen Transportwagen hievte.

Der Drehkran wurde 1996 restauriert und bleibt wohl, als eines der wenigen Dokumente der Kölner Industriegeschichte, an Ort und Stelle stehen.

Das 19. Jahrhundert lässt sich in den industriellen Vororten, aber auch in den Bauten der Neustadt erkennen. Der südliche Abschnitt der Ringe ist dabei noch am wenigsten verändert. In der Ästhetik vieler Gebäude, in der Anlage der Kreuzungen als Plätze, in Kirchen und Parks findet sich die Neustadt im Großen und Ganzen noch so, wie sie vor etwa 120 Jahren aus einem Guss konzipiert wurde.

VOM HAHNENTOR ZUM BARBAROSSAPLATZ

79

RUDOLFPLATZ/ HAHNENTOR

Leo-Schlageter-Platz: 1933 wurde der Rudolfplatz nach einem NS-Märtyrer umbenannt.

Das Hahnentor war einst der prächtigste Eingang in die Stadt. Durch dieses Tor ritt der frisch gekürte deutsche Kaiser oder König, nachdem er in Aachen gekrönt worden war. In Köln vollzog er seinen ersten Amtsakt- die Huldigung am Sarg der Heiligen Drei Könige. Und ein Gekrönter kam nicht allein. Die Kölner Honoratioren und die heimische Gastronomie hatten alle Hände voll zu tun, um den Regenten und seinen Hofstaat gebührend zu empfangen. Von der alten Pracht ist nicht viel geblieben. Das Tor steht heute ziemlich isoliert am Platzrand, zur einen Seite hin für Fußgänger zu erreichen, auf der anderen vom Autoverkehr und der Bahn abgeschnitten. Es hat viele Vorschläge gegeben, den Rudolfplatz und die ganze Verkehrsachse von Ost nach West neu zu regeln, zu der die Strecke von der Deutzer Brücke bis zum Aachener Weiher gehört. Aber alle Änderungen blieben halbherzig, weil sich die Politik nicht traute, den Autoverkehr auf der einen Seite zu bündeln und zurückzudrängen, und Fußgängern und Bahn den Rudolfplatz und auch den Neumarkt zurückzugeben. Sicherlich hat auch die gegenüber errichtete gläserne Rotunde der Stadtsparkasse mit dieser Entwicklung zu tun, denn hier wäre sonst der gesamte, stadtein- und -auswärtsführende Verkehr vorbeigegangen und in die Richard-Wagner-Straße hineingeführt worden.

Das Neustadt-Quartier nördlich der Aachener Straße zwischen Rudolfplatz und der Bahnunterführung wird wegen seiner Straßennamen „Belgisches Viertel" genannt. Hier lebten immer schon in den großen Bürgerhäusern die besseren Familien. In den 1990er Jahren avancierte es zum In-Viertel mit einem Schwerpunkt Kölner Galerien sowie viel Szene-Gastronomie. Anfangs waren es noch die Anhänger des Bhagwan Shree Rajneesh, die den Farbton angaben und hier ihre europäische Sannyasin-Zentrale unterhielten. Nach dem Zusammenbruch der amerikanischen Muttergemeinde 1985 löste sich auch die fest gefügte Kölner Gruppe auf, aber immer noch stößt man im Viertel, einst „Sanyas City" genannt, auf Unternehmen und Läden, die einmal als „Baghies" gestartet sind, aber inzwischen von den anderen Reisebüros, Blumenläden oder Kiosken kaum zu unterscheiden sind. Allenfalls die Tatsache, dass es hier immer noch ein überdurchschnittliches Angebot an Therapieeinrichtungen und Wellnessclubs gibt, ist ein Hinweis auf die jüngere Vergangenheit.

Am Rande der City und mitten im Inneren Grüngürtel liegt der Aachener Weiher, eine Parkanlage aus den frühen 1920er Jahren, nicht nur beliebt bei Studenten der nahen Universität, Joggern und Kleinkindern samt Müttern, für Picknick oder Boccia und im kalten Winter zum Eislaufen, sondern in Köln und dem umliegenden Hinterland auch bekannt als Kontakt- und Treffpunkt der Homosexuellenszene. Im Sommer und rund um den Christopher Street Day ist dies ein frequentierter Ort des nichtkommerziellen Sex und wohl auch der Grund, dass die Aidshilfe hier bisweilen bei Informationskampagnen Gratis-Kondome verteilt. Nach jahrelangen Forderungen der Kölner Schwulengruppen wurde hier 1996 auf der Wiese südlich des Weihers auch eine Notrufsäule aufgestellt. Denn gerade im Bereich des Inneren Grüngürtels ist es immer wieder zu Angriffen und Überfällen auf Schwule gekommen.

Picknick am Rande der City.

Ein Jahrhundert früher gehörte das ganze Gelände – damals noch ohne Hügel und Berge, die wurden erst nach 1945 aus den Kriegstrümmern aufgeschüttet – zum so genannten Rayon, dem Militärgelände, das nicht bebaut werden durfte. Erlaubt waren darauf nur Behelfsbauten wie das Depot der alten Pferdebahn oder ein Holzbau – der in Köln allerdings Kunstgeschichte schrieb. Denn hier fand 1912 die „Internationale Kunstausstellung des Sonderbundes westdeutscher Kunstfreunde und Künstler zu Köln" statt und damit hielt die Moderne Einzug am Rhein. Zum ersten Mal wurde mit über

Die Kunst der Welt im Holzbau – Halle der Sonderbundausstellung 1912 am heutigen Aachener Weiher.

Café im Ostasiatischen Museum Schöner Platz am Wasser – nie Rummel – guter Tee, Kuchen und Rohkostsalat

600 Gemälden, Plastiken und Zeichnungen die jüngste europäische Kunst gezeigt. Alles, was heute zum künstlerischen Kanon von damals zählt, war vertreten: van Gogh, Picasso, Cézanne, Gauguin, Munch, Beckmann, Barlach, Modersohn-Becker, die Maler der „Brücke" und „Der Blaue Reiter". Das offizielle Köln reagierte ablehnend, aber die Sammler und Stifter wie etwa der Zigarrenfabrikant Josef Feinhals oder der Warenhausbesitzer Alfred Leonhard Tietz kauften entscheidende Werke. Für das künstlerisch aufgeschlossene Köln wirkte die Sonderbund-Ausstellung wie eine Offenbarung.

Nach dem Ersten Weltkrieg wurde hier der Aachener Weiher als Teil des neuen großzügigen Grüngürtels gestaltet. Dieses gesamte Areal auf dem früheren Festungsgelände war mit der Entmilitarisierung des Rheinlands an die Stadt zurückgefallen und als moderne Erholungsanlage rings um die Neustadt mit Anschluss über die Lindenthaler Kanäle bis zum Stadtwald gebaut worden. Obwohl der Weiher erst kürzlich saniert wurde, besitzt er durch das grünstichige Wasser und das Gras um die Bänke herum die ganze Patina eines klassischen, in die Jahre gekommenen Parks – und das macht den Charme der Anlage aus. Auch das Ostasiatische Museum am Westrand hat sich mit seiner ruhigen Architektur in das alte Areal eingefügt. Die Grünanlage zwischen Innerer Kanalstraße und Eisenbahn, nach Süden bis zur Universität und nach Norden bis über die Venloer Straße hinaufreichend, ist mit Ausnahme der Neubauten so erhalten geblieben, wie sie um 1920 von Fritz Schumacher geplant wurde.

Den Hügel hinauf, südlich der stillgelegten Dürener Straße, stößt man auf der Wiese auf zwei Plastiken – eine surrealistisch anmutende Arbeit des ungarischen Bildhauers Lajos Barta, „Uralte Form" (1984), und auf einen langen Eisenträger „Ein Vogel, auf sein Fliegen konzentriert" (1971) von Cestmir Janoscek. Ursprünglich sollte das ein "Skulpturengarten" mit rund 20 Kunstwerken werden, angeregt von dem Architekten Peter Busmann, der aber wegen der mangelnden städtischen Resonanz irgendwann den Elan verlor. Die Stadt engagierte sich stattdessen lieber für einen Biergarten am Weiher, der zwar gegen alle Bestimmungen des Landschaftsschutzes genehmigt wurde, aber gleichwohl an lauen Sommerabenden die Kölschfreunde massenhaft anzieht und die Schwäne und Wasservögel eher abstößt.

Auf der anderen Seite der Aachener Straße stand im Grüngürtel bis zum Abbruch Mitte der 1950er Jahre eine der populärsten Kultur- und Vergnügungsstätten der Nachkriegszeit: der Williamsbau, im Jahre 1946 von der Zirkus-Prinzipalin Carola Williams errichtet. Der feste Zirkusbau war Gürzenich und Sporthalle, Kammerspiele und

Jahrelang war das Zelt des Zirkus Williams beliebter Treff für Sport, Kultur und Unterhaltung.

Zirkuszelt in einem. Hier wurde 1947 erstmals nach dem Krieg das Dreigestirn proklamiert, hier wurde getanzt, gesungen und Theater gespielt. Die Kölner hörten im Williamsbau erstmals Swing und Modern Jazz mit Lional Hampton, hier traten Catherina Valente auf und das Westernidol Billy Jenkins oder auch der Boxer Peter Müller, genannt „de Aap". Dieses Kölner Idol jedoch nicht nur als Boxer, sondern später sogar nur noch als Catcher, nachdem er bei einem legendären Boxkampf am 7. Juli 1952 nicht seinen Gegner, sondern den Ringrichter Max Pippow K. o. schlug und dafür zeitlebens gesperrt wurde.

Hau den Schiedsrichter um: Peter Müller, „de Aap", wurde zur Ikone der 1980er Jahre – und ziert auch ein Plattencover der „Bläck Fööss".

In der Roonstraße 50, gegenüber dem Rathenauplatz, liegt das jüdische Gemeindezentrum Kölns. Die aus den 1890er Jahren stammende Synagoge ist die einzige von einstmals sieben Synagogen in der Stadt, die nach den Nazi-Verwüstungen in der Pogromnacht des 9. November 1938 und der nachfolgenden Kriegszerstörung wieder aufgebaut wurde. Sie wurde im neuromanischen Stil, wie er früher im ganzen Viertel dominierte, wieder hergerichtet und im September 1959 eingeweiht. Aber schon wenige Wochen später

ROONSTRAßE 50/ SYNAGOGE

Die Synagoge in der Roonstraße: ein Bau im Stil der rheinischen Romanik, Ende des 19. Jahrhunderts errichtet.

*Synagogengemeinde
Besuch der Synagoge nur in Gruppen
Tel. 92 15 60-0
www.sgk.de*

beschmierten Rechtsextremisten das Gebäude mit Hakenkreuzen und Naziparolen, der Auftakt einer ganzen Serie von antisemitischen Ausschreitungen in der jungen Bundesrepublik. Bis heute muss die Synagoge durch Absperrgitter, Videoüberwachung und Polizeipräsenz vor antisemitischen Attacken geschützt werden.

Morgengottesdienst in der kleinen Synagoge in der Roonstraße. Die Männer tragen Kippa (Kopfbedeckung), Tallit (Gebetsmantel) und Tefillin (Gebetsriemen).

Hier ist nicht nur die Synagoge untergebracht, sondern auch verschiedene Einrichtungen der Gemeinde wie Kulturzentrum und Bibliothek, Gemeinderäume und ein koscheres Restaurant. Von hier aus werden auch die vielfältigen jüdischen Einrichtungen und Organisationen der Stadt, Frauenverein, Studentenvereinigung, Jugendzentrum, Turn- und Sportverein sowie Kindergarten verwaltet.

In den letzten Jahren ist die Synagogengemeinde vor allem durch den Zuzug von Neubürgern aus den Ländern der früheren Sowjetunion stark angewachsen und zählt mit 4000 Mitgliedern zu einer der größten Gemeinden Deutschlands. Inzwischen gibt es in Ehrenfeld auf dem Gelände des vormaligen „Israelitischen Asyls", des ersten jüdischen Krankenhauses im Rheinland, ein weiteres Zentrum der jüdischen Kölnerinnen und Kölner.

82

RATHENAUPLATZ

„Köln als globales Weltdorf lebt durch seine Viertel und Plätze. Weltbürger sind zuerst Viertelsbewohner."
Der Rathenauplatz e. V. betreibt einen Pavillon mit Außengastronomie, Toiletten, Treffpunkt Kultur, Ausstellungen, Musik, Theater.
www.buergergemeinschaft-rathenauplatz.de

Nicht nur topografische, auch patriotische Gründe waren maßgebend bei der Anlage der Neustadt: Der Rathenau-, damals noch Königsplatz, wurde 1891 von dem Stadtbaumeister Stübben als Aufstellplatz für den Rosenmontagszug geplant. Zu seinem heutigen Namen kam der Platz erst in der Weimarer Republik. Damals hatten die Sozialdemokraten nach der Ermordung des Außenministers Walter Rathenau durch rechtsradikale Attentäter den Antrag im Kölner Stadtrat gestellt, den Hohenzollernring in Rathenauring und gleichzeitig den Kaiser-Wilhelm-Ring nach dem ebenfalls ermordeten Demokraten und Zentrumspolitiker Matthias Erzberger umzubenennen.

83

Im Bürgersteig vor dem Haus Nummer 28 in der Mozartstraße erinnert eine bronzene Platte an das frühere „Braune Haus", die Gauleitung der Nazis, die hier 1933 und 34 residierte. Hier saßen auch SA und SS, die in den ersten Monaten nach der Machtergreifung ein eigenes Gefängnis im Keller unterhielten, in dem sie ihre politischen Gegner misshandelten und einige auch ermordeten. Bis Ende der 1920er Jahre war die Partei noch mit einer Etage in einem Miethaus am Ubierring 51 ausgekommen. Erst nach der Wirtschaftskrise und den Wahlerfolgen 1931 leisteten sich die Nazis ein Haus am Filzengraben. Nach 1933 zog die Gauleitung in die Mozartstraße und später 1936 in die alte Universität in die Südstadt.

MOZARTSTR. 28/ DAS „BRAUNE HAUS"

1933/34: Die Gauleitung der Kölner Nazis im „braunen Haus" in der Mozartstraße 28.

ZUR ERINNERUNG AN DIE TOTEN UND ALS MAHNUNG FÜR DIE LEBENDEN AN DIESER STELLE BEFAND SICH 1933 UND 1934 DIE GAULEITUNG DER NSDAP IM SOGENANNTEN „BRAUNEN HAUS" HIER FOLTERTEN SA UND SS IHRE POLITISCHEN OPFER. RAT DER STADT KÖLN 1981

Die Erinnerung an die Nazis im Bürgersteig – am Haus nicht erwünscht.

84

Der kleine Garten an der Ecke Engelbertstraße/Yitzhak-Rabin-Platz ist der Rest eines alten Parks, der zu der hochherrschaftlichen Villa Oelbermann am Hohenstaufenring gehörte. Dies war einer der renommiertesten Salons der Stadt und die Zeitgenossen berichten, dass sich täglich eine Menschenmenge auf dem Bürgersteig staute, wenn die Dame des Hauses ausging. Allein davon übrig geblieben ist eine 150 Jahre alte Rosskastanie, deren Äste vom Gewicht der Früchte zu Boden gedrückt selber wieder Wurzeln geschlagen haben und die als eines der ungewöhnlichsten Naturdenkmale der Innenstadt gilt.

Emil Oelbermann war ein Kölner Kaufmann, der 1853 als 20-Jähriger nach New York ging und dort – durch Sklavenhandel sagen die einen, durch Textilhandel schreiben die anderen – zum Millionär wurde. Seine Gattin Laura Oelbermann, eine reiche, aber sozial enga

ENGELBERTSTRASSE OELBERMANN, BRINKMANN

Rosskastanie als Naturdenkmal.

gierte Protestantin, vermachte viel Geld an diverse Stiftungen und Heime für Kinder und Mütter. Die Namen dieser Einrichtungen wie Emilienhort, Auguste-Victoria-Krippe oder Charlottenhaus, alles weibliche Mitglieder der Hohenzollernfamilie, dokumentieren ihre enge Bindung an das preußische Kaiserhaus. Mit ihrem Testament machte sie 1929 die eigene Villa zum Wohnheim für „erwerbstäti-ge evangelische Mädchen". Mehr als 60 junge Frauen lebten hier bis in die 1970er Jahre. Dann stand das große Heim leer und wurde kurz nach der Stollwerck-Besetzung in einer Blitzaktion abgerissen, weil die Stadt die nächste Besetzungsaktion fürchtete. An seiner Stelle wurden aufwändige Innenstadtapartments und Wohnungen sowie zum Ring hin Büros und Geschäfte gebaut.

Laura Oelbermann – reich, mildtätig und kaisertreu.

Das Palais Oelbermann am Hohenstaufenring 57 um 1895.

Früher konnte man das heute gelbe Haus in der Engelbertstraße, in dem Rolf Dieter Brinkmann in der vierten Etage wohnte, an einem Graffiti erkennen: „In diesem Haus schrieb, liebte und hasste Rolf Dieter Brinkmann: Aber das Leben erschlaffte." Diese durchaus angemessene „Gedenktafel" wurde im Zuge eines Neuanstrichs übermalt. Rolf Dieter Brinkmann (1940-1975, ab 1962 in Köln) ist einer der wenigen Kölner Autoren, die heute zu den großen Namen der deutschen Literatur zählen. Er brachte dem deutschen Publikum in den legendären Anthologien „Acid" und „Silverscreen" (beide 1969) erstmals Texte der amerikanischen Subkultur, aus Underground-Filmen und der Rockmusik nahe. Während eines Aufenthalts in der römischen Villa Massimo (1972/1973) entstand der Roman „Rom, Blicke", der noch heute aufgrund der ihm innewohnenden Aggressivität mit einer gleichzeitigen Sensibilisierung des Blicks ein irritierendes Leseerlebnis ist. 1975 wurde Rolf D. Brinkmann in London beim Überqueren einer Straße von einem Auto erfasst und getötet.

Rolf Dieter Brinkmann lebte seit 1962 in Köln.

„Du kannst Dir gar nicht vorstellen, was hier in Köln für ein mieser Stress herrscht, alle trampeln sich auf den Zehen, und eine enorme Menge sind wirklich nichts anderes als Ärsche mit Ohren, oder sogar noch Blöderes."

Rolf Dieter Brinkmann in einem Brief an Hartmut Schnell

Rolf Dieter Brinkmann in einen Stadtführer über Köln aufzunehmen, entbehrt nicht einer gewissen Ironie. Es gibt kaum einen Dichter, der seinem Hass auf die Stadt so sehr Ausdruck gegeben hat wie der aus Vechta stammende Schriftsteller. Legendär ist Brinkmanns für den WDR produziertes Hörspiel „Besuch in einer sterbenden Stadt", in dem Brinkmann sich zunächst über den „pissgelben" Kölner Himmel auslässt, um dann durch Köln zu spazieren und im Angesicht der Hässlichkeit der Stadt seinem Ekel Ausdruck zu verleihen.

Anderseits finden sich gerade in Rolf Dieter Brinkmanns Gedichten zahlreiche nahezu magische Momente des Kölner Großstadtlebens. Zum Beispiel in „Die Aloe": „ (...) wächst, ohne sich zu verändern, auf einem Farbfoto im Schaufenster der Apotheke am Brüsseler Platz. Ein Mädchen kommt vorbei und sieht über die Pflanze den Umriss seines eigenen Körpers. Auch er wächst, ohne sich zu verändern."

Nach Rolf Dieter Brinkmann ist das Literaturförderstipendium der Stadt Köln benannt, mit dem in den letzten Jahren zahlreiche später auch bundesweit hervorgetretene junge Autorinnen und Autoren ausgezeichnet wurden wie Marcel Beyer, Norbert Hummelt, Dieter M. Gräf und Katrin Askan.

Als im ausgehenden 19. Jahrhundert die Kölner Neustadt entstand, wurden im südlichen Teil der Ringe die prächtigen Villen mit den repräsentativen Fassaden gebaut. Wenige davon sind bis heute erhalten. In der Nähe des Volksgarten ist aber doch noch ein wenig vom damaligen Flair der bürgerlichen Welt zu ahnen.

VOM BARBAROSSA-PLATZ ZUM CHLODWIGPLATZ

ST. PANTALEON

Pantaleon war eine Benediktinerabtei und zählte mit zahlreichen Gütern im ganzen Rheinland zu den reichsten der Kölner Kirchen. Das illustre Wasserschlösschen „Weißhaus" an der Luxemburger Straße etwa war der Sommersitz der Äbte von Pantaleon. Die umfangreiche Klosteranlage lässt auch die Ausdehnung der ehemals landwirtschaftlich genutzten Flächen an den Rändern der Stadt erahnen. Köln war bis ins 16. Jahrhundert mit 40 000 Einwohnern eine der größten Städte und hatte eine für damalige Verhältnisse riesige Ausdehnung. Die Bauern im Stadtgebiet bildeten eigene Genossenschaften, die „Bauernbänke", deren Name von den Gerichtsverhandlungen in den Torbögen, der „buirbank" oder „baurgeding" stammt. Sie waren unabhängig, konnten ihre Streitereien untereinander schlichten und auch selber Strafen verhängen.

Der wichtigste landwirtschaftliche Produktionszweig, vor allem hier um Pantaleon herum und weiter nach Süden zum Severinsviertel hin, war der Wein. Als „Weinhaus der Hanse" erzielte Köln zeitweise fast ein Viertel seines Etats aus dem Weinhandel und die „Weinsteuer" zählte zu den wichtigsten städtischen Einnahmen – natürlich nicht nur aus eigener Produktion, sondern auch aus dem Ankauf an Rhein und Mosel. Angesichts der Qualität des Trinkwassers spielte Wein als Alltagsgetränk eine wichtige Rolle und wurde erst viel später vom Bier verdrängt. Allein in der Stadt gab es über 400 „Wein-Zapfstellen". Der Kölner Wein war eine ziemlich saure Angelegenheit, daher Benennungen wie „soore Hungk", „nasser Lodewig" oder „Kirchweg Schattenseite".

Also wurden Zusätze hineingemischt: Totenbein, Vitriol, Quecksilber, Alaun, Speck, Kalk, Scharlachkraut, Waidasche, Senf und

Ein Kleinod im Zentrum der Stadt – die Wiese garantiert frei von Hundekot.

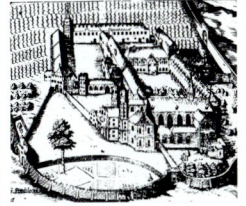

Lokaler Spitzenwein „De soore Hungk".

Schwefel sind als teilweise erlaubte, zum Teil aber gepanschte Zusätze überliefert, deren Verwendung hart verfolgt wurde.

Strafen für die Panscher in der Hölle: Sie werden gewässert und geschwefelt, befeuert und getrichtert – darin waren sie ja auch Experten. „Weinkeller im Totenreich", Stich 17. Jahrhundert.

Baugeschichtlich geht Pantaleon, nach dem griechischen Arzt und Heiligen benannt, auf einen römischen Gutshof vor den damaligen Stadttoren zurück, dessen Fundamente man noch durch ein Fenster in der Krypta besichtigen kann. Das Hauptschiff entstand im 10. Jahrhundert und ist mit dem Namen der byzantinischen Prinzessin und deutschen Kaiserin Theophanu verknüpft, die diese Kirche ausbauen und vor allem das „kaiserliche" Westwerk errichten ließ. Originalfragmente der hochmittelalterlichen Skulpturen, die um das Jahr 1000 die Außenfassade des Westwerks schmückten, sind im neu eingerichteten Lapidarium im Innern dieses Westwerks präsentiert und zu besichtigen. Soweit bekannt, sind dies die ersten nachantiken, für den Außenraum konzipierten Großplastiken nördlich der Alpen gewesen.

Theophanu war im Jahr 972 vom Kölner Erzbischof Gero auf Bitte des Kaisers Otto I. von Byzanz nach Köln geholt worden. In Rom wurde sie mit dem Kaisersohn, dem erst 17-jährigen Thronfolger Otto II., verheiratet. Verglichen mit Köln war Byzanz damals eine wirkliche internationale Metropole und die junge Frau verfügte als Dame von Welt über hohe Bildung, Kunstverstand und vor allem Selbstbewusstsein. Sie brachte ihre eigenen Leute mit, hochqualifizierte Kunsthandwerker, die Köln einen nicht zu unterschätzenden Entwicklungsschub bescherten und Pantaleon zum Zentrum von Buchmalerei und Goldschmiedekunst ausbauten. Daran kratzen

Theophanu, eine Dame von Welt aus Byzanz.

auch die provinzlerischen Chronisten nicht, die Theophanu „Verschwendungssucht" vorwarfen, nur weil sie selber noch in härenen Sackkleidern herumliefen und den neuen Zeitgeist in orientalischer Seide verpasst hatten.

Elf Jahre nach ihrer Heirat 983 starb Theophanus Gatte, Kaiser Otto II., und sie übernahm als Kaiserin für ihren erst dreijährigen Sohn die Reichsherrschaft über Deutschland und Italien und übte sie auch mit Geschick, Energie und Erfolg aus. Theophanu starb am 15. Juni 991, wurde in St. Pantaleon begraben und liegt in einem weißen Sarkophag, der die Form eines überdimensionalen Reisekoffers hat, in der westlichen Chorkapelle.

Im 19. Jahrhundert nutzte das preußische Militär das Kloster als Festungsbauhof und funktionierte die Kirche in eine protestantische Garnisonskirche um. Die Kuppel des Turms baute man ab und setzte auf die Spitze eine Station des optischen Telegrafen, der Berlin mit Koblenz verband, und von dem noch eine vollständige Station in Flittard auf der anderen Rheinseite erhalten ist. Heute ist St. Pantaleon mit dem Komplex von Stift, Nonnenkloster und Kindergarten eine innerstädtische Oase der Ruhe und es hat – was in Köln fast an ein Wunder grenzt – frei zugängliche Grünanlagen ohne Hundescheiße. Man kann sich im Sommer noch ins Gras legen – und die Erde riechen. Die Priester der Pfarrei St. Pantaleon gehören zu der fundamentalistischen katholischen Sekte „Opus Dei", die im Pfarrhaus in einer eigenen Kommunität aus Klerikern und Laien leben und hier mit wohl wollender Unterstützung des Kardinals das Kölner Zentrum der Organisation errichtet haben.

Auf den Turm von St. Pantaleon baute das preußische Militär im 19. Jahrhundert einen optischen Telegrafen.

86

SALIERRING 37/ SSK

SSK am Salierring
Transporte & Entrümpelungen,
Trödel & Gebrauchtmöbel,
Fahrradcenter
www.sozialistischeselbsthilfe-
koeln.de

SALIERRING 32/ ROTONDA

Soziale Bewegungen haben wie alles ihre Konjunkturen und man denkt bei dem ein wenig heruntergekommen Mietshaus am Salierring 37 kaum, dass hier einmal das Zentrum einer der wichtigsten Protestgruppen Kölns war: der Stammsitz des Vereins SSK. Gegründet 1969 in der aufgewühlten Zeit der außerparlamentarischen Proteste, hieß es ursprünglich „Sozialpädagogische Sondermaßnahmen Köln" und umfasste Studenten und Sozialarbeiter, die sich um die Randgruppen der Gesellschaft kümmerten, um Stricher und Trebegänger, Heimzöglinge und obdachlose Jugendliche. Man lebte zusammen, gründete eigene „Unternehmen" wie Gebrauchtmöbelhandel und machte Entrümpelungen, um unabhängig von staatlichen Zuschüssen zu sein.

Die Namensänderung Mitte der 1970er Jahre in „Sozialistische Selbsthilfe Köln" macht deutlich, dass es bald um mehr ging. Man erkannte den Zusammenhang von Obdachlosigkeit und Stadtsanierung und wie eng soziales Elend und eine auf Gewinnmaximierung angelegte Stadtplanung zusammenhängen. Der SSK wurde zum Motor der Hausbesetzerszene und Köln war in dieser Zeit die Stadt in Westdeutschland mit den meisten besetzten Häusern. Vor allem mit unkonventionellen Methoden brachte der SSK immer wieder den Zusammenhang von Wohnungsnot und Spekulation an die Öffentlichkeit und das führte immerhin zum Erhalt vieler Altbauten vor allem in der Neustadt. Der SSK war auch maßgeblich für die Reform der rheinischen Psychiatrie und die Schließung der Einrichtung Brauweiler verantwortlich. Einige der Gruppen, die sich auch in Ehrenfeld, Porz und Bergisch Gladbach – sogar Wuppertal und Dortmund – gründeten, gibt es noch, für eine undogmatische Initiative mehr als 30 Jahre nach ihrer Gründung ist das erstaunlich. Bis auf den SSM (Sozialistische Selbsthilfe Mülheim), der heute noch nachdrücklich den Entwicklungsprozess Mülheims mitbestimmt, haben sie jedoch ihre gesamtstädtische Bedeutung verloren. Immerhin: Möbel, Kleider und Gebrauchthandel gibt es hier noch und man kann sie weiterhin als Entrümpler engagieren.

Der runde Bürobau auf der anderen Straßenseite, Salierring 32, Standort einer Reihe wirtschaftlich agiler Anwälte und Wirtschaftsprüfer, wird in einem Architekturführer des BDA als „auffallender Solitär" gelobt, der die „Erhaltung eines alten Baumbestands" sowie eine „ungewöhnliche Gestaltung von Freiflächen" ermöglichte. Auffallend bei dieser Architektenlyrik ist aber eher, dass man über die Geschichte und das Entstehen des Baus nichts erfährt.

Der kleine, rautenförmige Platz an der Einmündung von einem halben Dutzend Straßen stand voller Bäume und die Anwohner und die Bezirksvertreter fanden das auch gut. Als eine Investorengruppe hier Büros errichten wollte, standen nicht nur die Bäume, sondern auch ein Grundsatzbeschluss im Wege, hier nur „Wohnfunktionen" zuzulassen. Also wandten sich die agilen Anwälte an die Stadtspitze und die damals regierenden Sozialdemokraten. Die sahen sich im Quartier um und stellten völlig überrascht fest, dass es hier einen dringenden Bedarf für eine Kindertagesstätte gab. Da das ein „erhebliches öffentliches Interesse" darstellt und selbstverständlich auch dem Wohnen dient, mussten die Bäume natürlich weichen. Es gab Proteste, eine Bürgerinitiative gründete sich und um nicht den ganzen Rat mit so schwer wiegenden Fragen zu belasten, beschloss die Stadtspitze in einer Dringlichkeitsentscheidung – unterschrieben von Norbert Burger (SPD) und Albert Schröder (CDU) – das Grundstück an die agilen Anwälte zu verkaufen mit der Auflage, „auch" eine Kindertagesstätte zu errichten. Kaum acht Wochen später stellte die Stadtspitze plötzlich fest, dass doch kein Bedarf für neue Kinderplätze vorhanden war und so wurde der Rundbau als Bürohaus vollendet. Im Erdgeschoss, von dem die zitierte BDA-Lyrik immer noch behauptet, es sei der „öffentlichen und halböffentlichen Nutzung vorbehalten", befindet sich im vorderen Bereich der Eingang zum Fahrstuhl und im hinteren der Rotunda Business Club mit einer italienisch-japanischen Küche, die genießen kann, wer Mitglied des Clubs ist oder von den agilen Anwälten eingeladen wird.

Salierring 32: ein Neubau am Stadtrat vorbei, der Trick war die Kindertagesstätte.

87

SACHSENRING 81–85

REINHOLD NEVEN DUMONT, WAHL-KÖLNER, EMPFIEHLT:

In der nordwestlichen Ecke des Volksgartens liegt das Fort Paul mit seinen beiden zinnbewehrten Türmen. Über dem Eingangsportal, auf dessen Giebel Sommerflieder sprießt, steht zu lesen, dass es vom Großherzog von Mecklenburg erbaut wurde. Durch dieses Portal kommt man in den Rosengarten, eine Oase der Stille, in der man ungestört lesen, dösen und seinen Gedanken nachhängen kann. Anschließend gehe ich gerne ins Teca di Biase, esse – freundlich bedient – eine Kleinigkeit oder trinke auch nur einen Kaffee.
Teca di Biase, Eifelplatz 2
Tel. 31 34 85
So geschl.

In den 1990er Jahren sind in Köln eine Reihe architektonisch anspruchsvoller Bauten entstanden, die die Stadt zwar immer noch nicht zu einer städtebaulichen Schönheit machen, aber doch immer häufiger Augen und Sinne des modernen Stadtbewohners erfreuen, wie etwa der Neubau der Victoria Versicherung aus dem Jahre 1996. Die Bauten aus schwarzem Naturstein und Glas, in den geometrischen Grundformen Konus, Zweiturm und Riegel, die einem gläsernen Gebirge gleich ins Auge springen, entwarf der Kölner Architekt Thomas van den Valentyn. Die Aufgabe war nicht leicht, denn er hat prominente architektonische Nachbarn. Auf der einen Seite das französische Kulturinstitut, ein weißer, locker-gegliederter Bau von Wilhelm Riphahn aus den 1950er Jahren, und auf der anderen Seite ein dunkler Bürohausriegel von Egon Eiermann, bei dem seinerzeit der Architekt Oswald Maria Ungers die Bauleitung hatte. Die neuen Bauten dazwischen wirken wie eine Großskulptur, reiner Ausdruck von Geometrie. Doch die beiden Doppeltürme sind keine echten Zylinder, sie verjüngen sich nach oben, so wie der Kubus dahinter auch kein reiner Kubus ist und nach unten schmaler wird. Die mit Glas überzogenen Baukörper, an denen keine Fugen oder Regenrinnen zu sehen sind, wirken wie in Aspik eingelegt und inszenieren eine perfekte Oberfläche mit gegenseitigen Spiegelungen. Ein ganz anderer Eindruck entsteht am Abend, wenn es draußen dunkel, aber in den Büros noch Licht ist und die dort arbeitenden Menschen hinter den jetzt durchsichtigen Spiegeln wie aus einer anderen Welt scheinen.

88

VOLKSGARTEN

Wenn man vom Eifelplatz aus den Volksgarten betritt, findet man rechter Hand und vis-à-vis dem Teichufer versteckt hinter den Bäumen einen Granitsockel mit der Büste eines Mannes und der Widmung „Wilhelm Kaesen – ihrem verdienten Bürger – die Stadt Köln 1891". Kein Wort über die Verdienste und keine Information über diesen Wilhelm Kaesen. Geboren wurde er im Jahre 1816, er war Unternehmer und Juniorpartner von Johann-Heinrich Richartz, seit 1862 Mitglied des Stadtrats und ausgestattet mit dem Titel „Kommerzienrat" – soweit die nackten Fakten. Doch Kaesen hat etwas Erstaunliches gemacht. Er kaufte sechzig verschiedene Grundstücke entlang der Ausfallstraße nach Südwesten und rund um das preußische Fort IV zusammen und als er ein geschlossenes Areal von über zehn Hektar erworben hatte, verkaufte er alles zusammen an die Stadt. Nun war das in den 1880er und -90er Jahren nichts besonderes, viele Stadträte beteiligten sich an der Grundstücksspekulation. Obwohl Kaesen diese Beispiele kannte, verlangte er für sein riesiges Areal genau 582 000 Mark und das war exakt auch sein Einkaufspreis. Ohne Aufschlag und Provision und ohne Klüngel gab er das Grundstück an die Kommune weiter, allein mit der Auflage, dass die Stadt hier einen Park errichtet. Kaesen wollte einen öffentlichen Garten für alle Kölner und das Wichtigste, er sollte ständig zugänglich sein und immer „Eintritt frei".

Ateliers im Preußen-Fort IV am Volksgarten.

1887, in Kaesens Todesjahr, begannen die Bauarbeiten nach Plänen des städtischen Gartendirektors Adolf Kowallek. Knapp zwei Jahre später wurde ein „Volksgarten" mit See und Springbrunnen, Baumgruppen und Rosengärten, mit Spielplätzen und Wasserfall eröffnet. Es gab eine „Mineralwasser-Kuranstalt", einen Musiktempel und am Eingang zum Eifelplatz ein prächtiges Restaurant im Renaissance-Stil für 5000 Gäste. Das Ganze war in freier Landschaftsarchitektur zum Teil wie ein Schlosspark en miniature angelegt, aber geöffnet für alle Kölnerinnen und Kölner. Und immer „Eintritt frei". Bis heute ist der Volksgarten eines der beliebtesten innerstädtischen Ausflugsziele.

89

ZUGWEG 29–31/
WASSER- UND
ELEKTRIZITÄTSWERK

Im Zuge der Stadterweiterung und mit dem Bau der Neustadt wurden im späten 19. Jahrhundert Infrastruktureinrichtungen wie Schulen, Feuerwehr oder am Zugweg ein neues Wasserwerk und ein erstes Elektrizitätswerk errichtet. Die erhaltenen Bauten zeugen von der Architektur der Gründerzeit und stehen alle unter Denkmalschutz. Der umfassende Gebäudekomplex ist überwiegend mit roten oder

Vor der Flut. Hommage an einen Wasserspeicher.
Musik- und Tanzprojekt im Dezember 1984.
Eine Schallplatte bei Eigelstein Musikproduktion.

Nach dem Konzept von Hinnerick Bröskamp.

gelben Ziegeln gestaltet und knüpft in seiner Formensprache an sakrale, manchmal auch feudale Vorbilder an. Vom Bonner Wall aus sind die neoromanischen Fenster zu sehen, die wie Kirchenfenster wirken, oder im Eingangsbereich am Zugweg ein Einlaufhaus aus dem Jahre 1900, das ein mittelalterliches Stadttor imitiert.

Während sich die neuere Industriearchitektur des 20. Jahrhunderts eher an der Funktion der Gebäude orientierte und diese auch nach außen in den Baukörpern sichtbar werden ließ, wurden Gewerbebauten im 19. Jahrhundert eher symbolisch definiert und mit mancherlei architektonischen Metaphern verziert.

45 Sekunden Nachhall: das längste Echo des Rheinlands im Wasserspeicher am Zugweg.

Unter der weiten Rasenfläche im Inneren der Anlage liegt ein riesiges Wasserreservoir mit einem Fassungsvermögen von 20 Millionen Litern, von dem aus die Menschen in der Innenstadt mit Trinkwasser versorgt werden. Dieser Speicher aus dem Jahre 1899 ist aus Ziegelstein mit einer harten, wasserundurchlässigen Beschichtung gemauert. Er ist niemals zu sehen, weil er immer unter Wasser steht. Bis auf eine kurze Ausnahme 1984/85, als er saniert, gereinigt und ausgepumpt wurde und ihn damals eher zufällig einige Musiker „entdeckten". Sie konnten in dieser scheinbar unendlichen Abfolge von niedrigen Räumen mit Säulen und Durchgängen kurz vor der erneuten Flutung vier Wochen lang musikalische Experimente, Geräusch- und Klanginstallationen veranstalten. Das Erstaunlichste war die Akustik des Raums, der mit 45 Sekunden Nachhallzeit eines der am längsten andauernden Echos besitzt.

Inmitten der Wohnhäuser der Elsaßstraße leuchtet die gelb gestrichene Betonwand eines Hochbunkers aus dem Zweiten Weltkrieg mit einem expressiven Wandbild des Kölner Künstlers Klaus Payer.

ELSASSTRASSE

Wandbild von Klaus Payer zur Straßenschlacht zwischen SA und Anwohnern 1933.

Dies thematisiert ein dramatisches Ereignis vom 3. März 1933, eine Straßenschlacht zwischen Anwohnern und Nazis noch vier Wochen nach der Machtergreifung Adolf Hitlers. Abends um sieben Uhr versuchte die SA in die Straße einzumarschieren, um in dem traditionell linken Wohngebiet zwei Tage vor der Reichstagswahl die Bevölkerung einzuschüchtern. Sie wurde mit einem Hagel von Flaschen, Blumenvasen, Pisspötten und ähnlichen Wurfgeschossen empfangen. Die begleitende Polizei eröffnete das Feuer auf Fenster und Dächer, setzte mehrere Überfallkommandos und einen Panzerwagen ein und riegelte das ganze Viertel ab. Der Kölner Polizeipräsident Lingens begab sich persönlich an den Ort des Geschehens. Bis Mitternacht dauerte die Auseinandersetzung, dann hatte die Polizei über siebzig Personen verhaftet. Einige der Festgenommenen wurden später im KZ ermordet.

Die Elsaßstraße war immer ein Arbeiterwohnquartier und schon vor dem Bau der Neustadt lagen hier die Unterkünfte für die nahe Fabrik von Felten & Guilleaume. Mit der Nummer 61 bis 63 ist eine ehemalige F&G-Mietskaserne erhalten geblieben, die inzwischen unter Denkmalschutz steht. Auch anderen Häusern kann man die ursprüngliche Funktion als Arbeiterwohnung ansehen, wie etwa den Häusern Nummer 48 oder Nummer 59, ebenso den Eckhäusern zur Merowingerstraße.

„Damals war ich 13 Jahre und ging noch zur Schule. Am 3. März 33 sprach sich wie ein Lauffeuer herum, dass am Abend erstmalig die SA durch unsere Straße ziehen wollte – mit einem Fackelzug. Es war bis dahin noch keinem Nazi gelungen, in die Elsaßstraße zu kommen, ohne schwer verprügelt zu werden. Einige hatten es schon mal versucht, mit Abzeichen unter dem Revers. Alles bereitete sich vor so gut es ging. In die Wohnungen wurden die Ascheneimer heraufgeholt und Steine gestapelt. Einige wurden auf die Dächer geschickt. Da lag auch ich, als so um acht, halb neun der Fackelzug eintraf. An der Straßenecke standen die Boxer aus der Straße und sonstige Leute, die sich wehren konnten. Der Zug war fast bis zur Hälfte reingekommen, da gab es plötzlich eine wilde Keilerei. Plötzlich fiel ein Schuss – das war P., der damals ein ganz berüchtigter Polizist war – und alles stob auseinander. Wir schmissen dann noch weitere Gegenstände aus den Fenstern und von den Dächern auf die SA. Aber dann kam ein Panzerspähwagen aus der Polizeikaserne am Zugweg. Mit Maschinengewehr. Die ganze Straße wurde unter Feuer genommen, in die Fenster rein – überall waren Einschüsse."
Augenzeugenbericht von Josef Oellers, geboren 1919 in der Elsaßstraße

Bisweilen stehen diese Mietshäuser in einer Front mit den Bürgerwohnungen, doch man kann am Material oder am Fassadenschmuck deutlich die Unterschiede erkennen. Ziegelsteinfassaden mit einfachen Simsen und spärlichstem Dekor verraten die billige Bauweise. Der größte Wohnblock in diesem Quartier war die so genannte Elsaßkaserne, der ein wenig zurückliegende L-förmige Bau Elsaßstraße 45-47. Anfang der 1990er Jahre wurden diese auch als „Kolonie" bezeichneten Bauten hergerichtet, saniert und als Sozialwohnungen vermietet. Vor 100 Jahren geplant und gebaut, war die Elsaßkaserne der Flügel einer hufeisenförmigen Anlage, über deren Hof heute noch die Gebäude der direkt anliegenden früheren Fabriken zu sehen sind. An der Ecke zur Elsaßstraße findet man eine Tafel, die an die Straßenschlacht zwischen Anwohnern und Polizei im März 1933 erinnert.

Elsaßstraße 61-63, früher eine Mietskaserne der Fabrik Felten & Guilleaume.

SEVERINSTORBURG/ CHLODWIGPLATZ

Der älteste Anlieger des Platzes, der bis heute mit vollem Namen bekannt ist, war Lucius Poblicius. Vor fast 2000 Jahren machte er im römischen Köln sein Geld. Jedenfalls war er ein vermögender Mann, sonst hätte er sich nicht dieses monumentale Grabmal leisten können, das in den 1950er Jahren neben dem Severinstor gefunden und ausgegraben wurde. Heute ist es im Römisch-Germanischen Museum als prächtiges Baudenkmal der Römerzeit ausgestellt. Von Geburt war Lucius Poblicius Italiener, im Süden zwischen Neapel und Rom geboren, kam als Berufssoldat an den Rhein und war Mitglied der fünften Legion, wegen ihrer wippenden Helmbüsche auch „Lerchenlegion" genannt. Poblicius sattelte um und ließ sich als Händler nieder, vielleicht war er Weinhändler, vielleicht auch Heereslieferant, man hatte seine Beziehungen. Er gründete eine Familie, mindestens eine Tochter Paula ist bekannt, und er starb in Köln, beigesetzt hier an der alten römischen Landstraße, die über Mainz und dann weiter in den Süden führte. Wie Poblicius gab es viele Menschen aus allen möglichen Ländern, die an den Rhein kamen, hier Beziehungen knüpften, in Köln blieben und ihr Geld und manchmal auch ihr Glück machten.

Das südliche Stadttor ist einer der wenigen Türme der mittelalterlichen Befestigung, die öffentlich zugänglich und nicht im Besitz eines Karnevalsvereins sind. Mitte der 1970er Jahre konnte eine erfolgreiche Liaison zwischen Jusos und Bürgerinitiativen solche Pläne

verhindern. Man kann das Tor pro Etage mieten und so übt manchmal unten ein Frauenchor, während oben eine türkische Hochzeit gefeiert wird. Der Wirt ist übrigens Jean Jülich, einer der Kölner Edelweißpiraten, die sich als Jugendliche der Hitlerjugend widersetzten und Widerstand gegen das Regime leisteten.

Die Geburtsstunde von „Arsch huh" am 9. November 1992: Rockkonzert gegen Fremdenhass auf dem Chlodwigplatz.

Tor und Platz spielen für das organisierte Brauchtum eine wichtige Rolle, wenn an Weiberfastnacht nachmittags um drei Uhr vom grün-weißen Reiterkorps Jan van Werth die berüchtigte Liebesromanze zwischen Jan und Griet nachgespielt wird, bei der es um verschmähte Leidenschaften und frische Äpfel oder historisch gesehen um den 30-jährigen Krieg geht, und anschließend der erste Karnevalsumzug der Saison beginnt. Der Platz ist auch ein urbanes Zentrum, Treffpunkt im Viertel, Haltestelle und kommunikativer Mittelpunkt. Dazu gehört vor allem die Kölsch-Kneipe auf der Ecke zum Severinswall, neuerdings „Früh im Veedel" genannt, während sie früher „Beim Hermanns" hieß und noch ältere Südstädter sie „Invalidendom" nennen. Das geht auf die Stammkundschaft, die Rentner und Invaliden in den 1920er Jahren zurück, die den ersten billigen Schabau hier tranken, fünf Pfennig das Gläschen, der beim Hermanns noch selber gebrannt wurde.

Am 9. November 1992 fand auf dem Chlodwigplatz vor über 100 000 Besuchern das legendäre Konzert der Kölner Rockmusiker gegen Ausländerhass und Fremdenfeindlichkeit statt. Seitdem hat die Gruppe „Arsch huh" mit vielfältigen Aktionen und Engagements, mit Aufklärungsarbeit in Schulen und Konzerten in der Philharmonie, mit der Unterstützung anderer Initiativen gegen Rechts das Thema wach gehalten und einen wichtigen Beitrag gegen die Akzeptanz fremdenfeindlicher Gesinnungen in Köln geleistet.

Der Name „Vringsveedel" hat nichts mit dem populären Kardinal Frings zu tun, sondern mit einem ganz frühen Vorgänger, dem Heiligen Severin, ehemals Bischof zu Köln. Severin ist ein beliebter Stadttheiliger: Eine Kirche, ein Stadttor, eine Straße und das ganze Viertel heißen so, nach ihm ist eine Krawattenfabrik benannt und allmählich kommt er auch als Namenspatron wieder in Mode.

DAS VRINGSVEEDEL

92

SEVERINSTRASSE/
SEVERINSKIRCHE

St. Severin gibt es zweimal:
nicht nur in Köln, sondern auch
in Bordeaux.

Belohnung für lebenslange Askese
– Abendessen beim hl. Severin.

Keine Kölner Kirche steht auf einem archäologisch derart gut erschlossenen Terrain wie St. Severin. Unter dem Kirchenboden sind die Reste einer christlichen Friedhofskapelle aus dem vierten Jahrhundert umgeben von einem Labyrinth römischer, fränkischer und christlicher Grabstätten, die in einem Grabungsfeld freigelegt und zugänglich sind. Mindestens acht Etappen zählt die Baugeschichte von St. Severin bis zum heutigen Tag und ihre Spuren sind an und in der Kirche zu entdecken. Der Namenspatron wird als dritter Bischof in Köln gezählt, exakte Hinweise dafür gibt es nicht. Wahrscheinlich sind in seine „Vita" drei verschiedene Personen des Namens Severin eingegangen: aus Köln, Trier und Bordeaux. Die Geschichte um den berühmten und beliebten Heiligen erzählt ein 20-teiliger Bilderzyklus im Hochchor der Kirche, um 1500 von einem unbekannten „Meister der Ursulalegende" gemalt.

Sie beginnt mit dem Kampf des Severin gegen die Arianer, frühchristliche Häretiker, die im Rheinland offensichtlich weit verbreitet waren – selbst der Kölner Bischof Euphrates zählte zu ihren Anhängern. Doch der wird abgesetzt (Bild 1) und an seine Stelle rückt Severin ins Amt (Bild 2), der umgehend dem Kirchenvolk den „wahren Glauben" predigt (Bild 3). Die nächsten beiden Bilder geben eine Legende wieder, nach der Severin in Köln den Tod des heiligen Martin im fernen Frankreich visionär gesehen (Bild 4) und dessen Himmelfahrt mitempfunden hat (Bild 5).

Dann folgt die Geschichte von einem reichen jungen Mann, der in einem Anflug religiöser Erweckung seine schöne Braut bei der eigenen Hochzeit sitzen lässt (Bild 6) und als Belohnung für die lebenslange sexuelle Askese als alter Mann an der Tafel des Heiligen Platz nehmen darf (Bild 7). Der war damals durch seine Fähigkeit, Blinde, Lahme und Kranke zu heilen, schon berühmt (Bild 8). Severin war zwar Bischof in Köln, stammte aber aus Frankreich und träumt davon, in seine Vaterstadt Bordeaux zurückzukehren (Bild 9). Mit dem Pensionsalter schafft er das auch (Bild 10), vollbringt dort ebenfalls und unentwegt Wunder (Bild 11), bis er schließlich stirbt (Bild 12). Sein Amtsbruder, der Bischof Amandus, begräbt ihn (Bild 13) und schon bald erweisen sich die Reliquien des Heiligen als mächtige Waffe und Schutz gegen Feind und Not.

KARL-HEINZ PÜTZ, MANAGER, EMPFIEHLT:

Garantiert sechs saftige Zentimeter hoch sind die Schweinekoteletts im Wirtz. Die Bratkartoffeln dazu leuchten so göttlich goldgelb wie das Kölsch auf dem Stammtisch in dieser urigsten Kneipe mit dem zügigsten Service rund um die Severinskirche.
Wirtz, Isabellenstr. 1
Tel. 31 48 39
Mi geschl.

Souvenir

Eine dicke Taube
Severin
haben wir mitgenommen.
Sie geht auf unserm Tischtuch
umher
hungrig und sagt:
Westsee.
Und sie hört schlecht.

Günter Eich

Als Bordeaux eines Tages belagert wird, holen die Bürger der Stadt den Sarg mit den Knochen des Heiligen hervor. Daraufhin verfinstert sich der Himmel und die Belagerer laufen in panischem Schrecken davon (Bild 14). Die Geschichte geht dann in Köln weiter, hier hatte es lange nicht mehr geregnet, die Felder waren verdorrt, das Vieh verdurstet (Bild 15). Da träumt ein Domvikar, die Knochen des hl. Severin aus Bordeaux könnten Hilfe bringen (Bild 16). Sofort macht sich eine Delegation auf die Reise, aber die Franzosen lehnen es natürlich entschieden ab, ihren mächtigen Patron herzugeben (Bild 17). Doch schließlich und mit vielen Geschenken und sicherlich auch einer Portion Klüngel einigt man sich: Die Köl-

Die Knochen des hl. Severin waren die Geheimwaffe – die Feinde zogen ab.

ner erhalten den halben Bischof (Bild 18). Sie machen sich eilig auf den Rückweg und tatsächlich, sie sind noch nicht in der Stadt angekommen, bleibt der Wagen mit den Reliquien des hl. Severin in der Höhe von Melaten im Schlamm stecken, so sehr hat es geregnet (Bild 19). Zum Dank wird der Sarg mit der Hälfte der Knochen im Chor von St. Severin aufgestellt (Bild 20).

Ausgrabungen unter St. Severin – die billigen Gräber aus der hinteren Reihe.

Ökomarkt unter dem Motto „Stadt, Land, Gemüse" Severinskirchplatz Di u. Fr 10–18 Uhr www.oekomarkt.de

St. Severin – Hörnchensmesse Die Gemeinde zieht in einer kleinen Prozession um den Altar herum und unter dem Schrein mit den Knochen des hl. Severin hindurch – eine uralte Tradition: Segen im „Kontaminationsfeld" des Heiligen. jeden Di 19 Uhr

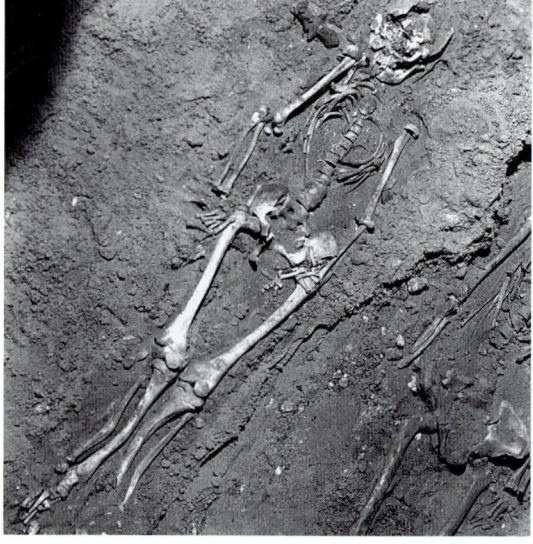

Nun fragt man sich natürlich, warum die Kölner sich mit einem halben Heiligen zufrieden geben. Dahinter steckt das Problem, dass dieser Severin nicht nur in Köln, sondern auch in Bordeaux verehrt wird und dort ebenfalls bis zum heutigen Tag ein Sarg mit seinen sterblichen Überresten gezeigt wird. Das wussten die Kölner Geschichtenerzähler natürlich auch damals schon, als diese Legende aufkam. Um von vornherein jedem Streit mit den Franzosen aus dem Weg zu gehen, haben sie gleich zugegeben: Wir haben nur den halben Severin – und machten doch mit ihm das volle Geschäft. Wahrscheinlich ist in dieser Geschichte vom halben, aber Regen spendenden Bischof irgendein fremder Wasserheiliger oder ein heidnischer Wettergott eingegangen, den man am Rhein schon verehrt hat, als von christlichen Bischöfen noch gar nicht die Rede war. Der hl. Severin wurde im frühen Mittelalter zum populärsten der Kölner Heiligen. In ganz Europa gab es Altäre, Kirchen, Prozessionen und Figuren, die seinem Patronat gewidmet waren. Als Wetterheiliger war er populär und wichtig für Niederschlag, für Fruchtbarkeit und Ernten und wurde erst im 13. Jahrhundert von den Heiligen Drei Königen vom ersten Platz der rheinischen Heiligenhitparade verdrängt.

Die Kirche St. Severin gehörte bis zur Säkularisation zu einem vermögenden Herrenstift mit umfangreichem Grundbesitz innerhalb und außerhalb der Stadt. Der Kreuzgang und die Stiftsgebäude um einen stillen Innenhof im Norden sind teilweise noch erhalten. In der Mitte des südlichen Seitenschiffs erinnert in einer kleinen Gebetskapelle eine Tafel an den von den Nazis 1939 im KZ ermordeten Kölner Katholiken und Professor Benedikt Schmittmann, dessen Wohnhaus am nahen Sachsenring 26 in Gedenken an ihn zu einem Studentenheim umgewandelt wurde.

93

KARTÄUSERWALL 18/ HAUS BALCHEM

Nur wenige Schritte vom Severinstor entfernt, am Kartäuserwall 18, ist ein Überbleibsel der legendären Stollwerckbesetzung aus dem Jahre 1980 zu besichtigen. Nachdem die Besetzer seinerzeit freiwillig die Fabrik räumten, nahmen sich einige der wohnungslosen Stollwercker ein paar Wochen später dieses Gebäude und hielten es mehr als zehn Jahre lang besetzt. Erst in den 1990er Jahren wurde es nach einem zähen Deal der Grünen mit der SPD legalisiert, gründlich renoviert und mit modernen Zu- und Aufbauten erheblich ausgebaut. Inzwischen leben in dem verjüngten Bau fast drei Dutzend Menschen, einige von ihnen die früheren Besetzer. Es gibt einen Natur- und Spielzeugladen, eine Fahrradwerkstatt, ein Café sowie einen Musikkeller.

Jahrelang lag eine Kontaktstelle des Schwulen- und Lesbenzentrums SCHULZ am Kartäuserwall im Vringsveedel.

Hier befand sich auch eine Kontaktstelle der Kölner Schwulen- und Lesbenszene, das „Schwulen- und Lesben-Zentrum" SCHULZ mit seinen Büros für soziale, kulturelle und politische Projekte und Initiativen. Von hier startete Mitte der 1990er Jahre auch die jährliche und inzwischen riesige Parade mit mehreren Zehntausend Schwulen und Lesben und Hunderttausenden Besuchern am ersten Sonntag im Juli, dem Christopher Street Day.

Früher war der Komplex Teil einer Brauerei, zu der auch das Haus Balchem in der Severinstraße 15 gehörte, das 1676 von dem Bierbrauer Heinrich Deutz errichtet wurde. Mit seiner hölzernen Schmuckdecke und der barocken Wendeltreppe ist es das einzige erhaltene barocke Wohngebäude Kölns. Ursprünglich war es ein Kaufmannshaus mit den Wohnräumen im Hochparterre und den Lagerräumen in den Etagen darüber, heute ist hier eine Zweigstelle der Stadtbücherei untergebracht.

94

**KARTÄUSERGASSE
9–11**

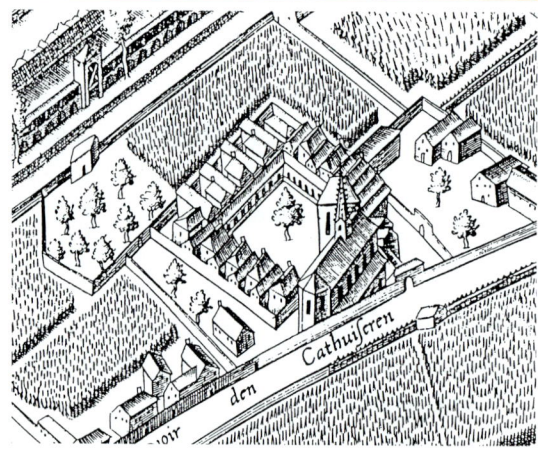

Die Häuschen der Mönche inmitten der Weingärten sind auf dem Mercator-Plan von 1571 genau zu erkennen.

In dem ehemaligen Kartäuserkloster sitzt heute der Stadtkirchenverband, das Verwaltungszentrum der evangelischen Kirche Kölns mit Melanchthon-Akademie, Jugendpfarramt, Archiv, Altenheim und weiteren protestantischen Einrichtungen. Nach der Aufhebung der Kirche und des Klosters 1794 wurden die Gebäude erst vom Militär genutzt und später den Protestanten übergeben. Noch heute vermittelt das weitläufige Gelände zwischen Kartäusergasse, Ulrichgasse, Kartäuserwall und Kartäuserhof einen Eindruck von den Ausmaßen des früheren Klosters, von dem einige Immunitätsmauern noch erhalten sind. Der Gründer des Kartäuserordens, der hl. Bruno, war übrigens Kölner und seine in Frankreich gegründete Gemeinschaft richtete hier Mitte des 14. Jahrhunderts ihre erste Niederlassung ein. Kartäuser gelten als strenge Ordensgemeinschaft, deren Mitglieder das „immer währende Schweigen" geloben und ein Leben in völliger Armut führen. Ihre Ordensregel verlangt eine weiträumige Anlage, denn die Mönche leben als Einsiedler in separaten Zellen, den Eremitagen, an die sich jeweils ein kleiner Garten anschließt. Hinzu kommen Gemeinschaftsräume wie Kirche, der Kreuzgang um den Friedhof und der Kapitelsaal, der einzige Ort, an dem die Kartäuser miteinander sprechen dürfen.

In der evangelischen Kartäusergemeinde arbeitete in den 1920er Jahren ein stadtbekannter Sozialist und Pazifist: Pfarrer Georg Fritze. Schon vor dem Ersten Weltkrieg war Fritze in der Friedensbewegung aktiv und trat nach der Novemberrevolution der SPD bei. Der „rote Pfarrer", wie er bald hieß, gründete den Bund der

Der Kartäusermönch Laurentius Surius arbeitet in seiner Zelle bei offenem Fenster mit Blick auf seine Kirche, Stich von 1617.

religiösen Sozialisten Kölns und engagierte sich in den politischen Auseinandersetzungen der Weimarer Republik. Als Antifaschist wurde er seit 1933 von den Nazis denunziert, bespitzelt, öffentlich angefeindet und verfolgt. Am tiefsten traf ihn das Verhalten seiner Brüder und Schwestern. Ob Hakenkreuzfahne, Hitlergruß, Nationalismus in Predigt und Unterricht und schließlich den Eid auf den Führer – das meiste machten die evangelischen Amtsbrüder mit. Fritze wurde in den eigenen Reihen denunziert und schließlich krank vor Gram. Er starb nach der Amtsenthebung im Jahre 1939 an Herzversagen. An ihn erinnert heute eine steinerne Kanzel mit einer Gedenktafel im kleinen Kreuzgang zwischen Kirche und Kapitelhaus.

Georg Fritze, der „rote Pfarrer", in den 1920er Jahren mit dem Fahrrad auf Hausbesuch im Veedel.

95

AN ST. KATHARINEN/ ELENDSKIRCHE ST. GREGOR

St. Gregor – Kirche für Fremde und Liebende.

„Die Tür war so gut in die Wand eingefügt, dass sie nicht zu sehen war. Der Teufel, der bekanntlich in der Kirche ein weit stärkerer Versucher ist als anderswo, gab mir in diesem Augenblick den Plan ein, ganze Nächte in ihren Armen zu verbringen, indem ich über diese glückbringende Treppe zu ihr hinaufstieg. Um vier Uhr ging ich hin, kauerte mich in den dunklen Beichtstuhl und empfahl mich Gott. Um fünf Uhr verließ der Mann mit dem Schlüssel nach einem kurzen, gewohnheitsmäßigen Rundgang die Kirche und sperrte die Tür zu. Da stieg ich heraus und setzte mich in eine Bank; als ich durch das Gitter ihren Schatten erblickte, war ich sicher, dass sie mich gesehen hatte. Sie schloss die Läden. (…) Um zehn Uhr kam sie, mit einer Kerze in der Hand, um mich aus der misslichen Lage zu befreien, die ich nur ihretwegen erduldete. Man mag sich ungefähr vorstellen, welche Wonne wir miteinander in dieser glücklichen Nacht erlebten, aber man wird sie schwerlich in allen Einzelheiten erraten."

Giacomo Casanova über sein Rendezvous mit Maria Ursula Columba de Groote

Die Menschen des Mittelalters beerdigten ihre Toten auf Friedhöfen in der jeweiligen Pfarrei, davon gab es allein neunzehn im Kölner Stadtgebiet. Fremde, Ungläubige oder Unehrenhafte durften nicht in einem Gottesacker liegen, sie kamen in „ungeweihten Boden", oft am Rande der Stadt. Man nannte dieses Terrain Elendsfriedhof, denn als „elend" galt, wer in der Fremde lebte. In dem althochdeutschen Wort für „Fremde", „ali-lenti", kann man das „andere Land" noch entdecken und das „Elend" heraushören. Allmählich erst hat sich der Begriff von „fremd" über „ausgestoßen" zur heutigen Bedeutung „arm" verändert.

Einer dieser Elendsfriedhöfe lag im frühen Mittelalter am Katharinengraben. Hier wurden Tote aus verschiedensten Ländern begraben, ob Pilger oder Kaufleute, seit dem 16. Jahrhundert auch Hingerichtete. Zur gleichen Zeit wurde der Elendsfriedhof auch von evangelisch-reformierten Familien vornehmlich aus den Niederlanden genutzt, bis sie eine eigene Begräbnisstätte weit vor der damaligen Stadt erhielten, den noch bestehenden Geusenfriedhof in Lindenthal, an der Ecke Kerpener Straße/Weyertal. Als der Friedhof an St. Katharinen auf die Familie de Groote überging, ließ diese 1678 eine Kapelle errichten, deren Nachfolgebau, St. Gregor, eine spätbarocke Saalkirche, heute die einzige private Kölner Kirche, immer noch im Besitz der Familien de Groote ist.

An oder in der Grooteschen Kapelle spielte eines der amourösen Abenteuer des berühmten Lebenskünstlers Giacomo Casanova. Anfang 1760 war der Italiener auf der Durchreise in Köln und lernte im Theater die Bürgermeistersgattin Maria Ursula Columba de Groote kennen. Eine „interessante Schönheit", wie er bemerkte, und die beiden fanden offenbar rasch Gefallen aneinander. Sie verabredeten – der Gatte war auf Dienstreise – ein heimliches Rendezvous in der Wohnung de Grootes am Katharinengraben, die von der Elendskirche aus durch einen Gang zu erreichen war und von der aus man praktischerweise durch zwei vergitterte Fenster der Messe beiwohnen konnte.

Giacomo Casanova.

Maria Ursula de Groote.

Im 18. Jahrhundert diente der Friedhof an der Elendskirche ganz profan als Garnisonsfriedhof der Kölner Stadtsoldaten, der Funken. Einige übrig gebliebene Grabsteine und Kreuze stehen in der kleinen Grünanlage im Innenhof. An den Innen- und Außenwänden erinnern einige Tafeln an Menschen oder Ereignisse, die mit diesem Ort in Verbindung gebracht werden. Im Atrium an der Wand zur Straße wurde eine Platte zum Gedenken an den Kölner Jesuiten und späteren Mandarin am Hofe des chinesischen Kaisers, Johann Adam Schall von Bell (1592-1666), angebracht.

„Wir verbrachten Stunden in trunkenem Glück ..."

Die alte Kirche im Elend zu Köln.
Bauansicht.

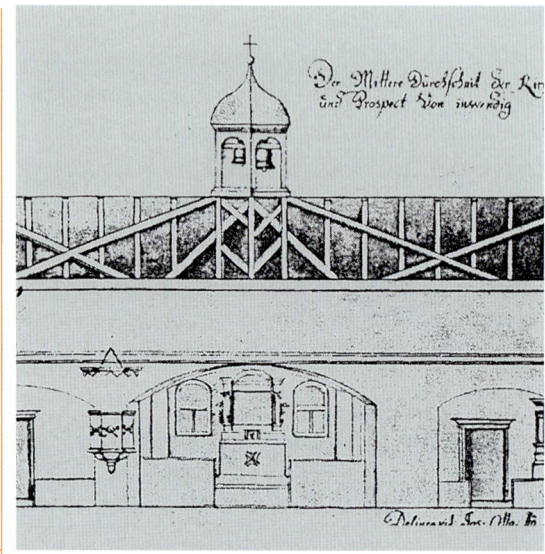

Eine weitere erinnert an den großen niederländischen Barockdichter Joost van den Vondel (1587-1679), der als Kind niederländischer Emigranten in der nahe gelegenen Großen Witschgasse 2 geboren ist. Am Außenchor der Kirche kennzeichnen eine Eisenmarke und ein lateinisches Chronogramm fast zwei Meter über dem Erdboden die Höhe des vernichtenden Eisgangs vom 28. Februar 1784.

Heute residiert in einem angeschlossenen kleinen Konvent eine fromme katholische Sekte, die Schönstätter, die in der Seitenkapelle mit der „Dreimal wunderbaren Mutter und Königin von Schönstatt" ein „Gnadenheiligtum" verehren, während die Elendskirche selber einer tschechisch-katholischen und einer rumänisch-orthodoxen Gemeinde als Gotteshaus dient.

Een heimelicke treck
Verleit het hart naar mijn
geboortstad Keulen.
Daar heb ick eerst om honigh
uitgeflogen,
Ontrent den blonden Rijn,
Beplant met Rinschen wijn;
En als een bie violendau
gesogen.

Joost van den Vondel (1632)

**LANDSBERGSTR. 16/
PRIVATMUSEUM
SCHUMACHER**

Wiljo Schumacher ist Holzhändler in der fünften Generation, immer in der Südstadt ansässig, früher in der Nähe des Bayenturms am Rhein und heute an der Landsbergstraße. Sein Unternehmen „Holz-City" erstreckt sich über einen halben Straßenzug hinweg auf historischem Boden. Die Severinstraße war bekanntlich die zentrale römische Landstraße nach Süden und damit in den ersten Jahrhunderten auch Beerdigungsgelände außerhalb der Stadt. Nebenan, zwischen der Landsbergstraße und St. Katharinen, wurde im 13. Jahrhundert das Kloster Sion der Zisterzienserinnen errichtet und auf dem Gelände der heutigen Holzhandlung lagen im hohen Mittelalter zur Achterstraße hin zwei Beginenkonvente.

Anfang des 19. Jahrhunderts machten sich Schumachers Vorfahren in Köln mit dem Holzhandel selbstständig. Sie gründeten später auch in Bayern und Böhmen erfolgreiche Niederlassungen und konnten sich als erfolgreiche Geschäftsleute 1848 ein repräsentatives neues Wohnhaus an der Landsbergstraße 16 leisten. Es war das erste neugotische Privathaus in Köln, entworfen von einem der damals renommiertesten Architekten, Friedrich Schmitt, dem späteren Dombaumeister in Wien. Eine Generation später wurde 1891 auf dem Nachbargrundstück des Hauses Schumacher eine Volksbadeanstalt errichtet und damit die ersten öffentlichen Duschen und Wannenbäder im Vringsveedel. Viele Wohnungen hatten hier nicht einmal fließendes Wasser und oft lag das Klo auf dem Flur oder im Hof. Die Wand des Volksbades ist heute die Rückwand von Schumachers Holzhalle.

Wiljo Schumacher, Holzhändler & Sammler.

Privatmuseum Schumacher „Wiljos Reste-Rampe" Landsbergstr. 16 Tel. 31 60 65

Soweit der historische Befund im Überblick. Aber Wiljo Schumacher ist auch ein neugieriger Mann und hat seit Jahren alles gesammelt, was er über sein Grundstück und die Nachbarn in Erfahrung bringen konnte. Und er hat vieles verwahrt, was man an historischen Resten aus dem Boden zu Tage gefördert hat. Alles zusammen, Scherben und Dokumente, Münzen und Bruchstücke von Bauplastiken, Bücher, Kultgeräte, Trachyt, Glas und Ton sowie viele Reste aus Holz, das alles hat er in einem kleinen Privatmuseum auf seinem Grundstück ausgestellt. Der Clou seiner Sammlung sind das Skelett eines Mannes und einer Frau aus der römischen Zeit, die seinerzeit hier in der rückwärtigen Lage zur Severinstraße wohl dritter Klasse bestattet waren, inzwischen aber in einem wunderbaren gläsernen Schaugrab in der Ecke der Holzhalle zu bewundern sind.

97

Der Platz selbst hat keinen Namen, aber die Straßen und Gassen, die hier einmünden, verweisen in ihrer Poesie auf seine lange Tradition: Rosenstraße und Seyengasse, Anno- oder Zwirnerstraße, Buschgasse und Sionstal und mittendrin dieser Platz. Nur das Kneipenschild an der Ecke verrät seine Rolle, „Zur Taubenbörse". Hier treffen sich vom Frühjahr bis in den Herbst hinein an jedem Sonntagmorgen die Kölner Taubenzüchter, stellen schon früh um acht ihre Käfige und Volieren auf, packen Vogeltränken und Futter aus

ANNOSTRAßE/ VOGELMARKT

und warten auf die Kunden. Zwischen den Vögeln finden sich diverse Kleintiere von der Zwergmaus bis zum Angorakaninchen, Hunde und Katzen sind nicht erlaubt.

Die Stadt tat sich mit diesem Markt lange schwer, auf dem gegen Geld gehandelt wird, aber doch fast nichts kommerziell erscheint. Hier ist jeder Händler ein Züchter, darunter auffallend viele ältere Kölner Türken, und jeder Züchter handelt mit seinen Tieren. Angefangen hatte das alles nach dem Zweiten Weltkrieg mit dem Schwarzmarkt, mit Zigaretten und Seidenstrümpfen, mit Schokolade oder Parfüm, sogar Waffen soll es gegeben haben. Solche Märkte fand man damals natürlich überall, aber nur dieser hat sich bis heute gehalten. Und er ist – wie einige der Taubenfreunde stolz betonen – der einzige Vogelmarkt in Deutschland.

Jeden Sonntagmorgen Tauben und Ziervögel an der Annostraße – der einzige Vogelmarkt Deutschlands.

Das Schokounternehmen Stollwerck gab in diesem Viertel jahrzehntelang den Ton an, war Arbeitgeber und prägte weitgehend die
Bebauung des Quartiers. Für Heinrich Böll bestimmte Stollwerck
sogar den Geruch in diesen Straßen. Nahezu nichts mehr ist von der
alten Fabrik zu finden, nur vereinzelte Spuren erinnern an das
städtebauliche Erbe.

VOM STOLLWERCK ZUM HINDENBURG

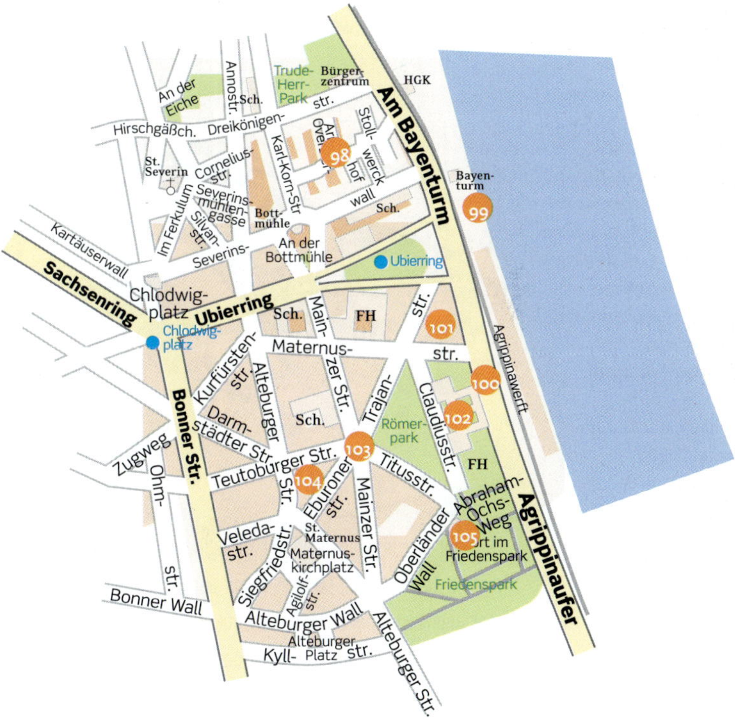

**SEVERINSWALL/
DREIKÖNIGEN-
STRASSE/STOLL-
WERCK**

Demnächst wird man die Lage der Schokoladenfabrik Stollwerck, die mehr als ein Jahrhundert lang Wirtschaft und Leben der Südstadt bestimmte, kaum noch an den Straßenfluchten erkennen. Fast nichts mehr ist übrig geblieben und was an die Fabrik erinnern könnte, bis zur Unkenntlichkeit umgebaut oder aus dem historischen Kontext gelöst, wie der so genannte Schokoriegel – die Altbauten an der Karl-Korn-Straße – oder der Stumpf eines Schornsteins über der Tiefgarage und die Schwungräder einer Ammoniak-Kühlanlage aus der legendären Maschinenhalle.

Die Süßwarenfabrik wurde nach 1860 im Vringsveedel im Süden der Stadt angesiedelt. Der erste Unternehmer Franz Stollwerck war ein republikanisch gesinnter Mann, Anhänger Napoleons und Inhaber eines berühmten Cafés auf der Schildergasse, das in der bewegten Zeit der 1848er Revolution Treffpunkt der demokratischen Opposition war.

„Von dem Augenblick an, als das Süßwarengewerbe Industrie wurde, begann das weibliche Element in der Produktion wesentlich zu werden. Das ist insofern ganz natürlich, als die Frau, die Hauptverbraucherin von Süßwaren, für deren Herstellung Verständnis und Interesse hat. Hinzu kommen die feinere Handfertigkeit der Frau und ihr Sinn für Form und Ausstattung."

Bruno Kuske in „100 Jahre Stollwerck", 1939

Er baute hier im Süden an der Dreikönigenstraße erst ein Theater und als das nicht lief, begann er mit der Herstellung von Mürbegebäck und Hustenbonbons. Die Produktion expandierte. Der deutsch-französische Krieg von 1870/71, bei dem Stollwerck mit Keks und Schokolade Generalausrüster der preußischen Armeen wurde, brachte den Durchbruch. Dazu kam, dass mit den neuen Kolonien und deutschen Plantagen in Westafrika der Rohstoff Kakao billiger wurde. Um die Jahrhundertwende war die Firma mit über 3000 vor allem weiblichen Beschäftigten der größte Arbeitgeber im Kölner Süden.

Die Geschäfte florierten über Jahrzehnte bis nach dem Zweiten Weltkrieg. Erst in den 1960ern schrieb Stollwerck rote Zahlen und wurde
1972 verkauft. Zwei Spekulanten waren gleichzeitig an dem Unternehmen interessiert: der Großmakler Renatus Rüger sowie Hans
Imhoff, ein in Köln geborener und damals noch ziemlich unbekannter
Schokofabrikant von der Mosel. Der Hintergrund für ihr Riesen-
interesse ist, dass das Severinsviertel zum ersten Kölner Sanierungsgebiet vorgesehen war und beide auf die sichere Wert-

Die drei Söhne Heinrich, Albert
und Peter Joseph Stollwerck verteidigen 1870/71 das Vaterland
mit Kriegsschoko im Sturmgepäck.

Der Räderraum in der
Maschinenhalle war das
Kernstück der Schokofabrik
Stollwerck.

steigerung des Grundstücks scharf waren. Imhoff und Rüger begannen hastig, die Aktien des maroden Unternehmens aufzukaufen,
dessen Börsenkurs sich Anfang 1972 innerhalb weniger Wochen
vervierfachte. Sieger wurde Hans Imhoff, aber Rüger verfügte mit
einem Drittel der Anteile immerhin über eine beachtliche Sperrmi-
norität. Eine Zeit lang machten sie sich gegenseitig Schwierigkei-
ten, um schließlich gemeinsam die öffentliche Hand auszunehmen.
In einem gut abgestimmten Manöver trieben sie den Grundstücks-
preis von amtlich ermittelten 5 auf knapp 50 Millionen Mark hoch
und schafften es, Grund und Fabrik für diesen Preis der Stadt Köln
anzudrehen. Imhoff kassierte überdies rund 20 Millionen an öffentlichen Zuschüssen für die Verlagerung der Produktion. Am Ende
stand er mit einer kreuzgesunden neuen Stollwerckfabrik in Porz da,

in der gerade noch ein Zehntel der Belegschaft mehr als das Doppelte an Süßwaren produzierte.

Groß, hell und grün – diese Wohnung hätten Tausende gern gehabt. Besichtigung der Stollwerck-Musterwohnung Pfingsten 1980.

Nachdem Stollwerck ausgezogen und das Grundstück in städtischem Besitz war, beginnt 1975 der dritte Teil der Geschichte. Die Stadt wollte die Fabrik abreißen, dagegen schlug die „Bürgerinitiative Südliche Altstadt" (BISA) vor, die robusten, mehrstöckigen Gebäude zu Wohnungen, Werkstätten und Büros umzubauen. Als viele Argumente fruchtlos blieben und die damals herrschende SPD auf Abriss und Neubau beharrte, mauerte die BISA auf eigene Kosten eine „Musterwohnung" im Verhältnis 1:1 in eine der leeren Etagen. Sie wurde zur Attraktion und überzeugte durch Schnitt, Preis und Größe und Tausende Kölner pilgerten an Pfingsten 1980 in die Südstadt, um die Musterwohnung zu besichtigen. Kurz darauf im Mai 1980 waren Landtagswahlen, die SPD gewann und bestellte sofort die Abrissbagger.

Identifizierung nicht möglich: der „Schokotrakt", der einzige Fabrikteil von Stollwerck, der stehen blieb.

Besetzen & Feiern.

Stollwerck-Vertrag
vom 5. Juli 1980.

Die Folge war eine der größten Besetzungsaktionen der Republik. Rund 500 vor allem jüngere Kölner zogen noch vor den Baggern ins Stollwerck ein, um den Abriss zu verhindern und zugleich in einem riesigen Experiment das gemeinsame Leben und Arbeiten in einer alten Fabrik auszuprobieren. Am Ende war es aber mehr Utopie als Realität und der Wunsch nach einer herrschaftsfreien Zone blieb auch nur ein Traum. Die Besetzer mussten sich nach knapp zwei Monaten mit dem damaligen SPD-Chef Günther Herterich in einem Vertrag auf den freiwilligen Auszug einigen und handelten im Gegenzug dafür den Erhalt von zwei Dritteln der alten Fabrikbauten ein. Dieser Vertrag wurde von der Stadt Köln zwar in allen Punkten gebrochen, aber niemand hatte mehr die politische Kraft, dagegen zu opponieren. Zwei Jahre später entstand auf dem Ge-

II.1 Die Besetzer verlassen spätestens am Sonntag, den 6. Juli 1980, 16 Uhr das Stollwerckgelände. Näheres wird mündlich oder telefonisch vereinbart.

II.2 Das Bebauungsplanverfahren wird in der vom Städtebauförderungsgesetz vorgesehenen Form durchgeführt. Im Rahmen des Verfahrens wird durch ein Gutachten und Vorentwürfe sowohl für den Um- und Ausbau als auch für den Neubau geklärt.

II.3 Die SPD-Fraktion wird veranlassen, daß die Stadt Köln mit einem noch zu gründenden Kulturzentrum e.V. einen Zwischennutzungsvertrag für Teile des L-Gebäudes abschließt. Das Kulturzentrum e.V. ist dabei als organisatorisches Dach verschiedener Initiativen zu verstehen. Die Laufzeit des Zwischennutzungsvertrages wird maximal bis zum Beginn von Baumaßnahmen zur Herstellung des endgültigen Zustandes entsprechend den Sanierungszielen dauern. Der Umfang des Raumes, der

Die Zwischennutzung der Palazzo-Schoko-Gruppe wird maximal bis zum Beginn von Baumaßnahmen zur Herstellung des endgültigen Zustandes entsprechend den Sanierungszielen fortgeführt.
Soweit es sich dabei um überwiegend gewerbliche Nutzung handelt, gelten dafür die üblichen Grundsätze der Stadt.
Der Reha-Autoklinik werden im Severinsviertel ausreichende Räume für die Fortsetzung ihrer Arbeit angeboten.

II.4 Die begonnene Musterwohnung im parallel zum Severinswall stehenden Gebäudeteil wird von der BISA fertiggestellt und der Öffentlichkeit 4 Wochen zugänglich gemacht (siehe Zusatzprotokoll).

II.5 Als Maßnahme der Jugendhilfe nach dem Jugendwohlfahrtsgesetz wird die Stadt obdachlosen Jugendlichen kurzfristig ein oder zwei Planungshäuser, die z.Zt. nicht belegt sind und in den nächsten zwei Jahren nicht benötigt werden, zur Verfügung stellen. Die Miete für diese Häuser wird entsprechend ihrem Zustand angemessen sein. Dabei werden eventuell erbrachte oder zu erbringende Eigenleistungen in Rechnung gestellt.
Die Mietverträge werden auf zwei Jahre befristet.

II.6 Die Stadt Köln wird alle Anzeigen wegen Hausfriedensbruch, die nach dem 20. Mai 1980 gegen Besetzer des Stollwerckgeländes erstattet worden sind, gegenüber solchen Personen zurückziehen, die das Gelände bis 6. Juli 1980, 16 Uhr freiwillig verlassen haben.

lände noch einmal ein autonomes Kultur- und Künstlerzentrum: der
Palazzo Schoko um die Maschinenhalle und den Annosaal herum,
aber auch das konnte den Totalabriss nicht verhindern. Immerhin
erhielten einige der Künstler als Ersatz das Rhenania-Lagerhaus im
nahen Rheinaufhafen, in dem einige von ihnen bis vor kurzem ihre
Arbeitsräume und Ateliers hatten.

Bis auf einen schmalen Abschnitt entlang der neuen Karl-Korn-
Straße wurde das Stollwerck abgerissen und das ehemalige Fabrik-
gelände mit einfaltslosen Stadthäusern bebaut, die wenigen Reste
bis zur Unkenntlichkeit verändert. „Stollwerck" war ein traumati-
sches Thema in Köln – für die Stadtspitze und die SPD ebenso wie
für die alternative Szene. Beide begriffen es als Niederlage und das
erklärt vielleicht, warum von all dem kaum noch etwas zu sehen ist.

Reste des Räderraums als
ästhetisches Objekt.

Ein Schornsteinstumpf verbirgt
den Notausgang der Tiefgarage.

99

AM BAYENTURM

Im Kölnischen Stadtmuseum hängt ein Ölgemälde des Unternehmers Peter Heinrich Merkens, Gründer der ersten rheinischen Dampfschifffahrtsgesellschaft im frühen 19. Jahrhundert und Präsident der Handelskammer zu Köln. Im Vordergrund des Bildes posiert selbstbewusst der prächtig gekleidete Merkens, den Arm auf eine Brüstung gestützt, seitlich neben ihm ein Dampfschiff und dahinter, fast schon am Horizont, ein mächtiges Festungswerk: der Bayenturm. Neben den Symbolen für Industrie und Macht steht der Turm für den bürgerlichen Stolz des Kölner Kaufmanns. Merkens wusste noch, welche Rolle dieser Turm einmal in den Kämpfen der Kölner Bürger gegen die Erzbischöfe im 12. und 13. Jahrhundert

Peter Heinrich Merkens, Chef der Kölner Handelskammer – im Hintergrund der Bayenturm.

gespielt hatte. Militärisch war es entscheidend, wer das Festungsbauwerk, das fast wie eine Burganlage ausgebaut war, beherrschte. 1262 stürmten die Kölner Bürger ihren „eigenen" Bayenturm, auf dem sich die Truppen des Erzbischofs verschanzt hielten. Dabei soll zum ersten Mal der legendäre Schlachtruf „Kölle Alaaf" zu hören gewesen sein. Als nach der Schlacht von Worringen 1288 die Erzbischöfe endgültig die Stadt verlassen mussten, wurde der Turm zu einem der Symbole des kölnisch-selbstständigen Bürgertums. Zahllose Gemälde mit dem Stadtpanorama zeigen den dreistöckigen Bayenturm am Fluss, meist ganz links am Bildrand, oft größer als der Wirklichkeit entsprechend und nicht immer topographisch exakt.

Objekte unbekannter Künstler am Rheinauhafenzaun.

Der Bayenturm stand Jahrzehnte, nachdem er durch Bomben im Zweiten Weltkrieg zerstört wurde, wie ein fauler Zahnstumpf am Rheinufer. Erst Anfang der 1990er Jahre wurde er als Letztes der mittelalterlichen Bauwerke Kölns mit einem Millionenaufwand

FrauenMediaTurm

Das Feministische Archiv und
Dokumentationszentrum
mit Bibliothek, Archiv und
feministischem Thesaurus.
Benutzung und Führung nach
Anmeldung
Tel. 931 88 10
www.FrauenMediaTurm.de

öffentlicher Mittel restauriert. Ein Blick vom anderen Ufer auf den Bayenturm gibt im Ensemble des Rheinauhafens einen Eindruck, wie das mächtige Bollwerk am Rhein früher gewirkt haben mag.

Heute FrauenMediaTurm –
Residenz von Alice Schwarzer.

Den Turm haben inzwischen die Feministinnen erobert. Hier residiert Alice Schwarzer mit dem von ihr geleiteten feministischen Archiv und Dokumentationszentrum und, inzwischen auch amtlich genehmigt, als Chefin der „Emma"-Redaktion. Ihr Motto findet frau auf einem Schild am Turmeingang: „Wer den Turm hatte, hatte die Macht. Heute gehört der Turm den Frauen."

Anfangs kämpfte die „Offene Jazz
Haus Schule" um ihren Platz im
Bayenturm. Demonstration der
Musikschüler 1988.

**AGRIPPINA-UFER/
JULIA AGRIPPINA
DIE JÜNGERE**

Es ist erstaunlich, dass es in Köln keinen repräsentativen Platz gibt, kein Gebäude an herausragender Stelle, kein Denkmal, nicht einmal eine Säule, die nach der Gründerin dieser Stadt, Julia Agrippina, benannt ist. Lediglich ein Stück der Rheinuferstraße, das Agrippina-Ufer, hinter der alten Universität, weist auf sie hin. Aber weil hier fast niemand wohnt, taucht der Straßenname auch selten als Adresse auf. Neuerdings gibt es eine Agrippina-Figur am Ratsturm. Vielleicht wäre es anders, wenn Agrippina eine stille, liebevolle und bescheidene Kaisergattin gewesen wäre. Sie war jedoch eine starke Frau, die mit den Mitteln der Zeit ihren Herrschaftsanspruch durchzusetzen wusste.

Eine starke Frau: Agrippina die Jüngere besorgte Köln die Stadtrechte.

Am 6. November 15 n. Chr. wird sie am Rhein als Tochter Agrippinas der Älteren, einer Enkelin des Kaisers Augustus, geboren. Ihr Vater Germanicus ist römischer Feldherr, damit gehört sie der römischen Oberschicht an. Mit dreizehn Jahren wird Agrippina das erste Mal verheiratet. Aus dieser Ehe stammt ihr Sohn Nero, der Kaiser mit dem schlechten Ruf. Beim zweiten Mal heiratet sie einen reichen Reeder und beim dritten Mal den eigenen Onkel, den amtierenden Kaiser Claudius. In dieser Ehe wird Agrippina zur eigentlichen Regentin Roms, was selbst nach Urteilen ihrer Gegner der Stadt nach langer Zeit wieder eine stabile Regierung beschert. Folgt man den Chronisten, besteht ihr einziger Mangel darin, kein Mann gewesen zu sein. Tacitus klagt noch 50 Jahre später: „Von nun an war das Reich völlig umgedreht, alles gehorchte einer Frau." Die Darstellung Agrippinas wird bis heute mit Begriffen wie Machtgier und Zügellosigkeit, mit Totschlag und sexuellen Eskapaden in Verbindung gebracht. Nach dem Tod ihres Mannes wird sie von dem eigenen Sohn und neuen Kaiser Nero nach und nach politisch ausgeschaltet und auf seinen Befehl im Alter von 44 Jahren ermordet. In der Zeit von Agrippinas Ehe mit Claudius erhielt die römische Siedlung am Rhein die Stadtrechte. Der Name „COLONIA CLAUDIA ARA AGRIPPINENSIUM" (CCAA) enthält das knappe Entstehungsprogramm Kölns und bedeutet: Eine Stadt nach römischem Muster (COLONIA) wurde eingerichtet, zur Zeit des Kaisers Claudius (CLAUDIA), sie hat bereits einen Altar (ARA) und Agrippina hat dies alles veranlasst (AGRIPPINENSIUM). Bis ins 5. Jahrhundert hießen auch die Einwohner „Agrippinenser", bevor sich allmählich der Name Colonia und später Köln durchsetzte.

101

**TRAJANSTRASSE 10/
IRMGARD KEUN**

Das Eckhaus Trajanstraße 10, Haus Baden, ist ein Wohnheim. Man erkennt es an der großen Klingeltafel mit Dutzenden einzelner Namensschildchen. Hier lebte bis zu ihrem Tod im Jahre 1982 die Schriftstellerin Irmgard Keun. Der Kioskpächter auf der anderen Straßenseite erzählte noch Jahre später von der alten Dame, die gern flunkerte, Besucher und Journalisten zuerst nach einem Fläschchen Dornkaat schickte und deren Antworten manchmal ganz andere Fragen voraussetzten, als gestellt waren. Irmgard Keun wurde 1905 in Berlin geboren, wuchs in Köln auf und war in den 1920er Jahren mit ihren Romanen „Gilgi, eine von uns", „Das kunstseidene Mädchen" und – hochinteressant für Köln wegen des Lokalkolorits – „Das Mädchen, mit dem die Kinder nicht verkehren durften" überaus erfolgreich. Ihre Romane sind Schlüsselwerke der neuen Sachlichkeit. Tucholsky schrieb über Irmgard Keun: „Eine schreibende Frau mit Humor, sieh mal an! Hurra! Hier ist ein Talent." 1933 musste sie vor den Nazis ins belgische Exil fliehen, 1940 kehrte sie heimlich nach Deutschland zurück und blieb bis zum Kriegsende illegal hier. In der Bundesrepublik wurde sie vergessen und lebte schlecht und recht, bis es in den letzten Jahren vor ihrem Tod noch einmal zu einem literarischen Comeback kam.

Zu ihrer zweiten Heimat Köln hatte Irmgard Keun immer ein gemischtes Verhältnis. Von ihr stammen außerordentlich genaue

Beobachtungen der lokalen Mentalität, wie etwa ein Text über den Kölner Alltag in den ersten Wochen nach dem Krieg: „Die Ruinen und das Elend hier wären noch zu ertragen, aber die Luft wird immer stickiger. Der Parteikampf um Köln ist albern und grotesk, die Kirche dominiert. Alle Nazis strömen augenblicklich ernst und unbefangen in die Kirchen, als ob sie nie was anderes getan hätten. Wenn sie mit Leuten sprechen, behaupten sie, nie Nazis gewesen zu sein, und bedauern im gleichen Atemzug eifrig und naiv, den Krieg verloren zu haben. Leute, die angeblich früher keine Nazis waren, erklären dagegen offen, sie seien jetzt auf dem besten Wege, Nazis zu werden. Die Logik ist unklar. Wenn's mir schlecht geht, ist das ja schließlich keine Veranlassung, nachträglich mit einem entlarvten notorischen Lustmörder zu sympathisieren. Es hat wenig oder gar keinen Sinn, einen Weg zu diesen Hirnen zu suchen."

Irmgard Keun – zu Köln ein gespaltenes Verhältnis.

Die Kölner Universität feierte vor einigen Jahren ihren 600. Geburtstag, ein schönes Fest, ein rundes Datum, aber es stimmt nicht ganz. Denn 1798 hatten die Franzosen die alte und ziemlich reaktionäre Universität geschlossen und die Preußen sahen keinen Grund, sie wieder aufzumachen. Sie errichteten lieber eine neue in Bonn. Erst mehr als ein Jahrhundert später, als Konrad Adenauer Oberbürgermeister wurde, setzte er 1919 eine Neugründung durch. Eine 600-jährige Geschichte folglich mit 121 Jahren Lücke! Sitz der neuen Uni wurde die Handelshochschule an der Claudiusstraße, die sich Kölner Bürger und Unternehmer selber als Uni-Ersatz im 19. Jahrhundert genehmigt hatten und deren klassizistischer Bau von dem Architekten Ernst Vetterlein 1905/07 entworfen worden war. Heute ist hier das Geisteswissenschaftliche Zentrum der Fachhochschule Köln untergebracht.

Ab Mitte der 1930er Jahre befand sich in der alten Kölner Universität die Gauleitung der NSDAP Köln/Aachen.

Im Jahre 1933 ließ sich die Universität unter freudiger Beteiligung zahlreicher Professoren und Studenten gleichschalten und eine Reihe von Dozenten wurde aus rassischen oder politischen Gründen entlassen. Hier, auf der Claudiusstraße zwischen Park und Universität, fand am 17. Mai 1933 Kölns erste Bücherverbrennung der neueren Zeit statt, um die Studentenbibliothek von „undeutschem Schrifttum zu säubern". Die Tatsache, dass in Köln die Bücher am 17. Mai, eine Woche nach den reichsweiten Bücherverbrennungen am 10. Mai in den anderen Universitätsstädten, angesteckt wurden, hat man früher in Köln gern als versteckte, hinhaltende Resistenzhaltung dargestellt. Tatsächlich aber hatte es am 10. Mai in Köln nur heftig geregnet. Im Jahr 2002 haben Lehrlinge der Steinmetzklasse in den alten Steinplatten vor dem Haupteingang die Namen einiger der „verbrannten Autoren" eingemeißelt: Neben Brecht, Tucholsky und Kästner findet man auch Kölner Autoren wie den jüdischen Publizisten Wilhelm Unger, den ehemaligen WDR-Intendanten Ernst Hardt oder den Juristen und von den Nazis abgesetzten Rektor der Universität Fritz Stier-Somlo.

Mitte der 1930er Jahre wurde eine neue Universität an der Inneren Kanalstraße gebaut und in die alte zog die Gauleitung Köln/Aachen der NSDAP ein. Chef der Nazizentrale war der Gauleiter Alfred Grohé, einer der vielen Nazis, die niemals für ihre Taten büßen mussten. Er lebte als Geschäftsmann und unbehelligt bis zu seinem Tode in Bergisch Gladbach. Sein Grab findet sich auf Melaten.

Ein Grabstein auf dem jüdischen Friedhof in Köln-Bocklemünd: „Abraham Ochs – Umgekommen durch eine irregeleitete Jugend."

Im Römerpark vor der Alten Universität trug sich 1936 ein Verbrechen zu, das bis heute nicht aufgeklärt ist. Der achtjährige Hans Abraham Ochs, ein jüdischer Junge aus der Trajanstraße, wurde am 30. September 1936 bei einem Spaziergang mit seiner Mutter im Park von Nazi-Jugendlichen angepöbelt und so schwer misshandelt, dass er am nächsten Tag an seinen Verletzungen starb. Das Verbrechen wurde nicht öffentlich bekannt, bis die Kölner Journalistin Kirsten Serup-Bilfeldt mehr als 50 Jahre später auf dem jüdischen Friedhof in Bocklemünd den Grabstein von Hans Abraham Ochs mit der Inschrift „Umgekommen durch eine irregeleitete Jugend" zufällig entdeckte. In einer aufwändigen Recherche konnte sie das Schicksal des Achtjährigen rekonstruieren. Über die Täter ist bis heute nichts bekannt. Im Juli 2003 setzte eine Initiative durch, die Verlängerung des Oberländer Walls zwischen Römer- und Friedenspark nach Abraham Ochs zu benennen.

EIERPLÄTZCHEN

Der Platz an den Einmündungen von Mainzer, Teutoburger, Eburonen-, Titus- und Trajanstraße ist überhaupt kein Platz, er hat jedenfalls keinen Namen, also keine amtliche Bezeichnung. Er wird „Eierplätzchen" genannt, doch diese Bezeichnung sucht man vergebens im Stadtplan. Er heißt einfach so und manche behaupten, wegen der Bauern, die hier früher die frischen Eier verkauft hätten. Der Name ist jedoch Resultat der Platzgestalt und die haben wir dem Kölner Stadtbaumeister Hermann Josef Stübben zu verdanken. Dieser Teil der Südstadt außerhalb der Ringe war vor 150 Jahren noch Ackerland und wurde im Zuge der Neustadtplanung nach dem Abriss der Stadtmauer im ausgehenden 19. Jahrhundert überhaupt erst bebaut. Planung und Bau der Neustadt gehörten zu den ersten städtebaulichen Maßnahmen in Köln, die diesen Namen verdienen. Vorbilder dafür, von denen sich Hermann Josef Stübben anregen ließ, gab es allenfalls in Wien oder Paris. Das gilt für den gesamten Halbkreis der Neustadt zwischen dem Rhein im Norden über die mittlere Neustadt, das Belgische Viertel, bis hinunter in den Süden und wieder an den Rhein.

Konstanten in der Verkehrsplanung waren die aus den Stadttoren führenden Ausfallstraßen, die als Hauptverbindungslinien zu den Vororten erhalten blieben, und dazwischen die preußischen Militärbauten. Stübben plante diagonale und rechtwinklige Querverbin-

KLAUS VON WROCHEM, MUSIKER, EMPFIEHLT:

Die Grille ist ein einfaches, aber schnuckeliges Imbiss-Restaurant, das Essen dort ist spitze und das Publikum auch.
Grille, Alteburger Str. 18

dungen, so dass ein streng geometrischer Grundriss entstand, der noch heute vorhanden ist. An den Knotenpunkten laufen oft spitzwinklig wie hier am Eierplätzchen mehrere Straßen zusammen. An solchen „Sternplätzen" wurden die Hausecken abgeschrägt, die Kreuzung damit optisch verschleift und der Charakter eines Platzes geschaffen. Oft hatten diese auch einen optischen Mittelpunkt, einen Brunnen, ein Denkmal oder eine kleine Grünanlage und wurden perspektivisch auf entferntere öffentliche Gebäude oder Kirchen bezogen, wie an dieser Stelle die Blicke durch die Eburonenstraße auf St. Maternus oder die Orientierung auf die Achse des Römerparks und auf die Alte Universität dokumentieren.

Ohne amtlichen Namen: das „Eierplätzchen".

Die Häuser der Gründerzeit leben vor allem durch die Dekoration der Fassaden. Romanik oder Gotik, Renaissance und Barock, Klassik und Jugendstil, alle Epochen und Schmuckmittel sind daran zu entdecken. Gerade diese Eigenart hat später unter den Architekten der „neuen Sachlichkeit" zur Ablehnung der Gründerzeitarchitektur als „nachgemacht" und „unecht" geführt. Erst in den 1970er Jahren änderte sich das im Zuge der Identifikation mit dem eigenen Viertel und dessen Häusern, die verglichen mit Massenneubauten ein hohes Maß an Unverwechselbarkeit repräsentieren. Die ästhetischen Feinheiten der Gründerzeitfassaden, der Variationsreichtum der vertikalen Achsen und der horizontalen Ebenen sprechen für sich. Auffallend ist etwa die Verjüngung der Fassadenteile nach oben, sie werden leichter, zierlicher und folgen einem visuell wahrnehmbaren Gesetz der Schwere, auch wenn die Baumassen und Geschosshöhen gleich sind.

JAN Ü. KRAUTHÄUSER, GLOBELIZER, EMPFIEHLT:

„Acarajé Colonial", ein Wortspiel für Brasilienkenner – eine mögliche Übersetzung: „Kolonialistischer Bohnenbratling". Das kleine Südstadtlokal widmet sich der afrobrasilianischen Küche, schlicht und stilecht lecker, wie Reis mit schwarzen Bohnen, wie Stockfischbällchen oder wie Acarajé, einer in Dendé-Palmöl frittierten Köstlichkeit aus Bohnen, Cashewkernen und Gewürzen. Acarajé Colonial: ein ganz unspektakuläres Fleckchen Brasilien in Köln, wohl tuende Nische im Trendkneipeneinerlei.
acarajé colonial
Alteburger Str. 41
Tel. 450 10 00
www.acaraje.de
Mo geschl.

Belgier und Italiener, Serben und Kroaten – vor allem Ausländer teerten die Straßen Kölns Ende des 19. Jahrhunderts.

**TEUTOBURGER STR. 26/
VEYSEL KARANI
CAMII**

*„Ich bin mir nicht klar darüber,
was Heimat bedeutet, was
Heimat ist. (…) Wenn die Nazis
nicht gekommen wären, der Krieg
nicht gekommen wäre – eine
Hypothese – und ich wäre Schriftsteller geworden, dann würde
ich ja vermutlich heute in Berlin
leben, verstehst Du? Damit ist,
glaube ich, über Heimat alles
gesagt.“*

*Heinrich Böll 1979 im Gespräch
mit Werner Koch über
„Köln und Heimat“*

Heinrich B., 8 Jahre,
Vorgebirgspark, Köln.

In dem Eckhaus Teutoburger und Alteburger Straße findet man eine der zahlreichen Hinterhofmoscheen der Stadt. Köln ist seit dem massenhaften Zuzug vor allem der türkischen und später bosnischen Gastarbeiter ab Mitte der 1960er Jahre zu einem Zentrum der Muslime in Deutschland geworden. Heute gibt es mehr als 30 Moscheen in der Stadt, die meisten klein und alle in ausrangierten Ladenlokalen oder ehemaligen Gewerbebetrieben untergebracht. Man erkennt sie in der Regel an der Kombination mit einem Gemüseladen, der die Kasse des Moscheevereins aufbessern hilft, oder auch an den Regalen im Schaufenster, in dem mehrmals täglich die Schuhe der frommen Besucher abgestellt werden. Der Titel auf der Fensterscheibe „Veysel Karani Camii“ enthält zwar das arabische Wort „Camii“ für Moschee, aber wer versteht das schon? Veysel Karani ist der Name eines jemenitischen Bauernburschen, der wie ein Heiliger verehrt wird und von dem es heißt, er sei nach Medina gereist, um den heiß geliebten Propheten Mohammed zu treffen. Er musste allerdings, bevor er ihm begegnete, wegen der Ernte nach Hause zurückkehren. Er hatte es seiner Mutter versprochen.

An diesem Haus könnte noch eine zweite Inschrift mit folgendem Text angebracht sein: „Hier wurde am 21. Dezember 1917 Heinrich Böll als sechstes Kind des Schreinermeisters und Holzbildhauers Viktor Böll und seiner Frau Maria geboren.“ Dieses Schild gibt es bis heute nicht, so wie überhaupt wenig im Stadtbild Kölns an den großen Schriftsteller erinnert. Aber das ist vielleicht nicht falsch, denn man kann weder die Stadt mit Böll, noch Böll mit Köln identifizieren.

Seit 1985 heißt der Park entlang dem Oberländer Wall offiziell „Friedenspark", davor nannte man ihn „Hindenburgpark" – nach dem Kriegerdenkmal mit dem mächtigen Adler auf dem früheren Fort I, das angeblich vom greisen Reichsmarschall Hindenburg eingeweiht worden war. Dieses Denkmal ist ein ästhetisches Relikt der so genannten Befreiungsfeiern nach dem Abzug der englischen Truppen 1926 aus Köln. Erst zu diesem Zeitpunkt konnten wieder nationale Denkmäler errichtet werden wie dieses im Geist der „Dolchstoßlegende". Die lateinische Inschrift unter dem Raubvogel, der aus französischen Geschützen gegossen ist, lautet „Numero Opressis – Mente Invictis", zu deutsch: „Den von der Übermacht Geschlagenen – im Geiste Unbesiegten". Das ist die akademische Form der nationalistischen Lüge, die behauptet, die deutschen Soldaten seien nicht im Krieg geschlagen, sondern in der Heimat verraten worden.

Mittelpunkt des Denkmals ist ein „Ehrenhof" mit Tafeln, die an die kölschen Kriegsregimenter erinnern. Die Inschriften wie: „Die Treue ist das Mark der Ehre", „Sie suchten die Sonne" (zeitweilig darunter in Kreide: „und fanden den Tod") oder „Im Tode für die Freiheit wurden sie frei" lassen diesen Ehrenhof eher zu einer Gruselstätte werden. Fundament des Denkmals ist das preußische Fort I, das südlichste eines Ringes von Militäranlagen rund um die Stadt herum, der im Norden mit dem noch vollständig erhaltenen Fort X endet. Nachdem sie ihre militärische Bedeutung verloren hatten, wurden die meisten abgerissen, einige umgebaut. Das frühere Fort I wurde schon 1914 in einen Park verwandelt, mit Blumen- und Steingärten auf den ehemaligen Wällen und in den Gräben. Heute hat der Motorradclub „Kuhle Wampe" hier sein Domizil und Südstadt-Italiener grillen im Sommer im Park.

Ein „Heldenhof" feiert die sinnlosen Opfer des Ersten Weltkriegs.

Die Wände des Fort I: früher Übungsgelände für die rheinischen Alpinisten.

Mit der Gründung der Bundeswehr in den 1950er Jahren wurde am Denkmal eine Tradition der Kölner Kriegervereine wieder belebt: die Heldengedenkfeier am Totensonntag. 1970 gab es einen Zusammenstoß mit dem Stadtjugendring, der gegen das militaristische Ritual protestierte. Im nächsten Jahr kamen die Jugendlichen der Heldenfeier mit einem taktischen Coup zuvor: Der Platz um das Denkmal wurde früh genug für einen Kindertag reserviert, das Motto „Wir bauen uns eine bunte Stadt". Und als die Krieger anmarschierten, die ihre Feier natürlich nicht angemeldet hatten, weil das immer so war, fanden sie ihre Trauerstätte besetzt. Seitdem feiert man in geschlossener Runde in der Konrad-Adenauer-Kaserne an der Brühler Straße, während aus der Aktion des Stadtjugendrings und einer Bürgerinitiative namens TRAB (Trägerverein Abenteuer- und Bauspielplatz) hier Mitte der 1970er Jahre der erste Kölner Bauspielplatz entstanden ist. Heute ist die ganze Anlage innen und außen und vor allem mit den renovierten Räumen eine beliebte Spielstätte nicht nur für die Kinder und Jugendlichen, sondern auch ein begehrter Ort für private Partys, bei denen man niemanden stört, und bisweilen auch für Theater und andere Kulturveranstaltungen.

Bauspielplatz Friedenspark
Kontakt für Feiern und Kultur
Tel. 37 47 42
www.bauspielplatz-friedens-
park.de

Am Ende vertrieben die Kinder die alten Kameraden der Kölner Kriegervereine – das preußische Fort, heute ein Bauspielplatz.

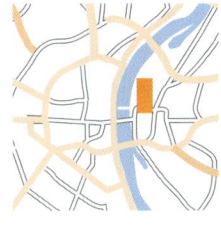

Jahrhunderte lang war Deutz eine Ortschaft am anderen Ufer, von Köln klein gehalten und gerade mal geduldet. Dann wurde es eingemeindet und immer noch vernachlässigt. Mit dem Ausbau der Messe samt neuer Hotels, der Arena, dem technischen Rathaus und einem neuen ICE-Bahnhof ist Deutz in jüngster Zeit der Teil der City geworden, der sich am rasantesten entwickelt.

DEUTZ AM RHEIN

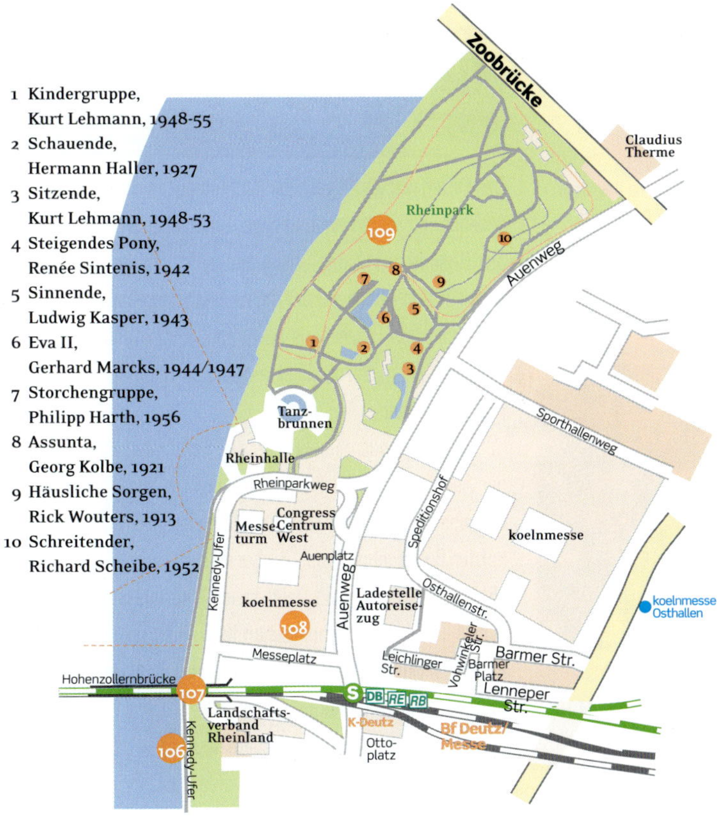
1 Kindergruppe, Kurt Lehmann, 1948-55
2 Schauende, Hermann Haller, 1927
3 Sitzende, Kurt Lehmann, 1948-53
4 Steigendes Pony, Renée Sintenis, 1942
5 Sinnende, Ludwig Kasper, 1943
6 Eva II, Gerhard Marcks, 1944/1947
7 Storchengruppe, Philipp Harth, 1956
8 Assunta, Georg Kolbe, 1921
9 Häusliche Sorgen, Rick Wouters, 1913
10 Schreitender, Richard Scheibe, 1952
Zoobrücke
Claudius Therme
Rheinpark
109
Auenweg
Tanz-brunnen
Rheinhalle
Rheinparkweg
Sporthallenweg
Speditionshof
Congress Centrum West
Messeturm
Auenplatz
Kennedy-Ufer
koelnmesse
108
Ladestelle Autoreise-zug
Osthallenstr.
koelnmesse Osthallen
Messeplatz
Leichlinger Str.
Vohwinkeler Str.
Barmer Str.
Barmer Platz
Lenneper Str.
Hohenzollernbrücke
107
DB RE RB
Landschafts-verband Rheinland
K-Deutz
Bf Deutz/Messe
Otto-platz
106

KENNEDY-UFER

Der Teil von Deutz zwischen den beiden Brücken und bis weit nach Osten hinaus war im Dritten Reich zum Abriss vorgesehen. Nach den Plänen des Kölner Architekten Clemens Klotz sollte dort ein Gauforum entstehen, ein gewaltiges Aufmarschfeld mit flankierenden Parteibauten und einem alles beherrschenden „Haus der Arbeit" im Mittelpunkt – sozusagen das nationale Pendant zum Dom.

Die Naziplanung: ein Gauforum als Pendant zum Dom – halb Deutz sollte abgerissen werden.

Das Forum war als Flügel einer dominierenden Ost-West-Achse vorgesehen, auf deren anderer Seite am Aachener Weiher ein „Haus der Rheinischen Kunst" entstehen sollte. Hätten die Pläne sich verwirklichen lassen, wäre Köln zu einer städtebaulichen Hochburg des deutschen Faschismus geworden. Klotz avancierte mit seinen Ideen zu einem der Architektenlieblinge Hitlers und erhielt einen Professorentitel.

Von Deutz aus genießt man den berühmten Blick auf die Kölner Altstadt, den Maler und Fotografen in unendlichen Varianten festgehalten haben und den Victor Hugo in einem berühmten Aperçu auf den Punkt gebracht hat: „Lieber in Deutz wohnen und Köln sehen, als in Köln wohnen und Deutz sehen." Auf diesem Stück liegt der älteste Teil des rechtsrheinischen Köln. Hier bauten die Römer ihr Kastell, dessen Fundamente neben dem Lufthansa-Haus teilweise freigelegt sind, und hierher schlugen sie 310 die erste Brücke über den Rhein. Hin und wieder fördern Taucher und Baggerschiffe die Eichenholz-Spitzen der alten Holzpfähle ans Licht, die früher beliebte Heimatreliquien abgaben und aus denen alle möglichen Utensilien geschnitzt wurden, vom Brieföffner bis zur Zigarrenkiste.

Joseph Göbbels (rechts) und der Gauleiter von Köln Alfred Grohé (links) am Modell des neuen Köln.

Den römischen Soldaten folgten die fränkischen Eroberer und im 5. Jahrhundert wurde aus dem Kastell ein Königshof. Auf den Trümmern des Kastells gründete Erzbischof Heribert später ein Bene-

diktinerkloster, 1019 wurde dessen Kirche eingeweiht. Der Nachfolgebau Alt-St.-Heribert wurde während des Zweiten Weltkriegs
weitgehend zerstört und erst Anfang der 1990er Jahre wieder vollständig hergestellt. Heute dient er der Griechisch-Orthodoxen
Gemeinde mit ihren fast 10 000 Mitgliedern in Köln als Gotteshaus
und trägt den Namen „Die Entschlafung der Mutter Gottes".

Der große Lanzenreiter von 1928 auf dem Denkmalsockel am
Rheindamm erinnert an die preußischen Soldaten, die an dieser
Stelle nach der Auflösung des Benediktinerklosters Anfang des 19.
Jahrhunderts angesiedelt wurden. Damals bauten die Preußen die
Stadt Köln zur stärksten Festung des Westens aus und rüsteten von
Beginn an die Grenze gegen den „Erbfeind Frankreich". Das Militär
gab in Deutz lange den Ton an und stellte mit über 1000 Soldaten
und fast ebenso vielen Militärbeamten rund ein Drittel aller Bewohner. In die Abteigebäude zog eine Artilleriewerkstatt ein, daneben
baute man eine neue Kaserne für berittene Soldaten und Ställe für
600 Pferde. Die hier stationierten Dragoner machten sich in Köln
unbeliebt, als sie hoch zu Ross bei einer Kirmes im gegenüberlie-

Lanzenreiter von Adolf Abel
(1928): „Gegen Demokraten helfen
nur Soldaten."

genden Martinsviertel im August 1846 die Randale einiger Jugendlicher blutig zusammendroschen. Der Regierungspräsident hatte das Werfen von Feuerwerkskörpern untersagt und wie so manches Mal schon in Köln drohte aus dem öffentlichen Fest ein Aufstand zu werden. Das Resultat nach der Intervention des Militärs: ein Toter, der Fassbindergeselle Statz, sowie zahlreiche Verletzte. Zwei Jahre später wurde das unbeliebte Regiment verlegt.

In Deutz stationierte Dragoner zerschlagen 1846 die Kirmes an Groß St. Martin.

107

HOHENZOLLERN-BRÜCKE

Die Hohenzollernbrücke ist seit der Antike der erste feste Brückenbau in Köln über den Rhein und wurde an dieser Stelle vom preußischen König Friedrich Wilhelm IV. höchstpersönlich angeordnet. 1859 fuhr der erste Zug über den Rhein. Anfang des 20. Jahrhunderts wurde die jetzige Brücke gebaut, die bis zum Krieg eine eigene Spur für PKW's besaß. An beiden Seiten der Auffahrt standen hohe Brückentürme, auf Deutzer Seite lag die erste Jugendherberge Kölns. Hier trafen sich in den 1920er Jahren die proletarischen „Naturfreunde", die in der Jugendbewegung der Weimarer Zeit eine wichtige Rolle spielten.

An dieser Stelle, also vis-à-vis dem Hyatt, reitet Wilhelm I. – im Rheinland so gerade noch bekannt, weil er in den 1850er Jahren rheinischer Generalgouverneur mit Sitz in Koblenz war und Bruder des Brückenbauers und Kölnfans Friedrich Wilhelm IV. Obwohl selbst die eigene Mutter der Meinung war, „hervorragende Geistesgaben zeichneten ihn nicht aus", wurde dieser Wilhelm nach dem Tod des geistig umnachteten Bruders (amtlich „Gehirnerweichung") 1861 König. 1871 ließ er sich dann nach dem Sieg über Frankreich zum ersten deutschen Kaiser ausrufen. Er war „der" preußische Wilhelm, der König der Sozialistengesetze und des Kirchenkampfs, der Militarist, der die Kriege gegen Dänemark, Österreich und Frankreich führte, alles im Namen des preußisch-deutschen Nationalismus. Auf

August Reinsdorf, rheinischer Anarchist und Planer.

diesen Wilhelm wurden eine ganze Reihe Attentate verübt. Schon 1849 wurde in Mainz auf ihn geschossen, ohne zu treffen, 1861 kam er in Baden-Baden mit einer „leichten Verletzung" davon und 1878 gab es in Berlin gleich zwei Anschläge, wobei einer daneben ging und er beim zweiten „von grobem Schrot getroffen" wurde. Doch das fulminanteste Attentat verübten rheinische Anarchisten, die den Kaiser mitsamt Gefolge und preußischer Generalität bei der Einweihung des Niederwalddenkmals gegenüber Bingen am 28. September 1883 in die Luft sprengen wollten. Doch die Zündschnur war nass geworden und die Ladung explodierte nicht. Die Germania blieb stehen, der Kaiser fuhr heim und niemand hätte etwas von den Attentätern gemerkt, wenn sich diese typischen Rheinländer später nicht selber verquatscht hätten und dann – für den Versuch eines Attentats! – mit dem Tode bestraft wurden.

Alpinisten üben unter Wilhelm I.

Kletterwand Hohenzollernbrücke
vor Einbruch der Dunkelheit
Deutscher Alpenverein
Clemensstr. 5-7
März bis Oktober
www.dav-koeln.de

Der wilhelminische Wilhelm dagegen reitet weiter, auch in Köln, während zu seinen Füßen die rheinische Sektion des Deutschen Alpenvereins das Bergsteigen übt. Die Rampenwände und Aufgänge dienen vor allem im Sommer als Ersatzgelände für die Alpen, für Könner, die sich als Free-Climber ohne Haken und Nägel ihren Weg suchen. Dem hat auch der Stadtkonservator zugestimmt, mit der „Auflage", doch bitte unterwegs die Ritzen und Fugen in den Hängen und Wänden der Hohenzollernbrücke von Pflanzen und Wurzeln zu säubern.

MESSEPLATZ 1/
KOELNMESSE

Zwischen Messeturm und Rheinufer findet man in der Grünanlage ein Denkmal aus Ziegelstein, das der Oberbürgermeister am 26. Januar 1993 der Öffentlichkeit übergab: ein Mahnmal zur Erinnerung an die Opfer des Nationalsozialismus.

Seit 1993 gibt es vor dem Messeturm in Deutz ein Mahnmal zur Erinnerung an die Opfer der NS-Zeit.

Nach jahrzehntelanger Verdrängung wurde damit auf die Tausenden aufmerksam gemacht, die im Dritten Reich im Messegelände dem Gewaltsystem der Nationalsozialisten ausgeliefert waren und teilweise ums Leben kamen. Eine Tafel nennt die unterschiedlichen Funktionen, die das Gelände als Lager und Deportationsstelle hatte, „ein zentraler Ort der nationalsozialistischen Gewaltherrschaft in Köln". Schon zu „Friedenszeiten" wurden hier deutsche Männer gemustert oder Lehrer ideologisch geschult. Mit Kriegsbeginn dienten die Hallen als Kriegsgefangenenlager, 1940 als Deportations- und Sammelstelle für Zigeuner, später als Ausgangspunkt für Judentransporte. Ab 1942 waren auf dem Gelände Zwangsarbeiter untergebracht und es gab ein „Arbeitserziehungslager" sowie ein Barackenlager, in dem 1944 die Politiker der Weimarer Parteien eingesperrt wurden, die man nach dem Hitler-Attentat noch verhaften konnte.

Nur dieses letzte Kapitel kam in Köln zunächst öffentlich zur Sprache, weil bekannte Frauen und Männer vom Zentrum und aus kirchlichen Kreisen wie Konrad Adenauer, der Kolping-Geschäftsführer Theo Babilon, der Zentrumspolitiker Leo Schwering oder der Priester Heinz Richter dort interniert waren. Einige überlebten die Haft, andere wurden wie Otto Gerig, Wohnungsbaupolitiker und Zentrumsabgeordneter, von den Nazis ermordet. Er starb am 3. Oktober 1944 im KZ Buchenwald.

Hanna Gerig, die nach 1945 zu den Mitbegründern der CDU zählte, sprach als eine der Ersten über das Messelager, in dem ihr Mann inhaftiert war: „Natürlich stand jeder von uns, der sich um die Häftlinge kümmerte, selbst in höchster Gefahr. Und es war auch so, dass alle damals Typhus hatten. Ich habe die Wäsche der Typhuskranken nach Hause geholt und sie gewaschen, was ich in meinem Leben noch nie getan hatte, und Nachrichten weitergegeben an die Verwandten, an die Familien. Es passierte mir nach dem Tod meines Mannes Folgendes: Als ich trotzdem in einem bewusst bunten Kleid noch einmal das Lager aufsuchte, um Nachrichten weiterzugeben usw., jagte man die Bluthunde hinter mir her, die Scheinwerfer wurden eingeschaltet, das ganze Gelände taghell beleuchtet. Nur weil ich das Gelände so gut kannte, gelang es mir, auf Bahngeleise zwischen Holzstößen auszuweichen und mir einen Schal in den Mund zu stecken, um mich nicht durch Atem den Hunden zu verraten."

1936: der Führer in der Deutzer Messe.

Das bedeutendste Thema rund um die Messe war lange kein Gegenstand öffentlicher Erörterung. Das Gelände war von 1942 bis 1945 unter der Bezeichnung „SS-Baubrigade III" eine Außenstelle des KZ Buchenwald. Mehrere Tausend vor allem polnische und russische Häftlinge, aber auch deutsche Gefangene mussten Trümmer räumen, Bunker bauen, Blindgänger freigraben und Bomben entschärfen. Von Deutz aus wurden zahlreiche Arbeitskommandos in anderen Städten und Industriebetrieben des Rheinlands eingerichtet, von hier rückten Kommandos in die größeren Kölner Betriebe aus, alles organisiert von der Kölner Stadtverwaltung. Daneben gab es 1944 und noch 1945 eigene kleinere Außenkommandos des KZ Buchenwald bei Ford und Westwaggon (später KHD). Gerade Ford profitierte von dem Gewaltsystem der Nazis, waren doch von 1942 bis 1945 teilweise die Hälfte aller Beschäftigten Zwangsarbeiter, darunter viele Frauen aus den überfallenen Ländern des Ostens. Ford zählte lange zu den Unternehmen, die sich weigerten, die eigene Geschichte aufzuarbeiten und Entschädigung zu leisten. Verständlich, ist Ford doch ein amerikanischer Konzern, der für die deutsche Rüstung produzierte, nie bombardiert wurde und während des Krieges seine Gewinne über die Schweiz in die USA transferieren konnte.

Östlich an das Messegelände grenzt der Bahnhof Deutz-Tief, von dem aus die Waggons mit „Zigeunern" und Juden Richtung Osten abfuhren. In der Stadt Köln lebten bis Mitte des Krieges rund zehntausend jüdische Bürgerinnen und Bürger, die nicht mehr rechtzeitig fliehen konnten und bis auf ganz wenige Ausnahmen von hier aus in den Tod geschickt wurden.

Mai 1940: Deportation von 1000 Sinti und Roma ab Bahnhof Deutz-Tief in den Osten.

Heute wird dieser Bereich als ICE-Bahnhof umgebaut. Hausrat und Möbel der vertriebenen oder deportierten Juden wurden ebenfalls in der Messe gelagert und ausgebombte Kölner, vor allem diejenigen mit Parteibeziehungen, konnten sich hier neu eindecken.

Das Lager mitten in der Stadt Köln bestand bis März 1945 und zahlreichen Kölnern muss der Anblick der gestreiften Häftlinge unter SS- oder Polizeibewachung in den Trümmern geläufig gewesen sein. Ein polnischer Häftling mit der KZ-Nr. 17061 schrieb 1963: „Noch heute fröstelt uns polnische Gefangene des Dritten Reiches bei der Erinnerung, wie wir in diesem Kölner Trümmerhaufen in einer Menschenbrühe wühlen mussten, um an die anderen Überlebenden heranzukommen und sie unter eigener Lebensgefahr auch zu retten. Das, was an unseren zerschlissenen Häftlingsuniformen, an unseren Händen und Holzgaloschen klebte, das war Blut, war polnisches Blut und Blut von Deutschen, deren Passivität wir unser Sklavendasein zu verdanken hatten. Aber warum diese Bitternis, das deutsche Volk in seiner Mehrheit ist heute genauso passiv wie damals (...)."

KZ-Häftlinge entschutten vor dem Kölner Rathaus – der Anblick der Gestreiften war während des Zweiten Weltkriegs alltäglich.

Erst 30 Jahre später kam diese Geschichte ins Gerede. Als das offizielle Köln vom Messelager nichts wissen wollte, verteilte Sammy Maedge, ein Kölner, der schon häufiger mit unkonventionellen Methoden gegen die alten und neuen Nazis hervorgetreten war, zur Photokina 1980 Flugblätter an die internationalen Gäste: auf französisch, russisch, englisch und persisch machte er auf die verdrängte Lagergeschichte aufmerksam. Ein erster „Erfolg" war eine kleine Gedenktafel, an der Rückseite des Messeturms. Erst die Initiative einiger Kölner, die im Mai 1989 ein „Internationales Symposion" in der Messehalle veranstalteten und dazu überlebende Häftlinge aus der damaligen Sowjetunion, aus Polen und Frankreich einluden, konnte die Mauer der jahrelangen Verdrängung durchbrechen. Davon zeugt nicht nur das neue Denkmal am Rheinufer, sondern auch ein Besuchsprogramm der Stadt Köln, bei dem seit 1990 frühere KZ-Häftlinge und Zwangsarbeiter für eine Woche nach Köln eingeladen werden. Sie besuchen die Orte ihrer Haft und Arbeit, berichten von ihren Erfahrungen und tragen so als Zeitzeugen zur Dokumentation und Sicherung der Kölner Geschichte bei.

Flugblatt für die Besucher der Photokina 1980.

SAMMY MAEDGE

Postfach 270 481
5000 KÖLN 1

Liebe Messebesucher !

Liebe Besucher der Photokina !

Bitte bedenken Sie bei Ihrem Besuch der Kölner Messen, daß in diesen Messehallen in der NS-Zeit ein Außenlager des KZ Buchenwald untergebracht war, durch das viele Menschen in den Tod geschickt wurden.

Außerdem befand sich ein Fremdarbeiterlager der Deutschen Arbeitsfront in diesen Gebäuden. Viele aus ihren Heimatländern in ganz Europa zwangsverschleppte Bürger waren hier interniert und fanden durch die Kölner Gestapo im EL-DE-Haus den Tod.

Eine Gedenktafel werden Sie an der Messe vergeblich suchen - es gibt keine. Auch die Festschrift zum 50-jährigen Jubiläum der Kölner Messe verschweigt die aufgeführten Tatsachen.

Bitte fordern Sie mit uns eine angemessene Gedenktafel für die unzähligen Opfer in der Kölner Messe.

Denn die Opfer zu vergessen, heißt, sie ein zweites Mal zu vernichten!

Дорогие посетители выставки "Фотокина"!
Знайте, что в этих павильонах во времена нацизма был размещен один из концентрационных лагерей Бухенвальда, через который посылали на смерть тысячи людей. В этих же стенах находился лагерь для принудительных работ - сюда сгоняли людей со всей Европы. Многие из них, в том числе около тысячи советских граждан, были замучены кёльнским гестапо.
Напрасно вы будете искать здесь мемориальную доску, её нет. О происходившем на этом месте во времена фашизма умалчивает и юбилейная книга, выпущенная к 50-летию кёльнской выставки.
Присоединяйтесь к моему требованию соорудить на территории кёльнской выставки мемориальную доску, посвященную памяти многочисленных жертв фашизма. Эти жертвы не должны быть преданы забвению!

Im Jahre 1957 fand in Köln eine erste Bundesgartenschau statt. Dafür wurde der teils kriegszerstörte, teils von Trümmerschutt überhäufte Rheinpark hergerichtet, der sich über mehr als 40 Hektar in einer rechtsrheinischen Flussaue erstreckt. Er war der erste neue Volkspark nach dem Krieg, ganz im Stil der Zeit erbaut. Zur zweiten Bundesgartenschau 1971 kaum verändert, präsentiert er sich bis heute als größtes ästhetisches Gesamtensemble der typischen 1950er Jahre und wurde deswegen auch 1989 zum Denkmal deklariert. Noch heute zeugen die Details der Anlage, die Bauten vor allem, aber auch die geschwungenen Themengärten und die fließend ineinander gehenden Naturflächen davon. Die Ästhetik und der Geist der Zeit zeigen sich auch an den Freiplastiken zwischen den Büschen und auf den Wiesen.

Zur ersten Bundesgartenschau gab es im Rheinpark für die Kölner so etwas wie ein Freilichtmuseum der bildenden Künste, mit Objekten in einem weitgehend naturalistischen, zum Teil schon abstrakten Stil. Die meisten Plastiken dafür sind in den Nachkriegsjahren entstanden, als zahlreiche Maler und Bildhauer wieder frei arbeiten und sich in der Welt umschauen konnten, nachdem sie lange von der internationalen Kunstentwicklung abgeschnitten gewesen waren.

Schaut man sich heute die Plastiken an, erkennt man bald, es dominiert die „ewig" weibliche Figur, vor allem die nackte: ganz gleich, ob es sich um die „Schauende" (Hermann Haller) oder die „Sinnende" (Kaspar Ludwig) handelt, ob die „Stehende" (Fritz Behn), die „Sitzende" (Kurt Lehmann), „Eva" (Gerhard Marcks) oder die „Schreitende" (Richard Scheibe) dargestellt wird, es sind zunächst einmal „nackte Weiber". Hinzu kommt allenfalls mal ein nackter Jüngling wie der „Narziss" (Hildegard Domizlaff) oder der „Schreitende" (Richard Scheibe). Ansonsten Tierplastiken. Die Rolle der Nackten wird plausibler angesichts der prüden 1950er Jahre, in denen als Kunst lizensierte Sexualität öffentliches Anschauungsmaterial darstellte. Erotikfilme, Pornohefte oder Sexshops, alles das gab es nicht fürs breite Publikum.

Bei der zweiten Gartenschau 1971 wurden Kunstobjekte ganz anderer Art aufgestellt: filigrane Windplastiken, eher technische Materialwerke, von denen nur noch ein Teil erhalten ist wie die „Rotierende Windrose" der Gebrüder Baschet oder „Der Tanz" von

RHEINPARK

„Stehende"
von Fritz Behn (1936).

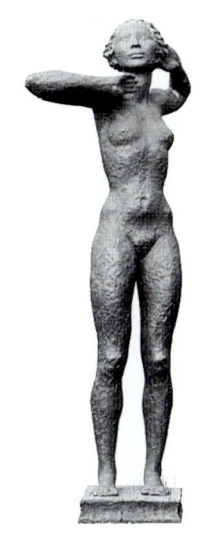

„Schauende"
von Hermann Haller (1922).

Messeturm
Der schönste Blick über die Stadt
aus der Vogelperspektive – hier
malte Kokoschka sein Kölnbild.
Restaurant u. Café
Tel. 88 10 08

„Sinnende"
von Ludwig Kaspar (1943).

Alexander Sorda. Die gegenständliche Kunst war überholt, Materialexperimente, das Spiel mit den Elementen und die völlige Abstraktion standen jetzt im Vordergrund.

Der Rheinpark, obwohl nahe an der Innenstadt, ist ein angenehmer Ort der Muße, auch wenn er durch die mangelnde Pflege der Anlagen und Bauten in der jüngeren Zeit etwas heruntergekommen wirkt. Der Park ist groß, zieht sich lang am Rheinufer hin, unter der Zoobrücke hindurch zum Jugendpark und reicht fast bis nach Mülheim, das man über die hochgeschwungene, elegante Fußgängerbrücke über die Einfahrt zum Mülheimer Hafen hinweg erreichen kann.

Rollschuh- und Rollstuhlfahrer, Skateboarder, Liebespaare, Kinder, Radfahrer oder Jogger, alle können sich im Rheinpark zu Hause fühlen. Wie eine Zeitreise wirken die Einblicke in den nördlich gelegenen Mülheimer Hafen mit seinen Werften und Schuppen, Schiffen und Wracks. Ein schöner Weg führt zwischen Rhein und Hafenbecken weit bis auf die Nordspitze der Halbinsel und dann über die geschwungene Fußgängerbrücke mit dem besten Blick auf das ganze Hafenquartier hinüber aufs Mülheimer Ufer. Zwischen den

Bauten der Bundesgartenschau vergammeln unter Denkmalschutz.

Industriebrachen hindurch geht es zurück und vielleicht in die angenehme Gegenwart der „Claudiustherme" mit ihrer antikisierenden Badelandschaft und dem heißen Außenbecken am Rande des Rheinparks.

Deutzer Hafen 2001.

Trotz des mächtigen Köln auf der anderen Rheinseite waren die Deutzer immer stolz auf ihre Freiheit. Bisweilen war Deutz auch Zufluchtsort, wie für die Juden, die 1424 aus Köln vertrieben wurden und eine neue Bleibe suchten. Bis heute lassen sich in Deutz Spuren dieser jüdischen Geschichte ausmachen: die Freiheit auf der Schäl Sick!

FREIHEIT DEUTZ

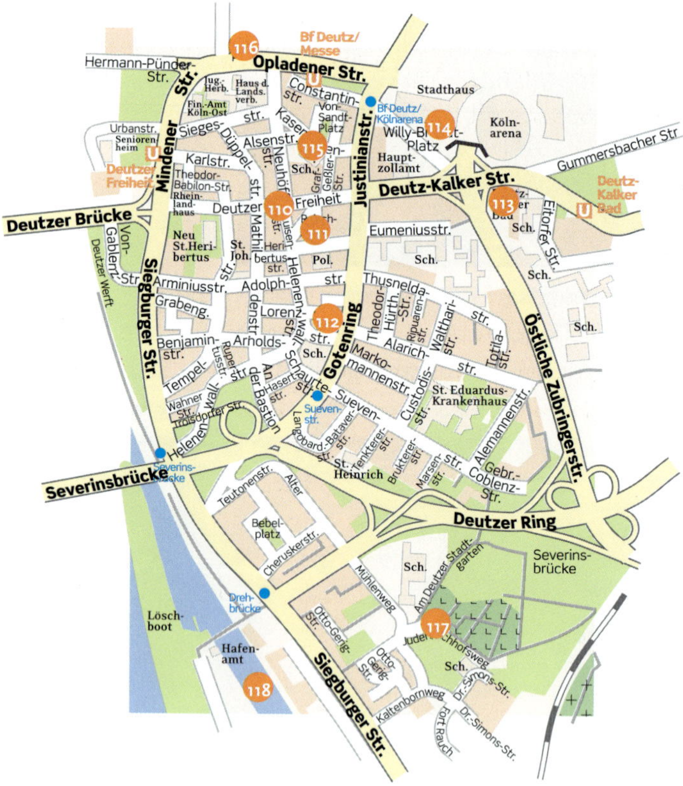

Im Jahre 1954 erklärte der Kölner Stadtrat das rechtsrheinische Deutz zu einem Teil der Altstadt und damit des Stadtzentrums. „Es bietet sich die einmalige Chance", betonte eine Denkschrift, „auch in der Stadteinteilung das Trennende des Rheins an einer Stelle zu beseitigen. Der Rhein fließt dann mitten durch das Herz von Köln." Vor dieser Kosmetik am offenen Herzen liegt indes eine lange Geschichte der Ortschaft Deutz im Schatten des unduldsamen Köln. Für viele Jahrhunderte war die „Freiheit Deutz" von der mächtigen Metropole Köln auf der anderen Rheinseite abhängig. Nachdem die Römer bereits früh ihre rechtsrheinischen Eroberungspläne aufgegeben und den Strom zur Grenze gemacht hatten, errichteten sie im Jahre 310 unter Kaiser Konstantin einen militärischen Brückenkopf auf dem feindlichen Ufer: das Kastell Divitia, aus dem der Name Deutz entstand. Die Wahrnehmung der anderen Seite als „Feindesland" blieb bis in unsere Tage, wenn von der „Schäl Sick", der schielenden Seite, die Rede ist. Das stammt von den Treidelpferden, die stromaufwärts die Schiffe gegen die Sonne zogen und angeblich zu „schielen" begannen.

Die Ablehnung der anderen Seite ist von einer römischen Grabinschrift des 4. Jahrhunderts mit dem Begriff „Barbarenland" für die Deutzer Garnison ebenso überliefert wie vom heiligen Bonifatius, der im 8. Jahrhundert noch vom „Heidenland" spricht; sie setzt sich fort in einer Warnung des Stadtrates von 1596 vor „Saufereien im ausländischen Deutz", wo man Schaden erleide an „Witz, Verstand und Gesundheit". Und sie endet nicht mit dem Kölner Oberbürgermeister Konrad Adenauer, von dem kolportiert wird, dass für ihn in Deutz der Bolschewismus begann und hinter Bensberg die Walachei, und der auf der Fahrt nach Berlin schon auf der Hohenzollernbrücke die Vorhänge im Abteil zuzog.

Deutz hat in seiner Geschichte immer die Rolle eines marginalen Nebenortes spielen müssen. Für viele Jahrhunderte haben die Kölner mit Erfolg jede Art von Befestigung, oft sogar massivere Steinbauten verhindern können. Die Folge: Oft wurde der Flecken von Soldaten oder Banden heimgesucht, die gegen Köln nichts ausrichten konnten und sich an Deutz und seinen Bewohnern schadlos hielten. In der Neuzeit unterband Köln die Entwicklung wirtschaftlicher Konkurrenz, bis der Ort 1888 schließlich eingemeindet wurde. Heute gibt es im rechtsrheinischen Köln kein Kino mehr und

Plündern und brennen – in Deutz fand die Soldateska immer ein Opfer. Köln verhinderte Jahrhunderte lang jede Art von Befestigung für die „Schäl Sick".

kein Museum. Und wenn gespart werden soll, fällt immer als Erstes der Vorschlag, die Bühne in der Halle Kalk zu schließen. Erst mit der Kölnarena kam in den 1990er Jahren ein Teil der Stadtverwaltung auf die andere Rheinseite. Bis heute gilt es in manchen Kreisen nicht als „chic", auf der Schäl Sick zu wohnen, obwohl hier Hunderttausende Kölnerinnen und Kölner ihr Zuhause haben.

Dass es zeitweise anders war, davon zeugt die Deutzer Freiheit, hier lag die Kölner Kneipenszene. „Heidelberger Fass", „Hoffstadt", „Guttmann", „Schwarzer Bär", „Landkrone", „Schloss Bensberg", „Grüner Wald", „Neues Haus", „Bergischer Hof", „Goldener Hut", „Stadt Kevelaer" – das waren im Jahre 1844 allein die Kneipen auf dem kurzen Straßenstück der „Freiheit". Vergnügungsstätten waren hier schon lange der Wirtschaftsfaktor Nummer eins. In den eigenen Mauern klein gehalten, strömten die Kölner in Scharen ins benachbarte Deutz. Es gibt Dutzende von belegten Mahnungen und Verboten des Stadtrates, der das Vergnügen einschränken wollte. Ohne Erfolg. Das Sündenbabel war stärker. Hermann Weinsberg schreibt Anfang des 16. Jahrhunderts in seinem berühmten Tagebuch, dass sich etwa auch der Domküster, Graf Solms, „in seinem Lusthaus zu Dutz" aufgehalten habe und nur zum Kirchendienst in einem eigenen Nachen über den Strom kam. Die Attraktion auf der anderen Rheinseite war neben der Gastronomie das Glücksspiel, das in Köln strikt verboten war, aber in Deutz 1753 vom Kurfürsten genehmigt wurde. In der preußischen Zeit kamen die Freiluftetablissements, Ausflugslokale und vor allem die Tanzsäle dazu.

Lezim, jüdische Musikanten, die zur Unterhaltung in den Wirtshäusern und auf den Tanzböden spielten, haben eine lange Tradition.

Eine Besonderheit war die oft gerühmte „gefällige Tanzmusik" jüdischer Orchester. Es gab hier wegen der Judengemeinde einige jüdische Gastwirte und eine Reihe jüdischer Unterhaltungsmusiker. Einer war ein Kantor namens Isaac Eberst aus Offenbach. Der hatte als reisender Spielmann, als Lezim, nicht nur in Synagogen musiziert, sondern auch auf Tanzböden und in Wirtshäusern. In Deutz fand er 1802 ein anregendes Pflaster und verliebte sich in die junge Marianne Rindskopf. Die jüdischen Musikanten hatte der Kölner Kurfürst schon früher als unentbehrliche Animateure für das Vergnügungsgeschäft in Schutz genommen und 1778 auswärtigen Konkurrenten das Musizieren mit „Violin, Hackbrett und Mass" auf den Deutzer Judenhochzeiten untersagt. 1819 wurde dem jungen Paar ein Sohn geboren, Isaac, der später als Komponist und Musiker unter seinem Künstlernamen Jacques Offenbach weltberühmt werden sollte.

Jacques Offenbach (1819-1880) lernte sein Handwerk in Deutz.

Nach langen Jahren der Verfolgung waren im Jahre 1424 die jüdischen Einwohner Kölns endgültig aus der Stadt vertrieben worden und fanden zum Teil in Deutz eine neue Heimat. Bereits zwei Jahre später wird die Gegend um die heutige Mindener Straße als „Judenviertel" bezeichnet. 1663 lebten in Deutz 497 Einwohner, darunter 65 Juden, also mehr als ein Zehntel. Bis Ende des 18. Jahrhunderts hatte sich die jüdische Gemeinde auf 163 Mitglieder fast verdreifacht. Wie falsch das Klischee von einer reichen jüdischen Schicht

111

**REISCHPLATZ 6/
„SYNAGOGE"**

ist, belegt die Sozialstatistik der Deutzer Juden von 1765: Sechs Metzger waren darunter, fünf Kaufleute, vier Handwerker, ein Krämer, ein Uhrmacher, ein Rabbiner, ein Vorsänger, ein Schulmeister, die schon erwähnten Wirtshausgeiger und natürlich deren zum Teil große Familien.

Julius Simons (Mitte), Deutzer Rabbiner und Lehrer, mit Religionsschülern, 1944 in Auschwitz ermordet.

Die Gemeinde besaß in der Gegend der heutigen Auffahrt zur Deutzer Brücke an der Siegburger Straße eine Synagoge, die 1784 beim großen Eisgang zerstört, aber wieder aufgebaut wurde und 1914 dem Brückenbau weichen musste. Ihre neue Synagoge errichtete die Gemeinde dann am Reischplatz zusammen mit einer Grundschule, die beide schon wenige Jahre später von den Nazis bei dem Novemberpogrom am 9. November 1938 zerstört wurden.

Minjan, Dankgottesdienst, am 2. März 1784 in den Ruinen der durch Eisgang zerstörten Synagoge in Deutz.

112

**LORENZSTRAßE/
DÜXER BOCK**

An der Ecke Lorenzstraße/Gotenring schaut in einer kleinen Grünanlage ein Ziegenbock von einer stämmigen Säule herab. Er wurde von dem in Köln populären und häufig vertretenen Bildhauer Gerhard Marcks 1963 gestaltet. Die Tierplastik zitiert eine Deutzer Legende, nach der ein armer Schneider mit seinem Nachbarn, einem betrügerischen Finanzbeamten, aneinander geriet, weil der Schneider in aller Frühe, wenn der Beamte noch verkatert im Bett lag, seine Kanarienvögel zwitschern ließ. Der Finanzler hängte, als er gerichtlich nichts dagegen unternehmen konnte, einen laut meckernden Ziegenbock in einem Käfig über der Haustür auf, um den Schneider zu verspotten und lächerlich zu machen. Das Ergebnis im Nachbarstreit: Der gute, aber arme Schneider zog fort, der böse Finanzbeamte und sein Bock blieben. Jahre später, nach dem Tod der beiden Kontrahenten, gab es ein Happy End zwischen der schönen Schneiderstochter und dem Beamtensohn. Zur Erinnerung an die frühere Familienfehde blieb der mittlerweile in Holz geschnitzte Bock über der Tür hängen. Da die Deutzer sich offensichtlich mit der Geschichte identifizierten – vielleicht gab es auch eine größere Anzahl von Schneidern am Ort – existiert bis heute eine Schützenfahne mit dem Motiv von Bock und Schneider.

Der „Düxer Bock":
heute ein Markenzeichen beim Schützenfest in Köln-Deutz. Skulptur von Gerhard Marcks (1963).

113

An der Einmündung des östlichen Zubringers in die Stadt und gegenüber der Kölnarena sieht man einen historischen Ziegelsteinbau aus den 1930er Jahren, geschmückt mit dem Wappenschild der Roland-Versicherung. Es ist das frühere Druckhaus Deutz, bis Anfang der 1980er Jahre Produktionszentrum der SPD- und Gewerkschaftszeitungen. Hier wurde der Vorwärts gedruckt und die NRZ, die Quelle oder die Welt der Arbeit. Das Druckhaus geriet in

DEUTZ-KALKER STR. 46/ „DRUCKHAUS DEUTZ"

den Strudel der miserablen Pressepolitik der Partei, wurde nach und nach verkleinert und 1980 endgültig dichtgemacht. 600 Arbeitsplätze blieben dabei auf der Strecke.

Der Bau stammt aus den Jahren 1931/32. Anfang März 1933 besetzten die Nazis die Parteidruckerei und produzierten hier ihren Westdeutschen Beobachter. Auf die Hausecke ließen sie ein weiteres Geschoss aufsetzen, mit Hakenkreuzornamenten in den auf die Spitze gestellten Quadraten. Nach dem Krieg wurden diese Nazi-Symbole ausgemauert, nach Regengüssen etwa sind sie aber noch zu erkennen.

Bei feuchtem Wetter sind am ehemaligen Druckhaus Deutz noch die Hakenkreuze in den Rauten am Giebel zu erkennen.

Das Deutz-Kalker Bad wenige Hausnummern weiter auf der Deutz-Kalker Straße zählt mit über 100 Jahren zu den ältesten Hallenbädern der Stadt. Es ist seit langem verlassen, ohne Wasser und Badebetrieb. Wenn man es einmal schafft, einen Blick hineinzuwerfen, ahnt man ein wenig von der Atmosphäre der dampfenden und schwitzenden Erholung jener Zeit: weiße und blaue Kacheln, die Farben von Wasser und Licht, unten Kabinen bis an den Beckenrand und oben die Galerie entlang. Weniger um Erholung ging es hier damals, sondern um Hygiene, denn die meisten Wohnungen hatten weder Bad noch Dusche, so dass die Menschen, um sich gründlich zu waschen, in die Schwimm- und Badeanstalten gingen. In den letzten Jahren wurde im Deutz-Kalker Bad nur noch ein kleiner Teil von einem Boxsport- und einem Judoverein genutzt. Das Ganze soll an einen Investor verkauft werden, für den Bau von Wohnungen beziehungsweise die Einrichtung eines Altersheims in dem denkmalgeschützten Ensemble.

Auf der anderen Straßenseite liegt der ehemalige Deutzer Friedhof, der, ebenso wie Melaten für Köln, 1805 von den Franzosen außerhalb der damaligen Ortschaft Deutz angelegt worden ist. Bis Ende des 19. Jahrhunderts war er in Betrieb und ist heute eine kleine und gepflegte Parkanlage mit wenigen, doch historisch interessanten Grabsteinen. Dazu gehört jener des Deutzer Gasfabrikanten Josef Coblenz, der der Stadt sein Geld für ein Altersheim vererbte oder jener von Anna Maria Mechtild Neuhoff, der so genannten Tempelmadam und Stifterin des „Deutzer Doms", der Kirche Neu St. Heribert. Gleich neben dem Friedhof liegt ein Ende der 1990er Jahre von der Stadtsparkasse Köln gestifteter Park. Die vormalige Industriebrache, die Jahrzehnte der KVB als Betriebshof diente, wurde auf Kosten der Sparkasse für 2 Millionen Mark als öffentlicher Park mit Pyramide und Hügel, Obstbäumen und Liegewiesen hergerichtet und wird für zehn Jahre auch unterhalten. Es ist ein Beitrag des kommunalen Bankhauses zur „Nachhaltigkeit" in ihrer Umweltbilanz und gehört in den Rahmen des ökologischen Aktionsplans zur „Agenda 21".

114

WILLY-BRANDT-PLATZ 3/ KÖLNARENA

Drei Väter hat die Kölnarena: den Oberstadtdirektor Lothar Ruschmeier (SPD), den Bankier Baron von Oppenheim und den Bauunternehmer Josef Esch aus Troisdorf und vielleicht auch noch eine Mutter, den Verleger Alfred Neven DuMont. Ruschmeier wollte eine neue, große Veranstaltungshalle für Köln, Oppenheim das

Kölnarena: ein prächtiger Bau und neues Markenzeichen am nächtlichen Kölner Himmel. Der Kölner Steuerbürger zahlt mit.

Geld seiner Kunden vermehren und Esch das Geschäft organisieren. Insofern wäre das alles klar und einfach, wenn sich mit solchen Hallen überhaupt Geld verdienen ließe. Das ist nirgends der Fall und deshalb gehört in aller Regel ein Businesscenter dazu, ein Hotel oder ein Spielcasino wie in Las Vegas. Die drei kamen auf die simpel-geniale Idee, ein neues Rathaus rund um die gewünschte Halle zu errichten, das wie ein Businesscenter regelmäßige und sichere Renditen verspricht, da die Stadt natürlich regelmäßig und sichere Mieten zahlt.

Als Erstes tat sich das Bankhaus mit dem Bauunternehmer zu einem geschlossenen Immobilien-Fond zusammen, dem „Esch-Oppenheim-Fond", und sammelte bei vermögenden Anlegern rund eine Milliarde Mark für den Bau einer Mehrzweckhalle plus Rathaus ein. Gleichzeitig sorgte Lothar Ruschmeier 1995 mit der SPD-Mehrheit für den Baubeschluss eines neuen „technischen Rathauses" plus Arena und für den Verkauf des notwendigen Grundstücks in Deutz an den Fond, wobei die Stadt allein hier auf rund 30 Millionen Mark verzichtete. Ruschmeier organisierte dann einen Vertrag, nach dem die Stadt vom Fond für 30 Jahre das Rathaus inklusive Parkhäusern, der Magistrale, den Läden, egal ob genutzt oder nicht, mietete. Festgelegt wurde ein Mietpreis von jährlich rund 28 Millionen Mark. Schließlich kam es zu einem weiteren Vertrag, nach dem die Stadt dem Fond nach 30 Jahren das Rathaus für 400 Millionen Mark abkauft. Die CDU stimmte allen Beschlüssen zu und der Verleger Alfred Neven DuMont sorgte mit all seinen Blättern für die zustimmende Begleitmusik zu diesen diversen und nicht unumstrittenen Deals.

Als Bauunternehmer für das Gesamtvolumen von rund 1 Milliarde Mark gewann man die Firma Holzmann, allerdings unter der Bedingung, dass Holzmann selber anschließend die Halle mieten und betreiben müsse. Für den Fond und die rund 70 Investoren, darunter unter anderem Oppenheim, Esch und Neven DuMont selber, war das ein sicheres Geschäft: vertraglich garantierte Mieten aus der Halle auf der einen und aus dem Rathaus auf der anderen Seite und das für 30 Jahre. Leider machte Holzmann nach einigen Jahren Pleite, aber der Fond schaffte es, aus der Konkursmasse rund 150 Millionen Mark „Entschädigung" herauszuholen und betreibt seitdem mit einem ausgewählten kleineren Kreis der Investoren das Hallengeschäft selber. Und die Stadt Köln zahlt monatlich ihre Miete.

Ein normales Geschäft in der Marktwirtschaft? Vielleicht. Der Nachteil für die Stadt ist allerdings die jahrzehntelange Bindung, finanziell sowieso, doch auch räumlich und örtlich. Und sie zahlt ihr eigenes Rathaus im Grund zweimal: erst durch die Mieten und dann

Die Kommanditisten

Zu den 77 Kommanditisten des geschlossenen Immobilienfonds Kölnarena/Rathaus gehören: Joachim Aymanns (Gerling), Bernd und Helmut Breuer (MMC), Vera Conle-Kalinowski (LTU), Irma Esch, Josef Esch, Joachim Gerhard (Strabag), Beate Hüttner (LTU), Christoph Kirsch (Südzucker/Schöller-Eis/eurofrost), Adolf Kracht (Deutsche Bank, Gerling, Babcock), Ilona von Krockow (Oppenheim), Matthias von Krockow (Oppenheim), Henry Maske, Dieter Murmann, Alfred Neven DuMont, Christian Schütte-DuMont, Dieter Schütte (DuMont), Alfred von Oppenheim, Christopher von Oppenheim, Nicolaus von Oppenheim, Karl-Otto Pöhl (ehem. Bundesbank, Oppenheim), Georg von Ullmann (Oppenheim), Karin von Ullmann (Oppenheim), Anton, Johanna und Maria Werhahn, Otto Wolff von Amerongen, Hans Zanders, Jürgen Zech (Gerling, Deutsche Bank).

aus: Werner Rügemer Colonia Corrupta, 2002

durch den Rückkauf nach 30 Jahren. Lothar Ruschmeier fand das ganze „einmalig in Deutschland" und bekannte, „darauf, auch darauf, bin ich besonders stolz". Er schied übrigens am 22. April 1998 aus dem Amt und begann am nächsten Tag seinen neuen Job als Geschäftsführer – beim Esch-Oppenheim-Fond.

KASEMATTENSTRASSE 8/ AUGUST BEBEL

Der Name der Straße und die Mietshäuser, die wie auf einem Wall stehen, erinnern an die preußischen Militäranlagen, die im 19. Jahrhundert ganz Deutz beherrschten. In diesen Kasematten wurde am 22. Februar 1840 der Junge August geboren, im einzigen Raum der Unteroffiziersfamilie Bebel. Schon als Kind lernte er die proletarischen Zustände und den militaristischen Charakter des preußischen Staates kennen. Nach dem frühen Tod des Vaters, der verbittert seinen Dienst als preußischer Unteroffizier getan hatte, zieht die Mutter mit der Familie nach Brauweiler, heiratet seinen Zwillingsbruder, der dort Gefangenenaufseher im Arbeitshaus ist. Bebel lernt das Drechslerhandwerk, macht sich später in Leipzig selbstständig, engagiert sich in der Arbeiterbewegung, gründet mit Liebknecht 1869 die „Sozialdemokratische Arbeiterpartei", die spätere SPD, und gehört bald zu ihren führenden Köpfen. In der Zeit der Sozialistenverfolgung unter Bismarck wird August Bebel zu einer der zentralen Persönlichkeiten der deutschen Sozialdemokratie und tritt als einziger Parlamentarier 1895 für das Frauenwahlrecht ein. In der Kasemattenstraße 8 erinnert eine Tafel am Haus an seinen Geburtsort Köln.

„Wenn eine Stadt in Deutschland, soweit das überhaupt möglich ist, für sich die Ehre in Anspruch nehmen kann, sich als Geburtsstätte des Sozialismus zu betrachten, so ist das Köln."

Aus einer Parteitagsrede August Bebels

OTTOPLATZ/ BAHNHOF DEUTZ

Vor dem Deutzer Bahnhof mit seinem monumentalen Kuppelbau aus dem Jahre 1913 erinnern eine Plastik und der Name „Ottoplatz" an den Erfinder des gasbetriebenen Verbrennungsmotors Nicolaus August Otto. Zusammen mit dem Ingenieur Eugen Langen, Sohn eines Zuckerfabrikanten, gründete der Tüftler und vormalige Handlungsreisende in Reis, Tee und Rosinen 1864 die erste Motorenfabrik der Welt, die dank des genialen Erfinders des Viertaktmotors rasch expandierte. 1869 siedelten Langen und Otto nach Deutz über, wurden hier später unter dem Namen „Klöckner Humboldt Deutz" (KHD) zum größten Arbeitgeber und trugen entscheidend zur Industrialisierung des rechtsrheinischen Köln bei. Das Denkmal aus dem Jahre 1931 schmückt ein originaler „atmosphärischer Motor".

Rund um den Deutzer Bahnhof wird in den kommenden Jahren ein neuer städtebaulicher Akzent für Köln entstehen. Die Messe wird größer und dehnt sich nach Norden ins vormalige Industriegebiet von KHD aus, zahlreiche neue Hotels und Bürobauten entstehen, Arena und Technisches Rathaus haben den Verkehrsknotenpunkt vergrößert und der Bahnhof Deutz wird als Haltepunkt des ICE nach Frankfurt umgebaut. Ein Stadtteil ist im Umbruch und entsprechend auch die „Visionen". Hier ist an eine Kölner Downtown gedacht, ein Ensemble aus mindestens drei oder vier Hochhäusern von über 100 Metern Höhe. Linksrheinisch ist das kaum möglich, denn im Zentrum sind die Bauhöhen durch den Dom und die romanischen Kirchen vorgegeben, obwohl immer wieder – mit stillschweigender Duldung oder nachträglichem Einverständnis der Stadtverwaltung – dagegen verstoßen wird.

Ein kleines Pantheon am Rhein: der Bahnhof Deutz mit Kuppelbau (1913).

Die ersten Entwürfe für Deutz boten elegante Ideen mit schlanken Silhouetten und abgeschrägten Türmen, doch dann kamen die Investoren ins Spiel, die es höher und breiter wollen, damit sich das Ganze für sie „rechnet". Einer der Türme, nach Entwürfen der Kölner Architekten Dörte Gatermann und Elmar Schossig zwischen dem Deutzer Bahnhof und der Hohenzollernbrücke, wurde schon begonnen, wenn auch ohne rechtsgültigen Bebauungsplan. Nach zunächst 60 Metern wurde er peu à peu von den Ratsmehrheiten über 91 und 95 auf 103 Meter erhöht, bis die Unesco-Kommission in Paris protestierte und drohte, den Dom aus der Liste des Weltkulturerbes zu streichen, wenn so weitergebaut wird. Nicht nur in Paris befürchtet man durch die Breitseiten der Hochhäuser eine massive Beeinträchtigung der Sicht auf die andere Rheinseite, eine Veränderung der traditionellen Stadtsilhouette und eine Sperre der optischen Ach-

sen. Das Grundproblem aber ist, dass es in Köln kein zusammen-
hängendes Hochhauskonzept gibt, von einem gesamtstädtischen
Entwicklungsplan ganz zu schweigen, und so lange kann jeder Investor auf seine Art planen und klüngeln.

Modell der Hochhauswünsche
rechtsrheinisch (2002).

**JUDENKIRCHHOFS-
WEG/JÜDISCHER
FRIEDHOF**

1699 wurde hier der erste Tote begraben. Dreihundert Jahre später sind die alten Gräber fast zu einem Teil der Natur geworden. Sie
sind überrankt, die Grabsteine verwittert und oft von ihrem eigenen
Gewicht in den Boden gedrückt. Jüdische Friedhöfe sind auf Ewigkeit angelegt, sie kennen keine begrenzten „Liegezeiten", sondern
sie wachsen über Generationen und werden nicht wie christliche
Friedhöfe gärtnerisch gepflegt – vergessen sind sie dennoch nicht.
Auch wenn sie wie dieser Deutzer Friedhof nicht mehr aktiv
genutzt werden: Hier fand das letzte Begräbnis 1942 statt. Viele
jüdische Besucher legen immer noch kleine Steinchen auf die Grabsteine. Diese Tradition führt man auf die Zeit zurück, als das Volk
Israel durch die Wüste zog und die Verstorbenen mit Steinen bedeckt
werden mussten.

Die Grabsteine haben durch die Jahrhunderte gelitten, aber die
hebräischen Buchstaben und die Ornamente sind noch zu entziffern: Segnende Hände symbolisieren, dass der Tote ein Priester war
oder aus einer Priesterfamilie stammt; eine Kanne weist auf den
Leviten hin, der Wasser über die Hand des Priesters goss; der
geknickte Baum steht für die Menschen, die in der Blüte ihrer Jahre
gestorben sind; Tiere illustrieren häufig den Namen des Toten (Löw,

Baer, Hirsch), wie hier in Deutz der Rinderschädel bei der Familie Rindskopf. Die ältesten Gräber aus dem frühen 18. Jahrhundert, gleich hinter dem Eingang links, sind ausschließlich mit hebräischen Schriftzeichen geschmückt. Die Anpassung an die politischen Verhältnisse und den Wunsch nach Emanzipation erkennt man an den zweisprachigen Grabsteinen auf deutsch und hebräisch des 19. Jahrhunderts, unter ihnen etwa der Musiker Isaac Offenbach, der Vater des Komponisten. Erstaunlich farbenfroh ist die klassizistische und mit einem Zaun eingefasste Grabstätte der Familie Oppenheim, die erst in jüngerer Zeit restauriert wurde.

Isaac Offenbach, Kantor der Gemeinde Deutz, Vater des Komponisten Jacques Offenbach.

Charakteristisch für den neueren Teil auf der rechten Seite vom Eingang aus gesehen sind die liegenden Grabsteine. Mitte des 19. Jahrhunderts verbot das preußische Militär, die Steine aufrecht zu stellen, damit sich kein Feind dahinter verstecken konnte. Der wohl prominenteste Tote in diesem Teil ist Moses Hess. Sein Grab liegt rechts neben dem Hauptweg. Der Freund von Marx und Engels war der philosophische und politische Vorkämpfer des Sozialismus und einer der ersten Kommunisten in Deutschland. Der Mitbegründer der Rheinischen Zeitung in Köln wurde später überzeugter Lassalleaner und Begründer des sozialistischen Zionismus, auf dessen Theorien und Utopien sich bis in die jüngste Zeit manche Kibbuzim in Israel beziehen. Hess wurde 1812 in Bonn geboren und ist 1875 in Paris gestorben, ließ sich aber auf eigenen Wunsch auf diesem Friedhof in Deutz neben seiner Mutter begraben. 1961 wurden seine sterblichen Überreste nach Israel überführt.

Die Grabsteine auf dem Deutzer Judenfriedhof mussten liegen, damit die Preußen freies Schussfeld hatten.

118

SIEGBURGER STRAßE UND ALFRED-SCHÜTTE-ALLEE/DEUTZER HAFEN

Man glaubt kaum, dass Köln die zweitgrößte Hafenstadt am Rhein sein soll. Aber wenn man alles zusammenzählt: Niehl I + II im Norden, Mülheim rechtsrheinisch, Godorf im Süden und Deutz in der Mitte, dann könnte es eventuell hinkommen. Aber alles ist in Veränderung. Der Rheinauhafen als Gewerbehafen ist schon länger passé, im Mülheimer Hafen gibt es fast nur noch Schiffsreparaturen und ein paar Wasserbetriebe, während von den innerstädtischen Häfen der in Deutz der letzte ist, der ausschließlich dem Gewerbe dient. Kein Künstleratelier und kein Wohnboot, keine Yacht und kein Schöner-Wohnen, stattdessen Schrottplätze, Holz- und Stahlhandel, eine Kreidefabrik und die Aurora-Mühle. Rund 600 Schiffe werden hier Anfang des 21. Jahrhunderts jährlich ent- oder beladen, der Gesamtumschlag liegt bei rund 500 000 Tonnen und die Tendenz ist leicht steigend.

Der Deutzer Hafen ist auch der einzige Gewerbehafen rechtsrheinisch zwischen Neuwied und Düsseldorf. In der Kombination des industriellen Gütertransports zwischen Schiene und Wasser spielt er immer noch bis ins Bergische Land hinein eine Rolle für die rechtsrheinische Industrie. Andererseits ruft seine attraktive Lage, nah an der Innenstadt mit Sicht auf Altstadt und Dom, sicherlich irgendwann irgendwelche Investoren auf den Plan, denen die Zukunft der industriellen Arbeitsplätze in und um den Hafen egal sein dürfte.

Ursprünglich lag an dieser Stelle ein alter Rheinarm, der Schnellert, den preußische Pioniere im 19. Jahrhundert zum Winterhafen für das Militär ausbauten. Erst mit der Entwallung von Deutz Anfang des 20. Jahrhunderts und der Möglichkeit der Ausdehnung des Stadtteils wurde 1904 bis 1908 der Hafen angelegt. Aus dieser Zeit stammt auch die denkmalgeschützte Drehbrücke der Firma Harkort aus Duisburg mit dem Steuerhaus über den genieteten Gitterträgern. Inzwischen wird sie elektronisch gesteuert zur Seite geschwenkt, wenn ein Schiff das Innenbecken befahren will. Das Außenbecken ist bis heute als „Sicherheitshafen" für die Rheinschifffahrt definiert, falls es einmal zu Eisgang oder einem Unglück kommen sollte. Im Außenbecken und unmittelbar vor der Drehbrücke liegen auch die Flüchtlingsschiffe, auf denen seit Anfang der 1990er Jahre ausländische Flüchtlinge untergebracht werden.

Deutzer Hafen 2003.

Der letzte Gewerbehafen rechtsrheinisch zwischen Neuwied und Düsseldorf.

Wenn man neu in Köln ist, sollte man sich die Stadt wie eine Zwiebel vorstellen. Um den Stadt-kern herum legen sich die großen Verkehrsringe: die Ringe, die Autobahn, dazwischen Gürtel, Grün und Eisenbahn. Mit diesem Bild erschließt sich Köln leichter und man verfährt sich auch seltener. Diesem Muster folgend, wird nun im Linksrheinischen ein großer Halbkreis um die City geschlagen, durch die Vororte und Veedel, von Nord nach Süd, angefangen in Riehl bis weit hinunter nach Meschenich.

LINKSRHEINISCH VON NORD NACH SÜD

119

RIEHL – RIEHLER STRASSE/SKULPTURENPARK

Auf einer Brache und Spielwiese für Kaninchen an der Auffahrt zur Zoobrücke zwischen Rheinufer und Riehler Straße entstand als Lustort für Geist und Sinne ein privater Skulpturenpark. Die Verwandlung wurde durch den persönlichen Einsatz des Sammlerehepaars Eleonore und Michael Stoffel möglich, die auch die nebenan liegende vormalige Jugendherberge an der Elsa-Brandström-Straße kauften und seitdem bewohnen. Die Initiative wollen die Mäzene ausdrücklich als Anregung und Modell für kulturelles Engagement verstanden wissen. Ihr Thema ist die Skulptur im Stadtraum, wobei sie den Rahmen gegenständlicher und ortsgebundener Kunst aufbrechen, das „Denkmal" also verlassen möchten.

Der Park in Riehl wurde 1997 zur ArtCologne eröffnet. Angesichts der enormen Transportkosten für Tieflader und Spezialkräne musste man sich bald von der Idee der Wechselausstellungen verabschieden. Seither widmen sich die Förderer dem Aufbau einer festen Sammlung und tragen Werke zusammen, die die Vielseitigkeit zeitgenössischer Bildhauerei vor Augen führen. Leider muss wegen der Gefahr des Vandalismus die Anlage durch einen hohen Zaun abgesperrt werden und macht dadurch bisweilen einen separat-sterilen Eindruck.

Zur Eröffnung sprang der Hase im Skulpturenpark. „Leaping hare on a crescent and bell",
Barry Flanagan (1988).

Gleich am Eingang des Parks steht das auffallend bunte Objekt des kubanischen Bildhauers Jorge Pardo. Ob es sich bei der begehbaren Installation um ausgefallenes Architekturdesign oder eine benutzbare Skulptur handelt, diese Frage bleibt ebenso offen, wie die Suche nach einer Erklärung des Titels „Tomatensuppe". Wie Pardos Werk stammt auch die Objektgruppe „Ambition is just ..." von Jenny Holzer aus den späten 1990er Jahren. Holzer steuert eine Reihe von vier steinernen Bänken bei, deren Sitzflächen von Textzeilen überzogen sind. Hier wird nicht erinnert oder gemahnt, es geht um ein Angebot zur Selbstreflexion durch Lesen oder Absitzen. „You must know where you stop and the world begins." Kunst als Spiegel der Natur, diese Grundidee hat der aus Indien stammende Künstler Anish Kapoor ins Zentrum seiner Arbeit gestellt. Auf einem großen konkaven Metallspiegel wird der jeweilige Installationsort reflektiert. Himmel und Parklandschaft finden verfremdet und auf den Kopf gestellt ihren Widerhall auf der polierten Oberfläche. Die Bandbreite der 31 Skulpturen weist viele bekannte Namen auf, von Tony Cragg über Johannes Wohnseifer, Ulrich Rückriem und Jörg Immendorff bis hin zu Rosemarie Trockel.

Arbeit von Rosemarie Trockel, o. T. (1997)

Skulpturenpark
tägl. geöffnet
10.30–18 Uhr,
im Winter bis 16.30 Uhr

Von hier aus hat man übrigens auch den Blick auf ein anderes so genanntes Kunstwerk von HA Schult auf einem Bürogebäude jenseits der Zoobrücke. Es wurde für eine vorgesehene Dauer von drei Wochen auf den Pylon der Severinsbrücke geschweißt, Ausdruck und Kritik moderner Übel wie Anonymisierung und Globalisierung. Und weil die Kugel auf der Brücke so schön aussah, verlängerte die Verwaltung die Aufenthaltsgenehmigung um einige Wochen und immer wieder und wieder, bis sich am Ende der Stadtkonservator – die Severinsbrücke steht unter Denkmalschutz – und der Rost durchsetzten. Bei der Wahl des endgültigen Standorts gab vor allem eines den Ausschlag: die Übernahme der Transport- und Montagekosten. Im Jahr 2000 fand die Weltkugel dann hier auf dem DEVK-Gebäude an der Zoobrücke ihren neuen Platz.

Wenn man an der Neusser Straße die Innere Kanalstraße überquert, sind rechts und links Brückengeländer sowie Richtung Zoobrücke der Rest einer Betonspur im grünen Niemandsland zu besichtigen. Diesen Baudenkmälern sieht man weder die tatsächliche Funktion, noch die historische Dimension an. Vor mehr als 20 Jahren waren

NIPPES – INNERE KANALSTRAßE/ STADTAUTOBAHN

Heißer Herbst 1976: Proteste gegen die Stadtautobahn in Nippes.

das die ersten Brückengeländer und Fahrspuren für eine innerstädtische Autobahn, die einmal sechsspurig von der Zoobrücke, neben der Kanalstraße her, dann unter der Eisenbahn hindurch bis zum Herkulesberg führen und dort mit dem nördlichen Autobahnzubringer verknüpft werden sollte. Nippes wäre dann endlich als Weltstadtteil an den internationalen Verkehr angeschlossen gewesen und der kürzeste Weg von Budapest nach Antwerpen hätte durch die „Nippeser Schweiz" geführt. So heißt die hügelige Grünanlage in dem alten Rheinarm neben der Krefelder Straße und zwischen den Eisenbahnüberführungen. Auf der Strecke geblieben wäre dabei der Grüngürtel von der Zoobrücke bis nach Ehrenfeld, den die Autobahnauffahrten am Herkulesberg schon massiv zerstückelt hatten. Gerade an warmen Tagen zeigen auf den Wiesen rechts und links der Neusser Straße Dutzende türkischer Frauen und Kinder, denen am späten Nachmittag auch die Männer folgen, was hier an urbanem Gelände in Gefahr ist.

Organisiert wurde die Opposition gegen die Autobahnpläne von einer Bürgerinitiative namens „Nippeser Baggerwehr", die mit ihrem Namen den Titel des lokalen Karnevalsvereins „Bürgerwehr" persiflierte. Als die Stadtverwaltung trotz aller Proteste und Eingaben in einer Hauruckaktion im Mai 1977 die blühenden Schrebergärten wegbaggern ließ, die sich auf dem Areal zwischen Neusser und Merheimer Straße erstreckten, kam es zur Bauplatzbesetzung mit allen Begleitumständen der bewegten siebziger Jahre: wochenlange Protestaktionen und Besetzung, Freundschaftshaus, polizeiliche Räumung, Ermittlungen und Strafverfahren. In den meisten Prozessen gab es kein Urteil, weil kein Zaun um das Gelände gezogen war, mithin juristisch kein „Hausfriedensbruch" vorlag.

So konnte zunächst der Bau der Stadtautobahn verzögert werden, bis nach und nach neue Planungen und fehlendes Geld die Stadt zum Umdenken zwangen. Das verhinderte Stück wäre auch nur der Start einer gigantischen Trasse gewesen, die ursprünglich auf den gesamten inneren Grüngürtel gelegt werden sollte. Der Aachener Weiher wäre zugeschüttet worden und die Autobahn hätte

über die Universitätswiesen hinweg, zwischen Bahn und Südstation, durch den nördlichen Teil des Vorgebirgsparks – in dem heute noch in den verwilderten Brachflächen die schon gebauten Kanalschächte zu bewundern sind – weiter zum Rhein und über eine neue Autobahnbrücke hinüber auf die andere Rheinseite geführt. Schließlich wäre irgendwo in Humboldt-Gremberg der Anschluss an den Kölner Autobahnring erfolgt. Das waren alles einmal Ideen der amtlichen Stadtplaner, so idiotisch, dass niemand mehr davon spricht, nicht einmal die FDP.

Nach dem Abriss der Nippeser Schrebergärten im Mai 1977 wurde der Bauplatz für die Stadtautobahn besetzt.

121

Viele Architekturkritiker halten St. Engelbert in Riehl für den gelungensten Kölner Kirchenbau der Moderne. Der Entwurf stammt von Dominikus Böhm, der 1930 in einem Wettbewerb siegte und am Riehler Gürtel einen Zentralbau mit einem Kreis als Grundriss errichtete. Darauf setzte er acht parabelförmige Wände, die zu der auffallenden Dachform führen. Beim Publikum hieß St. Engelbert deshalb bald die „Zitronenpresse" und so sehr die Kritik den experimentellen Bau lobte, er war nicht unumstritten und ist vor allem dem für die Moderne aufgeschlossenen Pfarrer zu verdanken. Neben der Kirche mit ihrem überzeugenden Linienschwung

RIEHL – RIEHLER GÜRTEL 12/ ST. ENGELBERT

steht der Kirchturm als ein rechteckiger Kontrapunkt. Technisch ist die Kirche ein Stahlbetonbau, über den als Verblendung Backsteinziegel gemauert sind. So nutzte der Architekt die neuen technischen Möglichkeiten, machte den Baustoff aber weitgehend unsichtbar, da die reine Verwendung von Beton in dieser Zeit noch heftige Kontroversen auslöste. Liturgisch entspricht der Raum mit seinem meditativen Dämmerlicht und der hellen Betonung des Altarbereichs der Reformbewegung der 1920er Jahre. Damals ging es bei innerkirchlichen Experimenten vor allem um das Gemeinschaftserlebnis um den Altar sowie darum, die Verbindung zwischen Priester und Gemeinde in den Vordergrund zu stellen, was in der Liturgiereform des Zweiten Vatikanischen Konzils Anfang der 1960er Jahre offizielle Bestätigung fand. Böhm stellte die ganze Kirche auf einen hohen Sockel und schuf so im Untergeschoss Platz für Gemeinderäume, den Pfarrsaal, für die Jugend und die Bücherei.

Die Zitronenpresse von Dominikus Böhm – St. Engelbert in Riehl.

Der Bau unterstreicht die Rolle des Wortes im Kult, in der Exegese oder in der Predigt. Diese Kirche ist neben aller architektonischen Raffinesse vor allem auch durch eine Predigt berühmt geworden. Es war die Silvesterpredigt des Jahres 1946. Der damalige Kardinal Frings war wegen der Beschädigungen am Dom nach St. Engelbert ausgewichen und predigte unter anderem über die Not der Nachkriegszeit, den Hunger, die Kälte und resümierte: „Wir leben in Zeiten, da auch der Einzelne das wird nehmen dürfen, was er zur Erhaltung seiner Gesundheit notwendig hat, wenn er es auf andere Weise, seine Arbeit oder Bitten, nicht erlangen kann." Das Publikum kapierte sofort, was der Kardinal sagen wollte – in der Beziehung bestand immer schon eine enge Einheit von Hirte und Herde.

Natürlich war in diesem überaus kalten Winter damit das „Einsammeln" der Briketts von den alliierten LKWs oder den Transportzügen gemeint. Das war ohnehin üblich, aber jetzt mit erzbischöflichem Segen. Und ab da hatte man ein neues Verb für die alte Tätigkeit, das „fringsen".

„Der Einzelne darf nehmen, was er braucht", im Volksmund „fringsen".

122

NIEHL – NIEHLER HAFEN/ VOM CRANACH-WÄLDCHEN ZUM MOLENKOPF

Köln ist der Sitz des südlichsten Seemannsamtes der Republik, weit weg von jedem Meer und doch zuständig für alle Jobfragen rund um die Seeschifffahrt wie die Bordpapiere und das Anheuern oder die Seemannsbücher. Man findet dieses Amt im Niehler Hafen, dem größten der Kölner Häfen, der 1925 mit einem ersten Becken eröffnet wurde. Inzwischen sind es vier. Während das letzte Becken den Schiffen der KD als Winterlager dient, werden in den anderen Zellulose und Kohle, Schrott, Holz oder Papier verladen, und neben dem Schüttgut immer mehr Container. Allerdings verändert sich das Verhältnis von Ufer und Wasserfläche rapide, der Umschlag geht immer schneller und man benötigt mehr Platz an Land. Deshalb wird überlegt, ein Becken wieder zuzuschütten. Eine andere Folge der immer kürzeren Liegezeiten ist auch, dass es heute keine Schifferkneipe mehr im Hafen gibt und von Seemannsromantik weit und breit nichts zu spüren ist.

Zum Hafengebiet gehört auch das Heizkraftwerk Niehl aus den 1970er Jahren, das derzeit durch eine Gas- und Dampfturbinenanlage zur Produktion von Strom und Fernwärme ersetzt wird. Wenn das neue Kraftwerk 2005 ans Netz geht, wird es weltweit zu den umweltschonendsten Anlagen zählen und mit einem erheblich verbesserten Wirkungsgrad etwa 200 000 Tonnen Kohlendioxid jährlich weniger ausstoßen. Ein Teil dieses demnächst nicht mehr anfallenden Umweltgifts ist jetzt schon im Rahmen eines internationalen Geschäfts an ein Unternehmen verkauft, das entsprechend höhere Ausstoßraten hat. Das ist nach den Protokollen des Umweltgipfels in Kyoto möglich und hat dem rheinischen Energieversorger einige Hunderttausend Euro extra beschert.

Hafen ohne Seemannsidylle,
der Industriehafen Niehl I.

Der Weg über den Molenkopf, zu Fuß oder mit dem Rad, immer weiter nach Norden zwischen Rheinstrom und Hafen, gibt einen guten Überblick, bis man von der Fußgängerbrücke, die sich in einem weiten Bogen über die Hafeneinfahrt ans Niehler Ufer spannt, alles zu Füßen liegen hat. Eine schöne Ecke ist das hier, nicht überlaufen, aber auch ein wenig abgelegen und daher hat die Stadt es immer auch im Visier, hierhin soziale Konflikte oder Problemgruppen auszulagern. Im Jahre 2000 wollte man die Frauen vom Straßenstrich rund um den Ebertplatz hierher verbannen. Das waren vor allem drogenabhängige Frauen und Mädchen, die ihre Sucht auf dem Strich finanzieren. In der Innenstadt fühlten sich Anwohner durch die Anmache und den Lärm motorisierter Freier gestört. Aber auch hier am Hafen gab es sofort Proteste der anliegenden Sportvereine, die eine Gefahr für die männliche Sportjugend fürchteten. Daran ist der Plan gescheitert und die Prostituierten wurden im Jahr 2001 ganz weit in den Kölner Norden, in das Industriegebiet an der Geestemünderstraße in Longerich, verschoben. Dort machen sie jetzt ihre Arbeit in so genannten Verrichtungsboxen, nach holländischem Vorbild und betreut vom Sozialdienst Katholischer Frauen.

Im Jahr 2002 betraf die Verdrängungspolitik der Stadt die Flüchtlinge, vor allem Roma aus Südosteuropa, die amtlich als „unerlaubt eingereiste Personen" bezeichnet in Notlagern untergebracht und mit Einheitsverpflegung auf niedrigstem Level versorgt werden. Ihre Kinder haben weder das Recht, eine Schule zu besuchen, noch haben die Erwachsenen die Möglichkeit, Arbeit zu finden und selber für sich zu sorgen. Als ein Containerlager für diese Menschen in Kalk gekündigt wurde, wollten Stadtverwaltung und CDU als Ersatz ein „Containerschiff" im Niehler Hafen anlegen lassen und die Flüchtlinge weit weg von jeder menschlichen Gesellschaft hierher abschieben. Heftige Proteste von Künstlern, engagierten Christen und den Flüchtlingsorganisationen verhinderten den Plan und das Wohnschiff mit dem treffenden Namen „Transit" für etwa 250 Menschen musste am Eingang zum Deutzer Hafen anlegen. Allerdings beschloss die neue Koalition aus Grünen und CDU kurz danach das gesamte Flüchtlingskonzept zu ändern und das Schiff wieder ablegen zu lassen.

Ein besonderes Schiff und historisches Denkmal im Niehler Hafen ist die „MS Stadt Köln". Das schmucke Gefährt stammt aus dem Jahr 1938 und wurde von dem damaligen NS-Oberbürgermeister Karl Georg Schmidt in Auftrag gegeben, um mit illustren Gästen auf dem Rhein schippern zu können. Original erhalten aus der Zeit ist die komfortable Einrichtung mit Salons, Konferenzraum und Empfangsdeck, fein vertäfelt alles und mit viel Plüsch und Samt. Alte Matrosen im Hafen erzählten, die „MS Stadt Köln" sei das Luxusschiff von Hermann Göring gewesen und auf ungeklärte Weise erst nach 1945 hier unter seinem jetzigen Namen gelandet. Heute wird es sowohl als Repräsentationsschiff des Oberbürgermeisters genutzt, kann jedoch auch von der KVB-Touristik von jedermann gemietet werden. Insgesamt kostet es die Stadt jährlich über 50 000 Euro an Unterhalt. Also, Schiff ahoi!

STEPHAN BRINGS, KÖLSCH-ROCKER, EMPFIEHLT:

Das schöne an diesem Ort ist, dass es irgendwie keine Regeln und keine Kontrolle gibt. Hier haben wir als Kinder schon mit unserem Vater mit einem Luftgewehr auf Dosen geballert. Man muss sich hier ausnahmsweise auch keine Sorgen machen, dass es irgendwann mit dieser Wildnis zu Ende gehen könnte, denn die Wiesen und der kleine Wald liegen im Überschwemmungsgebiet des Rheins. Selbst wenn nach ausgiebigen Grillgelagen der Müll überhand nimmt, kann man sich drauf verlassen, dass der Fluss irgendwann aus seinem Bett kommt, um aufzuräumen. Überhaupt ist das Strandgut das beste Spielzeug. Mit unseren Kindern haben wir schon richtige Flöße gebaut und sind in See gestochen. Dieser Lieblingsplatz liegt linksrheinisch und ist ein Kiesstrand am Rhein zwischen Mülheimer Brücke und Niehler Hafen. Auf Stadtkarten wird dieses Gebiet als Cranachwäldchen ausgewiesen.
Riehl, Rheinufer, linksrheinisch, Stromkilometer 693

123

EHRENFELD –
VENLOER
STRASSE 160/
ECKE INNERE
KANALSTRASSE/
ZENTRALMOSCHEE

Zwei Zugänge führen zur größten Moschee der Stadt: einer von der Venloer Straße durch ein Verwaltungsgebäude, das den Charme eines Jugo-Hotels der späten 1970er Jahre verströmt, und ein zweiter von der seitlichen Fuchsstraße über einen weiten Innenhof, um den sich Lebensmittelgeschäft und Gemüseladen, Friseur, Buchhandlung und Teestube, Sporthalle und Seminarräume gruppieren. Das alles gehört zu DITIP, der „Türkisch-Islamischen Union der Anstalt für Religion", dem größten Verband der Muslime in Deutschland mit Sitz hier an der Venloer Straße in Köln. Der Verein will die religiösen, die sozialen und kulturellen Interessen der türkischen Muslime in Deutschland vertreten und ist die Auslandsorganisation einer entsprechenden staatlichen Behörde in Ankara.

Es ist nicht der einzige Dachverband der Muslime in Deutschland, es gibt mehrere und konkurrierende Verbände, teils nach religiösen, teils nach politischen Tendenzen unterschieden. Und alle haben ihren Sitz in Köln. Das hängt mit der Einwanderungspolitik der 1960er Jahre zusammen, als vor allem türkische „Gastarbeiter" an den Rhein kamen und die meisten von ihnen bei der Firma Ford Arbeit fanden. Sie waren jung, unternehmungslustig und wollten in aller Regel nach ein paar Jahren wieder in ihre Heimat zurückkehren. Inzwischen leben sie hier, die meisten in der zweiten, viele schon in der dritten Generation. Sie verbringen mit ihren Kindern und Enkeln den Lebensabend in Deutschland, werden dabei aber nur zögernd von der deutschen Mehrheitsgesellschaft akzeptiert. Angesichts solcher Erfahrungen und mit zunehmendem Alter wenden sich viele eher traditionellen Werten wie eben der Religion zu und so sind auch die meisten Moscheen in Köln erst seit den 1990er Jahren entstanden. Fünfmal am Tag besuchen die frommen Muslime ihr Gotteshaus, zum ersten Mal vor Sonnenaufgang bis nach Sonnenuntergang. Gebetet wird arabisch und gepredigt wird beim traditionellen Freitagsgebet auf Türkisch. (Es gibt nur eine kleine Moschee in Köln, in der englisch oder auch deutsch gepredigt wird.) Diese Moschee fasst ungefähr 1200 Gläubige, aber an großen Feiertagen sind es bis zu 8000 in den angrenzenden Räumen und auf dem weiten Hof. Neben Gebet und Religion bietet der Verband auch eine Fülle von sozialen und kulturellen Angeboten. Dazu werden Pilgerfahrten nach Mekka organisiert oder die Überführung der Toten in die türkische Heimatgemeinde abgewickelt.

Von den etwa 180 000 Kölnern ausländischer Herkunft stammen etwa die Hälfte aus der Türkei oder haben türkische Eltern. Von diesen ist ein großer Teil auch religiös gebunden. Insgesamt gibt es mehr als drei Dutzend Moscheen in Köln, alle in Hinterhöfen, leer stehenden Ladenlokalen oder Gewerbebetrieben – in den Räumen der Zentralmoschee etwa war früher eine Arzneimittelfabrik. Keine einzige Moschee hat einen repräsentativen Neubau oder ist an ihren typischen Merkmalen Minarett und Kuppelbau zu erkennen. Seit Jahren gibt es zwar die Forderung nach einem Neubau, vor allem in Chorweiler, aber lange tat sich die Politik damit schwer und vertröstete die Antragsteller Jahr um Jahr. Erst im Sommer 2001 und vor allem auf Initiative der FDP beschloss der Stadtrat, ein Grundstück für eine neue Großmoschee bereitzustellen, über deren Standort lange gerungen wird. Das Problem ist auch, dass sich die Muslime auf den Träger einer solchen Zentralmoschee einigen müssten. Dreizehn Gruppen haben sich zu einem neuen „Verein Zentralmoschee" zusammengeschlossen und werben für die Trägerschaft – ohne den DITIP allerdings, der eine Art Alleinvertretungsanspruch erhebt und die neue Moschee hier zu errichten wünscht.

Früher eine Arzneimittelfabrik – heute eine Moschee.

Der 3. Oktober 2003, nach islamischer Zeitrechnung der 7. Seban 1424: deutscher Nationalfeiertag und Tag der offenen Moschee.

„Der Prophet ist der Ansicht, kleinere Sünden werden durchs Beten vergeben!"

003 DİYANET TAKVİMİ	İleri Saat	İmsak	Güneş	Öğle	İkindi	Akşam	Yatsı
	Berlin	5 10	7 05	13 03	16 03	18 48	20 08
	Hamburg	5 21	7 19	13 16	16 15	19 01	20 21
	Aachen	5 43	7 33	13 32	16 35	19 18	20 38
	Bochum	5 37	7 29	13 27	16 29	19 13	20 33
3	**Bielefeld**	5 31	7 24	13 22	16 23	19 08	20 28
	Bonn	5 39	7 29	13 28	16 31	19 14	20 34
EKİM	**Bremen**	5 27	7 23	13 21	16 21	19 06	20 26
	Chemnitz	5 16	7 06	13 05	16 08	18 51	20 11
CUMA	**Dortmund**	5 36	7 28	13 26	16 28	19 12	20 32
	Dresden	5 12	7 03	13 01	16 04	18 47	20 07
	Duisburg	5 39	7 31	13 29	16 31	19 15	20 35
Hicrî: 7 Şaban 1424	Düsseldorf	5 39	7 30	13 29	16 32	19 15	20 35
Rumî: 20 Eylül 1419	**Essen**	5 38	7 30	13 28	16 30	19 14	20 34
Hızır: 151	Hagen	5 36	7 28	13 27	16 29	19 12	20 32
	Hannover	5 25	7 19	13 17	16 18	19 03	20 23
	Kiel	5 19	7 19	13 16	16 13	19 00	20 20
	Koblenz	5 38	7 27	13 26	16 30	19 12	20 32
	Köln	5 39	7 30	13 29	16 31	19 15	20 35
	Krefeld	5 40	7 31	13 30	16 32	19 16	20 36
	Leipzig	5 17	7 08	13 07	16 09	18 53	20 13
	Munster	5 35	7 27	13 26	16 27	19 11	20 31
	Oldenburg	5 30	7 26	13 24	16 23	19 08	20 28
	Osnabrück	5 32	7 26	13 24	16 25	19 10	20 30

Ay Doğuş: 16 32
Ay Batış : 23 28

). Ay – 31 Gün • Yılın 276. Günü – Kalan Gün 89

'Beş vakit namazla, Cuma namazları ve Ramazan orucu -büyük günahlardan sakınıldıkça-radaki küçük günahları affetti-

Die täglichen Gebetszeiten der Muslime auf dem Wandkalender.

124

EHRENFELD –
KÖRNERSTRASSE:
DIE GANZE WELT
IN EHRENFELD

Man muss sich der Körnerstraße sozusagen von hinten nähern, von der Subbelrather Straße aus, und sie ganz langsam entlangwandern, an einem späten Nachmittag, sich vorarbeiten bis zur Venloer Straße, hier probieren und dort hineinschauen und sich Zeit lassen, um sie zu entdecken. Das fängt schon am Anfang an, an dem Weltkriegsbunker, der in den Zeiten des Kalten Krieges für den Kriegs- oder Katastrophenfall mit Nottoiletten oder Feldbetten wieder hergerichtet wurde und in dem heute Kunstausstellungen und Theateraufführungen stattfinden. Direkt daneben befindet sich auf dem Gelände der ehemaligen Ehrenfelder Synagoge, die am 10. November 1938, dem Tag nach der Reichspogromnacht, zerstört wurde, eine große Kindertagesstätte und ein hoher Neubau mit Wohnungen. Wenn man dann ganz neugierig ist und hinter dem Bunker über das hohe Metalltor klimmt, dann blickt man in eine eigene Welt: eingezwängt zwischen die Häuserwände der Nachbarschaft ein Ikeazelt neben dem Goldfischteich, eine kleine Bar und eine Motorradwerkstatt, rundherum Garten und viel Grün. So etwa stellt man sich das Paradies vor.

Die Körnerstraße hat noch viele der typischen Drei-Fenster-Häuser aus der Frühzeit der Industrialisierung Ehrenfelds in der zweiten Hälfte des 19. Jahrhunderts, damals ein Stadtteil der Arbeiter und Handwerker, deren Werkstätten oft direkt hinter den schmalen Wohnhäusern lagen. Dann auf der anderen Straßenseite, Körnerstr. 96/98, findet man eine prächtige Villa aus dem Jahre 1877, die sich der Direktor einer Kunstgießerei erbauen ließ und, stolz auf Handel und Geld, die griechischen Götter Pluto und Merkur als Skulpturen über dem Hauseingang verewigte.

Im Eckhaus zur Grimmstraße sitzt der Kölner Appell, eine der wichtigsten antirassistischen Initiativen der Stadt, vor über 20 Jahren gegründet und immer noch eine der agilsten Gruppen im Kampf um die Menschenrechte – mit zahlreichen Aktivitäten von der Hausaufgabenhilfe über politische Kampagnen bis zur Knastbetreuung türkischer Jugendlicher (www.koelnerappell.de). Das Domizil der Initiative ist das Allerweltshaus, ein Begegnungszentrum mit entwicklungspolitischer Bildungs- und Öffentlichkeitsarbeit, an dem zwei Dutzend unterschiedliche Projekte und Gruppen aus allen Kontinenten dieser Welt beteiligt sind und in dem jährlich Hunderte von Emigranten Beratung, Schutz und Hilfe suchen

(www.allerweltshaus.de). Und schon im übernächsten Haus, Körnerstr. 69, findet man im Erdgeschoss ein privates Apartment, ganz individuell eingerichtet, das man mieten kann, mit CD-Player, Küche und Doppelbett für kleines Geld (www.henrietteknoblauch.de) und gleich nebenan das passende „Café Sehnsucht" für das Frühstück in einem überdachten Glasanbau zum Innenhof – ab 8 Uhr morgens geöffnet unter dem Motto „Der frühe Vogel fängt den Wurm". Weiter geht es mit der Simrock-Bar in der Körnerstr. 65, einer ehemals typischen gutbürgerlichen Kneipe mit Kegelkeller und bisweilen frivolen Lesungen von „Texten aus 4000 Jahren Sex, Drogen & Poesie".

Gemeinsame Hausaufgaben im Allerweltshaus in der Körnerstraße: Nuray hilft Feyza und Tuba.

Neben Lebensmittelläden und Weltinitiativen gibt es in der Straße auffallend viele Grafikerbüros und Künstlerateliers und das macht den Charakter der Straße aus: Gestalten und Versorgen. Einer dieser Künstler ist Andi Goral, ursprünglich Kalligraph im Auswärtigen Amt, dann Nachtgrafiker bei der StadtRevue und zuletzt mit vielen Auszeichnungen für das Handelsblatt tätig (www.atelier-goral.de). Sein Motto bei dieser Art Karriere ist beruhigend: „Das Problem ist, dass heute die Grenzen verwischen und dass niemand mehr seinem Klassenfeind in die Augen gucken kann." Gegenüber findet man eine Werkstatt für Metallblasinstrumente und weiter vorn ein Mietstudio, dann eine Yogaschule und den türkischen Tosum-Market. In einem Schaukasten informiert ein Elternverein krebskranker Kinder und bald folgt schon das „Fu-Na-Lädchen", ein Nagelstudio für die Ehrenfelder Dame.

Kurz vor der Venloer Straße stößt man auf zwei weitere bemerkenswerte Läden: Körnerstr. 17, das „Saveurs de Provences", mit fantastischen französischen Lebensmitteln, dessen Inhaberin Nadja einen nachbarschaftlichen Event ins Leben gerufen hat: Mit 10 bis 15 Euro kauft man sich bei einem Gemeinschaftsmahl mit mehreren Gerichten und 40 bis 50 Gästen ein, bei dem Fremde gerne und mit Neugier empfangen werden. Fast am Ende der Straße findet sich in der Nummer 9 die innovative Galerie „kulturköln 30", die wichtige Impulse nicht nur der Ehrenfelder Künstlerszene aufgenommen und in den Stadtteil weitergetragen hat.

Am Ende dieser Wanderung, an der Venloer Straße, ist man vom Startpunkt an der Subbelrather Straße nur 512 Meter entfernt, ist nur einen halben Kilometer gegangen und hat doch die ganze Welt gesehen – oder jedenfalls fast die ganze.

EHRENFELD – TAKUPLATZ/ CHINESENVIERTEL

125

„Takunesien" nennen die Neuehrenfelder schon seit den 1920er Jahren das Quartier rund um den Takuplatz. Die Siedlungsbauten des Architekten Rudolf Brovot wurden ab 1912 von der Gemeinnützigen Wohnungsbaugenossenschaft Ehrenfeld errichtet und sind bis in die Gegenwart durch die Kombination mit kleinen Gärten und Grünstreifen als Wohnraum attraktiv. Die Namen von Lans-, Iltis- oder Takustraße klingen heute nichts sagend, waren aber zur Zeit, als nach der Jahrhundertwende die Straßen nach ihnen benannt wurden, Programm und sollten ein „stolzes Kapitel" deutscher Kolonialgeschichte lebendig halten.

Es ging um China, das in der zweiten Hälfte des 19. Jahrhunderts für die europäischen Kolonialmächte attraktiv wurde. Nachdem Frankreich und England ihre Geschäftsfelder sicherten, wollte auch das Deutsche Reich nicht abseits stehen. In der Bucht von Jiaozhou (Kiautschou) der nord-chinesischen Provinz Shandong (Schantung) fand man den lang gesuchten Handels- und Militärstützpunkt, den man 1897 und unter dem Vorwand der Rache für den Mord an zwei Steyler Missionaren besetzte. Die deutschen Kolonialherren verlegten zur Erschließung der Bodenschätze Eisenbahntrassen und okkupierten das Land, das bereits unter Dürre, Überschwemmungen und Hungersnöten litt. Der Bau christlicher Kirchen, die nach Auffassung der Chinesen das Gleichgewicht zwischen Landschaft, Ort und Bebauung störten – insbesondere die spitzen Kirchtürme, die den günstigen Energiefluss des Feng-Shui negativ beeinflussten – brachte die Bevölkerung besonders auf.

Kapitän Lans auf der Kommandobrücke der Iltis im Jahre 1900 beim Kampf um die Takuforts: „(…) dass niemals wieder ein Chinese es wagt, etwa einen Deutschen auch nur scheel anzusehen."

Der Widerstand gegen die Deutschen ging vor allem von einer Vereinigung mit dem Titel „Im Namen der Gerechtigkeit und des Friedens" aus, die den traditionellen Faustkampf kultivierte und von den Europäern „Boxer" genannt wurde. Im Sommer 1900 erreichte der „Boxeraufstand" Peking und es kam zu Ausschreitungen gegen christliche Einrichtungen. Als der deutsche Gesandte Opfer eines Anschlags wurde, rief Wilhelm II. zur Mobilmachung auf. In seiner so genannten Hunnenrede zur Verabschiedung der Truppen am 27. Juli 1900 formulierte er jenen berühmt-berüchtigten Satz „dass niemals wieder ein Chinese es wagt, etwa einen Deutschen auch nur scheel anzusehen". Die deutschen Kolonialtruppen nahmen das durchaus wörtlich. Nach der Unterwerfung mussten die Chinesen hohe Entschädigungssummen zahlen und das Kaiserhaus eigens eine Sühnedelegation entsenden.

Das Kanonenboot „Iltis" unter Kapitän Lans war maßgeblich an der Eroberung der Forts von „Taku" im Juni 1900 beteiligt. Lans, der für seine Verwundung mit einem hohen Orden ausgezeichnet wurde, ist eine Erinnerungstafel am Siedlungsblock Takuplatz gewidmet, gestiftet von der Karnevalsvereinigung „Ihrefelder Chinesen", die sich in den 1970er Jahren hier am Takuplatz gegründet hat.

126

Köln rühmt sich, eine der größten und lebendigsten Communities der Schwulenszene zu beherbergen, jedenfalls zählt der Kölner Christopher Street Day am ersten Sonntag im Juli mit Tausenden von Teilnehmern und Hunderttausenden von Besuchern eindeutig zu den Massenveranstaltungen der Stadt. Auch die vielfältig diversifizierte Homosexuellenszene mit ihren sozialen, kulturellen, ökonomischen und gastronomischen Anteilen spricht für diese These. Neben der Zentrenfunktion Kölns für das ganze Rheinland, vor allem für die ländlichen Gebiet von Eifel und Niederrhein, Bergischem Land und Sauerland, haben auch Katholizismus und Karneval dazu beigetragen, Köln zur Hochburg der Szene zu machen.

Zum ersten Mal hatten schwule Historiker diese Zusammenhänge Ende der 1980er Jahre in einer Ausstellung mit dem Titel „Dornröschen – das Leben der ‚Verzauberten' im Köln der 20er Jahre" erforscht und öffentlich präsentiert. Seitdem gibt es eine aktive und neugierige Gruppe von Historikern, die immer wieder die verschiedenen Facetten dieser Geschichte aufarbeiten: „Das sind Volksfeinde" war der Titel einer Ausstellung.

EHRENFELD – VOGELSANGER STRAßE 61/ CENTRUM SCHWULE GESCHICHTE

Plakat der Dauerausstellung im CSG.

Centrum
Schwule
Geschichte

Himmel und Hölle
100 Jahre schwul in Köln

„Verführte Männer" hieß eine Studie über das Leben der Kölner Homosexuellen im Dritten Reich. „Himmel und Hölle" dokumentierte die Zeit zwischen 1945 und 1969 und zurzeit arbeitet man an der Frühgeschichte der Schwulenbewegung, über die „Homosexualität im Köln der wilhelminischen Zeit".

Centrum Schwule Geschichte
(CSG)
Archiv, Bibliothek, Ausstellungen
Vogelsanger Straße 61
Tel. 52 92 95
www.csgkoeln.de

Seit einigen Jahren unterhält das Centrum Schwule Geschichte – ein Verein mit rund 60 Mitgliedern – in Ehrenfeld eigene Ausstellungs-, Archiv- und Büroräume, die neben der Dauerausstellung „Himmel und Hölle. 100 Jahre schwul in Köln" verschiedene historische, aber auch künstlerische Ausstellungen im Wechsel bieten. Hier wird ein umfangreiches Archiv mit Originaldokumenten und Fotos, mit Büchern, Plakaten, Zeitungsausschnitten und Zeitschriften gepflegt, das sich als Gedächtnis der Schwulenbewegung des gesamten Rheinlands versteht und vor allem mit Zeitzeugeninterviews in der Tradition der oral history den oft verborgenen Spuren dieser verdrängten Geschichte nachgeht. Eine andere Sicht vermitteln auch die Stadtrundgänge des Centrums: In „Warme Meilen" etwa geht es um die schwule Geschichte Kölns und in „Amor & Colonia" um den Sex in the City in den letzten fünf Jahrhunderten.

127

LONGERICH – LINDWEILERWEG 94

In den Akten des Standesamts Köln-Nippes gibt es unter dem Datum 30. September 1944 den Eintrag: „Sigmun Jastremski, am 27.9. gefallen in Köln-Longerich bei Feldarbeit". Die Namen von Vater, Mutter oder Ehefrau sind nicht bekannt, das Geburtsdatum nicht und die Sterbeurkunde wurde nach einer Anzeige der Kriminalpolizei ausgestellt. Die Anschrift des Toten war Hohlgasse 11 in Longerich. Das ist alles, man weiß sonst nichts, es gibt nur noch eine Meldung der katholischen Gemeinde St. Dionysius in Longerich über einen Toten mit der Altersangabe 31 Jahre. Vielleicht ist er ja auf ihrem Kirchhof bestattet.

Sigmund Jastremski war Russe, vielleicht Kriegsgefangener, nach Köln verschleppt, wie Tausende andere, die hier während des Zweiten Weltkriegs arbeiten mussten. Zu den wenigen Orten in Köln, die daran erinnern, gehört ein Mahnmal neben der Luther-Kapelle mit der Inschrift: „Wir wollen, dass diejenigen, die unter uns Deutschen gelitten haben, niemals vergessen werden." An dieser Stelle lag während des Zweiten Weltkriegs ein Kriegsgefangenenlager, mit etwa 100 Russen, die bei der militärischen Deckung des nahen

Flughafens Butzweilerhof eingesetzt waren und etwa das Gelände bei Luftangriffen einzunebeln hatten. Ein anderes Lager war im Miebeshof gegenüber mit der Adresse Lützlongericher Straße 18, in dem 20 Franzosen und 40 Russen für eine Tiefbaufirma arbeiten mussten. In den Bergheimer Höfen nahe der Kreuzung von Mercatorstraße und Autobahn waren rund 150 französische Kriegsgefangene einquartiert und zwei weitere Lager existierten jenseits der Militärringstraße. Für das ehemalige preußische Fort II wird in den spärlichen Unterlagen des Stadtarchivs ein Lager unter der Adresse Militärringstraße 141 gemeldet und einen knappen Kilometer weiter westlich im Vorwerk IIa waren in den Bauten der Sportanlage rund 100 Franzosen interniert.

Polnische Zwangsarbeiter im Herbst 1940 bei der Getreideernte für die Stiftung Dr. Dormagen in Köln-Longerich.

Das sind spärliche Informationen und dabei ist Longerich kein Sonderfall. Über das ganze Stadtgebiet waren Lager verteilt, fast 500 Adressen sind heute bekannt. Sie lagen in der Regel in der Nähe der Arbeitsorte, oft sogar auf Firmengelände, wie bei der früheren Glanzstoff an der Kreuzung Neusser Straße/Militärring oder bei Ford in Niehl. Aber auch bei Handwerksbetrieben oder in Krankenhäusern waren sie eingesetzt, bei Kohlehändlern oder Bauunternehmen und viele auch gerade hier im Kölner Norden bei Bauern sowie in Privathaushalten. Das Longericher Mahnmal hat eine evangelische Friedensgruppe 1991 errichtet, unterstützt von der Grundstücksbesitzerin, der Firma „Grund und Boden".

128

OSSENDORF –
ROCHUSSTRAßE/
JUSTIZVOLLZUGS-
ANSTALT

Ein Gebiet von über 100 000 Quadratmetern, mit mehr als 1200 Bewohnern und rund 500 Beschäftigten, mit Klinik, Werkstätten, Kirche, Sporthalle und eigener Müllentsorgung. Rundherum ist eine 1,3 Kilometer lange Mauer gezogen, gesichert mit Kanzeln als Wachtürme an den Ecken, die den Charme der früheren Zonengrenze haben, in denen aber niemand mehr wacht. Das ist die Justizvollzugsanstalt Ossendorf, eine Stadt in der Stadt.

Die Zellen für die Justizvollzugsanstalt Köln-Ossendorf wurden
Mitte der 1960er Jahre einzeln
gegossen und dann zum neuen
Knast zusammengesetzt.

Geplant wurde die Anlage Ende der 1950er Jahre, als der noch aus der Preußenzeit stammende Klingelpütz in der Innenstadt als inhuman ins Gerede kam und sich dort die Ausbrüche häuften. Sieben Jahre nach der Grundsteinlegung wurde Ossendorf im Herbst 1968 eröffnet, damals eines der „modernsten" Gefängnisse Europas. Neben den zentralen Funktionsgebäuden gibt es die kammbauartig gruppierten Zellenhäuser mit jeweils etwa 60 Einzelzellen und eigenem Bad, Werkstatt und Hof für den Freigang. Das Prinzip der völlig normierten Einzelzelle mit eigener Toilette anstelle der Gemeinschaftszelle mit Kübelklo entsprach nicht nur den Vorstellungen von Modernität und diente der Verringerung der Kommunikation unter den Häftlingen, sondern zeugte auch von einem anderen Konzept des Strafvollzugs, weg von Sühne und Vergeltung und hin zu Arbeit und Rehabilitation.

Das erste Mal geriet Ossendorf in die öffentliche Kritik, als hier 1972 und 1973 die Anführerin der Terroristengruppe RAF Ulrike Meinhof eingesperrt war. Nachdem es im Frauentrakt zu Solidarisierungen gekommen war, wurde sie allein in Isolationshaft gesteckt, das hieß, ohne jede Kommunikation bei Minimierung aller akustischen und visuellen Sinneseindrücke. Die Abschottung äußerer Reize führt zu körperlichen Reaktionen wie Übelkeit und Kopfschmerzen, zu Konzentrations- und Sprachstörungen und dem Verlust des Raum- und Zeitgefühls. In ihren Selbstbeobachtungen schrieb Ulrike Meinhof: „Man kann das Gefühl des Fahrens nicht absetzen. Rasende Aggressivität, für die es kein Ventil gibt." Ohne sich mit den Methoden der RAF oder ihren Zielen zu identifizieren, gab es damals bis weit in das liberale und linkschristliche Bürgertum hinein Kritik an der „totalen Isolation" und vor den Toren der Justizvollzugsanstalt demonstrierten Sympathisanten gegen die „Vernichtungshaft in Ossendorf".

Knastalltag – Zellengang.

Es gab andere prominente Bewohner von Ossendorf: der Bankier Iwan Herstatt verbrachte hier einige Nächte, der DDR-Spion Günther Guillaume sogar einige Monate und auch Admiral Elmar Schmähling saß hier. Obwohl Ossendorf als ausbruchsicher gepriesen wurde, kam es zu einigen spektakulären Fluchten. Der französische Gangster Didier Barone schrieb nach seinem Entkommen dem Anstaltsleiter eine Postkarte aus Paris und bot ihm an, den Fluchtweg gegen Zahlung von 25 000 Mark zu verraten. Ein anderer Krimineller kam nicht ganz so weit: Nachdem sich Adnan Hodsic in wochenlanger Kleinarbeit mit dem Löffel einen Stollen unter Rasen, Mauer und Straße hindurch in die Freiheit gegraben hatte, wurde er anderthalb Stunden nach seiner Flucht von einer zufälligen Polizeistreife in der Innenstadt wieder festgenommen.

Die Kanzeln an den Eckpunkten überwachen das ganze Außengelände der Haftanstalt Ossendorf – sind aber nicht besetzt.

Rund zwei Drittel aller Insassen sind Untersuchungshäftlinge und für sie gibt es eine Reihe von therapeutischen, beruflichen oder kulturellen und schulischen Angeboten, doch das Grundproblem bleibt, dass die Anstalt zu riesig und die Interessen der Gesellschaft an Sicherheit größer sind als an Rehabilitation und Hilfe. Die wenigen Chancen der Häftlinge auf Kontakt und Austausch werden durch immer feinmaschigere Abschottung minimiert, die technische Kontrolle verfeinert. Insofern entspricht der Wunsch nach größerer innerer Sicherheit in einem abgeschotteten Teilbereich dem Trend der Gesellschaft nach Reduzierung der Standards im Sozialstaat.

Außer von der Justizvollzugsanstalt wurde der Stadtteil Ossendorf in der Vergangenheit vom Militär bestimmt und beherbergte in den 1930er Jahren den ersten Flugplatz Kölns. Die Reste der Landebahn und das denkmalgeschützte Ankunftsgebäude findet man im Ossendorfer Medienzentrum, denn die früheren Kasernen und Unterkünfte haben längst einem großen Studio- und Medienkomplex Platz gemacht. Aus einem fast ländlichen Vorort, der bis in die 1960er Jahre vor allem von jungen Familien in den Reihenhaussiedlungen geprägt war, wird derzeit ein Medienstadtteil mit Verwaltungsstruktur und mittendrin einer eigenen Stadt, dem Knast.

**BOCKLEMÜND –
VENLOER STRAßE
1134/JÜDISCHER
FRIEDHOF**

Von den fünf jüdischen Friedhöfen in Köln ist nur noch einer für die jährlich rund 40 Beerdigungen der jüdischen Gemeinde geöffnet, der Friedhof in Bocklemünd. Eine zentrale Gedenkstätte erinnert an Dr. Isidor Caro, den letzten amtierenden Rabbiner Kölns, der 1942 in Theresienstadt umkam, und an die mehr als 11 000 von den

Nationalsozialisten ermordeten Kölner Juden. Der Friedhof wurde erst 1918 angelegt, den dreiflügeligen Eingangsbau hat der bekannte jüdische Architekt Robert Stern Ende der 1920er Jahre entworfen. Aber man findet hier auch mittelalterliche Grabsteine. Bauarbeiten in den 1920er Jahren für den Güterbahnhof Eifeltor an der Bonner Straße förderten Relikte des Friedhofs „Zum Todten Juden" zutage, dessen meist nur fragmentarisch erhaltenen Steine sowie exhumierten Gebeine in eine Gedenkhalle nach Bocklemünd überführt wurden. Nachdem in der Pogromnacht 1938 die Synagogen und Bethäuser niedergebrannt wurden, brachte man Relikte zerstörter Torarollen sowie geschändeter und verwüsteter Kultgegenstände hierher, um sie zu vergraben. Ein Denkmal von Franz Lipensky erinnert daran. Nichts von religiöser Bedeutung wird im jüdischen Glauben einfach weggeworfen. Auch heute noch ist es üblich, unbrauchbar gewordene Gebetbücher zu bestatten. Man gibt sie Toten mit in ihren Sarg.

Neben viel sagenden Angaben zu Todesorten wie New York, Amsterdam, Rio de Janeiro, aber natürlich auch die NS-Vernichtungslager, werden auf manchen Grabsteinen auch die Todesumstände genannt. „Gestorben durch Mörderhand in Sobibor 1943", steht etwa auf dem Grabmal Buxbaum. Auf dem Grabstein des achtjährigen Hans Abraham Ochs, der 1936 von jugendlichen Nazis angegriffen wurde und an den Folgen der Verletzung starb, steht: „Umgekommen durch eine irregeleitete Jugend".

Der Stadtkonservator hat jüngst alle 5000 Grabstellen in Bocklemünd inventarisiert, ebenso wie die der anderen jüdischen Friedhöfe. Die Grabinschriften sollen als Quellen nutzbar gemacher-

„Der Gerechte lebt in seinem Glauben." Die Trauerhalle am jüdischen Friedhof in Köln-Bocklemünd aus dem Jahre 1930.

den, da 1938 mit den Synagogen auch die Gemeindearchive vernichtet wurden, was die Rekonstruktion jüdischer Lebensläufe in Köln erschwert. „Ohne Erinnerung keine Geschichte, ohne Ort kein Gedächtnis, ohne Gedächtnis keine Identität, ohne Öffentlichkeit keine Wirkung." So lautete ein Credo des Soziologen Alphons Silbermann, der im Jahr 2000 hier beigesetzt wurde.

**MÜNGERSDORF –
BELVEDERESTRASSE**

„Belvedere", das war einmal ein beliebter Ausflugspunkt der Kölner weit vor der Stadt. Hierhin führte in den 1840er Jahren eine der ersten Eisenbahnstrecken, die am Thürmchenswall begann und nach 7 Kilometern am Bahnhof Belvedere endete. Die schöne Aussicht soll schon die ersten römischen Bauherrn zu ihren Villen an der Geländekante inspiriert haben, von der man einen weiten Blick ins Tal auf Köln hinunter hat. Viele Häuser und Villen, versteckt unter Bäumen und in schönen Gärten, stammen aus den 1950er und 1960er Jahren, als die Belvederestraße und die Anliegergassen rechts und links zum Villenviertel wurden. Der Sammler der Moderne Josef Haubrich hat hier am Kämpchensweg 1 gelebt, die Kölner Architekten Rudolf Schwarz, Wilhelm Riphahn, Heinz Bienefeld haben hier gebaut oder auch Oswald M. Ungers, dessen Wohn- und Atelierhaus, Belvederestr. 60, mit dem Kubusbau für seine berühmte Bibliothek der Architekturgeschichte zu einer Pilgerstätte für Architekturfans geworden ist.

Die „Ansichten eines Clowns"
1963 im Gartenhaus: das Arbeitszimmer von Heinrich Böll
in Köln-Müngersdorf.

In der Belvederestr. 35 hat der Schriftsteller Heinrich Böll von 1954 bis 1969 gelebt und gearbeitet. In diesen Jahren entstanden Romane wie „Billard um halbzehn" oder „Ansichten eines Clowns" und „Entfernung von der Truppe", die ihn als Gegenwartsautor der Bundesrepublik international berühmt gemacht haben.

Oswald M. Ungers (links) in seiner berühmten Architektur-bibliothek in der Belvederestraße in Köln-Müngersdorf.

Im nördlichen Teil der Belvederestraße schließt sich hinter den Häusern der Äußere Grüngürtel an: Wald, Wiesen, Schrebergärten und Wanderwege. Auf einem Findling am Walter-Binder-Weg liest man – wenn nicht gerade einmal wieder zerstört oder abgerissen – auf einer Tafel den Hinweis „Judenlager". Das war im ehemaligen Fort V, von dem es außer der Bodenformation im Wald parallel zum Kämpchensweg nichts mehr zu sehen gibt. Entstanden war dieses Lager während des Krieges, nachdem am 12. Mai 1941 die Gestapo anordnete, dass alle Juden in „jüdischen Häusern" unterzubringen seien und gleichzeitig der Kölner Polizeipräsident verfügte, dass das rechtsrheinische Köln sowie die Vororte Müngersdorf, Braunsfeld, Melaten, Lindenthal, Sülz, Klettenberg, Zollstock, Raderberg, Bayenthal und Marienburg „von den Juden restlos zu räumen" seien. Damals wurden immer mehr Juden in diesem „Judenlager" Fort V zusammengepfercht. Daneben gab es noch ein zweites Lager in der Nähe, ein Barackenlager auf dem heutigen Gelände des Kleingartenvereins Waldfriede e. V. Die Menschen in diesen Lagern mussten den „Judenstern" tragen, Zwangsarbeit verrichten, konnten keinen Arzt aufsuchen, durften keine Straßenbahn mehr benutzen und keine öffentliche Telefonzelle betreten. Die Kinder hatten ihre Haustiere abzuschaffen. Alle Juden mussten ihre Vornamen ergänzen, die Frauen mit dem Zusatz „Sara" und die Männer mit „Israel". Für viele war Fort V die letzte Adresse vor der Deportation.

JÜRGEN KEIMER, KULTURREDAKTEUR, WDR, EMPFIEHLT:

Schwimmen im Müngersdorfer Stadion-Bad an einem Sommerabend: Wichtig ist, den Tagestrubel abzuwarten, am besten kommt man eine halbe Stunde vor Kassenschluss. Dann ist das Bad fast leer, nur vereinzelte Schwimmer ziehen ihre Bahnen. Die Parkbäume spiegeln sich im Wasser, und wenn dann noch ein typisch Kölner Sommerregen einsetzen sollte, ist der Wassergenuss vollkommen. Steigerung des Vergnügens: Man fährt mit dem Fahrrad durch den Stadtwald hin und zurück: Rundumerneuerung für Leib und Seele in kürzester Zeit zu erschwinglichem Preis.
Müngersdorf, Müngersdorfer Schwimmstadion,
Aachener Straße/Stadion
Tel. 279 18 40
Ende Mai bis Oktober

**BRAUNSFELD –
ZWISCHEN AACHENER
UND WIDDERS-
DORFER STRASSE:
LAMMERTING-LAND**

*Ein englischer Garten in Köln
Zwischen Statz- und Raschdorff-
straße auf 8000 Quadratmetern
eine Abfolge von 13 Einzelgärten
nach englischem Vorbild – mit
Allee und Laubengang – ein
Kunstwerk in Blumen und Farben
– entworfen von dem holländi-
schen Gartenarchitekten Jörn
Copijn und Kristin Lammerting –
Besichtigung für Gruppen –
Termine: Tel. 485 11 14*

Neben der Glastür des Hauses Aachener Straße 563 findet man eine bebilderte Tafel, auf der von der jüngeren Geschichte des Gebäudes erzählt wird: dass hier die Post seit dem späten 19. Jahrhundert ist und es daher „Das kaiserliche Postamt" genannt wird. Im Krieg wurde das Gebäude beschädigt und anschließend wieder hergerichtet, 1995 wurde es von einem Immobilienkaufmann erworben, der es in einem „repräsentativen Stil" aufmöbeln wollte. Das lehnte aber der Gestaltungsbeirat der Stadt ab, so dass es jetzt eben im „Kölner Konsensstil" dastehe. Was immer man unter „repräsentativem Stil" versteht, den andere für pompös halten, das Wort „Konsensstil" ist gleichwohl eine kreative Umschreibung des Gewöhnlichen in Köln.

Diese Art der Information ist ein schönes Muster für den öffentlichen Umgang bei Konflikten mit Behörden. Der Käufer und Informant ist Udo J. Lammerting, Kölns größter Immobilienbesitzer, der gerade hier in Braunsfeld engagiert ist. Das hängt vielleicht auch damit zusammen, dass er gleich um die Ecke in der Vincenz-Statz-Straße in einer wirklich pompösen Neubauvilla lebt und sich seinem „Heimatstadtteil" besonders verbunden fühlt.

Manche sagen, Braunsfeld sei Lammerting-Land, jedenfalls das Gebiet zwischen Militärring und Maarweg, zwischen Aachener Straße und der Eisenbahn. Hier hatte sich im ausgehenden 19. Jahrhundert mit Chemieindustrie, Maschinen- und Fahrzeugbau das größte zusammenhängende Gewerbegebiet Kölns entwickelt, im 20. Jahrhundert mit so bekannten Namen wie Bosch und Emi, Bruckmann-Mayonnaise und Phillips, Nattermann oder Sidol. Ende des 20. Jahrhunderts war es zu Ende damit, die Unternehmen machten zu oder zogen weg, und Lammerting kaufte nach und nach den größten Teil des alten Industriegeländes auf. Zum Unternehmen, das der Vater 1949 gründete und der Sohn schon mit 30 Jahren 1978 übernahm, zählt heute eine Holding aus 19 Firmen, alle im Familienbesitz, die mehr als eine Million Quadratmeter Besitz verwalten und allein aus den Mieten jährlich mehr als 30 Millionen Euro erzielen.

Das Besondere an Lammerting ist, dass er Industriegelände aufkauft, die Altbauten in der Regel abreißt und das Gebiet nach der meist notwendigen Sanierung entwickelt, neu bebaut und dann wieder vermietet – und das alles in einer Hand. Das sichert nicht nur die Gewinne der ganzen Wertschöpfungskette, sondern auch einen besonders großen Einfluss auf die Geschicke des Quartiers. Kern des Lammerting-Landes ist der Technologiepark mit über 250 Einzelfirmen und mehr als 5000 Mitarbeitern, vor allem aus dem Branchenumfeld der Medien, der Informations- und Biotechnologie. Sie sind Mieter, können aber je nach Bedarf alle anderen Dienstleistungen nutzen, die ihnen der Technologiepark bietet, von der Bewachung über das Call-Center und den Pressepavillon, die Läden und Konferenzräume, bis zu zentralen Handwerkerdiensten und das Car-Sharing. Selbstbewusst hat Lammerting die zentrale und neue Erschließungsachse nach seinem Vater benannt, die Privatstraße Josef-Lammerting-Allee.

Im Jahre 2000 gründete sich in Braunsfeld eine Bürgerinitiative, die gegen die Ausbaupläne der Krankenversicherung DKV an der Ecke Aachener Straße/Gürtel protestierte und sich nach und nach für den gesamten Stadtteil und seine Zukunft zu interessieren begann. Unterstützt wurde die Initiative von einem Bürgerverein aus Müngersdorf, der von ähnlicher Sorge getrieben war. Der Umbruch für das gesamte Viertel ist durch die enorme Verdichtung des Gebiets mit entsprechend steigender Nutzung und zunehmendem Verkehr gewaltig. Auf einem Areal, so groß wie die gesamte Kölner Innenstadt, haben jetzt schon rund 20 000 Menschen ihren Arbeitsplatz und im Jahr 2010 werden es wohl knapp 35 000 sein. Die Initiative entwickelte deshalb gemeinsam mit Stadtplanern und Architekten einen Bürgerplan West für „das neue Braunsfeld", der sowohl im großen Überblick wie im Detail die Perspektiven für das Wohnen und Arbeiten, den Verkehr und die öffentliche Anbindung, öffentliches Grün und Umwelt, aber auch Denkmalschutz und Kulturangebote in Braunsfeld berücksichtigt.

Das Spannende daran ist nicht nur der breite Kommunikationsprozess, der die unterschiedlichen Interessen der Nutzer, der Anwohner oder Beschäftigten berücksichtigt, sondern auch die allmähliche Einbindung von Lammerting in diese Debatten und Perspektiven. Der redet inzwischen selber schon von „nachhaltiger Stadtentwicklung" und der sinnvollen Verknüpfung der Funktionen Arbeit, Wohnen und Freizeit, die er mit „Konsensplanung" erreichen will. Die engagierten Braunsfelder Bürger haben damit einen Prozess in Gang gesetzt, an dem sie auch Studenten der Technischen Hochschule

Das neue Braunsfeld
Positionen für eine nachhaltige
Stadtentwicklung als Beitrag
zur Kölner Leitbilddiskussion
Interessengemeinschaft
Braunsfelder Bürger
Postfach 45 06 52
50881 Köln

Aachen mit alternativen Entwürfen beteiligen und dessen Ergebnis ein Masterplan ist, den eigentlich die Politik und die Stadtverwaltung zu leisten hätte. Wenn es sonst in Köln üblich ist, dass die Investoren erst bauen und dann die Verwaltung plant, während die Bürger allenfalls als Betroffene zuschauen, dann besteht hier die Chance, dass erst geplant und dann gebaut wird.

132

AACHENER STRAßE 204/ MELATEN

Melaten ist eine eigene Welt. Seit 200 Jahren „der Friedhof" in Köln, verordnet von der französischen Besatzungsmacht, die teils hygienische, teils Gründe der Egalität dafür geltend machte, sämtliche Kirchhöfe rund um die Kirchen, Klöster und Stifte in der alten Stadt zu schließen, um einen neuen Zentralfriedhof weit vor den Toren Kölns anzulegen. Man war damit zwar „auf dem Acker", aber auch auf historischem Gelände. Der Name „Melaten" vom lateinischen „malatus", „krank" gibt einen Hinweis. Hier lag seit dem Mittelalter die Siechenstation der unheilbaren Leprakranken, die aus der Stadt ausgesondert von erbettelten Almosen an der Landstraße leben mussten.

Tot, aus, stumm – trotzdem ein Ort des Lebens. Der Fotograf Jan Tepas hat Melaten in Szene gesetzt.

Das Patronat der alten Kirche an der Aachener Straße, Lazarus und Maria Magdalena, hat ebenfalls mit der Sanitätsgeschichte zu tun. Lazarus war der Todkranke in der Bibel, an dessen Bett Jesus von den Schwestern Martha und Maria gerufen wird, aber zu spät kommt. Lazarus war vier Tage vorher gestorben und in einem Felsengrab beigesetzt worden. Und da sind die berühmten Worte gefallen, als Jesus anordnete, das Grab zu öffnen und Martha erwiderte „Herr, er riecht schon", was ihn jedoch nicht hinderte zu befehlen: „Komm heraus". Heute steht diese Kirche, die auf das Jahr 1474 zurückgeht und in den letzten zwei Jahrhunderten sorgfältig restauriert wurde, leer.

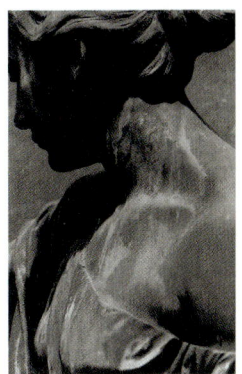

Der Tod ist in der Regel weiblich.

Melaten war auch die Hinrichtungsstätte vor der Stadt. Hier wurden 1529 die beiden evangelischen Missionare Adolph Clarenbach und Peter von Fliesteden verbrannt, hier wurden in der ersten Hälfte des 17. Jahrhunderts 27 Frauen, darunter ein zehnjähriges Mädchen, als Hexen hingerichtet. An die beiden Protestanten erinnert ein Gedenkstein rechts am Eingang des Hauptweges von der Trauerhalle an der Piusstraße aus gesehen, an die Frauen erinnert jedoch nichts.

Auf dem Areal zwischen der alten Friedhofskirche und dem Haupteingang an der Aachener Straße findet man die ältesten Gräber, die aus dem frühen 19. Jahrhundert stammen. Von hier aus ist Melaten bis zu seinen heutigen Ausmaßen immer wieder erweitert und vergrößert worden. Abertausende sind hier bestattet, allein 3000 Gräber hält der zuständige Stadtkonservator für denkmalwürdig und er hat in einem einfachen, aber wirkungsvollen Coup schon vor Jahren angefangen, diese Grabstätten zu erhalten. Das Prinzip funktioniert vor allem dank der Leidenschaft vieler Kölner und Kölnerinnen, die letzte Reise auf Melaten anzutreten. Die denkmalwürdigen Grabstätten, deren Liegezeit abgelaufen ist und für die sich kein Angehöriger mehr interessiert, können frei an Paten vergeben und auf deren Kosten restauriert werden. Und die haben dafür das Recht, hier dereinst bestattet zu werden. Dieses Vergnügen, schon zu Lebzeiten am „eigenen Grab" stehen zu können, gibt es schon für ein paar Tausend Euro und ist auf der nach oben offenen Denkmal-Preiseskala unbegrenzt.

Nun ist Melaten nicht nur ein Ort des Todes und der Trauer, nicht nur ein Areal der Kunst und des Denkmals und des klassischen Bil-

INGRID STROBL, AUTORIN, EMPFIEHLT:

Es gibt kein Grab des Unbekannten Soldaten, das ich besuchen oder Köln-Besucher/inne/n zeigen möchte. Aber zum Grab von Frieda Fischer gehe ich gerne, seit mich Irene Franken vom Frauengeschichtsverein auf ihrer Melaten-Führung auf diese große Kölnerin aufmerksam machte: Sie gründete (mit ihrem ersten Mann) das Ostasiatische Museum, leitete es lange Zeit, stand unter dem NS-Regime zu ihrem (zweiten) jüdischen Mann, tauchte mit ihm ab und starb – kurz nach ihm – im gerade befreiten Berlin an den Folgen von Auszehrung und Erschöpfung.
Braunsfeld, Melatenfriedhof, (Flur 76 A), Nähe Kreuzung Millionenallee mit westl. Hauptweg

dungsgeschmacks, angefangen bei den lateinischen Inschriften über den Hauptportalen, über das verwirrende Ordnungssystem, bis zu den ikonografischen Details der Grabsteine, die häufig mehr dem humanistischen Ideal als der christlichen Botschaft verpflichtet scheinen. Melaten ist nicht nur der Ort, an dem man anhand zahlloser Beispiele unter den trauernden Müttern, den Engeln oder Putten ganz eindeutig erfährt, dass der Tod vor allem weiblich ist, Melaten ist auch ein innerstädtisches Refugium für alle seltenen Exemplare urbaner Flora und Fauna. Nicht nur die auffallenden und lärmenden Alexandersittiche, freigelassene oder entflohene Ziervögel, die man inzwischen auch im Stadtgarten findet, nicht nur Eichhörnchen oder Kaninchen und zahlreiche Vogelarten wie die einzige Dohlenkolonie der Stadt sind hier zu finden, sondern Melaten bietet auch einen Lebensraum für etwa 250 verschiedene Wildpflanzen, und die wiederum die Lebensgrundlage für Insekten, wie etwa über ein Dutzend Tagfalterarten, die man im Sommer hier beobachten kann.

Friedhofsführungen auf Melaten gibt es zu allen denkbaren Themen:
Infos und Führungen bei Stattreisen Köln
www.Stattreisen-Koeln.de

LINDENTHAL – STADTWALDGÜRTEL 35/VILLA SCHRÖDER

„Der Sinn des Hitlergrußes" – Fotomontage von John Heartfield (1932).

Sie ist eines der Schmuckstücke am Stadtwaldgürtel, eine gute Adresse in Lindenthal, an deren Vorderseite die Autos vorbeirauschen, aber dahinter nicht weit entfernt der Stadtwald beginnt. Die blaue „Villa Schröder" wird nach ihrem früheren Besitzer, dem Bankier Kurt Freiherr von Schröder genannt, der 1913 in die Kölner Bankiersfamilie von Schnitzler einheiratete und damit Teilhaber des international tätigen Privatbankhauses J. H. Stein wurde. Eine gegossene Bronzetafel vor dem Portal der Villa im Bürgersteig macht darauf aufmerksam, dass sich in diesem Haus am 4. Januar 1933 der vormalige Reichskanzler Franz von Papen und Adolf Hitler trafen und hier die Weichen für die Ernennung Hitlers zum Reichskanzler drei Wochen später gestellt wurden. Manche Historiker sehen darin die „Geburtsstunde des Dritten Reichs".

Der Hintergrund für dieses Treffen waren Differenzen im deutsch-nationalen und bürgerlichen Lager der späten Weimarer Republik, wie mit den Nazis umzugehen sei. Papen hatte schon 1932 Hitler das Amt des Vizekanzlers angeboten, aber der lehnte ab, er wollte Kanzler werden. Selbst Zentrumspolitiker wie Konrad Adenauer waren nicht grundsätzlich gegen Hitler, wie aus seinem Brief an Schröder vom 1. August 1932 deutlich wird: „Das Zentrum

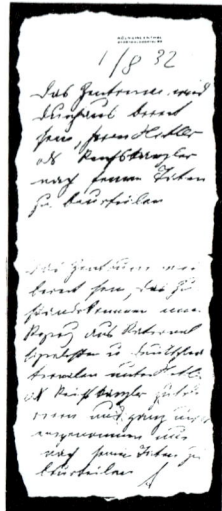

Kurt Freiherr von Schröder –
Banker der Nazis.

wird bereit sein, das Zustandekommen einer Regierung aus Nationalsozialisten und Deutschnationalen unter Hitler als Reichskanzler
zu tolerieren und ganz unvoreingenommen nur nach seinen Taten
zu beurteilen." Aber dann, bei der Reichstagswahl im November
1932 schien der Höhepunkt des Naziaufstiegs überschritten, die
NSDAP verlor zwei Millionen Stimmen und die Kommunisten legten zu. Immer noch votierte man im konservativ-bürgerlichen Milieu
für Hitler, wie etwa die „Kölnische Zeitung", Vorläufer des Kölner
Stadt-Anzeiger, in ihrer Neujahrsausgabe 1933 belegt: „Auf Hitler
kommt es an. Die deutsche Nation braucht den Willen und Schwung
einer jungen Bewegung."

Ein geheim arrangiertes Treffen zwischen Hitler und Papen, bei dem
der Kölner Bankier Schröder eine Vermittlerrolle spielte – es fand
ja nicht zufällig in seinem Privathaus statt – sollte die entscheidenden Weichen stellen und den Reichspräsident von Hindenburg zu
der Ernennung Hitlers bewegen. Vier Stunden konferierte man, Heinrich Himmler, Rudolf Heß und Hitlers Wirtschaftsberater Wilhelm
Keppler waren dabei. Obwohl das Treffen unter „konspirativen"
Bedingungen stattfand, wurde es sofort bekannt. Der Reichskanzler und Papen-Gegenspieler von Schleicher hatte es überwachen
und dem Journalisten Hans Zehrer die Information zuspielen lassen.
Drei Wochen später am 30. Januar wurde Hitler zum Reichskanzler ernannt – Papen wurde Vize – und die Nazis dankten es

dem Kölner Bankier: Schröder wurde Vorsitzender der Wertpapier-
börse und war von 1933 bis 1942 Präsident der Industrie- und
Handelskammer, anschließend Präsident der Gauwirtschaftskam-
mer, avancierte zum Reichsehrenrichter der Wirtschaft, später zum
SS-Standartenführer und war Mitglied des Generalrats der deutschen Wirtschaft.

Nach dem Krieg verurteilte ihn ein britisches Militärgericht zu
drei Monaten Haft und 1500 Reichsmark Geldstrafe, es musste aber
angesichts heftiger Proteste und Demonstrationen das Urteil revi-
dieren. Am Ende kam Schröder mit 60 000 Mark Geldstrafe davon,
die zur Hälfte durch die Internierungshaft abgegolten war. Das Bankhaus Stein wurde 1945 von den Alliierten geschlossen, 1950 aber
wieder eröffnet und in den Räumen der Industrie- und Handelskammer am Börsenplatz fortgeführt. Später fusionierte es mit dem
Schweizer Bankhaus Marcard und verlegte erst in den 1990er Jahren seinen Sitz in die Schweiz.

Hans-Conrad Zander, ein in der Schweiz geborener und in Köln
lebender Autor und Journalist, hat dieses Gefühl beschrieben, „das
jähe, unbegreifliche Gefühl der Verrückung von Raum und Zeit", das
Gefühl, das einen ergreift, wenn plötzlich etwas anders ist, weil
etwas fehlt, was man für selbstverständlich hält. Er hat das zum
ersten Mal in einem Indianerreservat in Minnesota erfahren. „Wenn
du mitten in der Großstadt Köln ein gleiches erleben willst, dann
nimm am Hauptbahnhof die Straßenbahn Nr. 12. Fahre südwärts
in das Viertel Zollstock. Und an der Haltestelle Karlscheurer Weg
steige aus." Und dann beschreibt er wie in einem Liebesbrief die
„Kleinsiedlung Zollstock", wobei seine Begeisterung nicht nur damit
zusammenhängt, dass er selber in dieser Siedlung lebt.

Man muss es sich selbst anschauen, zwischen den zusammen-
gewürfelt erscheinenden Häusern und Buden und Häuschen spazieren gehen und den Mix aller Stile und Materialien selber erleben, eingebettet in Grün und Gärten, um diese Begeisterung zu
verstehen. Die ungewöhnliche Siedlung am Kalscheurer Weg, mit
den wie Provisorien klingenden Bezeichnungen „Weg R" oder S und
U oder V, ist das Ergebnis der Notverordnungen des Reichskanzlers
Brüning aus dem Jahre 1930, in Köln vom damaligen Oberbürgermeister Konrad Adenauer umgesetzt. Um in der Not nach der Wirt-

MICHAEL VESPER,
MINISTER,
EMPFIEHLT:

Genau gegenüber dem Einstieg in
den Stadtwald lädt das Café Bonnen zum Verweilen ein. Die Back-
und Naschprodukte sind erstklas-
sig und bilden eine beständige
Herausforderung für meine Linie.
Für meine Kinder gibt es eine
kleine Spiel- und Malecke. Ob
vor dem Gang zum Spielplatz oder
danach – für sie ist der Besuch im
Café Bonnen ein Muss.
Lindenthal, Café Bonnen
Dürener Str. 252
Tel. 943 86 40

134

ZOLLSTOCK –
KALSCHEURER WEG/
INDIANERSIEDLUNG
ZOLLSTOCK

schaftskrise unmittelbar und unbürokratisch zu helfen, wurde Armen und Arbeitslosen mit kinderreicher Familie ein Stück Boden als Garten- und Bauland zur Verfügung gestellt, das sie ohne jede Bauvorschrift besiedeln und bewirtschaften durften. Diese „Notsiedlungen", die rund um die Großstädte entstanden, sind in den Zeiten

Minnesota in Köln-Zollstock –
die Notsiedlung entstand 1930.

des Wirtschaftswunders der 1950er Jahre alle verschwunden, abgerissen und beseitigt worden, bis auf diese in Zollstock. Das lag wohl daran, dass Grund und Boden hier der Bahn gehörten und die Stadt zwar in ihren Flächennutzungsplänen das Gelände als Grünfläche auswies und als Erweiterungsgebiet für den benachbarten Südfriedhof vorsah, aber eben nicht darüber verfügen konnte.

Es lag aber auch an der Querköpfigkeit und der Ausdauer der Eingeborenen dieser amtlich als „illegal" bezeichneten Siedlung, die alle Versuche der Vertreibung gemeinsam überstanden: in den 1980er Jahren die geplante Friedhofserweiterung, in den 1990er Jahren „Entmietung" und Abriss. Dann endlich, nach langen Querelen und nachdem sich die rund 300 Einwohner und ein paar Dutzend Schrebergärtner zu einer Genossenschaft zusammengeschlossen hatten und der Bahn im Jahr 2002 für fast zwei Millionen Euro das gesamte Gelände abkaufen konnten, entdeckten auch Rat und Verwaltung die Einmaligkeit dieser „selten gewordenen Wohnform mit Schlicht-Wohnbauten". Die Stadt schloss mit der Genossenschaft einen städtebaulichen Vertrag, der den vorhandenen Bestand und die Wohnungen garantiert, so wie sie sind, und die Siedler hier leben lässt. Diese verpflichten sich, eine Kanalisation zu bauen und die Wege innerhalb der Siedlung für Sicherheit, Beleuchtung und Rettungsfahrzeuge herzurichten. Jetzt, im Jahre 2003, denkt die Genossenschaft – eine der seit den 1950er Jahren ganz wenigen Neugründungen überhaupt in Köln – auch weiter, plant ein Gemeinschaftshaus und überlegt, was man alles sonst noch gemeinsam treiben kann.

An der Grenze von Bayenthal zur Innenstadt gibt es ein neues Zentrum der Kunst, insbesondere der Fotografie, das private Sammler, Stifter und Galeristen Anfang 2003 eingerichtet und eröffnet haben. Um einen weiten Hof gruppieren sich U-förmig die neuen Gebäude, in denen sich auf über 1000 Quadratmeter Gesamtfläche kommerzielle, wissenschaftliche und archivarische Interessen bündeln. Initiator und Bauherr war der Galerist Thomas Zander mit dem „Forum für zeitgenössische Fotografie". Dazu kam der Sammler und Mäzen Norbert Moos und dessen „Stiftung für zeitgenössische Fotografie" sowie das Sammlerehepaar Ann und Jürgen Wilde mit ihrer „Stiftung Fotografie und Kunstwissenschaft", die vor allem die umfangreichen Archive der Fotografen Albert Renger-Patzsch und Karl Blossfeldt pflegen, und eine neue „Stiftung Alfred Ehrhardt" sowie die Galerie Rolf Hengesbach, die Malerei, Zeichnung und Skulptur in das Ensemble einbringt.

135

**BAYENTHAL –
SCHÖNHAUSER
STRASSE 8**

*Forum für zeitgenössische
Fotografie
Schönhauser Str. 8
www.forum-fotografie.info*

Ein Zentrum der zeitgenössischen Fotografie, und das Ganze als private Initiative ohne jedes öffentliche Zutun, das ist die erste bemerkenswerte Tatsache. Die zweite ist der Ort abseits der Innenstadt, der kaum durch seine Umgebung, sondern nur durch die Qualität seiner Arbeit und der gezeigten Werke strahlen kann. Die dritte ist die Sicht auf die Fotografie jenseits ihrer musealen Integration und schließlich der Anspruch, durch Forum und Akademie, Vorträge und Ähnliches ein neues und junges Publikum mit dem Medium vertraut zu machen.

BAYENTHAL – OBERLÄNDER UFER/ BISMARCKSÄULE

Die Deutsch-Nationalen waren schon immer pyroman: Gedenkfeuer auf der Bismarck- säule am 1. April zum Geburtstag des Reichskanzlers.

„Auch so ein Bauwerk gehört zu unserem Erbe und wir müssen es als Produkt jener Zeit erhalten." Das ist die Position des verant- wortlichen Stadtkonservators Ulrich Krings zum Bismarckturm und er gab sich im Jahre 2001 alle Mühe, das Objekt am Oberländer Ufer zeitgemäß wiederherzustellen. 130 000 Euro kostete das einschließlich der neuen Siegerkränze im Bronzeguss, ein Etat und

Material, das sich die meisten lebenden Bildhauer als öffentlichen Auftrag nur wünschen können. Dieses Erbe – eigentlich völlig überflüssig und unsinnig – stammt aus dem Jahre 1902, damals in einer Welle von Bismarcktürmen zu Hunderten im ganzen Deutschen Reich errichtet und vor allem von der nationalistischen Studentenschaft unterstützt. Der Kölner Turm stellt Bismarck in der Pose des sitzenden Roland dar, vor sich ein Schild mit dem Reichsadler. Das ganze Monument ist knapp 30 Meter hoch und im Inneren durch eine Leiter zu erklimmen.

Hauptfinanzier seinerzeit war der Schokoladenfabrikant Carl Stollwerck, der gleich nebenan an der Ecke Oberländer Ufer/Bayenthalgürtel eine Villa besaß. Sie wurde auch „Bismarckburg" genannt und hier versammelten sich zu Bismarcks Geburtstag am 1. April oder zur Sonnenwendfeier die Spitzen des Kölner Bürgertums, um einem Schauspieler zu lauschen, der als Geist Bismarcks auftrat und aus dessen Reden rezitierte. Draußen zogen derweil die Burschenschaften in vollem Wichs auf und die restlichen Honoratioren der Stadt nebst Gattin, um den Geist Sedans, den Sieg über Frankreich und die Leistungen Bismarcks zu feiern und dabei gemeinsam das Lied „Die Wacht am Rhein" zu singen. Zur Herstellung der richtigen Stimmung ließ man am Abend auf der Spitze der Säule in einer Metallschale ein Feuer anzünden, das von den städtischen Gaswerken mit einer Standleitung bedient wurde. „Wie vor Zeiten die alten Sachsen und Normannen über den Leibern ihrer gefallenen Recken schmucklose Felsensäulen auftürmten, deren Spitzen Feuerfanale trugen, so wollen wir unserem Bismarck zu Ehren gewaltige granitene Feuerträger errichten, einfach und prunklos", heißt es in einem historischen Zitat

Tatsächlich ist die Bayenthaler Bismarcksäule eher prächtig und geschmacklos, gehört aber nun einmal „zu unserem Erbe". Vielleicht legt sich der Stadtkonservator noch zielgenauer für diese „Produkte der Zeit" ins Zeug und engagiert zu einer Abendfeier einige arbeitslose Schauspieler, die beispielsweise aus Bismarcks Gesetzen zur Sozialistenverfolgung und zum Kirchenkampf oder zur Verhöhnung von Demokratie und Parlamentarismus, aus seinen außenpolitischen Kaskaden gegen Frankreich oder seinen Kriegstagebüchern gegen Österreich und Dänemark zitieren könnten: alles aus „unserem Erbe".

137

MARIENBURG – AUF DEM RÖMERBERG/ RÖMISCHES FLOTTENLAGER

Bereits um das Jahr 53 v. Chr. hatte Cäsar bei der Eroberung und Unterwerfung des Rheinlands Militärstützpunkte entlang des Rheins angelegt. „Köln" war dabei topographisch und strategisch nicht schlecht gewählt. Der Rhein floss seinerzeit als breiter Strom mit zahlreichen Nebenflüssen, toten Armen und Überschwemmungsgebieten. Ein Areal von etwa einer Quadratmeile ragte daraus empor und der römische General Agrippa – der Großvater der Stadtgründerin Agrippina – ließ hier um das Jahr 39. v. Chr. ein Lager bauen, zwei römische Legionen stationieren und den römertreuen Germanenstamm der Ubier ansiedeln. Es entsprach der römischen Eroberungspolitik, die unterworfenen Völker entweder als Verbündete zu befrieden oder sie als Gegner auszuschalten.

Römische Ziegel mit dem Stempel der „frommen und treuen Flotte" belegen ein Römer-Flottenlager in Bayenthal.

Als im Jahr 14 n. Chr. Augustus starb, rebellierten die Soldaten – auch in der Militärprovinz. Ursache waren soziale Spannungen, die nicht zufällig im soldatischen Milieu aufbrachen. Die Masse der römischen Legionäre rekrutierte sich aus den städtischen Unterschichten Roms und aus verarmten Bauern und Landpächtern. Sie wurden mit dem Versprechen geködert, nach Ablauf ihrer Militärzeit ein Stück Land in den Kolonien zu erhalten, eine Abfindung oder gar ein kleines Staatsamt. Die Zusicherungen konnten nicht darüber hinwegtäuschen, dass das Soldatenhandwerk schwere Arbeit war. Nach dem Tod des Kaisers erhoben sich in Ungarn und am Rhein gleichzeitig die Soldaten und forderten neben der Wiedererrichtung der Republik soziale Verbesserungen. Die Veteranen sollten zeitiger entlassen werden, die jungen Soldaten mehr Sold bekommen. Die Schikane der Hauptleute sollte aufhören und die Knochenarbeit beim Schanzen- und Grabenbau erleichtert werden. Der kommandierende Germanicus, der Vater von Agrippina, schaffte es, einen Teil der Aufständischen mit Geld und vorzeitiger Entlassung zu spalten und den Rest in die Provinz Rätien zu versetzen. Zur dieser Zeit lagen vier römische Legionen im Bereich der ubischen Siedlung, wie Tacitus berichtet. Dass eine davon auf dem Areal der „Alteburg" – also zwischen Bismarckturm und Römerberg – ihren Standort hatte, ist nicht unwahrscheinlich. Vermutlich bestand zunächst nur ein Winterlager und dann wurde etwa Mitte des ersten Jahrhunderts hier, drei Kilometer von der „colonia" entfernt, ein Stützpunkt der Rheinflotte errichtet und zunächst durch Palisaden befestigt. Nach dem Aufstand der germanischen Bataver 69/70 wurde das Lager mit einer Steinumwallung und einem Grabensystem versehen. Der eigentliche Hafenplatz konnte von den Archäologen noch nicht nachgewiesen werden, aber dass es sich um den Flottenstützpunkt handelte, glaubt man zahlreichen Ziegelfunden mit dem Stempel der „frommen und treuen Flotte" entnehmen zu können.

Erst die Besiedlung und Industrialisierung Bayenthals führte zur Bergung zahlreicher Hinterlassenschaften der römischen Vergangenheit. Im ausgehenden 18. Jahrhundert wurde zunächst die Alteburger Mühle, eine Windmühle errichtet, deren Bezeichnung auf das „antiquum castra" zurückgeht. Reste des Turmstumpfes sind heute noch unter dem Haus Alteburger Mühle Nr. 6 zu finden. Knapp ein Jahrhundert später befanden sich hier eine Knochenmühle und eine Kalkbrennerei, dann eine Maschinenfabrik. Unmittelbar auf dem früheren Kastell-Gelände folgten in der 1870er Jahren das erste Wasserwerk und die „Cölner Actien Brauerei in Alteburg am Rhein". Die Straße Auf dem Römerberg ist erst in den 1920er Jahren entstanden, als man die Reste der Brauerei bereits wieder abtrug und durch eine Villenbebauung ersetzte. Die Grabungsbefunde lassen Rückschlüsse auf die Anlage des Kastells zu. Es umfasste Verwaltungs- und Wirtschaftsgebäude, Unterkünfte für Söldner und Befehlshaber, Lazarett und Lagerräume. Vor der Umwallung des Kastells lag zudem ein Gräberfeld, das sich bis zum Militärring erstreckte. Bei den teilweise umfangreichen Grabungen mit bis zu 300 Mitarbeitern fand man neben den Architekturzeugnissen Mosaikreste und Münzen, Amphoren, Haarnadeln und Gewandschließen. Vom Olivenkern bis zum Weinglas – alles Spuren römischen Soldatenlebens aus der Zeit vom 1. bis zum 3. Jahrhundert.

138

MARIENBURG –
PARKSTRASSE/
DIE MARIENBURG

Im Jahre 1844/45 erwarb der Immobilienhändler Paul Joseph Hagen ein Hofgut im Süden der Stadt, das ursprünglich der Kirche gehörte. Auf dem bis dahin „Galgenberg" genannten Hügel am Rheinufer ließ er sich von dem Stadtbaumeister Johann Peter Weyer eine klassizistische Villa errichten, die er nach seiner Tochter „Marienburg" nannte. Rund 30 Jahre später wurde der Unternehmer Ernst Leybold auf die „unentdeckte Schönheit" vor den Toren der Stadt aufmerksam und erwarb das Anwesen und rundherum großzügigen Landbesitz, für den er den Bau einer Villenkolonie plante. Die Marienburg ließ Leybold zu einem Hotel- und Restaurationsbetrieb mit Gartenlokal umbauen. Der große Zuspruch als stadtnahes Ausflugslokal verhalf dem nur zögerlich wachsenden Ort zu der ersehnten Verkehrsverbindung: Die Pferdebahnstrecke vom Südbahnhof wurde bis nach Rodenkirchen verlängert und am Rheinufer entstand eine eigene Anlegestelle für den regelmäßigen Verkehr der Ausflugsdampfer.

Erst jetzt ließ sich Leybolds Vision einer vorstädtischen Villenkolonie umsetzen. Er gründete eine Immobilien-Gesellschaft und trieb die Vermarktung und die Villenbebauung der großzügig bemessenen Parkgrundstücke voran. Die Namen der Eigentümer um die Jahrhundertwende lesen sich wie ein „Who-is-Who" der Kölner Oberschicht: die Unternehmer van der Zypen und Clouth, Tabakhändler Feinhals oder Familie Neven DuMont, die Kaufhausbesitzer Cords und Tietz, Stadtplaner Josef Stübben und Generalmusikdirektor Abendroth, der protestantische Mäzen Emil Oelbermann und der Schokofabrikant Carl Stollwerck, Bankier von Stein, sowie bekannte Architekten wie Schreiterer, Below und Paul Pott. Ihre Großvillen aus der Gründerzeit in unterschiedlichsten Baustilen und die variationsreichen Parks bestimmen bis heute den Charakter des Stadtteils, der als grünes Gesamtensemble unter Denkmalschutz gestellt ist. Für die exquisite Wohnqualität im Stadtteil sorgte vor allem das Verbot aller Gewerbe und Berufstätigkeit. Während Bayenthal durch diverse Ansiedlungen wie der Maschinenfabrik BAMAG, die Paul Josef Hagen mit seinem Schwiegersohn Baehrens gegründet hatte, von Industrie und Gewerbe dominiert war, sollte das angrenzende Marienburg allein dem Wohnen vorbehalten sein. Mit dem Verbot, das auch für Rechtsanwälte oder Ärzte galt, war verbunden, dass man sich nach Bayenthal orientierte oder die Waren anliefern ließ. Das älteste Ladengeschäft Marienburgs eröffnete erst nach dem Zweiten Weltkrieg.

Die Villa Marienburg wurde 1907 von dem Werkzeugmaschinen-fabrikanten Alfred Heinrich Schütte gekauft. Er gab die gastrono-mische Nutzung auf und ließ es in ein Wohnhaus zurückbauen. Als nach Ende des Ersten Weltkriegs Quartiere für die britischen Besat-zungsoffiziere beschlagnahmt wurden, war Marienburg ein bevor-zugter Stadtteil. Hierfür war weniger der verbreitete englische Land-hausstil ausschlaggebend, als vielmehr die Nähe zur Kaserne Bonner Straße. In der Villa Marienburg residierte der britische Oberkom-mandierende bis 1925. Danach erwarb Robert Gerling, der ein Büro für Versicherungswesen in Köln betrieb, das Anwesen, später lebte der Firmenpatriach Hans Gerling bis zu seinem Tod in der Marien-burg und heute dient es dem Gerling-Konzern als Konferenz- und Ausbildungszentrum.

Als Anfang der 1990er Jahre Irene Gerling, die Gattin von Hans Gerling, starb, erwirkte der Ehemann mit Verweis auf die Aufhe-bung des Friedhofszwangs unter den Franzosen und dem Argument der dünnen Besiedlung seines auf 50 000 qm geschätzten Anwe-sens beim Oberstadtdirektor Lothar Ruschmeier eine Sonderge-nehmigung zur Umgehung des Bestattungsgesetzes und durfte die Urne mit den sterblichen Überresten seiner Frau in einem zierlichen Mausoleum im heimischen Park aufbewahren. Ein einmaliger Son-derfall privater Beisetzung. Die Stadtverwaltung begründete die Ausnahme als Ehrerweisung gegenüber der verblichenen Kunst-mäzenin, ordnete aber an, dass dies nur bis zum Tod des Hausherrn gelte. 1991 wurde das Ehepaar Gerling gemeinsam in der Famili-engrabstätte auf dem Kölner Nordfriedhof beigesetzt.

Blick von der Parkstraße durch den Zaun auf die Marienburg.

139

**RODENKIRCHEN –
MILITÄRRING,
ECKE OBERLÄNDER
UFER/KUNST IM
FORT**

Nach dem Krieg und Sieg gegen Frankreich 1870/71 wurde die Festungsstadt Köln von den Preußen noch einmal kräftig aufgerüstet. In einem großen Gürtel rund um die Stadt entstanden Forts und Festungsbauwerke, Militäranlagen, Lünetten und Bastionen, die durch eine eigene Straße verbunden wurden, die Militärringstraße. Einige dieser Forts im heutigen Äußeren Grüngürtel sind weitgehend erhalten, andere umgebaut wie das Zwischenwerk VIII b, das 1873 bis 1876 als Letztes vor dem linksrheinischen Ufer und vis-à-vis der Marienburg errichtet wurde. Man kann dem monumentalen Ziegelsteinbau noch gut seine frühere Funktion ansehen. Die Zentralbastion mit dem halbkreisförmigen Umgang und rundherum eine hohe Kehlmauer, die nach außen in einen Erdwall übergeht, sind zu erkennen. Von vorne gelangt man über eine breite Treppe auf das Dach der Anlage, das heute von einem geometrisch angelegten, aber inzwischen den städtischen Finanzen zum Opfer gefallenen Rosengarten geschmückt wird.

Im Jahre 1985 entwickelte hier eine Gruppe damals junger Kölner Metallbildhauer auf Initiative von Jochen Heufelder einen privaten Skulpturenpark, der in seltener Eindeutigkeit eine Symbiose von Objekt und Umgebung darstellt: Jeder der beteiligten Künstler konnte sich seinen eigenen Standort aussuchen und erarbeiten. Anders als bei dem bekannteren Skulpturenpark des Ehepaars Stoffel unter der Zoobrücke, der bei aller Qualität der Einzelarbeiten auch eine museale Sterilität verbreitet, sind hier die Werke Teil der Anlage, wie andererseits der Bau mit seinen Materialien und Proportionen, aber natürlich auch seiner Geschichte von den Kunstwerken neu interpretiert wird. Und auch wenn in der jüngeren Zeit alles in eine Art Dornröschenschlaf gefallen zu sein scheint und die Natur allmählich von den Kunstobjekten Besitz ergreift, Moos, Blätter, Äste, Laub und Grün sich an die aus rostendem Stahl gefertigten Arbeiten herangeschmissen haben, so haben sie dennoch wenig von ihrer Spannung eingebüßt.

Gegen den Uhrzeigersinn durch den Graben um das Zwischenwerk VIII b:

I. Alfred Karner, Ohne Titel

Ein Tisch mit zwei Beinen aus rostendem Stahl, aufgehängt an der Platte, demonstriert gleichzeitig Stabilität und Labilität.

II. Edgar Gutbub, Ohne Titel

Drei Betonhügel etwa 80 Zentimeter hoch bedecken je einen Kasten von gleichem Volumen und kontrastieren Innen- und Außenwelt.

III. Joachim Heufelder, Ohne Titel

Eine 16 Meter lange und 2,70 Meter hohe Wand aus 16 verschiedenen rostenden Stahlplatten produziert die beklemmende Enge der Gräben und Kasematten.

IV. Ansgar Nierhoff, Ohne Titel

Die massiv dicken Stahlplatten erinnern an Panzerstahl, akzentuieren und trennen mit über 12 Metern Länge den ovalen Raum der Eckbastion, sind Barriere aber auch Überschreitung gleichermaßen.

V. Werner Rückemann, Ohne Titel

Die zweigeteilte Stahlplastik mit einem trapezförmigen größeren und einem kleineren Dreiecksteil wirkt wie ein gewaltsam aufgestoßenes Tor, erlaubt die Assoziation von Skylla und Carybdis.

VI. Lutz Frisch, Skulptur

Die dreiteilige Arbeit aus Stahlrohr, waagerecht an der Front des Forts etwa in Augenhöhe, führt in ihrer roten und türkisen Farbigkeit eher weg vom Fort, erinnert an das Leben außerhalb.

Von Lutz Frisch stammt übrigens auch eine ganz neue Arbeit aus dem Jahre 2003 mitten im Kreisverkehr des nahen Bonner Verteilers: eine 50 Meter hohe und 70 Zentimeter schmale, rot lackierte Stele als „Tor zur Stadt", der eine weitere Stele auf der anderen Seite dieser ersten deutschen Autobahn, am Bonner Nordverteiler, entspricht. „Die beiden Stelen sind gleichzeitig nie zu sehen. Man erlebt die eine, aber mit dem Wissen der anderen." (Lutz Frisch)

Im Rosengarten auf dem Dach des Forts:

VII. Heinz-Günther Prager, Liegende Zylinderskulptur

Zweiteilige Arbeit aus rostendem Stahl, die an Wippe und Waage erinnert. „In der Größe der Skulptur soll der Betrachter seine eigenen Maße erfahren: Er soll wichtige plastische Probleme wie Aufsicht, Ansicht und Untersicht erfassen können." (H.G. Prager)

Jürgen Becker

Hahnwald – das Beverly Hills der rheinischen Tiefebene

„In unserm Veedel" – wer diese Hymne nicht mitsingen kann, steht bei fast allen Kölner Feierlichkeiten wie der Atheist im Vatikan. Mit diesem sakral anmutenden Schunkelgesang ist jedes Viertel gemeint, in dem der Kölner an sich „in d'r Weetschaff op d'r Eck" steht und auch sonst „zesamme hält". Wenn man kein Veedel mehr hat, so die Black Fööss in ihrem wohl erfolgreichsten Evergreen, „dann is et vorbei!"

Anders Elvis Presley. Er schildert ein anderes Veedel mit einer noch anderen Hymne: „In the Getto." Damit kann aber weder Chorweiler, Klettenberg oder Kalk gemeint sein, dieser Evergreen passt in Köln nur auf ein Viertel: Hahnwald. Direkt an der Autobahn 555 Richtung Wesseling, Anschlussstelle Ikea, liegt das, was Soziologen unter einem sozialen Brennpunkt verstehen.

Auf alles, was das Leben lebenswert macht, wurde hier bewusst verzichtet. Lebensmittelgeschäfte, Weinhandlungen, Eisdielen, Kneipen, Buchläden und Kirmesplätze, Kindergärten, Schulen und Spielplätze, all das suchen Sie hier vergebens. Es gibt nicht einmal einen Puff, geschweige denn eine Kirche. Hier geht kein Karnevalszug, keine Schützenparade, hier ist richtig tote Hose. Das Einzige, was im Hahnwald kulturell stattfindet, sind Sperrmülltermine und der Bofrost-Mann.

Es handelt sich also um das Armenviertel von Köln schlechthin. Wer hier gelandet ist, ist wirklich arm dran. Hahnwald ist so berüchtigt, dass sich selbst die Kölner Polizei, sonst keineswegs zimperlich, nicht mehr hintraut. Die Bewohner engagieren so genannte schwarze Sheriffs. Der Luchs-Wachdienst und der Raab-Karcher-Security-Söldner-Service sind hier rund um die Uhr im Einsatz und immer präsent. Sozusagen Streetworker, ein Begriff der Sozialarbeit in Brennpunktvierteln, in sozialen Gettos. Wer dieses Getto besichtigen möchte, muss zunächst die Zufahrt finden, es gibt nur eine Straße „Am neuen Forst" in dieses hermetisch abgeriegelte Gebiet und eine „Unter den Birken" wieder heraus. Für Insider gibt es noch einen Schleichweg vom Schrottplatz Sürth zum Judenpfad. Die Bewohner sind sehr scheu, sie leben teils hinter Zäunen mit videoüberwachten Paniktoren, ihre Häuser verlassen sie nur mit Auto oder Hund.

Am Judenpfad im Hahnwald.

Beliebteste Einfriedung ist der schneeweiße, Hollywood-erprobte Schwingholzzaun Modell Disneyland mit weißen Kugeln auf den Vierkantpfosten. In eben diesen Kugeln habe, so das Gerücht, Hahnwaldbewohner Christoph Daum seinerzeit das Kokain versteckt. Drogen und Prostitution, auch daran kann man dieses Elendsviertel festmachen. Wer den Hahnwald Richtung Meschenich-Köln-Berg verlässt, entdeckt nach 100 Metern auf der Autobahnbrücke ein älteres Wohnmobil. „Gabi". Das rote Herzchen auf dem Blechschild lädt die Männer kurz vor der Heimkehr in die Tristesse ein zum vielleicht einzigen Höhepunkt des Tages. Danach herrscht wieder soziale Kälte. Für die daheim gebliebenen Frauen, so kolportiert man, übernimmt solcherlei Dienstleistung der Bofrost-Mann.

**MESCHENICH –
BRÜHLER
LANDSTRASSE/
KÖLN-BERG**

Ein runder Tisch aus Hausverwaltung, Mietern, Stadt und
Polizei brachte die Veränderung
auf dem Köln-Berg.

Die Kölner Stadtgeschichte gibt sich immer stolz auf die typisch heimischen Produkte, Kölner Leim und Kölner Bier, Kölner Brett und
Kölscher Klüngel, aber nie wird das „Kölner Modell" erwähnt, obwohl
das auch in der Domstadt erfunden und als „Bauherrenmodell" bundesweit erfolgreich war. Das Prinzip ist simpel, aber wie beim Ei
des Kolumbus, es musste einer darauf kommen. Die Voraussetzung
ist die Verbindung von zwei Geschäften, die nichts miteinander zu
tun haben, wobei die Gewinne des einen mit den Verlusten des
anderen kombiniert werden, um Steuern zu sparen. Diese Art der
Abschreibung wird teilweise sogar staatlich gefördert, beim Schiffs-
bau etwa oder der Windenergie, wenn es um erwünschte wirtschaftliche Effekte geht. Hierauf bauend bestand das Prinzip des
Kölner Modells darin, künstliche Kosten beim Wohnungsbau her-
zustellen, um Verluste zu machen und Steuern zu minimieren. Aus-
gedacht haben sich das Mitte der 1960er Jahre einige junge Aspi-
ranten im Seminar eines wirtschaftswissenschaftlichen Repetitors,
Dr. Braunschweig, die dort theoretisch lernten, was sie später praktisch anwandten.

Verheißungen

Schulden, die Vermögen werden!

Die Schokoladenseite Ihrer Steuern.

Das Finanzamt gibt auch!

Wer die Pflicht hat, Steuern zu zahlen, hat auch das Recht, Steuern zu sparen!

Greifen Sie dem Staat in die Tasche!

Der neue Weg zum kleinen Vermögen!

Mit solchen Versprechungen lockte die Abschreibungsbranche ihre steuerunwilligen Kunden.

Lobpreisungen

* Steuersparkünstler
* Abschreibungsjongleur
* Steuertüftler
* Genialer Abschreibungsexperte
* Spezialitätendoktor
* Abschreibungspionier
* Pfadfinder im Steuerdickicht
* Abschreibungskoryphäe
* Anlagekünstler
* Verlustbeschaffer
* Wunderdoktor der Abschreibungsbranche
* Hexer
* Abschreibungskönig
* Genialer Lückenfinder

So nannte die Presse die „Könige" der Abschreibungsbranche und des Bauherrenmodells.

Jochen Erlemann hieß einer, Jürgen Amman ein zweiter und ein dritter Erwin Walter Graebner. Graebner war der Erste, der dieses Modell nach einem kleineren Experiment in Pulheim als Großversuch auf den Markt brachte und zwar hier in Meschenich, in der damaligen Gemeinde Rodenkirchen. Auf deren Rüben- und Kartoffeläckern wurde 1971/72 eine Hochhauskolonie aus insgesamt neun Häusern mit bis zu 26 Etagen und zusammen 1322 Wohnungen gebaut, von denen die vermögenden Investoren in der Regel immer zwei kauften und Graebner versprach, mit den Gewinnen der einen die Kosten der anderen zu decken und das Ganze nach fünf Jahren, wenn die „Verlustzone" überbrückt wäre, wieder zurückzukaufen. Soweit der Plan, denn erstens funktionierte der Rückkauf nicht und zweitens stiegen die Bankzinsen nach fünf Jahren und damit auch die Kosten. Die Folge: Mieter zogen aus und die Wohnungen standen teilweise leer. Die Hochhäuser verkamen und wurden zum Eldorado für Obdachlose und Dealer, für Kleinkriminelle und Jugendgangs. Die Polizei richtete in einem der Häuser eine eigene Wache ein, soziale Einrichtungen gab es lange Zeit weit und breit keine. Als Lösung des Problems schlug Hans Schäfer, der Chef des Kölner Haus- und Grundbesitzervereins seinerzeit vor, den Köln-Berg zu sprengen und abzureißen.

Köln-Berg wurde zum Synonym für Ghettowohnblocks außerhalb der Städte, die ohne jeden urbanen Verstand, nur aufgrund finanzieller Spekulation geplant und von dummen oder bestochenen Politikern genehmigt waren. Erst Ende der 1980er Jahre kam es für den Köln-Berg zu einer Wende, als der Druck groß genug und die geldgierigen Altbesitzer zum Teil abgesprungen waren. Eine neue Hausverwaltung packte das Problem endlich praktisch an und versammelte nach Methoden der Gemeinwesenarbeit die Mieter und Vermieter, Stadt und Polizei um einen runden Tisch. Zehn Jahre später ist der Köln-Berg zwar immer noch kein urbanes Schmuckstück, aber auch kein sozialer Brennpunkt mehr, obschon fast die Hälfte der rund 4000 Menschen, die hier leben, auf die Arbeitslosen- oder Sozialhilfe angewiesen sind. Die Kriminalität ist allerdings inzwischen unterdurchschnittlich, das Zusammenleben von Menschen aus immerhin über zwei Dutzend Nationen dagegen in erheblichem Maße überdurchschnittlich.

Der Halbkreis um die Stadt wird auf der rechten Rheinseite weitergeschlagen, angefangen im Süden am Rhein in Porz und dann um die Stadt herum durch die Stadtteile und Bezirke bis hinauf nach Stammheim und Dünnwald. Man kann diese Strecke wandern, das dauert, mit dem Rad abfahren oder mit dem Auto von Punkt zu Punkt springen.

RECHTSRHEINISCH VON SÜD NACH NORD

142

**PORZ-WAHN –
WAHNER HEIDE/
FLIEGERHORST
WAHN**

Den Ökologen glänzen die Augen, wenn sie von der Wahner Heide sprechen, dem fast 40 Quadratkilometer großen Gelände um den Flughafen Köln-Bonn. In einem der größten Naturreservate Nordrhein-Westfalens existieren Pflanzen und Tiere, die man selten in dieser Häufigkeit findet. Ob Silbergras und Bauernsenf auf den trockenen Böden oder Sonnentau und Bärlapp in den Feuchtbiotopen, der seltene Lungenenzian und die Sumpfkalla - man denkt eher an die Poesie der Namen als an die Rote Liste der bedrohten Fauna. Ähnlich ist es mit den Reptilien und Amphibien. Molche und Salamander leben hier ebenso wie die Heidelerche, die durch ihren melancholischen Gesang auffällt, oder die Bekassinen, die bei der Balz im Frühling rasante Sturzflüge vollführen und dabei mit den vibrierenden Schwanzfedern ein dumpfes Meckern erzeugen, weshalb sie auch „Himmelsziegen" genannt werden. Sie sind von den Jägern in Deutschland fast ausgerottet und nur noch in der Wahner Heide zu finden.

Bauern und Soldaten sind der Grund für diesen Artenreichtum. Die Böden eigneten sich schon im Mittelalter nicht für den Ackerbau, sondern nur als Viehweide, und dadurch blieb vieles erhalten. Später kamen die Soldaten: Kaum fiel das Rheinland an Preußen, baute das Militär 1817 einen ersten Schießplatz und seitdem verließen die Soldaten mit einer kleinen Ausnahme nach dem Ersten Weltkrieg die Wahner Heide nicht mehr, bis fast alles Sperrgebiet war. Gesperrt für fast alle Menschen, aber eben nicht für Frösche, Lurche oder Lerchen.

Zuletzt nutzte das belgische Militär die Wahner Heide als Truppenübungsplatz und Standort seiner Kasernen, es wird aber auch bis 2004 abgezogen sein. Für den Fall gibt es weitreichende Pläne und Ideen, wie die Heide als Naturreservat erhalten bleiben kann, denn auf der einen Seite benötigt sie massiven Schutz und auf der anderen Seite wollen die Menschen den Zugang zur Heide für Erholung und Freizeit. Die umliegenden Gemeinden haben sich in einem „Arbeitskreis Wahner Heide" zusammengeschlossen. Sie fordern ebenso wie die Naturschutzverbände die Planung und Lenkung der künftigen Nutzung, wie etwa bestimmte Flächen völlig zu sperren, Wege zurückzubauen, sensible Gebiete mit natürlichen Barrieren zu versehen, aber auch ein Informationssystem einzurichten und in der Althenrather Kaserne ein Natur- und Umweltzentrum zu installieren.

*SUSANNE MARZAK,
KAUFFRAU,
EMPFIEHLT:*

Ein Hauch von Ferienatmosphäre in der Stadt umgibt den Campingplatz im Sommer am Ende der Pollerwiesen, direkt an der Rodenkirchener Brücke. Urlauber sitzen auf Klappstühlen vor ihrem Wohnwagen, beobachten mit dem Fernglas vorbeiziehende Schiffe, umgeben von Handtüchern und Badehosen, der Duft von gegrilltem Fleisch liegt in der Luft, der Rhein schlägt leise seine Wellen und mit Glück findet man sogar eine Muschel. Poll, Weidenweg, rechtsrheinisch, Stromkilometer 684
Frühsommer bis Herbst

Ein bisschen Militär ist gleichwohl immer noch da, die Bundeswehr im Westen des Flughafens Köln-Wahn. Hierzu gehört unter anderem ein Transportgeschwader und die Flugbereitschaft für die Regierung, das heißt deren Bonner Reste, dazu zählt aber auch das historische Gelände rund um die Bundeswehrkaserne, etwa ein alter Militärfriedhof. Er wurde für die Soldaten angelegt, die bei Manövern ums Leben kamen, später auch für die französischen Kriegsgefangenen des Ersten Weltkriegs, die hier verstarben. Es gibt ein Doppelgrab darunter, mit dem es eine besondere Bewandtnis hat. Hier sind zwei Matrosen begraben, fernab von ihren Häfen an der Küste. Max Reichpietsch und Albin Köbis, die als „Rädelsführer" der Marinemeuterei am Ende des Ersten Weltkriegs in Kiel festgenommen, nach Köln in das preußische Festungsgefängnis am Bonner Wall 114-120 überführt, zum Tode verurteilt und auf Militärgelände in der Wahner Heide am 5. September 1917 erschossen wurden.

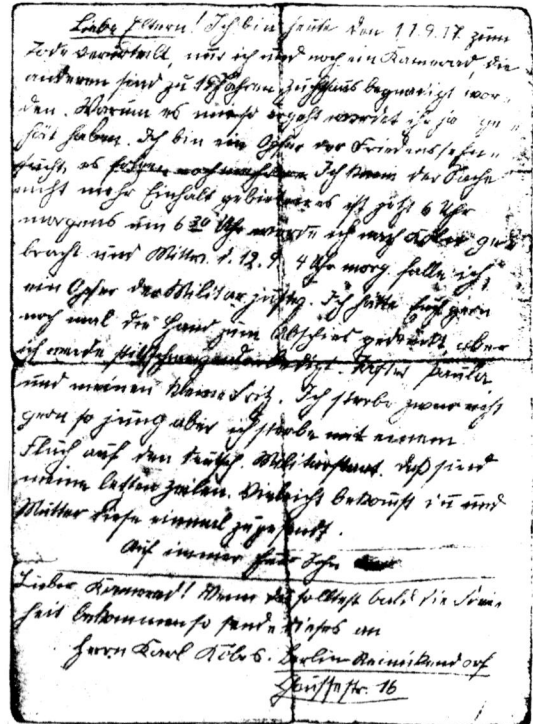

Albin Köbis' letzter Brief:

„Liebe Eltern, ich bin heute den 11.9.17 zum Tode verurteilt, nur ich und noch ein Kamerad, die anderen sind zu 18 Jahren Zuchthaus begnadigt worden. Warum es uns so ergeht, werdet Ihr ja gehört haben. Ich bin ein Opfer der Friedenssehnsucht, es folgen noch mehrere. Ich kann der Sache nicht mehr Einhalt gebieten, es ist jetzt 6 Uhr morgens, um 6.30 Uhr werde ich nach Köln gebracht und Mittw. d. 12.9. 4 Uhr morg. falle ich, ein Opfer der Militärjustiz. Ich hätte Euch gern noch mal die Hand zum Abschied gedrückt, aber ich werde stillschweigend erledigt. Tröstet Paula und meinen kleinen Fritz. Ich sterbe zwar nicht gern so jung, aber ich sterbe mit einem Fluch auf den deutsch. Militärstaat. Das sind meine letzten Zeilen. Vielleicht bekommst Du und Mutter diese einmal zugesandt. Auf immer Euer Sohn

Lieber Kamerad! Wenn Du solltest bald die Freiheit bekommen, so sende dieses an Herrn Karl Köbis. Berlin-Reinickendorf, Hauffestr. 16."

Den Hintergrund für dieses Ereignis lieferten Hunger und Elend des „Kohlrübenwinters" 1916/17, bei dem Hunderttausende an Unterernährung und Seuchen starben. Im Frühjahr 1917 kam es in zahlreichen Großstädten zu Hungerdemonstrationen, die auch auf die Marine übergriffen. Das Flottenkommando ließ daraufhin zehn aufständische Matrosen verhaften und zum Tode verurteilen. Aber nur die Urteile gegen Max Reichpietsch (23) und Albin Köbis (25) wurden in Köln vollstreckt, die anderen Verurteilten in der Weimarer Republik rehabilitiert.

Grabstein von Köbis und Reichpietsch auf dem Militärfriedhof in Köln-Wahn.

Während in den 1920er Jahren der Ort des Doppelmords in der Wahner Heide, das heißt das Grab, eine bekannte Gedenkstätte für Kommunisten und Sozialdemokraten war und einen eigenen Gedenkstein bekam, tut sich die Traditionspflege in der Bundesrepublik mit diesem Erbe einigermaßen schwer – im Unterschied zur vormaligen DDR. Dort trugen zwei Schiffe der Nationalen Volksarmee die Namen der beiden Matrosen. Inzwischen kann man nach Voranmeldung auch die Gräber auf dem Kasernengelände in Wahn besuchen und bisweilen gibt es am Todestag, dem 5. September, hier kleine Veranstaltungen von alten Sozialisten und jungen Friedensfreunden. Aber der Vorschlag, die bisher nichts sagende „Köln-Wahn-Heide-Kaserne" der Bundeswehr in „Max Reichpietsch/Albin Köbis-Kaserne" umzubenennen, fiel weder bei der Politik noch beim Militär auf fruchtbaren Boden. Dafür hat die Bezirksvertretung Porz reagiert und im Jahre 1997 zwei kleine Straßen direkt an der Autobahn-Abfahrt Wahn nach Max Reichpietsch und Albin Köbis benannt.

Eines der großen Probleme in der und um die Wahner Heide ist nach wie vor der nebenan liegende Konrad-Adenauer-Flughafen Köln-Bonn, der mit seiner extensiven Nachtflugregelung zu einer erheblichen Lärmbelastung für rund 400 000 Menschen der umliegenden Gemeinden und der südlichen Stadtteile von Köln geworden ist. Kirchengemeinden, Betroffenenverbände und die Städte in den Einflugschneisen kämpfen seit langem für ein absolutes Flugverbot zwischen Mitternacht und fünf Uhr morgens sowie für ein Nachtflugverbot für besonders laute Frachtmaschinen. Und obwohl der Flughafen ausschließlich in öffentlichem Besitz ist und obschon der Landtag von NRW bereits 1996 entsprechende Regelungen beschlossen hat, sieht es mit dem vermehrten Frachtverkehr und der Zunahme der Billigflieger in der jüngsten Zeit eher nach dem Gegenteil aus.

143

**PORZ-ZÜNDORF –
RHEINFÄHRE NACH
WEISS**

Rund 100 000 Kilometer hat Heiko Dietrich mit seinem Boot zurückgelegt, mehr als zweimal um die Welt und doch nur immer über den Rhein hin und her ist er geschippert, vom rechtsrheinischen Zündorf zum linksrheinischen Ufer nach Weiß oder umgekehrt. 1987 hat der gelernte Schreiner die private Fährlinie eröffnet, nachdem er einen Fährführerschein gemacht, die amtliche Fährlizenz erworben und nachdem er sein erstes Boot, das „Krokodil", selber gebaut und für 18 Passagiere fährtauglich hergerichtet hatte. Für das Wochenende, wenn die Ausflügler sich am Ufer drängeln, hat er ein früheres Frachtschiff zur „Frika" für rund 100 Passagiere umgebaut. Hier gibt es auch Kaffee und Kuchen. Fährmann Dietrich setzt von Mitte März bis Mitte Oktober im 20-Minuten-Takt über den Rhein und befördert vor allem Fußgänger und Radfahrer bei der etwa drei- bis vierminütigen Überfahrt. Bisweilen dauert sie länger, weil der gewerbliche Verkehr auf dem Rhein immer Vorfahrt hat.

144

**OSTHEIM – FRANK-
FURTER STRASSE 845–855/
HUMBOLDT-
SIEDLUNG**

Ein bestimmtes gallisches Dorf ist bekannter, auch in Köln bekannter als die Humboldt-Siedlung in Ostheim – obwohl diese den hohen Bekanntheitsgrad eher verdient hätte. Seit fast 30 Jahren haben die Bewohner der Siedlung mit Beharrlichkeit und Solidarität für den Erhalt ihrer Wohnungen und Nachbarschaften gestritten und es sieht so aus, als ob ihnen das am Ende auch gelungen ist. Die Siedlung am Rand der Frankfurter Straße im Stadtteil Ostheim wurde in den Jahren 1943/44 als Unterkunft für Zwangsarbeiter errichtet und dann von der Firma Humboldt, der späteren KHD, für ihre ausgebombten Arbeiter genutzt. Die fünfzehn Häuser waren von sehr einfacher Bauweise: Flachdachgebäude mit niedrigen Decken, ohne Keller und anfangs ohne Kanalisation und Strom. Die ersten Bewohner haben das alles nach und nach in Selbsthilfe geschaffen und aus der trostlosen Notsiedlung ein lebendiges Biotop solidarischer Nachbarschaft und grüner Lebensqualität gemacht.

Der erste Angriff auf die Siedlung kam 1975, nachdem die Firma KHD ihre „Werkswohnungen" an die Stadt Köln verkauft hatte und diese umgehend den Mietern mitteilte, nichts mehr zu investieren und anzuschaffen, die Häuser würden „aus Planungsgründen" entmietet und „niedergelegt". Es gab Proteste und Widerstand gegen die SPD-geführte Verwaltung, Resolutionen, Versammlungen und Demonstrationen und am Ende bekamen die Bewohner für die folgenden zehn Jahre neue Mietverträge. Im Jahre 1982 gründeten sie einen „Verein zur Erhaltung der Humboldt-Siedlung", um mit einer genossenschaftlichen Lösung die Siedlung selbst zu übernehmen. Im Jahre 2000 kam es zu erneuten Versuchen, diesmal von der CDU angeführt, die rund 100 Mieter los zu werden – zugunsten einer „rentableren Nutzung des Geländes", begründet mit dem hohen Sanierungsbedarf und der mangelnden Standsicherheit der Häuser. Es wurde erneut heftig gestritten. Denn für die Bewohner und ihre Freunde und Unterstützer ist die Humboldt-Siedlung das Paradies und entsprechend fochten sie gegen die Stadt, schlugen eine genossenschaftliche Alternative vor, von der die Stadt aber nichts wissen wollte. Am Ende kam vor allem auf Drängen der Grünen als Kompromiss heraus, dass die Mieter ihre Wohnungen kaufen konnten und dass die Kaufsumme über 20 Jahre verteilt fällig wird. Und das haben fast alle gemacht.

Für die Bewohner und ihre Freunde ist die Humboldt-Siedlung das Paradies.

145

**GREMBERG – GREM-
BERGER WÄLDCHEN/
„RUSSENLAGER"**

Westlich des Gremberger Rings, zwischen der Autobahnkreuzung und der Eisenbahntrasse, befindet sich im Gremberger Wäldchen eine Gedenkstätte zur Erinnerung an die Ermordung von 74 Zwangsarbeitern. Das eingezäunte Areal wird von einem hohen Findling begrenzt, auf dem in kyrillischen Buchstaben und davor in deutscher Übersetzung zu lesen ist: „Hier sind 74 sowjetische Bürger begraben, die während ihrer Gefangenschaft unter dem Faschismus in den Jahren 1941 bis 1945 ermordet wurden." Daneben haben Kölner Mitglieder der „Vereinigung der Verfolgten des Naziregimes" im Jahre 1985 eine Bronzeplastik des Bildhauers Klaus Balke aufgestellt, die einen Mann darstellt, der eine nach hinten sinkende Frau auffängt.

Plastik von Klaus Balke (1985).

Die Gedenkstätte ist über den Gräbern russischer Zwangsarbeiter errichtet, die in einem nahen Krankenlager untergebracht waren und den oft entsetzlichen Ernährungs- und Lebensbedingungen erlegen sind. Außerdem sind hier Bombenopfer bestattet sowie die Opfer einer Mordaktion zwischen dem 8. und 10. April 1945: Uniformierte Deutsche umstellten das Lager, zündeten es an und erschossen Dutzende Häftlinge unter dem Vorwand einer Vergeltungsaktion wegen eines von geflohenen Zwangsarbeitern geschlachteten Kalbes.

Die Baracken wurden nach dem Krieg teilweise wieder aufgebaut und dienten bis in die 1950er Jahre der sozialistischen Jugendorganisation „Falken" und später als Produktionsstätte eines nahen Betonsteinwerks.

„Und alles Mitleid, Frau, wenn ich gelogen,
das sich nicht wandelt in den roten Zorn,
der nicht mehr ruht, bis endlich ausgezogen,
dem Fleisch der Menschheit dieser alte Dorn."

Vers von Bertolt Brecht auf dem Sockel der Bronzeplastik im Gremberger Wäldchen

Die Großmutter hieß BASF und saß in Ludwigshafen, die Mutter Kali & Salz in Kassel und die Tochter in Köln auf der Schäl Sick hieß „Chemische Fabrik Kalk", Spitzname CFK. Diese Art von Beziehung suggeriert Nähe und Familie und doch ist es genau umgekehrt. Die Tochter war die Älteste in der Familie, die Großmutter die Jüngste und die Mutter schlachtete ihr eigenes Kind. So geschehen Mitte der 1990er Jahre bei der CFK, nachdem erst der Besitz gewechselt, dann die Produktion reduziert und am Ende die letzten 650 Beschäftigten entlassen wurden. Man mochte sich innerhalb der Familie keine Konkurrenz machen und so sorgte die Mutter dafür, dass die Tochter entsorgt wurde.

Angefangen hatten in Kalk zwei Männer namens Julius. Der eine, Julius Grüneberg, Sohn eines Orgelbauers, machte nach dem Krimkrieg sein erstes Geld mit einer russischen Salpeterfabrik. In Köln tat er sich mit dem Kaufmann Julius Vorster zusammen und die beiden begannen 1859 im damals noch ländlichen Kalk mit der industriellen Produktion von Salpeter und Pottasche, wichtige Bestandteile für Schwarzpulver. Entscheidender als der Rüstungs- wurde der Agrarmarkt für Kalisalze und andere Düngemittel, damals im 19. Jahrhundert die Voraussetzungen für den Aufschwung der Landwirtschaft. Aus dem Wallfahrtsörtchen Kalk mit seiner populären Madonna, im Mittelalter die „villa calka" der Deutzer Benediktiner, wurde in wenigen Jahrzehnten eine Industriestadt, im Mittelpunkt Chemie und Metall. Peter Stühlen, Albert Liesegang, Gottfried Hagen – das waren kapitale Namen und profitable Unter- nehmen, von denen allenfalls ein paar Straßennamen oder Fassa- denteile übrig geblieben sind – und die Erinnerung.

Kalk wurde noch vor Ehrenfeld und Mülheim zum wichtigsten Industriestandort am Rhein mit einer aktiven Arbeiterbewegung, nicht nur sozialistischer, sondern auch katholischer Provenienz, einem blühenden Vereinsleben und einem ausgeprägten Selbstbe- wusstsein. Als Kalk 1881 die Stadtrechte erhielt, war es die größ- te Industriestadt im preußischen Reich. Da auch die Nachbarstäd- te Deutz im Westen und Mülheim im Osten früh industrialisiert waren und Köln weit weg war, hätte damals nur ein Politiker vom Range Adenauers gefehlt, so sagen jedenfalls Historiker. Er hätte die drei Städte im Rechtsrheinischen zusammengeschweißt – für die es bereits den Kampfnamen „Trutzköln" gab –, dann gäbe es heute

vielleicht eine Millionenstadt auf der schäl Sick, die Industriemet-
ropole am Rhein, und das alte Köln wäre ein historisches Phanta-
sialand, aber mit echt römischen Trümmern!

Heute merkt man Kalk von all dem nichts mehr an, im Gegenteil. Von der ganzen chemischen Fabrik, die Tausenden Arbeit gab
und für Jahrzehnte im Rechtsrheinischen prägend war, gibt es lediglich noch einen verloren wirkenden Wasserturm unter Denkmalschutz. Das sanierte Gelände wird unter wesentlicher Beteiligung
der Stadtsparkasse überplant und gegen jede städtebauliche Vernunft wird vorne an der Kalker Hauptstraße ein voluminöses Einkaufszentrum anvisiert, dahinter Parkhäuser und ein wenig öffentliches Grün, und ganz am Ende und schon fast unter der Zoobrücke
war einmal ein zukunftweisendes „Cologne Science Center" geplant.
Das sind jedenfalls die Wünsche – die auf den gewachsenen Bestand
von Gewerbe, Einzelhandel und Handwerk auf der Kalker Hauptstraße keine Rücksicht nehmen.

Nur ein Wasserturm blieb als
Überbleibsel der „Chemischen
Fabrik Kalk" (2003).

Auf der anderen Seite der Hauptstraße, auf dem ehemaligen Werks-
gelände von Klöckner-Humboldt-Deutz ist zwar noch ein wenig mehr
von der industriellen Geschichte zu erkennen, aber auch hier ist der
Strukturwandel evident. Das Kalk-Carré an der Ecke von Dillenburger und Rolshover Straße, ein postmoderner Komplex von Büros,
Wohnungen, Geschäften und einem Hotel, wird zum größten Teil

von der Stadt für Sozial-, Jugend- und Ordnungsamt angemietet. Mancher in Köln mutmaßt, das sei ein typisches Klüngel- und Koppelgeschäft, weil der Investor dafür der Stadt das Johannishaus hinter dem Hauptbahnhof abnimmt. Das steht seit Jahren leer, da die Stadt zu viel Büroraum im Technischen Rathaus an der Kölnarena übernahm, um wiederum dem dortigen Investor einen Gefallen zu tun, aber das ist wieder eine andere Geschichte.

Wenn man dann die imposanten Neu- und Umbauten entlang der Dillenburger Straße, das Parkhaus mit dem geplanten Fitnesscenter auf dem Dach, nicht weit entfernt die Kulturhalle Kalk oder etwas weiter den Technikhof Kalk und die Werkstätten für Behinderte besucht, wenn man noch weiter zum früheren Hagen-Gelände jenseits der Bahn geht und sich das Rechtsrheinische Technologie-Zentrum im Hagen-Campus ansieht und die benachbarte Bio Factory Cologne, dann ist zwar der Umbruch deutlich, aber auch die Ungewissheit, was die Zukunft diesem Stadtteil noch bringen wird.

147

VINGST – BURGSTRAßE 42/ ST. THEODOR/ HÖVI-LAND

HöVi-Land ist die spielerische, aber inzwischen zu einem Markenzeichen gewordene Umschreibung der Kölner Stadtteile Höhenberg und Vingst. HöVi-Land ist die Region in Köln, in der die eigenen Kräfte und Initiativen stärker sind als das soziale Elend, das hier herrschte. Die Ausgangslage in diesem alten proletarischen Stadtbezirk war erbärmlich, da in wenigen Jahren mehr als die Hälfte der alten Arbeitsplätze weggebrochen waren. Die Folge: 40 Prozent aller Haushalte waren nicht in der Lage, ein ausreichendes Einkommen selber zu erwirtschaften, überdurchschnittlich hohe Abhängigkeit von der staatlichen Sozialhilfe, viele allein erziehende Mütter und kinderreiche Familien, Drogenabhängigkeit, Alkohol und zusätzliche Spannungen durch das dichte Zusammenleben vieler Nationen und Kulturen.

Der katholische Pfarrer der Gemeinde in diesem Gebiet, St. Theodor, ist Franz Meurer, ein ungewöhnlicher Mensch und Priester, der diese Probleme mit ungewöhnlichen Mitteln anging, eine Mischung aus Don Camillo und Peppone. Mit organisatorischer Fantasie und intellektueller Eigenständigkeit hat er in seinem Stadtteil ein soziales Netzwerk angeregt, das in Köln seinesgleichen sucht: im Zentrum das jährliche HöVi-Land, eine dreiwöchige Sommerfreizeit für 500 Kinder und rund 200 Helfer im Stadtteil, ein System von Patenschaften zwischen Armen und Reichen, Lebensmittelverteilung, Kleiderkammer und Möbelkeller, Werkstätten und Arbeitslosenprojekte unter St. Theodor und vieles mehr. Seine Philosophie: „Es ist möglich, dass die Leute nichts mehr von den anderen erwarten, aber schlimm ist es, wenn sie keinen Respekt mehr vor sich selber haben." Außergewöhnlich auch seine weihnachtlichen Beleuchtungs- oder sommerlichen Blumenschmuckaktionen in diesem Arbeiterbezirk – nach dem Motto: Warum haben nur Rodenkirchen oder Lindenthal das Recht auf Glanz und Glamour?

St. Theodor
Burgstr. 42
So 11 Uhr Gottesdienst
So 12 Uhr Besichtigung von
Kirche und Sozialkeller
www.hoevi-land.de

Franz Meurer, erster alternativer
Ehrenbürger Kölns.

Alles das hat dazu geführt, dass ein vormals sozialer Brennpunkt zu neuem Selbstbewusstsein gefunden hat und ein wirkungsvolles Beziehungsgeflecht von Solidarität und Eigeninitiative entstanden ist. Im Sommer 2002 hat sich ein Initiativkreis aus Kölner Künstlern, Journalisten, Gewerkschaftern und politisch ambitionierten Persönlichkeiten quer durch alle Parteien und Lager gegründet, der Franz Meurer die erste „Alternative Ehrenbürgerschaft" Kölns verliehen hat. Der Hintergrund dafür waren auch die damals gerade erfolgten offiziellen Ehrenbürgerschaften durch den Rat der Stadt Köln an den Verleger Alfred Neven DuMont und den Unternehmer Hans Imhoff, die der Alternativkreis für strittig hielt.

St. Theodor in Köln-Vingst, eröffnet 2002 nach Plänen des Architekten Paul Böhm – Kult und Caritas unter einem Dach.

148

In der zweiten Hälfte der 1920er Jahre wurde das Kalker Feld besiedelt, eine Fläche von fast 200 000 Quadratmetern zwischen den Industriestandorten Kalk und Mülheim. Erworben hatte es die Gemeinnützige Aktiengesellschaft für Wohnungsbau, die hier auf dem bisher völlig freien Feld eine „Planstadt" für weniger finanzkräftige Kölnerinnen und Kölner entwarf. Bis 1927 entstand nördlich der Heidelberger Straße die Siedlung „Blauer Hof" in klassischer Blockrandbebauung, entworfen von den Architekten Wilhelm Riphan, Spross einer Kölner Architektenfamilie, und seinem Partner Caspar Maria Grod. Der Name der Siedlung geht auf das Blau der Loggien und des Himmels zurück. Das war die Lieblingsfarbe des Künstlers Heinrich Hoerle, der von der Wohnungsbaugenossenschaft GAG häufiger als künstlerischer Farbberater herangezogen wurde. Hoerle war damals einer der innovativsten Kölner Kreativen, der zusammen mit dem späteren Surrealisten Max Ernst und dem Maler Anton Räderscheidt, mit dem Kölner Dadaisten Johannes Theodor Baargeld und dem Grafiker Gert Arntz oder dem Fotografen August Sander zur Künstlergruppe der „rheinischen progressiven" zählte und deren Hausorgan „von a bis z" immer noch ein äußerst anregendes ästhetisches und auch politisches Vergnügen darstellt.

BUCHFORST – AN DER HEIDELBERGER STRASSE/ DIE WEISSE STADT

Kunst, Architektur, Malerei und Musik – alles ergriff Partei. Aus der Mappe „12 Häuser der Zeit" von Gerd Arntz (1927).

„Wir müssen das Unerreichbare kennen und wollen, wenn das Erreichbare gelingen soll."

Bruno Taut

Jenseits der Heidelberger Straße bauten dieselben Architekten im Anschluss ab 1929 auf einem größeren Areal eine weitere GAG-Siedlung, die „Weiße Stadt". Dieser Name bezieht sich auf die planerische Trias Besonnung, Belüftung und Begrünung oder auf kölsch „Lich, Luff und Bäumcher". Nach damals ganz modernen Gesichtspunkten, die bis heute ihre gestalterische und städtebauliche Wirkung nicht verloren haben und das einzige Beispiel einer durchgeplanten Stadtarchitektur im Sinne des „internationalen Stils" in Köln darstellen, sind die Mehrfamilienhäuser in Bauzeilen aufgeteilt, deren Ausrichtung und Anordnung dem optimalen Lichteinfall für die einzelnen Wohnungen folgt. Dazwischen findet man Grünanlagen und Reihen-Einzelhäuser und an den Eckpunkten öffentliche Einrichtungen wie etwa an der zentralen Cusanusstraße eine Kirche, St. Petrus Canisius, oder auf der anderen Seite früher einen gemeinschaftlichen Saalbau. Zum Viertel gehörten Kindergarten und Bücherei, Kegelbahn und Ladenpavillons. Sie formten das Bild einer Siedlung, die als Muster des sozial verstandenen Neuen Bauens gilt. In Köln allerdings hatte diese funktionale Architektur nicht nur Freunde, der damalige Oberbürgermeister Adenauer etwa bemäkelte sie als „unkölsch". Dennoch setzten die Architekten Grod und Riphan ihre Planungen konsequent durch.

Die „Weiße Stadt" ist nur eine der zahlreichen genossenschaftlichen Siedlungen, die nach dem Ersten Weltkrieg in Köln entstanden sind. Sie wurden von zwei gleichgewichtig starken Strömungen getragen, entweder der katholisch geprägten Sozial- oder der sozialistisch orientierten Arbeiterbewegung. „Aus dieser Spannung entstand das für Köln spezifische Phänomen einer hoch entwickelten Kultur der Halbreformen", urteilt der Genossenschaftsexperte Klaus Novy. Da die Siedlungen sich neben der Wohnungsfürsorge auf alle Bereiche des Lebens verstanden, findet man diese Zweiteilung auch bei der sozialdemokratischen Konsumgenossenschaft „Hoffnung" einerseits und der christlichen „Eintracht" andererseits, die je nach Dominanz ihre Läden und Verteilstellen in den einzelnen Siedlungen unterhielten. Die Zentralen von „Hoffnung" und „Eintracht" lagen beide in Mülheim. Sie unterhielten eigene Produktionsbetriebe, wie Kaffeerösterei, Metzgerei und Schreinerei, Bäckerei und Fahrradmanufaktur, in denen Hunderte Genossen Arbeit hatten. Mit der Machtergreifung der Nazis 1933 wurden all diese genossenschaftlichen Ansätze, die über die reine Wohnungsverwaltung hinausgingen, zerstört und nach dem Zweiten Weltkrieg auch nicht wieder belebt.

Die „Weiße Stadt" in Köln-Buchforst aus dem Jahre 1930 – an den Eckpunkten Einrichtungen der Genossenschaft.

149

**MÜLHEIM –
AUENWEG/
MÜLHEIMER HAFEN**

Der Mülheimer Hafen ist wohl in Köln der interessanteste, kein reiner Industriehafen wie der Deutzer und auch nicht radikal umgenutzt wie der Rheinauhafen, und doch ein Gewerbegebiet im Umbruch. Der Charme der weiten Meere auf Gartenlaubenniveau spiegelt sich in einer alten Schiffswerft ganz am Ende des Hafenbeckens, hier lässt sich ein Blick auf Kähne, Schiffe und Eigenbaumodelle erhaschen. Die ans Ufer gezogenen Boote strecken ihre Bäuche wie erlegte Fische in den Himmel. Bis in die 1970er Jahre arbeiteten die Werften „Sachsenberg" und „Berninghaus" mit fast 200 Beschäftigten hier. Nach deren Pleite 1976 ist nur die Reparaturwerft KSD übrig geblieben – die einzige Werft für Güterschiffe zwischen Duisburg und Bingen am Rhein, die mit einem Bruchteil der früheren Arbeitsplätze auskommt.

Ein schöner Weg an der nostalgischen Herrlichkeit vorbei führt in der Verlängerung des Rheinparks auf einem erhöhten Dammweg am Ufer entlang bis zur Spitze der lang gestreckten Halbinsel, bis-

Der Gewerbehafen Köln-Mülheim im Umbruch: der Charme der Meere auf Laubenniveau.

weilen erblickt man in diesem Becken das Partyschiff „Treibgut" oder die Schwimmkräne und Messboote des Wasser- und Schifffahrtsamtes, geht dann weiter über die geschwungene Brücke an der Hafeneinfahrt im Norden, mit Blick auf die „Filmstadt" des WDR am Rheinufer Richtung Mülheim, in dem die Serie „Anrheiner" pro-

duziert wird, und dann auf das rechte Ufer zurück über die Hafenstraße und den Auenweg, vorbei am Restemix der alten KHD-Hallen
und Industriehalden, und erkennt jetzt in dem anderen Hafenbecken
ein Tauchunternehmen und eine Werkstatt für Schiffsmotoren,
Handwerksbetriebe oder Firmen für Jachtzubehör, Bootsteile und
vieles, was man am oder auch im Wasser eben braucht. In den
alten Hallen am südlichen Hafenkopf sind inzwischen auch Künstler und Musiker eingezogen, die typischen Nutzer in einem Gebiet
im Übergang.

Es gibt nur ein Original der historischen Funktion im Hafen, der
hoch aufragende Schwerlastkran am Ufer, aus dem Jahre 1964 von
Krupp-Ardelt, der mit seinen 70 Tonnen Hebekraft die einzige Möglichkeit zwischen Duisburg und Koblenz bietet, schwere Lasten
per Schiff auf die Schiene oder Schwertransporter ans rechte
Rheinufer zu hieven. Es gibt noch eine zweite historische Rolle, die
jedoch nicht zu erkennen ist. Der Mülheimer Hafen ist Schutzhafen
für Not- und Katastrophenfälle auf dem Rhein und seine Wasserfläche ist nicht im Besitz der Stadt Köln, sondern der Bundesrepublik
Deutschland.

Gebaut wurde der Hafen ab 1874 für die Schwerindustrie und
großen Fabriken im rechtsrheinischen Mülheim, zunächst als offene
Kaianlage direkt am Strom und später mit den eigenen Hafenbecken,
und bis in die 1980er Jahre wurde er auch ausschließlich wasser-
bezogen gewerblich genutzt. Mit dem Umbruch der Industriestand-
orte ändert sich auch die Hafennutzung, zumal von Süden gesehen,
auch das Hafengebiet ins Visier der Investoren gerät. Das hat mit
der Aufwertung des Deutzer Bahnhofgeländes und der Ausbreitung
der Messe zu tun, sowie mit der Planung des so genannten Euro-
forums auf dem vormaligen KHD-Gelände entlang der Deutz-Mül-
heimer-Straße, an der der Wandel durch Büros, Fabrikumbau, neue
Hotels oder Restaurants in alten Gemäuern augenfällig ist.

Zwei Optionen sind dabei möglich: entweder wie beim künftigen Rheinaufhafen ein stadtnaher und profitabler Standort für
Dienstleistung, Büros und gehobenes Wohnen oder eine Mischnutzung als Freizeithafen und für das normale Wohnen mit Anschluss
an die geplante Wohnbebauung auf der Mülheimer Werft im Norden. Was sich am Ende durchsetzt, ist wie immer auch eine Frage
der politischen Kräfte in Köln.

150

MÜLHEIM –
DÜSSELDORFER
STRAßE 74/
SOZIALISTISCHE
SELBSTHILFE
MÜLHEIM

Düsseldorfer Straße, das war früher die Topadresse in Mülheim, hier wohnte das wirtschaftliche Establishment: der Seidenfabrikant Otto Andreae oder Kommerzienrat Nöll und gleich nebenan der Eisenbahnkönig Paul Charlier, Handwerkskammerpräsident Eduard Boecking oder der Dampfkesselfabrikant Theodor Lammé. Von der alten Herrlichkeit ist wenig geblieben, die Villen am Rhein sind schon früher verschwunden als die Fabriken und industriellen Arbeitsplätze. Mülheim ist ein Stadtteil im Umbruch, der allerdings schon lange andauert, mit ungewissem Ausgang. Für die repräsentative Uferstrecke entlang der Düsseldorfer Straße am Rhein wird schon seit Jahrzehnten über eine Neubebauung mit Schöner-Wohnen-am-Strom nachgedacht.

In der Nummer 74 residiert auf dem Gelände der früheren Schnapsbrennerei Esser der Verein „Sozialistische Selbsthilfe Mülheim" (SSM). Vielleicht ist es Zufall, aber auch das hat mit der Geschichte von Industrie und Proletariat zu tun, denn Mülheim hatte in der zweiten Hälfte des 19. Jahrhunderts allein 30 Brennereien und das bei gerade mal 3000 Einwohnern, die häufig genug Ausbeutung, Elend, Kinderarbeit und Armut im Alkohol erstickten. Die Mülheimer Selbsthilfe besetzte das leer stehende Gelände 1979, richtete in jahrelanger Eigenarbeit die alten Gebäude her. Zehn Jahre später bekam sie endlich einen Mietvertrag mit der Stadt und so leben hier rund 20 Menschen zusammen, Kinder, Jugendliche und Erwachsene, Ex-Fixer und ehemalige Obdachlose, frühere Sozialarbeiter oder Studenten, die ihr kollektives Leben mit Entrümpelung oder dem Handel mit Gebrauchtmöbeln, mit Umzügen, Entschuttung und Transporten finanzieren.

Von Anfang an mischte sich die SSM auch in die Diskussionen um die Umstrukturierung des Stadtteils ein, begleitete den Sanierungsprozess im Mülheimer Norden, engagierte sich beim Aus- und Aufbau des Kulturbunkers an der Berliner Straße und entwickelte eigene Visionen für die neue Nutzung des alten Güterbahnhofsgeländes jenseits der Schanzenstraße mit Ideen wie Baurecycling und Gartenkollektiven, Reparaturdiensten oder einem Eigenarbeitshaus. Der Maßstab aller Projekte ist dabei die Beteiligung gerade der Menschen, die aus dem industriellen Verwertungs- und Arbeitsprozess ausgeschieden wurden und für die es normalerweise keine Arbeit mehr gibt. Seit einigen Jahren hat die SSM, zur Propagierung die-

ser Ideen und zur Kommunikation mit ähnlichen Projekten, ein „Institut für Theorie und Praxis der neuen Arbeit" gegründet, das diesen Prozess theoretisch begleitet.

Früher Schnapsbrennerei –
heute Möbel und Trödel.

Sozialistische Selbsthilfe
Mülheim (SSM)
Second Hand
Mo–Fr 11–18 Uhr
Düsseldorfer Str. 74
Tel. 640 31 52
Institut für Theorie und Praxis
der neuen Arbeit e. V.
www.thur.de/philo/ina/ina.htm

Das Entscheidende bei der SSM ist ein Modell, das trotz Widersprüche und interner Kräche den Kölner Schriftsteller Erasmus Schöfer zu der emphatischen Einschätzung brachte, „dass in dieser Gemeinschaft das kommunistische Ideal verwirklicht ist, in dem jeder und jede Einzelne entsprechend der eigenen physischen und intellektuellen Möglichkeiten lebt und arbeitet und dieser Beitrag in der Gruppe gleich bewertet wird."

**STAMMHEIM –
EGONSTRASSE/
SCHLOSSPARK,
OPTISCHER
TELEGRAF**

Der vielleicht schönste Park auf dem Kölner Stadtgebiet ist zugleich auch der unbekannteste, der Schlosspark in Stammheim. Eine raumgreifende, großzügige Anlage, mit allen Attributen fürstlicher Repräsentanz, der lockeren Wegführung und den alten Bäumen, Buschgruppen und zwei Wächterlöwen am Eingang der schnurgeraden Allee. Und dann das Überraschende – es gibt kein Schloss, keinen herrschaftlichen Schlusspunkt, auf den alles zuläuft. Dazu passt auch, dass dieser Park zwar Eingänge und Mauern, aber keine Tore hat und immer offen steht und eher wie beiläufig am hohen Rheinufer zum Besuch einlädt. Angelegt wurde er 1828 bis 1832 von einem Reichsfreiherrn Franz Egon von Fürstenberg, dem gute Beziehungen zum preußischen Königshaus nachgesagt wurden und der zahlreiche Güter aus dem säkularisierten Kirchenbesitz übernehmen konnte. Kaum wurde das Rheinland preußisch, erwarb er das

Stammheimer Schloss, das erst wenige Jahrzehnte vorher gebaut worden war, und ließ sich von dem prominenten Gartenarchitekten Weye einen neuen Park planen.

Im Zweiten Weltkrieg wurde das Schloss, in dem zuletzt der Reichsarbeitsdienst untergebracht war, zerstört und in den 1950er Jahren an seiner Stelle von der Bayer AG ein Altenheim gebaut, das später als Studentenheim genutzt wurde. Heute gehört alles der Stadt Köln und in jüngster Zeit ist der weite Park von den rechtsrheinischen Künstlern wieder entdeckt worden. Seit 2002 gibt es eine Skulpturenausstellung der Künstlerinitiative „Kultur Raum Rechtsrhein", die ein überzeugendes Ensemble unterschiedlicher, häufig auf diesen Ort bezogener Arbeiten präsentiert.

Der rechtsrheinische Skulpturenpark im alten Schlosspark in Köln-Stammheim.

Das Stammheimer Schloss im 19. Jahrhundert, Franz Egon von Fürstenberg war der Schlossherr.

Nur wenige Minuten entfernt stößt man in der Egonstraße, umgeben von Wiesen und Gärten, auf ein kleines Anwesen mit einem dreistöckigen Turm, auf dem von weitem sichtbar ein Signalmast steht. Es handelt sich um die Station einer Telegrafenlinie, die im Jahre 1833 zwischen Berlin und Koblenz, damals die Verwaltungszentrale der Rheinprovinz, eingerichtet wurde. Etwa alle zehn Kilometer gab es eine Station, die optische Signale weitergab. Die letzte vor Flittard war Schlebusch und die nächste stand in Köln auf dem Kirchturm von St. Pantaleon. Die Station in Flittard ist die Einzige der insgesamt 62 zwischen Berlin und Koblenz, die erhalten und restauriert ist – mit der originalen Dienststube im Obergeschoss, in der man das praktische Verfahren der Nachrichtenübermittlung verstehen lernt.

Eine Stunde brauchte Anfang des 19. Jahrhunderts eine Nachricht von Paris nach Koblenz und der Weg führte über den optischen Telegrafen in Köln-Stammheim. 4096 verschiedene Stellungen mussten die preußischen Telegrafisten beherrschen.

Optischer Telegraf

Egonstr. 152
Besuch nach Anmeldung
Tel. 62 12 00

Drei Telegrafisten arbeiteten in der Station, einer beobachtete die vorherige, einer stellte die Flügel des Signalmasten ein, die insgesamt 4096 verschiedene Positionen hatten, und einer kontrollierte die folgende Station, ob diese die Botschaften auch richtig weitergab. Eine Nachricht von Berlin bis Koblenz benötigte mit 30 Zeichen rund eine Stunde, die Übermittlung war jedoch ausschließlich der militärischen Kommunikation vorbehalten. Die Linie existierte genau 20 Jahre und wurde schon 1852 vom ersten elektrischen Telegrafen abgelöst.

DÜNNWALD – AM KUNSTFELD/ ARBEITERSIEDLUNG

Die Geschichte beginnt mit Berliner Blau, Salmiak und Soda, später kam Bleizucker dazu. Diese Stoffe wurden als künstliche Produkte der jungen Chemieindustrie hier hergestellt und für die Arbeiter kleine Fachwerkhäuser mit Gärten gleich in der Nähe errichtet, daher der Name „Kunstfeld". Auch der Name des nach Leverkusen führenden „Hornpottwegs" hat damit zu tun, denn hier lag eine Horn- oder Knochenmühle, in der Tierhufe und Klauen gemahlen und anschließend zur Stickstoffgewinnung in Gruben gelagert wurden. 1820 baute der Remscheider Unternehmen Woellner, der sich später mit Friedrich Mannes zusammentat, in der Schlebuscher Heide auf einem fast 40 Morgen großen Gelände die Fabrikanlage, aus Sicherheitsgründen weit weg von jeder vorhandenen Ansiedlung. Tatsächlich hat es später auch einmal gekracht und die Produktion flog in die Luft. Die Siedlung Kunstfeld gilt als die älteste Arbeitersiedlung des ganzen Rheinlands. Der Charakter der Anla-

ge mit den beiden schieferverkleideten Fabrikantenvillen an den Kopfenden der Siedlung und den niedrigeren Arbeiterhäusern in den zwei Reihen dazwischen ist bis heute erhalten geblieben, obwohl bauliche Veränderungen und teilweise schlecht gestaltete Accessoires die Geschlossenheit der Siedlung mit der Idylle eines Walddorfs teilweise beeinträchtigen. Aus diesem Grund hat der Rheinische Verein für Denkmalpflege im Mai 1988 die Siedlung zum Denkmal des Monats erklärt und eine Denkmalsatzung angeregt.

Köln-Dünnwald, die älteste Arbeitersiedlung des Rheinlands – Idylle am Stadtrand.

KÖLN-SERVICE

INFORMATION RUND UM KÖLN

STADT IM NETZ

ARCHITEKTUR
koelnarchitektur.de

BIER
koelner-brauereien-verband.de

BÜRGERSERVICE
Rathaus und Ämter
stadt-koeln.de

FUSSBALL
fc-koeln.de, geissbockfans.de

HARALD SCHMIDT
sat1.de/haraldschmidt

KARNEVAL
karneval.de

KÖLSCHE KÜCHE
wdr.de/domcam/rezepte

MESSEN
koelnmesse.de

MUSIK
http://jlobal-koelsche-
sigge.de/musik/index.html

ÖFFENTLICHE VERKEHRSMITTEL
kvb-koeln.de

ROUTENPLANER
shellgeostar.de

SOZIALES
soziales-koeln.de

SPRACHE
koelsch-akademie.de

STADTINFOS KOMPAKT
koelner-brett.de oder koeln.de

TOURIST IN KÖLN
koelntourismus.de

VERKEHR
koelnverkehr.de

WEBCAM
wdr.de/domcam
koelnblick.de

WETTER
wetteronline.de

WÖRTERBUCH
coelle.de/koelsches

TERMINE, EVENTS UND KINO-PROGRAMM

express.de

koelner.de

koelnkongress.de

koeln-online.de/heute

ksta.de

stadtrevue.de

HILFE IN DER NOT

AIDS-HILFE KÖLN E. V.
Beethovenstr. 1, Innenstadt
Tel. 20 20 30
koeln.aidshilfe.de

Die BAHNHOFSMISSION
steht in akuten Notsituationen rund um die Uhr
zur Verfügung. Für Kleinkinder ist dort auch ein
Wickelraum vorhanden. Hauptbahnhof,
Bahnsteig 1, Tel. 13 56 00

CAFÉ AUSZEIT
Hilfe für Frauen und Mädchen
Hansaring 24, Nordstadt, Tel. 139 75 20

DROGENHILFE KÖLN E. V.
Victoriastr. 12, Altstadt, Tel. 912 79 70
partypack.de

GULLIVER
Treffpunkt und Hygienestation für Obdachlose
und Hilfebedürftige inklusive Kleiderkammer,
Café, Infobörsen, medizinische Betreuung.
Trankgasse 20, Am Bahnbogen 1 Hauptbahnhof, Tel. 120 60 91
tägl. 6 bis 22 Uhr, Sa und So 10 bis 18 Uhr

JULE

Kölner Kindertelefon. Tel. 22 12 40 50

KONTAKTCAFÉ SKM

Kontaktstelle für Drogenabhängige

Bahnhofsvorplatz 2a, Innenstadt

Tel. 13 55 60

skm-koeln.de

LOBBY RESTAURANT

Domstr. 81, Tel. 139 04 08

MÄC UP MÄDCHENCAFÉ

Machabäerstr. 31, Innenstadt

Tel. 133557

NOTSCHLAFSTELLE AUF ACHSE

für Jugendliche bis 26 Jahre

Alsenstr. 25-27, Deutz, Tel. 81 50 22

NOTSCHLAFSTELLE

COME BACK

für Frauen ab 14 Jahre

Gilbachstr. 23, Nordstadt

Tel. 95 29 44 11

OASE

Obdachlosenanlaufstelle

Alfred-Schütte-Allee 2-4, Deutz

Tel. 989 35 30

PROFAMILIA

Hansaring 84, Nordstadt, Tel. 12 20 87

profamilia.de

SCHWULES ÜBERFALLTELEFON

KÖLN

Tel. 192 28

ZARTBITTER

Kontakt- und Informationsstelle gegen

sexuellen Missbrauch an Jungen und Mädchen

Sachsenring 2-4, Südstadt, Tel. 34 32 11

zartbitter.de

DEN GESAMTÜBERBLICK

GIBT ES UNTER

soziales-koeln.de

KÖLN MOBIL

CAR-SHARING

CAMBIO KÖLN

Maastrichter Str. 41-43, Innenstadt

Tel. 952 11 87

cambiocar.com

FAHRRADKAUF & -REPARATUR

AUF DRAHT

Weyertal 18, Sülz, Tel. 44 76 46

auf-draht-fahrrad.de

RADLAGER

Sechzigstr. 6, Nippes, Tel. 73 46 40

radlager.de

STADTRAD

Teutoburger Str. 19, Südstadt

Tel. 32 80 75

stadtrad.de

FAHRRADVERLEIH

J. F. BÖTTCHER

Markmannsgasse 8, unterhalb der

Deutzer Brücke, Altstadt, Tel. 72 36 27 oder

0171/629 87 96

April bis Oktober, tägl. Stadtrundfahrten

um 13.30 Uhr.

Der FLUGHAFEN

liegt mit dem Auto etwa 30 Minuten vom

Zentrum der Stadt entfernt, mit dem Bus Nr.

170 etwa alle 20 Minuten von 5.30 bis 23.45

Uhr ab Köln Hauptbahnhof/Breslauer Platz zu

erreichen, Zustieg in Deutz möglich. Infos und

Flugpläne unter Tel. 02203/40 40 01

airport-cgn.de

Der KÖLNER HAUPTBAHNHOF

liegt mitten in der Stadt neben dem Kölner

Dom. Auskünfte der Deutschen Bahn unter

Tel. 118 61, kostenfreie Fahrplanauskünfte per

Sprachdialogsystem

unter Tel. 0800/150 70 90, auch db.de

KÖLN-SERVICE

Die U-Bahnen und Straßenbahnen der KÖLNER VERKEHRSBETRIEBE (KVB)

fahren in der Regel in Abständen von 10 bis 15 Minuten und verkehren von morgens 4 Uhr bis nachts um 1 Uhr. Am Wochenende fahren die Bahnen über die Ringe im Stundentakt die ganze Nacht hindurch, wer weiter raus muss, kommt um ein Taxi nicht herum.

Viererkarten sind immer preiswerter als Einzeltickets!! Günstiger als normale Tickets sind auch das 24-Stunden-Ticket, das Drei-Tage-Ticket oder das Minigruppenticket für das gesamte Stadtgebiet. Infos zu Preisen und Fahrplänen gibt es unter Tel. 547 33 33 01803/50 40 30 oder unter
kvb-koeln.de

KÖLN WELCOMECARD

Unbedingt empfehlenswert für einen kurzen Aufenthalt ist die Köln WelcomeCard für 24 Stunden. Sie schließt u. a. die freie Benutzung der öffentlichen Verkehrsmittel, den Eintritt in neun städtische Museen und viele Ermäßigungen ein. Auch als Gruppen-/Familienkarte (2 Erwachsene, 2 Kinder oder 3 Erwachsene). Infos über KölnTourismus.

Die Saison der RHEINSCHIFFFAHRT

beginnt im April und dauert bis Oktober. Im Winter finden auf Anfrage Sonderfahrten statt. Regelmäßige Rundfahrten (Dauer etwa eine Stunde) starten am Rheinufer unter oder neben der Hohenzollernbrücke. Auf fast allen Schiffen kann man auch Kleinigkeiten essen. Karten und Infos gibt es im KD-Büro am Rheinufer oder unter
personenschiffe.de

COLONIA DAMPFSCHIFFFAHRT

Anleger Hohenzollernbrücke, 10.00 bis 16.45 Uhr, alle 45 Minuten

Lintgasse 18-20, Innenstadt

Tel. 257 42 25

KÖLNTOURIST PERSONEN-SCHIFFFAHRT

Konrad-Adenauer-Ufer, Abfahrten von 10.15 bis 17.00 Uhr, alle 45 Minuten

Altstadt, Tel. 12 16 00

koelntourist.de

KD – KÖLN DÜSSELDORFER DEUTSCHE RHEINSCHIFF-FAHRT AG

Frankenwerft 35, Innenstadt

Tel. 208 83 18

k-d.com

DIE RHEINSEILBAHN

über den Rhein verkehrt von April bis Oktober, tägl. von 10 und 18 Uhr, linksrheinisch von der Station „Zoo" in der Riehler Str. 180, Riehl, über den Fluss in den rechtsrheinischen Rheinpark oder zurück – toller Blick auf die Stadt. Infos unter

Tel. 547 41 84 bei KölnTourismus

koelner-seilbahn.de

TAXI

Der Taxiruf ist rund um die Uhr unter

Tel. 194 10 zu erreichen.

TOURISTENINFORMATION KÖLNTOURISMUS

Unter Fettenhennen 19, Innenstadt

Tel. 221-304 00

koelntourismus.de

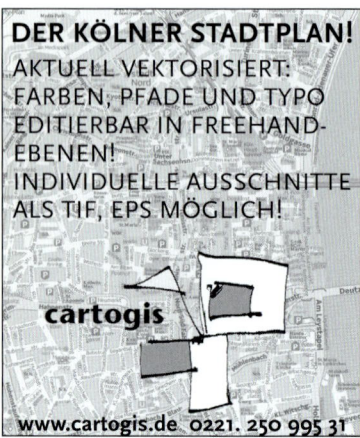

IV

ÜBER NACHT BLEIBEN
KÖLNTOURISMUS
gibt ein jährlich aktualisiertes, unkommentiertes und kostenloses Hotelverzeichnis heraus, Tel. 221-304 00. Und natürlich gibt es unzählige Seiten im Internet zum Thema Übernachten in Köln.
koelntourismus.de.

Hotels – eine Auswahl
(*** = Luxus, ** = Mittel, * = günstig)
HYATT REGENCY ***
Kennedy-Ufer 2a, Deutz, Tel. 828 12 34
cologne.regency.hyatt.de
INTERCONTI ***
Pipinstr. 1, Innenstadt, Tel. 280 60
intercontinental.com
HOTEL SAVOY ***
Turiner Str. 9, Nordstadt, Tel. 162 30
savoy-hotel.de (Tipp S. 111)
VIKTORIA HOTEL **
Worringer Str. 23, Nordstadt
Tel. 973 17 20
hotelviktoria.de
LINT HOTEL **
Lintgasse 7, Altstadt, Tel. 92 05 50
www.lint-hotel.de (Tipp S. 48)
HOTEL HOPPER **
Brüsseler Str. und Dagobertstr.
Tel. 92 44 00
hopper.de
HOTEL CHELSEA **
Jülicher Str. 1, Belgisches Viertel
Tel. 20 71 50
hotel-chelsea.de
THE NEW YORKER *
Deutz-Mülheimer-Str. 204, Deutz
Tel. 473 30
goldentulip.com

LA ISLA *
Eintrachtstr. 4, Eigelstein, Tel. 13 41 71

JUGENDHERBERGEN/ BACKPACKERS

GOOD SLEEP
Komödienstr. 19-21, Innenstadt

Tel. 257 22 58

goodsleep.de

ST. GEORG
Tagungs- und Gästehaus

Rolandstr. 61, Südstadt, Tel. 93 70 20 20

gaestehaus-st-georg.de

JUGENDGÄSTEHAUS
mit behindertengerechten Zimmern

An der Schanz 14, Riehl, Tel. 76 70 81

JUGENDHERBERGE KÖLN-DEUTZ
City Hostel mit behindertengerechten Zimmern

Siegesstr. 5 a, Deutz, Tel. 81 47 11

STATION HOSTEL FOR BACKPACKERS
Marzellenstr. 44-48, Innenstadt

Tel. 912 53 01

hostel-cologne.de

STATION HOSTEL und Bar
Rheingasse 34-36, Innenstadt

Tel. 23 02 47

hostel-cologne.de

djh-rheinland.de

MITWOHNZENTRALEN

CITY-MITWOHNZENTRALE
Maximinenstr. 2, Innenstadt, Tel. 194 30

mwz@city-mitwohnzentrale-koeln.de

HOMECOMPANY KÖLN
Im Ferkulum 4, Südstadt, Tel. 194 45

koeln.homecompany.de

MITWOHNZENTRALE IM RHEINLAND
Hahnenstr. 14, Innenstadt, Tel. 61 99 39

mitwohnzentrale.com

UNTERMIETSERVICE.DE
Brüsseler Str. 90, Belgisches Viertel

Tel. 01805/35 33 22

untermietservice.de

ZEITWOHNAGENTUR
Lindenstr. 77, Belgisches Viertel

Tel. 21 05 11

zeitwohnagentur.de

CAMPING

BERGER
Uferstr. 71, Poll, rechtsrheinisch direkt am Ufer, Tel. 39 22 11

camping.berger@t-online.de

WALDBAD
Peter-Baum-Weg 20, Dünnwald, neben dem Waldschwimmbad, Tel. 60 33 15

ESSEN & TRINKEN

BRAUHÄUSER

BRAUHAUS SION
Unter Taschenmacher 5-7, Altstadt

Tel. 257 85 40 (Tipp S. 98)

HAUS SCHOLZEN
Venloer Str. 236, Ehrenfeld

Tel. 51 59 19, Mo/Di geschl.

KORNBRENNER
Neusser Str. 171, Nippes, Tel. 73 54 51

Sa geschl.

PÄFFGEN

Friesenstr. 64-66, Friesenviertel

Tel. 13 54 61

SCHRECKENSKAMMER

Ursulagartenstr. 11, Nordstadt

Tel. 13 25 81, So geschl.

STÜSSER'S

Neusser Str. 47, Nippes, Tel. 72 72 53

(Tipp S. 127)

WIRTZ

Isabellenstr. 1, Südstadt, Tel. 31 48 39

Mi geschl. (Tipp S. 235)

CAFÉS

CAFÉ BONNEN

Dürener Str. 252, Lindenthal

Tel. 943 86 40 (Tipp S. 323)

CAFÉ BRAUN

Lindenstr. 97, Innenstadt, Tel. 21 47 29

Mo/Di geschl. (Tipp S. 212)

CAFÉ HOLTMANN
IM MUSEUM LUDWIG

Bischofsgartenstr. 1, Innenstadt

Tel. 25 09 99 77, Mo geschl.

(Tipp S. 94)

CAFÉ IM OSTASIATISCHEN
MUSEUM

Universitätsstr. 100, Lindenthal

CAFÉ JANSEN

Obermarspforten 7, Altstadt

Tel. 272 73 90 (Tipp S. 40)

CAFÉ STANTON

im Citypavillon der Antoniterkirche

Schildergasse 57, Innenstadt

Tel. 271 07 10 (Tipp S. 183)

CAMPI IM FUNKHAUS

Wallrafplatz, Innenstadt

Tel. 925 55 55 (Tipp S. 75)

EISCAFÉ BREDA

Pfeilstr.2, Innenstadt, Tel. 257 31 64

Dez./Jan. geschl. (Tipp S. 210)

RESTAURANTS

(*** teuer; ** mittel; * günstiger)

ALFREDO ***

Selten gab es eine so gelungene Übergabe von Vater an Sohn. Italienische Küche auf höchstem Niveau.

Tunisstr. 3, Innenstadt

Tel. 257 73 80, So geschl.

ristorante-alfredo.com

CAPRICORN I ARIES ***

Ein Spitzenrestaurant, das neben dem kulinarischen Genuss ein sehr schönes Ambiente bietet.

Alteburger Str. 34, Südstadt

Tel. 32 31 82, Mo/Di geschl.

capricorniaries.de

LE MOISSONNIER ***

Nicht nur das beste Restaurant der Stadt, sondern auch eines der besten Deutschlands. Französische Sterneküche.

Krefelder Str. 25, Nordstadt

Tel. 72 94 79, So/Mo geschl.

lemoissonnier.de

CAÑA **

Spanische Küche mit gutem Fisch und frischen Tapas

Merowinger Str. 31, Südstadt

Tel. 258 55 88

GENUSS
KAISERSCHOTE DER ANDERE GOURMETFÜHRER

Wohin geht das „Walking Buffet" und wird „Fusion-Kitchen" von konfusen Köchen zubereitet? Ist der „Sättigungsgrad" eine Maßeinheit und überhaupt, was ist eigentlich (perfektes) Catering?

Appetizer [liebevoll zubereitete Kleinigkeiten] Unkompliziert zu genießendes Fingerfood. Alles ist möglich. Vom herzhaft-unkomplizierten Kartoffelkuchen-Häppchen bis zu unseren charmanten „Blumen-Mädchen": Kleine Salat-Sträußchen mit essbaren Wildblüten werden von hübschen jungen Damen von „Bauchläden" aus angeboten und „live" mit dem Gourmet-Zerstäuber gewürzt. Den „Sättigungsgrad" Ihrer Gäste bestimmen Sie durch die Anzahl der bestellten Teile.

Budget [der Preis pro Person] „Wir orientieren unser Angebot gerne an Ihrer Budgetvorgabe" ist die Standard-Antwort im KAISERSCHOTEN-Team, wenn es um die Kosten geht. Der Preis pro Person variiert natürlich auch je nach gewünschter Buffetzusammenstellung und nach der Gewichtung der einzelnen Variationen innerhalb einer Speisenfolge.

Catering [mehr als nur Partyservice] Umfasst alle denkbaren Leistungen rund um die kulinarische Betreuung einer Veranstaltung. Von „Wir errichten Ihnen auf einer Wiese ein Restaurant" bis „Wir liefern das Essen, Sie organisieren den Rest" sind alle Varianten möglich. Ein gelungenes Catering ist in der KAISERSCHOTE deshalb das Ergebnis intensiver Zusammenarbeit, wechselseitiger Anregung und gemeinsamer Planung.

Event-Catering [kulinarische Interpretation] Kunden wie Cirque du Soleil, Sony, Jaguar, Sunpoint oder T-Mobile verlangen bei Großveranstaltungen und Präsentationen mehr als nur ein leckeres Essen. Hier geht es um die perfekte Inszenierung einer Idee. So entstand zum Beispiel für T-Mobile passend zum indianischen Powwow-Fest bei dem jeder Gast auch etwas zum Gelingen der Veranstaltung beitragen sollte ein „Do it yourself"- Buffet. Die „T-Mobile-Bleichgesichter" wurden dabei von den erfahrenen „Kaiserschoten-Squaws" in die Kunst des Marinierens und Grillens von Büffelfleisch oder des Teigfladenrollens eingewiesen (für diese Veranstaltung wurde die KAISERSCHOTE übrigens mit dem Event-Award 2001 ausgezeichnet).

Fusion Kitchen [moderne Kochkunst mit Pfiff] „Crossculture" für den modernen Gourmet. Der Trend öffnet sich neuen Kulturen und die KAISERSCHOTE interpretiert ihn stets neu: Nur das Beste aus Asien, vom Pazifik und aus Frankreich, dazu einen Schuss mediterrane Feinheiten! Bei der Individuellen Zusammenstellung orientieren wir uns natürlich stets an der kulinarischen „Experimentierfreudigkeit" unserer Kunden.

KAISERSCHOTE [lecker] Ideenreiches Catering mit Spass am Detail! Donatusstr.141, 50259 Pulheim Brauweiler, Telefon: 02234-998020

Live-Stationen [„action"] Um auch die Hauptspeisen am Buffet spektakulär präsentieren zu können, sind die Köche der KAISERSCHOTE für Sie in Aktion: Riesige flambierte Truthähne oder ganze Lachse, die zuvor aus der Salzkruste gemeißelt wurden, werden vor Ort tranchiert. Es wird im Wok gebruzzelt, an der „Pasta-Bar" gekocht oder am original thailändischen Garküchenwagen gezaubert ...

Service-Team [fleissig, jung, nett anzusehen] Gründlich geschult und einheitlich gekleidet, verbindet das KAISERSCHOTE-Team frischen Charme mit professionellem Auftreten. Die Service-Intensität bestimmt der Gastgeber durch die Anzahl der bestellten Kräfte.

Walking Buffet [„flying service"] „Das Buffet kommt zum Gast", warme und kalte Variationen von freundlichen Servicekräften angeboten. Ob auf einem Porzellanlöffelchen, im Mini-Pastatellerchen oder im Palmblatt.

www.KAISERSCHOTE.de [noch mehr info]

X-Beliebig! [für jeden Bedarf das Passende] Egal, ob kleiner Fingerfood-Empfang oder großes Firmenfest, Hochzeit, Geburtstag, Tagung oder Seminar, wir würden uns freuen, für Ihren nächsten Anlass ein Angebot abgeben zu dürfen. Wir lieben unseren Beruf und beraten Sie gerne.

FERTIG **

Nach seiner Zeit in der Brasserie Champbrune und der Brasserie Liège hat Ingo Fertig das Eckrestaurant von seinem Vater übernommen, um Köln um ein sehr gutes und angenehmes Restaurant der französischen Küche zu bereichern.
Bonner Str. 26, Südstadt, Tel. 801 73 40

FISCHERS **

Mediterrane Küche und eine sehr ausgewählte Weinkarte.
Hohenstaufenring 53, Innenstadt
Tel. 310 84 70, So geschl.

HASE **

Trotz manch seltsamer Gestalten, die man hier trifft, eine gute Adresse in zentraler Innenstadtlage.
St.-Apern-Str. 17, Innenstadt
Tel. 25 43 75, So geschl.

HÖHNS **

Das Niveau dieser deutschen Regionalküche liegt weit über dem Durchschnitt dessen, was sonst in der Domstadt geboten wird.
Goltsteinstr. 83, Bayenthal
Tel. 348 12 93

HOLTMANN'S RESTAURANT **

In dieser exponierten Flusslage erwartet man bestenfalls Durchschnittliches. Anders bei Holtmann: Schmackhafte französische Landküche.
Am Bollwerk 2, Altstadt, Tel. 257 63 30

LA CENA **

Statt Speisekarte gibt es ein täglich neu komponiertes 7-Gänge-Menü aus der italienischen Küche.
Elsaßstr. 4, Südstadt, Tel. 310 44 91
So geschl.

L'IMPRIMERIE **

Deftige französische Landküche im beeindruckenden Ambiente einer ehemaligen Druckerei.
Cäsarstr. 65, Bayenthal, Tel. 348 13 01
So/Mo geschl.

RISTORANTE ROMA **

Italienische Küche
Friesenwall 104, Friesenviertel
Tel. 25 44 32, So geschl.
(Tipp S. 165)

TAFELSPITZ **

Französische Küche in abwechslungsreicher Retroatmosphäre.
Einheitstr. 18, Nippes, Tel. 77 95 52 So/Mo geschl.

TECA DI BIASE **

Italienische Küche
Eifelplatz 2, Neustadt Süd
Tel. 31 34 85, So geschl.
(Tipp S. 226)

TRATTORIA TOSCANA „DA DANTE" **

Italienische Küche wird hier seit 30 Jahren von der Köchin Rosa Lombardo äußerst traditionell und authentisch bereitet.
Zugweg 1, Südstadt, Tel. 31 57 48
So geschl.

TRATTORIA SALENTO **

Wie auch die italienischen Inhaber Luciano und Giancarlo ist die Speisekarte in Apulien beheimatet.
Schadowstr. 55, Ehrenfeld
Tel. 550 68 28, Di geschl.

UNSICHT-BAR **
Erstes Kölner Dunkelrestaurant
Stavenhof 5-7, Nordstadt
Tel. 200 59 10 (Tipp S. 107)
unsicht-bar.com

ZEIRITZ **
Steirische Küche auf kleinstem Raum. Um an
die herzhaften Genüsse zu gelangen, empfiehlt
sich unbedingt eine Reservierung!
Limburger Str. 19, Belgisches Viertel
Tel. 257 54 52, Mo geschl.
(Tipp S. 168)

ACARAJÉ COLONIAL *
Authentischer „Imbiss" der brasilianischen Art:
Kleine Speisen und Tapas, gut komponiert in
charmantem Ambiente.
Alteburger Str. 41, Südstadt
Tel. 450 10 00,
Mo geschl. (Tipp S. 259)

ALCAZAR *
Mediterrane Küche. Im Sommer sitzt es sich
sehr prominent im Belgischen Viertel auf der
Straße.
Bismarckstr. 39a, Belgisches Viertel
Tel. 51 57 33
alcazar-koeln.de

BLAUER KÖNIG *
Mediterrane Küche
Markt 24, Kalk, Tel. 85 37 44
Sa geschl. (Tipp S. 349)

GRILLE *
Alteburger Str. 18, Südstadt
(Tipp S. 258)

METZER ECK *
Bürgerliche Küche
Metzer Str. 20, Südstadt
Tel. 31 23 36, Mo geschl.
(Tipp S. 225)

PUSZTA-HÜTTE *
Ungarische Küche
Fleischmengergasse 57, Innenstadt
Tel. 23 94 71, So geschl. (Tipp S. 180)

SPEISEKAMMER *
Mediterrane Küche. Hier wird nach Hunger
gekocht.
Deutzer Freiheit 76, Deutz
Tel. 81 25 18, Sa/So geschl.

DIE ZEIT DER KIRSCHEN *
Mediterrane Küche
Venloer Str. 399, Ehrenfeld
Tel. 954 19 06
dzdk.de

STADTGARTEN *
Mediterrane Küche/Biergarten
Venloer Str. 40, Belgisches Viertel
Tel. 95 29 94 21
stadtgarten.de

KUNST & KULTUR
DESIGN
PASSAGEN
Im Rahmen der Möbelmesse finden jeweils im
Januar die Passagen statt: eine Vielzahl von
Ausstellungen zu aktuellem Design über die
ganze Stadt verteilt.
voggenreiter.com/passagen/

POPDOM
Das unter dem Namen Popdom eröffnete
Museum für Design der Sechziger und
Siebziger Jahre existiert heute unter dem
Namen friday-box, dazu gekommen sind
Industriedesign der Fünfziger und Bauhaus.
Jeden Freitag von 14 bis 19 Uhr kann hier
geschaut, ge- und verkauft werden.
Olpener Str. 270, Tel. 0172/231 04 15
friday-box.com

MUSEUM FÜR ANGEWANDTE KUNST

mit wunderbarem Café im Innenhof und einem Designshop im Foyer.

An der Rechtschule, Innenstadt

Tel. 22 12 67 14

museenkoeln.de/museum-fuer-angewandte-kunst

FILM

Köln ist eine Stadt für Filmbegeisterte. Neben einem abwechslungsreichen Kinoprogramm, gibt es verschiedene Möglichkeiten, sich im Filmbereich aus- oder weiterzubilden oder sich zum Beispiel im Filmclub zu engagieren.

KÖLNER FILMHAUS E. V.

innovatives Kinoprogramm, Aus- und Weiterbildungen.

Maybachstr. 111, Nordstadt

Tel. 222 71 00

koelner-filmhaus.de

FILMCLUB 813

Hahnenstr. 6, Innenstadt

Tel. 310 68 13

regelmäßiges Treffen jeden Di, 19 Uhr.

filmclub813.de

KÖLNER FILMFESTIVALS

COLOGNE CONFERENCE

Tel. 454 32 80

cologne-conference.de

FEMINALE E. V.

Tel. 130 02 25

feminale.de

SHORT CUTS COLOGNE

Kölner Filmhaus e.V.

Tel. 22 27 10

short-cuts-cologne.de

FANTASY FILMFEST

www.fantasyfilmfest.com

KINOS

CINEDOM

Im Mediapark 1, Nordstadt

Tel. 95 19 51 95

cinedom.de

CINENOVA

im Sommer Open-Air-Kino!

Herbrandtstr. 11, Ehrenfeld

Tel. 954 17 22

cinenova.de

FILMPALETTE

Lübecker Str. 15, Nordstadt

Tel. 12 21 12

filmpalette-koeln.de

LUPE

alte und ganz alte Klassiker

Mauritiussteinweg 102, Innenstadt

Tel. 240 63 94

METROPOLIS

Originalversionen mit und ohne Untertitel,

tagsüber sehr gutes Kinderprogramm

Ebertplatz 19, Nordstadt

Tel. 739 12 45

www.metropolis-koeln.de

ODEON

Severinstr. 81, Südstadt

Tel. 31 31 10

odeon-koeln.de

OFF-BROADWAY

Schönes Programmkino mit Café und Biergarten

Zülpicher Str. 24, Kwartier Latäng

Tel. 240 27 50

REX AM RING

Das Prinzip des 1-$-House ist hier sehr gut

aufgegangen: Filmstart im 15-Minuten-Takt

für 2,55 Euro.

Hohenzollernring 60, Innenstadt

Tel. 25 41 41

WEISSHAUS

Luxemburger Str. 255, Klettenberg

Tel. 41 84 88

Das Kinoprogramm findet sich monatlich in der Stadt Revue, wöchentlich in der Beilage „Termine" des Kölner Stadt-Anzeigers oder der Kölnischen Rundschau oder täglich in der Tagespresse.

C I N E D O M

Das Größte in Köln

Cinedom, Im MediaPark 1, 50670 Köln

Immer die aktuellsten Filme
Täglich Spätvorstellungen

Programmauskunft: 0221/951 951 93
tel. Kartenreservierung (11.00 h - 20.00 h):
0221/951 951 95

FÜHRUNGEN

STATTREISEN KÖLN E. V.

stattReisen veranstaltet Rundfahrten, Rundgänge und Stadtspiele. Für Jugendgruppen werden mehrtägige Aufenthalte oder einzelne Wandertage organisiert, die Programme werden individuell zusammengestellt. Zum Beispiel: Innenstadtführung „Köln quer"; Spaziergang durch Mülheim; Geschichte des Rheins; Köln nach 1945; Kirchen, Künstler, Kneipen zwischen Chlodwigplatz und Dom.

Bürgerstr. 4, Innenstadt, Tel. 732 51 13

stattreisen-koeln.de

KÖLNER FRAUENGESCHICHTS-VEREIN

feministische Führungen, teilweise nur für Frauen, etwa: „Der Melatenfriedhof: berühmte und unbekannte Frauen", FrauenDomFührung, „Hexenverfolgung in Köln", „Frauen in der NS-Gedenkstätte".

Tel. 24 82 65

frauengeschichtsverein.de

Stadtführungen und
Meditative Spaziergänge

**Information
und Programmheft:**

Evangelische
Informationsstelle Köln
Schildergasse 57 · 50667 Köln
Tel. 0221 / 660 57 20
Fax 0221 / 660 57 77
infostelle@kirche-koeln.de
www.evangelische-
informationsstelle-koeln.de

CENTRUM SCHWULE GESCHICHTE KÖLNS E. V.

Vogelsanger Str. 61, Ehrenfeld
Tel. 52 92 95

csgkoeln.de

KÖLNTOURISMUS

veranstaltet alle möglichen konventionellen Führungen.

Unter Fettenhennen 19, Innenstadt
Tel. 22 13 04 00

koelntourismus.de

DOMFÜHRUNGEN

finden Mo bis Sa im 45-Minuten-Takt statt.
Treffpunkt im Dom am Hauptportal.

Tel. 92 58 47 30

domforum.de

Führungen auf dem Dach, durch die Grabungen und in der Schatzkammer über die Dombauverwaltung.

Tel. 17 94 05 55

koelnerdom.de

EVANGELISCHE INFORMATIONSSTELLE KÖLN

Kirchliche Führungen unter dem Titel „Köln mit anderen Augen", eine Mischung aus Bildung, Unterhaltung und Besinnung, etwa „Melatenfriedhof", „Auf den Spuren Kölner Engel", „Osterbräuche", „Passionsgang durch Köln", „Brunnen", „Rathausturm und Rathausplatz", „Geusenfriedhof", „Biblische Gestalten" oder „Köln grüßt Jerusalem".

Schildergasse 57, Innenstadt
Tel. 660 57 22

infostelle@kirche-koeln.de

GALERIEN

Einen Überblick über die Vielzahl von über 100 Galerien in Köln bietet der Link galerien-koeln.de. In den Galerien liegt auch ein regelmäßig aktualisierter Stadtplan aus, in dem die einzelnen Galerien und die laufenden Ausstellungen eingetragen sind.

GALERIENNACHT

Im Rahmen der Galeriennacht im März öffnen die ausstellenden Galerien und Kunsträume ihre Türen von 18 bis 24 Uhr.

galeriennacht.de

KÖLN-SERVICE

KIRCHEN UND RELIGION

Die katholischen Kirchen in der Innenstadt sind in der Regel tagsüber geöffnet, im Unterschied zu den protestantischen Kirchen, die häufig nur stundenweise geöffnet oder auch ganz geschlossen sind. Alle religiösen Vereinigungen und Kirchen Kölns von der finnischen Kirchengemeinde über die afghanischen Hindus bis hin zu amerikanischen Adventisten finden sich unter koeln.de/content/info_religion.-html und koeln-kirche.de

DOMFORUM

Genau gegenüber dem Haupteingang des Kölner Doms liegt das Domforum, die zentrale katholische Adresse zu Führungen, Öffnungszeiten und allgemeinen Infos darüber, was die engagierte Kirchenszene in Köln treibt.
Domkloster 3, Innenstadt, Tel. 2 58 47 20
domforum.de

KATHOLISCHES BILDUNGSWERK

im Domforum, Tel. 92 58 47 50
bildungsveranstaltungen.de

EVANGELISCHE INFORMATIONSSTELLE KÖLN

Schildergasse 57, Innenstadt (neben der Antoniterkirche) Tel. 660 57 20
ev-gemeinde-koeln.de

SYNAGOGENGEMEINDE

Roonstr. 50, Innenstadt, Tel. 921 26 00
sgk.de

ZENTRALMOSCHEE DES DITIP

Venloer Str. 160, Ehrenfeld, Tel. 550 27 36

ROMANISCHE KIRCHEN

ST. ANDREAS
Andreaskloster 3, Innenstadt
Tel. 16 06 60

ST. APOSTELN
Apostelnkloster 10, Innenstadt
Tel. 925 87 60

ST. CÄCILIEN
Cäcilienstr. 21, Innenstadt
Tel. 22 12 23 10

ST. GEORG
Waidmarkt/Ecke Georgstr., Südstadt
Tel. 21 08 01

ST. GEREON
Gereonskloster, Nordstadt
Tel. 13 49 22

ST. KUNIBERT
Kunibertskloster 6, Nordstadt
Tel. 12 12 14

ST. MARIA IM KAPITOL
Kasinostr. 6, Altstadt, Tel. 21 46 15

ST. MARIA LYSKIRCHEN
An Lyskirchen 8, Altstadt, Tel. 21 17 13

GROß ST. MARTIN
Martinspförtchen 8, Altstadt
Tel. 16 42 56 50

ST. PANTALEON
Am Pantaleonsberg 6
Südstadt, Tel. 31 66 55

ST. SEVERIN
Severinskirchplatz, Südstadt
Tel. 931 84 20

ST. URSULA
Ursulaplatz 30, Nordstadt
Tel. 13 34 00

GESAMTÜBERSICHT & TERMINE
romanische-kirchen-koeln.de

LITERATUR

Köln hat eine ausgeprägte Literaturszene. Jeden Tag gibt es vielerorts, vor allem in den zahlreichen Buchhandlungen (siehe Kaufen & Konsum) Lesungen.

LITERATURHAUS KÖLN

Das Literaturhaus Köln hat sich als Ort der Literatur und ihrer Grenzgebiete in Köln etabliert.
Im Mediapark 6, Nordstadt
Tel. 57 43 73 20
litераturhaus-koeln.de

lit.COLOGNE

Das „größte Literaturfestival der Welt" (FAZ) findet jährlich Mitte März statt und bietet fünf Tage und fünf Nächte nahezu 90 Veranstaltungen über die ganze Stadt verteilt, dazu gehört ein liebevoll zusammengestelltes Kinderprogramm.
litcologne.de

LITERATUR IN DEN HÄUSERN DER STADT

Festival mit drei Dutzend Lesungen bei Privatadressen jährlich an einem Wochenende im Juni.
Kunstsalon e. V.
Brühler Str. 11-13, Bayenthal
Tel. 37 33 91
kunstsalon.de

MUSEEN

Die Kölner Museen haben in der Regel Di bis So von 10 bis 17 Uhr geöffnet, einige sogar bis 18 Uhr und Do oft bis 20 Uhr. Infos zu Sonderausstellungen, Öffnungszeiten u. a. finden sich unter
museenkoeln.de, webmuseen.de

DER MUSEUMSDIENST KÖLN

informiert über Führungen
Richartzstr. 2-4, Innenstadt
Tel. 221-234 68

Jeweils in der zweiten Samstagnacht im November findet die LANGE NACHT DER KÖLNER MUSEEN statt. Bis weit nach Mitternacht sind die Museen geöffnet und präsentieren ihre ständigen und Sonderausstellungen neben einem umfangreichen Rahmenprogramm.
museumsnacht-koeln.de

ALLTAGSKULTUR

DEUTSCHES SPORT- UND OLYMPIAMUSEUM

Rheinauhafen, Südstadt

Tel. 33 60 90

sportmuseum-koeln.de

MUSEUM IM HAUS DES KÖLNER KARNEVALS

Maarweg 134-136, Braunsfeld

Tel. 57 40 00

koelnerkarneval.de

SCHOKOLADENMUSEUM

Immhoff-Stollwerck-Museum

Rheinauhafen 1a, Südstadt

Tel. 931 88 80

schokoladenmuseum.de

GESCHICHTE

KÖLNISCHES STADTMUSEUM

Zeughausstr. 1-3, Innenstadt

Tel. 221-25 89

NS-DOKUMENTATIONS-ZENTRUM

im EL-DE-Haus, Appellhofplatz 23-25 Innenstadt, Tel. 221-263 31

RÖMISCH-GERMANISCHES MUSEUM

Roncalliplatz 4, Innenstadt

Tel. 22 12 44 38

Außenstellen: Judenbad Mikwe unter dem Rathausplatz, Praetorium Eingang Kleine Budengasse, Römische Grabkammer an der Aachener Str. 1338 und das Ubiermonument An der Malzmühle; Infos über Zugänge im Römisch-Germanischen Museum

FREMDE KULTUREN

MUSEUM FÜR OSTASIATISCHE KUNST

Universitätsstr. 100, Lindenthal

Tel. 940 51 80

RAUTENSTRAUCH-JOEST-MUSEUM FÜR VÖLKERKUNDE

Ubierring 45, Innenstadt, Tel. 336 94

KUNST

ARTOTHEK

Am Hof 50, Innenstadt

Tel. 221-223 32

DIÖZESANMUSEUM

Roncalliplatz 2, Innenstadt, Tel. 257 76

Mo geöffnet

kolumba.de

DOMSCHATZKAMMER IM KÖLNER DOM

Domkloster 4, Innenstadt

Tel. 17 94 05 55

koelner-dom.de

KÄTHE-KOLLWITZ-MUSEUM

Neumarkt 18-24, Innenstadt

Tel. 227-23 63

kollwitz.de

MUSEUM LUDWIG

Bischofsgartenstr. 1, Innenstadt

Tel. 221-261 65

MUSEUM SCHNÜTGEN

Cäcilienstr. 29, Innenstadt

Tel. 22 12 36 20

SKULPTURENPARK KÖLN

Haupteingang Riehler Str./ Nähe Zoobrücke, Riehl

Tel. 92 12 28 31

WALLRAF-RICHARTZ-MUSEUM/ FONDATION CORBOUD

Martinstr. 39, Innenstadt

Tel. 221-211 19

MEDIEN UND FOTO

AGFA-FOTO-HISTORAMA

im Museum Ludwig

Innenstadt

Tel. 221-2 24 11

DEUTSCHES TANZARCHIV KÖLN

Im Mediapark 7, Nordstadt

Tel. 226 57 57, Mo geöffnet

FORUM FÜR ZEITGENÖSSISCHE FOTOGRAFIE

Schönhauser Str. 8, Bayenthal

PHOTOGRAPHISCHE SAMM- LUNG DER SK STIFTUNG KULTUR

Im Mediapark 7, Nordstadt

Tel. 226 24 33, Mo geöffnet

ARCHITEKTUR

Das Internetportal für die Architekturstadt Köln
Online-Architekturführer, News, Termine,
koelnarchitektur e. V.

Burgmauer 20, Innenstadt

Tel. 976 22 81

koelnarchitektur.de

MUSIK UND TANZ

MUSIK IN DEN HÄUSERN DER STADT

findet jährlich im Januar an vielen privaten und öffentlichen Orten statt. Kunstsalon e.V.
Brühler Str. 11-13, Bayenthal

Tel. 37 33 91

kunstsalon.de

KLASSISCHE UND NEUE MUSIK

KÖLNER PHILHARMONIE

Bischofsgartenstr. 1, Innenstadt

Tel. 20 40 80

koelnmusik.de

OPER DER STADT KÖLN

Offenbachplatz, Innenstadt

Tel. 221-2 84 00

buehnenkoeln.de

HOCHSCHULE FÜR MUSIK KÖLN

Dagobertstr. 38, Nordstadt

Tel. 912 81 80

mhs-koeln.de

KONZERTE, PARTYS, TANZEN

Alle Termine finden sich monatlich in der Stadt Revue, wöchentlich in der Beilage „Termine" des Kölner Stadt- Anzeigers und der Kölnischen Rundschau oder täglich in der Tagespresse.

E-WERK

Schanzenstr. 37, Mülheim

Tel. 96 27 90

e-werk-koeln.de

GEBÄUDE 9

Deutz-Mülheimer-Str. 127-129, Deutz

Tel. 81 46 37

gebaeude9.de

KÖLNARENA

Willy-Brandt-Platz 1, Deutz, Tel. 80 21

koelnarena.de

LIVE MUSIC HALL

Lichtstr. 30, Ehrenfeld

Tel. 954 29 90

livemusichall.de

MUSICAL DOME
Goldgasse 1, Innenstadt, Tel. 57 77 92 30

PALLADIUM
Schanzenstr. 40, Mülheim

koeln-event.de

STADTGARTEN
Venloer Str. 40, Belgisches Viertel

stadtgarten.de

Im Keller befindet sich das Studio 672,
hier ist auch der Sitz der Initiative Kölner
Jazz Haus

jazzhausmusik.de

TANZKUNST
An der Musikhochschule Köln gibt es
inzwischen einen Studiengang Tanz.
NRW-Landesbüro Tanz und Gesellschaft
für zeitgenössischen Tanz e. V.
Im Mediapark 7, Nordstadt
Tel. 226 57 50

tanznrw.de

DEUTSCHES TANZARCHIV KÖLN
Im Mediapark 7, Nordstadt
Tel. 226 57 57

tanzarchiv@aol.com

THEATER, TRASH UND COMEDY
Neben den laufenden Programmen
finden jährlich im Oktober die Theaternacht
statt und das Köln Comedy Festival mit
etwa 140 Veranstaltungen an 17 Tagen über
die ganze Stadt verteilt.

theaternacht.de

koeln-comedy-de

SCHAUSPIEL

mit WestEndTheater im oberen Foyer
und Schlosserei nebenan
Offenbachplatz, Innenstadt
Tel. 221-284 00
buehnenkoeln.de

OPER KÖLN

die Kinderoper befindet sich in der
Yakult Halle im oberen Opernfoyer
Offenbachplatz, Innenstadt
buehnenkoeln.de

HÄNNESCHEN-THEATER

Puppenspiel
Eisenmarkt 2-4, Altstadt, Tel. 258 12 01
haenneschen.de

INFOS ZU DEN FREIEN THEATERN UNTER

theaterszene-koeln.de

ATELIER-THEATER

Roonstr. 78, Innenstadt
Tel. 24 24 85
ateliertheater.de

COMEDIA COLONIA/ KINDERTHEATER ÖMMES UND OIMEL

Löwengasse 7-9, Tel. 399 60 10

ERSTES KÖLNER WOHN- ZIMMERTHEATER

Probsteigasse 21, Nordstadt
Tel. 130 07 07
wohnzimmertheater.de

SEVERINS-BURG-THEATER

Eifelstr. 33, Südstadt, Tel. 32 17 92

THEATER DER KELLER

Kleingedankstr. 6, Südstadt
Tel. 31 80 59
theater-der-keller.de

THEATER IM BAUTURM

Aachener Str. 24, Innenstadt
Tel. 52 42 42
theater-im-bauturm.de

TIMP

Travestie-Show
Heumarkt 25, Altstadt, Tel. 258 14 09
timp.de

VOLKSTHEATER MILLOWITSCH

Aachener Str. 5, Innenstadt
Tel. 25 17 47
millowitsch.de

Lieber King als Prinz

VII KAUFEN & KONSUM

Eine Kölner Besonderheit ist die ausgeprägte Büdchenkultur. Kioske, die man an fast jeder Ecke findet, haben in der Regel bis 23 Uhr, einige aber auch bis spät in die Nacht geöffnet. Neben Süßigkeiten, Zeitungen und Getränken gehören Grundnahrungsmittel, Katzenfutter, Waschmittel und andere Dinge des täglichen Bedarfs zum Sortiment. Auch die Geschäfte im Hauptbahnhof bieten von etwa 8 bis 22 Uhr ein Vollsortiment an, allerdings etwas teurer.

SPEZIELLE LIEBLINGSGESCHÄFTE

FRANZ BADORF

Hotel- und Gastronomiebedarf

Fleischmengergasse 45, Innenstadt

Tel. 888 10 80

BALLABALLA JONGLIEREN

Artistik, Theater, Geschenkartikel

Zülpicher Str. 39, Kwartier Latäng

Tel. 923 12 45

BROCK WILD

Geflügel, Delikatessen

Apostelnstr. 44, Innenstadt

Tel. 257 81 81

DA VINCI DENKMÖBEL

Spezielle und besonders ergonomische Möbel

Roonstr. 6, Innenstadt, Tel. 921 39 50

FILZ GNOSS

Apostelnstr. 21, Innenstadt

Tel. 257 01 08

GUMMI GRÜN

Richmodstr. 1, Innenstadt, Tel. 25 30 46

G. & G. KÖRFGEN

Pferdemetzger

Äußere Kanalstraße 209, Ehrenfeld

Tel. 550 83 40

HÜLDEN

Schrauben, Dübel, Werkzeuge, Maschinen,

Eisenwaren

Weisshausstr., Sülz, Tel. 47 60 80

O.K.-VERSAND

Nützliche Dinge aus Blech und Plastik aus aller

Welt

Gladbacher Str. 36, Nordstadt

Tel. 952 50 15

ok-ok.de

WOLKENAER

Farbenhandlung, Künstlerbedarf

Ehrenstr. 6, Innenstadt, Tel. 25 32 88

BUCHHANDLUNGEN

ALIBI

Krimibuchhandlung

Ehrenstr., Innenstadt, Tel. 24 44 96

KLAUS BITTNER

Die Literaturbuchhandlung

Albertusstr. 6, Innenstadt

Tel. 257 48 70

BOOKS AROUND

Fremdsprachliche Literatur

Hohenstaufenring 43-45, Innenstadt

Tel. 240 81 05

BUNT BUCHHANDLUNG

Literatur, Musikliteratur

Ehrenstr. 86, Innenstadt

Venloer Str. 338, Ehrenfeld

Tel. 25 32 18

DER ANDERE BUCHLADEN

Weyertal 32, Sülz, Tel. 41 63 25

Wahlenstr. 1, Ehrenfeld

Tel. 52 05 79

DAS ANDERE ANTIQUARIAT

Zülpicher Str. 197, Sülz

GLEUMES
Reiseliteratur und Landkarten
Hohenstaufenring 47, Innenstadt
Tel. 21 15 50

BUCHHAUS GONSKI
Neumarkt 18a, Innenstadt
Tel. 20 90 90
bouvier-gonski.de

BUCHGOURMET
Kochbücher
Hohenzollernring 16-18, Innenstadt
Tel. 257 40 72
buchgourmet.com

WALTER KÖNIG
Kunst, Foto, Architektur
Ehrenstr. 4, Innenstadt und im Museum Ludwig
Tel. 20 59 60

MAYERSCHE BUCHHANDLUNG
Neumarkt 2 und Hohe Str. 68-82,
Innenstadt, Tel. 20 30 70 und 920 10 90
mayersche.de

PINUP COMICS
Ritterstr. 44-46, Nordstadt, Tel. 13 68 03

RHIANNON
FRAUENBUCHLADEN
Venloer Str. 280, Ehrenfeld, Tel. 52 31 20

ZEUS
Schwuler Buchladen
Kettengasse 18-20, Innenstadt
Tel. 25 11 10
zeuskoeln.de

MÄRKTE
WOCHENMÄRKTE
In den meisten Stadtvierteln ist zweimal wöchentlich an unterschiedlichen Tagen und in der Regel vormittags Markt, nur der Markt in Nippes findet tägl. vormittags (außer So) statt.
Die Märkte auf dem Rudolfplatz (Mi und Sa) und der am Severinskirchplatz (Di und Fr) verstehen sich als Ökomärkte und bieten bis 18.00 Uhr u.a. Lebensmittel aus kontrolliertem Anbau an.
oekomarkt.de

FLOHMÄRKTE

Termine, Standorte in Tageszeitungen,
Stadtmagazinen oder unter
koeln.de

DIE SOZIALISTISCHE SELBST-
HILFE KÖLN (SSK)

bietet aus Wohnungsauflösungen,
Entrümpelungen, etc. Gebrauchtmöbel
und -waren an.
Salierring 37 & 40, Innenstadt
Liebigstr. 25, Ehrenfeld
sozialistischeselbsthilfekoeln.de

PLATTENLÄDEN –
EINE AUSWAHL

GROOVE ATTACK

House, HipHop, Drum´n Bass, Soul,
Funk, Jazz
Maastrichter Str. 49, Belgisches Viertel
Tel. 52 20 37
grooveattack.de

KOMPAKT

die ganze Welt des Techno
Werderstr. 15-19, Nordstadt
Tel. 257 87 45
kompakt-net.de

NORMAL

Vogteistr. 12-18, Nordstadt
Tel. 12 16 62

SOUL-TOWER

Soul, Brazil, Indie, Jazz
Luxemburgerstr. 8, Kwartier Latäng
Tel. 35 37 13
a-z-music.com

SPORT & BEWEGUNG

KLETTERN

BRONXROCK KLETTERHALLE

Vorgebirgsstr. 5, Wesseling
Tel. 01 80/302 76 69, 9 bis 23 Uhr
bronxrock.de

KLETTERWAND
HOHENZOLLERNBRÜCKE

Clemensstr. 5-7, Deutz
März bis Oktober
dav-koeln.de

PARKS, GÄRTEN UND
FRIEDHÖFE

Die Parks und Friedhöfe in Köln laden zum
Spazierengehen, Sonnen und Radfahren ein,
die innerstädtischen Parks haben darüber
hinaus meistens schöne Biergärten.
Führungen bietet stattreisen an
(siehe Führungen S. 375). Eine sehr gute
Übersicht bietet das Buch „Parks in Köln"
aus dem Greven Verlag.

ZOOLOGISCHER GARTEN

Riehler Str. 173, Riehl
Tel. 778 50
tägl. 9 bis 17 Uhr
zoo-koeln.de

FLORA/BOTANISCHER GARTEN

8 Uhr bis Einbruch der Dunkelheit geöffnet.
Amsterdamer Str. 34, Riehl
Tel. 76 43 35

MELATEN

ältester Friedhof Kölns
Aachener Str., Lindenthal

VIII

RHEINPARK

Rechtsrheinisch, Nähe Zoobrücke.

kleinbahn-im-rheinpark.de

STADTGARTEN

Zentraler Biergarten, Liegewiese und Spielplatz
Ecke Spichernstraße/Venloer Straße
Belgisches Viertel

VOLKSGARTEN

Mit großer Liegewiese und Biergarten
Volksgartenstraße/Eifelplatz, Südstadt

PASSIVSPORT

FUSSBALL

Das ehemalige Vereinsstadion des 1. FC Köln
Müngersdorfer Stadion heißt seit 2002
RheinEnergieStadion. Infos, auch Spielplan,
unter

stadion-koeln.de, fc-koeln.de

Fortuna Köln heißt der zweite Fußball-Club
Kölns.

fortuna-koeln.de

EISHOCKEY

Das Eishockeyteam des KEC „Die Haie" spielt in
Deutz in der Kölnarena. Die Haltestelle ist Bahnhof Deutz/Kölnarena.

haie.de

BASKETBALL

Der erfolgreichste Kölner Basketball-Vertreter
ist RheinenergieCologne.

Tel. 719 99 81

rheinenergy.de

PFERDERENNEN: KÖLNER RENN-VEREIN 1897 E. V.

Rennbahnstr. 152, Weidenpesch

Tel. 974 50 50

koeln-galopp.de

SCHWIMMEN

Alle Öffnungszeiten, Preise und Adressen der
städtischen Frei- und Hallenbäder finden sich
unter

koelnbaeder.de

Hier nur ein paar, die wir mögen:

AGRIPPABAD

Mit Sauna- und Wellnessbereich
Kämmergasse 1, Innenstadt
Tel. 279 17 30

EIS- UND SCHWIMMSTADION

Lentstraße 30, Riehl, Tel. 72 60 26

MÜNGERSDORFER SCHWIMM-STADION

Aachener Str./Stadion, Müngersdorf
Tel. 279 18 40

VINGST

Naturfreibad, Vingster Ring
Tel. 279 18 60

WALDBAD

Peter-Baum-Weg 20, Tel. 60 33 15

WELLNESS UND SAUNA

CLAUDIUSTHERME

Sachsenbergstr. 1, Deutz, Tel. 98 14 40

claudius-therme.de

MAURITIUS-HOTEL & THERME

Mauritiuskirchplatz 3-11, Innenstadt
Tel. 92 41 37 10

mauritius-ht.de

NEPTUNBAD

Neptunplatz 1, Ehrenfeld, Tel. 71 00 71

neptunbad.de

SAVOY HEALTH CLUB

Turiner Str. 9, Tel. 162 33 33

savoy-koeln.de

IX SOZIALES UND POLITIK

BÜRGERZENTREN/ INSTITUTIONEN

In der StadtRevue im Kleinanzeigenteil finden sich Adressen und aktuelle Termine der sozial und politisch Aktiven.

soziales-koeln.de

ALTE FEUERWACHE

Selbstverwaltetes Bürgerzentrum
Melchiorstr. 3, Nordstadt
Tel. 973 15 50
altefeuerwachekoeln.de

ARBEITSLOSENZENTRUM KALZ

Herbrandstr. 7, Ehrenfeld
Tel. 546 10 72
wis-koeln.de/kalz

ATTAC

attac-koeln.de

BÜRGERHAUS STOLLWERCK

Dreikönigenstr. 23, Südstadt
Tel. 991 10 80

BÜRGERZENTRUM EHRENFELD BÜZE E.V.

Venloer Str. 429, Ehrenfeld
Tel. 54 21 11
koeln-feeling.de/ehrenfeld/

FRIEDENSBILDUNGSWERK

Am Rinkenpfuhl 31, Innenstadt
Tel. 952 19 45
friedensbildungswerk.de

INFOLADEN KÖLN

Autonome Szene
Ludolf-Camphausen-Str. 36, Friesenviertel
Tel. 52 29 07
infoladen.net/koeln

ALLERWELTSHAUS/KÖLNER APPELL GEGEN RASSISMUS

Körnerstr. 77-79, Ehrenfeld
Tel. 510 30 02
allerweltshaus.org/
koelnerappell.de

ROM E. V.

Bobstr. 6-8, Innenstadt, Tel. 24 25 36

BEHINDERTE

CLUB 68 E. V.

Kultur- und Freizeitangebote für Behinderte und Nichtbehinderte
Wormser Str. 45, Südstadt
Tel. 38 06 07
club68-koeln.de

BERATUNGSSTELLE FÜR BEHINDERTE

Zentrum für selbstbestimmtes Leben e. V. (ZsL)
An der Bottmühle 2, Südstadt
Tel. 32 22 90
eine offene Anlaufstelle ist der regelmäßige Mittwochstreff ab 18.30 Uhr.
zsl-koeln.de

Infos für behinderte Kinder und Jugendliche
kita-mini-club.de

STADTFÜHRER FÜR BEHINDERTE

Die öffentlichen, kulturellen und touristischen Adressen der Stadt werden in Hinblick auf Rollstuhltauglichkeit, Aufzüge und Hilfeleistungen für Hör- oder Sehbehinderte bewertet. Plus Stadtplan mit Hinweisen für Rollstuhlfahrer im ZsL-Büro, bei KölnTourismus für 5 Euro zzgl. Porto.
info@zsl-koeln.de

FRAUEN

BEGINEN E. V.
Markmannsgasse 7, Innenstadt
Tel. 965 58 20
beginen.de

EMMA
Alteburger Str. 2, Südstadt
Tel. 606 06 00
emma.de

FRAUENMEDIATURM UND FEMINISTISCHES ARCHIV IM BAYENTURM
Bibliothek Mo bis Fr 10 bis 18 Uhr
Führungen Mi um 17 Uhr und
nach Vereinbarung
Rheinuferstr., Altstadt
Tel. 931 88 10
frauenmediaturm.de

FEMINISTISCHES FRAUEN-GESUNDHEITSZENTRUM
Roonstr. 92, Belgisches Viertel
Tel. 23 40 47
frauengesundheitszentrum-koeln.de

GLEICHSTELLUNGSSTELLE DER STADT KÖLN
Markmannsgasse 7, Innenstadt
Tel. 221-2 64 82

GLEICHSTELLUNGSBÜRO DER UNIVERSITÄTEN UND DER FH KÖLN
Eckertstraße 4, Lindenthal
Tel. 470 48 30
uni-koeln.de

KINDER
Informationen zu Kinderveranstaltungen bietet die Tagespresse, die Stadtzeitungen und die monatlich erscheinende Familienzeitung „Känguru".
Unter koeln.kinder-stadt.de finden Eltern Adressen für Kindergärten, Elterninitiativen, Vereine, Veranstaltungstipps und vieles mehr.
Der Studentenservice des Arbeitsamts Köln ist eine wichtige Adresse für die Vermittlung von Babysitting: Tel. 94 29 12 42

Die Schulwahl erleichtern die zahlreichen Adressen des Kölner Bildungsservers
kbs-koeln.de

In den Sommerferien steht unter Tel. 221 55 55 das Kölner Ferientelefon mit Ideen und Informationen bereit.

BAUSPIELPLATZ FRIEDENSPARK
Oberländer Wall 1, Südstadt
Tel. 37 47 42

AMT FÜR KINDERINTERESSEN
Johannisstraße 66-80, Altstadt Nord
Tel. 22 12 60 11

MÄNNER
BERATUNGSSTELLEN FÜR MÄNNER UND VÄTER: ESPERANZA
Georgstr. 18, Südstadt, Tel. 240 73 94
caritasnet2.de/esperanza/

MÄNNER-VÄTER-FORUM
An den Dominikanern 2, Altstadt
Tel. 160 52 28
spi.nrw.de

LESBEN & SCHWULE
BERATUNGSSTELLE FÜR LESBEN, SCHWULE UND DEREN FAMILIE
Rubensstr. 8-10, Innenstadt
Tel. 860 90 44
sozialwerk-koeln.de

CENTRUM SCHWULE GESCHICHTE (CSG)
Vogelsanger Str. 61, Ehrenfeld
Tel. 52 92 95
csgkoeln.de

CHECKPOINT
Pipinstr. 7, Innenstadt
Tel. 92 57 68 68

ANYWAY JUGENDZENTRUM
Kamekestr. 14, Innenstadt
Tel. 510 54 96
anyway-koeln.de

LESBEN- UND SCHWULEN-VERBAND IN DEUTSCHLAND (LSVD)
Pipinstr. 7, Innenstadt
Tel. 925 96 10
lsvd.de

SCHWULEN- UND LESBEN-ZENTRUM SCHULZ
Kartäuserwall 18, Südstadt
Tel. 931 88 00
schulz-cologne.de

Herausgeber des monatlich erscheinenden Magazins Rik
rikmagazin.de

CHRISTOPHER STREET DAY – CSD
Der Christopher Street Day (CSD) hat sich von einem Straßenfest zur größten schwul/lesbischen Fete der Republik entwickelt. Nach Angaben der Veranstalter säumten zuletzt 1,4 Millionen Menschen die Straßen und jubelten den 150 Wagen und über 60 000 Teilnehmern zu. Die zentrale Parade findet immer am ersten Sonntag im Juli statt.

FESTE UND VERANSTALTUNGEN

Art Cologne, Anuga, Möbelmesse oder Photokina heißen einige der großen, international renommierten Messen in Köln, die jährlich oder alle zwei Jahre stattfinden, zum Teil auch außerhalb des Messegeländes. Nähere Infos zu allen Kölner Messen unter Tel. 8210

koelnmesse.de

JANUAR

Die Passagen zeigen im Rahmen der Möbelmesse aktuelle Tendenzen zu Möbel- und Wohndesign; die Ausstellungen sind über die ganze Stadt verteilt.

voggenreiter.com/passagen/

MUSIK IN DEN HÄUSERN DER STADT

Kölner Bürger und Firmen öffnen ihre Räume für Musik und Gesang.

kunstsalon.de

FEBRUAR
KARNEVAL

40 Tage vor Palmsonntag ist Aschermittwoch. Donnerstag davor der Start mit Wieverfastelovend (Weiberfastnacht): 9.11 Uhr erste Eröffnung auf dem Wilhelmplatz in Nippes; 11.11 Uhr zweite Eröffnung am Alter Markt, Altstadt; 15 Uhr dritte Eröffnung mit dem Jan-und-Griet-Spiel am Severinstor, Südstadt. Samstag: Geisterzug, wechselnde Routen. Sonntag: Schull- und Veedelzöch in der Innenstadt. Montag: Rosenmontagszug in der Innenstadt. Dienstag: Mitternacht vor diversen Kneipen „Nubbelverbrennen". Mittwoch: Aschermittwoch mit Fischessen. Außerdem Umzüge von Freitag bis Dienstag in allen Stadtteilen.

karneval.de

MÄRZ
GALERIENNACHT

galeriennacht.de

lit.COLOGNE

Internationales Literaturfest fünf Tage und fünf Nächte über die ganze Stadt verteilt

litcologne.de

MAI

MÜLHEIMER SCHIFFSPROZESSION AN FRONLEICHNAM

Eine jahrhundertealte, farbenprächtige Prozession mit zahllosen Schiffen und Booten auf dem Rhein von 11 bis 13 Uhr.

JUNI

LITERATUR IN DEN HÄUSERN DER STADT

Kölner Bürger und Firmen öffnen ihre Räume für Lesungen.

kunstsalon.de

ROMANISCHER SOMMER

Findet alle zwei Jahre als musikalische Performance in den Romanischen Kirchen Kölns statt.

Tel. 221-2 38 05

romanischer-sommer.de

JULI

CHRISTOPHER-STREET-DAY

Am ersten Juliwochenende mit großer Parade am Sonntagmittag.

csd-cologne.de

KÖLNER SOMMER

Während der gesamten Sommerferien mit zahlreichen Events auf Straßen und in den Parks unter dem Motto „Umsonst und draußen" veranstaltet von der SK-Stiftung Kultur.

AUGUST

RINGFEST

Das größte Musikfest der Welt auf den Ringen der Stadt.

ringfestkoeln.de

SEPTEMBER

PLAN

Die letzte Septemberwoche steht im Zeichen der Architektur. Büro Plan-Project

Tel. 257 15 34

plan-project.com

OKTOBER

PHOTOSZENE

Ausstellungen alle zwei Jahre an
die Photokina angelehnt und jährlich
unabhängig stattfindend.
Infos bei „Galerie Lichtblick"
Steinberger Str. 21, Nippes, Tel. 72 91 49
lichtblicknet.com

KÖLN COMEDY FESTIVAL

etwa 140 Comedy-Veranstaltungen an
17 Tagen über die ganze Stadt verteilt.
koeln-comedy.de

KÖLN-MARATHON

Meistens am ersten Oktoberwochenende,
vor den Läufern sind Inlineskater und
Rollstuhlfahrer auf der Strecke unterwegs.
Tel. 337 77 30
koeln-marathon.de

NOVEMBER

ART COLOGNE

Internationale Kunstmesse
artcologne.de

LANGE NACHT DER MUSEEN

museumsnacht-koeln.de

KARTENVORVERKAUF
DER ANDERE TICKETLADEN

Für zahlreiche Spielstätten wie Bauturmtheater,
Comedia, Stadtgarten inkl. Studio 672,
Cinenova, Filmpalette und Theater der Keller
gibt es direkt im Ticketladen bis zu 50 %
Nachlass für Veranstaltungen, die am gleichen
Tag stattfinden. Reservierung und telefonische
Bestellung sind nicht möglich. 12 bis 18 Uhr.
Zülpicher Str. 197, Sülz
der-andere-buchladen-koeln.de

KÖLN-TICKET

Tel. 28 01
koelnticket.de

TWO STARS TICKETS

Opernpassagen 22, Innenstadt
Tel. 925 54 53
shop.twostars.de/shop.htm

TICKET-ONLINESHOP

offticket.de

Als hätten wir **nur** Autos im Kopf.

Dachantenne?

Und wenn wir gerade mal nicht an Autos denken, dann denken wir an Köln. Denn seit über 70 Jahren leben wir in einer Stadt, die voller Herz, Toleranz und Frohsinn ist. Diese Kultur haben wir und unsere Mitarbeiter verinnerlicht. So arbeiten bei Ford 57 Nationen friedlich und kollegial miteinander. Wir bedanken uns bei Köln für die tolle Zusammenarbeit, die partnerschaftliche Unterstützung, das schöne Lebensgefühl – und das „lecker" Kölsch!

Besser ankommen

Rsp. = Randspalte

Tsp. = Textspalte

RBA = Rheinisches Bildarchiv

HAStK = Historisches Archiv
der Stadt Köln

Huber = Gernot Huber, laif

Krause = Axel Krause, laif

Linke = Manfred Linke, laif

S. 19 Rsp. o.: Huber - S. 19 Rsp. u.: RBA - S. 19 Tsp.: aus: Beatrix Alexander: Der Kölner Bauer. Köln 1987 - S. 20: Verlagsarchiv - S. 21 o.: Andreas Pohlmann, Köln - S. 22: Krause - S. 24 Rsp.: Cornelia Leupold-Koerber, Köln - S. 24 Tsp.: Kölnische Zeitung v. 06. März 1848 - S. 25: RBA 145 142 - S. 27: Linke - S. 26: Römisch Germanisches Museum - S. 28 Rsp. o.: Linke - S. 28 Rsp. u.: Ernst Butschan - S. 28 Tsp.: Germania Judaica Köln - S. 29: RBA L4220/ 25A - S. 30: RBA - S. 31: Krause - S. 32 Rsp. o.: RBA - S. 34: Huber - S. 34 Tsp.: Architekturbüro Ungers - S. 35: Linke - S. 36: Stadtkonservator - S. 37 Rsp. o.: RBA - S. 37 Rsp. u.: Klaus Schmidt: Franz Raveaux. Köln 2001. - S. 38: Krause - S. 39: Linke - S. 42 Tsp. o.: Stefan Worring, Köln - S. 42 Tsp. u.: RBA - S. 43 Rsp. o.: RBA - S. 43 Rsp. u.: RBA 19 114 - S. 43 Tsp.: RBA - S. 44: Fotomontage: Manfred Wegener/Hacki Hagemeyer, Stadtrevue 8/92 - S. 45: Linke - S. 46: Linke - S. 47: Krause - S. 48: Krause - S. 49: Klaus Barisch. HAStK - S. 50: Krause - S. 50: Verlagsarchiv - S. 52 Rsp. o.: Jens Hartmann, Köln - S. 52 Tsp. u.: RBA - S. 53 Rsp. o.: aus: Stadtspuren Bd 1. Hg Stadt Köln. Köln 1984. - S. 53 Rsp. u.: RBA - S. 54 Rsp. o.: RBA - S. 54 Tsp. u.: RBA - S. 55: RBA 138 149 - S. 56: aus: Kleine Illustrierte Geschichte der Stadt Köln. Arnold Stelzmann, Robert Frohn. Köln 1958. - S. 57: RBA - S. 58: Kölner Stadt-Anzeiger - S. 60 Rsp. o.: aus: Christa Hinze: Das alte Köln in Sagen und Bräuchen. Köln 1986. - S. 60 Rsp. u.: RBA - S. 61: RBA - S. 62: Linke - S. 63: Krause - S. 66 Rsp. o.: RBA - S. 66 Rsp. m.: RBA - S. 66 Rsp. u.: RBA - S. 66 Tsp.: RBA - S. 67: Linke - S. 68 Rsp. o.: Dombau-Verwaltung - S. 68 Rsp. u.: Linke - S. 70: RBA - S. 71 Tsp. o.: Dom-Archiv - S. 71 Rsp.: Linke - S. 72 Rsp.: aus: Monumenta annoni. Köln 1975 - S. 72 Tsp.: Krause - S. 74: Verlagsarchiv - S. 75 Rsp.: Stadtkonservator Köln - S. 75 Tsp.: Peter Fischer, HAStK - S. 78: Auszug Mercatorplan - S. 76: Krause - S. 77: Verlagsarchiv - S. 79 Rsp.: Portrait aus einem Druck, 1533 - S. 79 Tsp.: RBA 103 850 - S. 81: Krause - S. 82 Rsp. o.: Verlagsarchiv - S. 82 Rsp. m.: Gebetszettel - S. 83: Erzbischöfliches Diözesanmuseum Köln - S. 84: RBA 155 516 - S. 85 Rsp.: Verlagsarchiv - S. 85 Tsp.: Gemälde von Pedro Berreguette, Escorial - S. 86: HAStK - S. 88: HAStK - S. 89 Rsp. o.: Krause - S. 89 Rsp. u.: Verlagsarchiv - S. 90 Rsp. o.: RBA 76 859 - S. 90 Rsp. u.: Linke - S. 90 Tsp.: Linke - S. 91: RBA - S. 92 o.: Fotomontage: Jens Morsch/Jens Willebrandt, Köln - S. 92 u.: Katja Thiele, Köln - S. 93: Linke - S. 94: Huber - S. 95: Benjamin Katz, Köln - S. 97: Bundesbildstelle Bonn - S. 98: Krause - S. 100 Rsp.: RBA - S. 100 Tsp.: RBA - S. 101: RBA - S. 102: RBA - S. 103 Tsp.: RBA - S. 103 Rsp.: RBA - S. 104: Kölner Frauengeschichtsverein - S. 106: Römisch Germanisches Museum - S. 107: Krause - S. 108/109 o./109 u.: Photo-/Videosammlung Museum Ludwig - S. 110: Rywelski Broschüre - S. 111: RBA - S. 112: Stadtkonservator Köln - S. 113: Köln-Archiv - S. 114: Köln-Archiv - S. 116: RBA - S. 117: aus: Beatrix Alexander: Der Kölner Bauer. Köln 1987 (- S. 33) - S. 118 Rsp.: Krause - S. 118 Tsp.: aus: Karl Josef Baum, Josef Dolhoff: Fünf Schiffe Cöln/Köln. Köln 1988. - S. 119 Tsp.: Lukas Roth, Köln - S. 119 Rsp.: Architekt b&k+ - S. 121 o.: Linke - S. 121 u.: Linke - S. 122: NS-Dokumentationszentrum Köln - S. 124 Tsp.: RBA - S. 125: Robert A. Strauch, Bürgerzentrum Alte Feuerwache - S. 126 Tsp.: aus: Geschichtswerkstatt Agnesviertel. Alltagsgeschichte im Agnesviertel. Köln 1988. - S. 126 Rsp. o.: Pfarrarchiv St. Agnes. S. 126 Rsp. u.: aus: Geschichtswerkstatt Agnesviertel. Alltagsgeschichte im Agnesviertel. Köln 1988. - S. 127: Matthias Olbrisch, Böll-Archiv - S. 128: Heinrich Böll, Leben und Werk. Hg: Stadt Köln und Böll-Stiftung Köln, Köln 1994. - S. 130 o.: Krause - S. 130 u.: Verlagsarchiv - S. 132 Tsp. u.: Stadtkonservator Köln - S. 132 Rsp.: HAStK - S. 133 o: Archiv Erzbistum Köln - S. 133 u.: aus: Ein Kirchenfürst im Felde. Köln

(Bachem) 1916. - S. 134: arbeiterfotografie.com - S. 136: FW Holubovsky, Köln - S. 135: Linke - S. 138: Die Grünen, Köln - S. 139: RBA - S. 140 Rsp. o.: Kölner Stadt-Anzeiger - S. 140 Rsp. u.: Kölnischer Kunstverein - S. 143 o.: RBA - S. 143 u.: RBA - S. 144/145 Rsp.: VVN-Archiv, Köln - S. 146: Krause - S. 147 Tsp.: Jens Willebrand, Köln - S. 147 Rsp.: Schilling Architekten - S. 150 Tsp.: Stefan Worring, Köln - S. 150 Rsp.: Köln-Archiv - S. 151: Linke - S. 152 Rsp. o.: Huber - S. 152 Rsp. u.: Krause - S. 152 Tsp.: Linke - S. 153 Tsp.: Krause - S. 153 Rsp.: Huber - S. 154 o.: Peter Fischer, HAStK - S. 154 u.: aus: Otto Dann: Köln im Nationalsozialismus, Wuppertal 1981. - S. 155: Martin Mlecko, Berlin - S. 156 o.: Huber - S. 156 u.: Huber - S. 157 o.: Huber - S. 157 u.: Huber - S. 160 Tsp.: Krause - S. 160 Rsp.: Krause - S. 161: aus: Kurt Weinhold: Die Geschichte eines Zeitungshauses, Köln 1969. - S. 162: Linke - S. 163 o.: Krause - S. 163 u.: Krause - S. 164: Yoash Tatari, Köln - S. 165 Rsp. o.: RBA - S. 165 Tsp.: Krause - S. 166: Krause - S. 167: Linke - S. 168: Huber - S. 169 Tsp.: NS-Dokumentationszentrum Köln - S. 169 Rsp.: Linke - S. 170 Rsp.: Linke - S. 170 Tsp.: Köln-Archiv - S. 171 Rsp.: Daniela Schulz, Köln - S. 171 Tsp.: Krause - S. 173 Tsp.: RBA - S. 173 Rsp.: Verlagsarchiv - S. 174: Krause - S. 175 o.: aus: Das große Heiligenlexikon. München 1995. - S. 175 u.: aus: Das große Buch der Heiligen. München 1996. - S. 176: Krause - S. 178 o.: RBA - S. 178 u.: Krause - S. 179: aus: Heilen und Vernichten im Nationalsozialismus, Hg. Ankerstein, Hilmar u.a., Köln 1985. - S. 180: aus: Sie haben den Tod vertraut gemacht. Geschichte der Alexianerbrüder. Aachen 1976. - S. 181: Süddeutsche Zeitung - S. 182: Ernst Barlach Haus. - S. 183 Rsp.: Linke - S. 183 Tsp.: aus: Fatagaga-Dada. Max Ernst, Hans Arp, Johannes Theodor Baargeld und der Kölner Dadaismus, Hg: Karl Riha, Jörgen Schäfer, Gießen 1996. - S. 184: RBA - S. 186: Archiv Franz Mathar - S. 187 o.: Kupferstich Kabinett, Berlin - S. 187 m.: aus: 100 Jahre Sozialistengesetz. Katalog zur Ausstellung des SPD-Bezirks Mittelrhein - S. 187 u.: Archiv Franz Mathar - S. 188: aus: 100 Jahre Sozialistengesetz. Katalog zur Ausstellung des SPD-Bezirks Mittelrhein. - S. 189 o.: Krause - S. 189 u.: RBA - S. 190: Kölner Stadt-Anzeiger - S. 192 Tsp.: Centrum Schwule Geschichte, Köln - S. 192 Rsp.: Centrum Schwule Geschichte, Köln - S. 193: Centrum Schwule Geschichte, Köln - S. 196: RBA - S. 197 Rsp.: RBA - S. 197 Tsp.: RBA 137 786 - S. 198 o: Verlagsarchiv - S. 198 u.: Krause - S. 200: RBA - S. 201 o.: HAStK - S. 201 m.: Bildarchiv, Foto Marburg - S. 201 u.: Bildarchiv, Foto Marburg - S. 202 o: Bildarchiv, Foto Marburg - S. 202 m.: Bildarchiv, Foto Marburg - S. 202 u.: Bildarchiv, Foto Marburg - S. 203 o.: RBA - S. 203 u.: RBA - S. 204: Krause - S. 205 o.: Huber - S. 205 u.: RBA - S. 206: Christoph Gebler, Hamburg - S. 207: RBA - S. 208 Rsp.: Krause - S. 208 Tsp. o.: Fritz Schneider - S. 208 Tsp. u.: RBA - S. 210: RBA - S. 211 Rsp.: Linke - S. 211 Tsp.: RBA - S. 214 o.: Ingeborg Spielmans-Roduin, Breil sur Roya - S. 215 Tsp. o.: Krause - S. 215 Tsp. u.: Herby Sachs, Köln - S. 215 Rsp.: Synagogengemeinde Köln - S. 216: Werner Kämper, Bürgergemeinschaft Rathenauplatz e.V. - S. 217 Rsp. o.: Stadtkonservator Köln - S. 217 Tsp.: Köln-Archiv - S. 217 Rsp. u.: Linke - S. 218 o.: Maria Al-Mana, Evangelischer Stadtkirchenverband Köln - S. 218 u.: RBA 65 031 - S. 219: Rowohlt Verlag GmbH, Hamburg - S. 221 Tsp.: Krause - S. 221 Rsp.: RBA - S. 222 Tsp.: RBA - S. 222 Rsp.: Codex Aureus von Echternach (Detail) - S. 223: RBA 134 977 - S. 225: Linke - S. 226: Linke - S. 227 Rsp.: Krause - S. 227 Tsp.: Krause - S. 228: Gabi Jakobi, Köln - S. 229: Linke - S. 230: Krause - S. 232: Linke - S. 234 Rsp.: Privat - S. 234 Tsp.: RBA - S. 235: RBA - S. 236 Tsp.: RBA - S. 236 Rsp.: RBA - S. 237 Rsp.: aus: Matthias Zehnder: Räume und Schichten mittelalterlicher Heiligenverehrung. Düsseldorf 1950. - S. 237 Tsp.: Linke - S. 238: Mercatorplan

- S. 239 Rsp.: aus: Die Kölner Kartause um 1500. Katalog, Köln 1991. - S. 239 Tsp.: aus: Hans Prolingheuer: Der rote Pfarrer. Leben und Kampf des Georg Fritze. Köln 1958. - S. 240: Krause - S. 241 Rsp. o.: Verlagsarchiv - S. 241 Rsp. u.: Verlagsarchiv - S. 241 Tsp.: aus: Martin Stankowski, Inge Wozelka: Köln - Eine lebendige Stadtgeschichte. Köln 2000. - S. 242: Verlagsarchiv - S. 243: Linke - S. 244: Linke - S. 246: aus: Bruno Kuske: 100 Jahre Stollwerck, Köln 1939. - S. 247 Tsp: RBA - S. 247 Rsp.: Firmenarchiv Stollwerk - S. 248 o.: Huber - S. 248 u.: Krause - S. 250 o.: Huber - S. 250 u.: Köln-Archiv - S. 251 o.: Krause - S. 251 u.: Krause - S. 252 Tsp.: RBA - S. 252 Rsp.: Krause - S. 253 o.: Linke - S. 253 u.: Hyou Vielz, Köln - S. 254: Römisch-Germanisches Museum - S. 256: Hildegard Weber, Köln - S. 257: Krause - S. 258: Linke - S. 259 Rsp.: Linke - S. 259 Tsp.: HAStK - S. 260: Bildarchiv Siegfried Pater, Bonn - S. 261 Tsp.: Krause - S. 261 Rsp.: Krause - S. 262: Krause - S. 264 Tsp.: RBA - S. 264 Rsp.: RBA - S. 265: Krause - S. 266: The Illustrated London News - S. 268 Rsp.: Verlagsarchiv - S. 268 Tsp.: Linke - S. 269: Linke - S. 270 Rsp.: HAStK - S. 270 Tsp.: Zentralrat Deutscher Sinti und Roma, Mannheim. - S. 271 Rsp.: Zentralrat Deutscher Sinti und Roma, Mannheim. - S. 271 Tsp.: Peter Fischer, Köln - S. 272: Sammy Maedge, Köln - S. 273 o.: Krause - S. 273 u.: Krause - S. 274: Krause - S. 275 o.: Krause - S. 275 u.: Hafenamt der Stadt Köln - S. 277 o.: RBA - S. 277 u.: RBA - S. 278: British Library, London - S. 279 Tsp.: RBA - S. 279 Rsp.: Krause - S. 280 o.: HAStK - S. 280 u.: RBA 179 660 - S. 281: Linke - S. 282: Krause - S. 283: Linke - S. 287: Linke - S. 288: Stefan Worring, Köln - S. 289 Rsp.: HAStK - S. 289 Tsp.: Krause - S. 290 o.: Linke - S. 290 u.: Hafenamt der Stadt Köln - S. 292: Linke - S. 293: Christopher Kaschig, Hamburg - S. 294: Huber - S. 295 Tsp.: Huber - S. 296: RBA 91 078 - S. 297: Walter Dick, Köln - S. 298: Linke - S. 301 o.: Linke - S. 304: Faruk Kasim Beskisiz, Köln - S. 306: deutsche-Schutzgebiete.de - S. 307: Ehrenfeld Centrum Schwule Geschichte - S. 309: NS-Dokumentationszentrum Köln Bp. 4815 - S. 310: Justizvollzugsanstalt Köln - S. 311: Stefan Worring, Köln - S. 312: Klaus Jünschke, Köln - S. 313: Linke - S. 314: Adalbert Wiemers, Archiv René Böll - S. 315: Eusebius Wirdeir, Köln - S. 318: Jan Tepass, Köln - S. 319: Jan Tepass, Köln - S. 320: aus: Wieland Herzfelde: John Heartfield. Leben und Werk. Dresden 1962. - S. 322 Rsp.: aus: Leidensgeschichten unter´m Hakenkreuz. Hg. Evangelischer Stadtkirchenverband. - S. 322 Tsp.: RBA - S. 324: Carl Brunn, Aachen - S. 325: Stefan Worring, Köln - S. 326: Ehrhard Schlieter, Köln - S. 328: RBA 75 378 - S. 331: Linke - S. 335: Linke - S. 336: Linke - S. 342: aus: Illustrierte Geschichte der deutschen Revolution. Berlin 1929. - S. 343: Köln-Archiv - S. 345: Manfred Wegener, Köln - S. 346: Krause - S. 348: Linke - S. 350: Constantin Graf von Hoensbroech, Köln - S. 351: Linke - S. 352: aus: Sammelmappe: 12 Häuser der Zeit. 1927. - S. 353 Tsp.: RBA 610 492 - S. 353 Rsp.: Linke - S. 354: Linke - S. 358: Linke - S. 359 o.: Linke - S. 359 u.: HAStK, Außenstelle Porz - S. 360: Linke - S. 361: Linke

Hinweis: Trotz größter Sorgfalt konnten nicht in allen Fällen die Urheberechte der Bilder ermittelt werden. Es wird gegebenenfalls um Mitteilung an den Verlag gebeten.

FARBFOTOS

Alle Farbfotos: Manfred Linke, laif

Pinocchio-Figurenausstellung im MediaPark, 2001 S. 33
Reliquienbüste Cordula in der „Goldenen Kammer",
St. Ursula, 1996 S. 51
Ausgrabung einer Villa aus dem 2. Jahrhundert,
Burgmauer, 1996 S. 69
Geisterzug, Karneval, 1994 S. 87
Nach der „Mülheimer Gottestracht", Köln-Mülheim, 1993 S. 105
Demonstranten auf dem Roncalliplatz, 1989 S. 123
Cranachwäldchen am Rheinufer, Köln-Niehl, 2002 S. 141
Orden im Kölner Karnevalsmuseum, 1997 S. 159
Alte Figuren im Lapidarium, Ratsturm, 1996 S. 177
Römische „Hafenstraße"
am Römisch-Germanischen Museum, 1996 S. 195
Südstadtlauf, 1993 S. 213
Schützenfest, Köln-Flittard 1992 S. 231
Teilnehmer des Geisterzugs vor dem Dom, Karneval, 1994 S. 249
Karnevalskirmes auf dem Roncalliplatz, 1989 S. 267
Antikriegsaktion der Künstler, Hafen Köln-Mülheim, 2003 S. 285
Besucher vor dem Dom-Westportal, 1989 S. 303
Magistrale im Technischen Rathaus, Köln-Deutz, 2002 S. 321
Parade beim Christopher Street Day, 1995 S. 339
Liturgische Handlung im Domchor
anlässlich der 750-Jahr-Feiern, 1998 S. 357

Komödienstraße einundvierzig
Burgmauer zwanzig

HAUPTWEG
UND NEBENWEGE
AGENTUR FÜR NEUE UND ALTE MEDIEN GBR

WebDesign

BookDesign

EditorialDesign

Redaktion

Fotografie

Corporate Design

Corporate Communications

Kampagnen

PublicR

Corporate Internet

Content-Management

Projektentwicklung

Produktion

Beratung

Konzepte

Sachsenring

www.hauptweg.de

www.nebenwege.de

ring 250 995 30

Kirsten Serup-Bilfeldt
Stolpersteine
Wegmarken gegen das Vergessen

Broschur, 160 Seiten
Mit einem Beitrag von Elke Heidenreich

Stolpersteine – das sind kleine Messingwürfel, die an vielen Stellen in Köln, vor Wohnhäusern und auf Plätzen, in das Straßenpflaster eingelassen sind. Es sind Mahnmale gegen das Vergessen, nicht mehr aus dem Stadtbild wegzudenken. Wer waren die Menschen, deren Namen und Lebensdaten auf den Stolpersteinen stehen: die Juden, die Kommunisten, die Sinti und Roma, die Homosexuellen, die engagierten Christen? Wie sahen ihre Lebenswege aus, bevor die Nationalsozialisten sie beendeten?
Die Autorin gibt einen anrührenden Einblick in das dramatische Schicksal vergessener Kölner Bürger.

Jean Jülich
Kohldampf, Knast un Kamelle
Ein Edelweißpirat erzählt sein Leben

Gebunden, 192 Seiten
Mit einem Vorwort von Wolfgang Niedecken

Jean Jülich ist Mitglied der legendären antifaschistischen Widerstandsgruppe „Edelweißpiraten". Sie waren keine Helden, sondern Jugendliche, die sich ihr Handeln und Denken nicht vorschreiben lassen wollten. Doch in der Zeit der Diktatur ist jede Form von Protest gefährlich: 1944 wurde Jülich inhaftiert. Nach der Befreiung 1945 gelingt es ihm in der Nachkriegszeit, die schlimmen Erfahrungen zu verarbeiten, und er erzählt mit viel Humor seinen Werdegang als Kneipier und Karnevalist. 1984 wird ihm in Israel die Ehrung „Gerechter unter den Völkern" zuerkannt.

Stadttour?

Einkaufen?

Business?

Termine?

Vergnügen?

Nach Hause?

Kultur?

Sport?

Wir fahren Sie hin!

www.kvb-koeln.de
Die schlaue Nummer
zu Fahrplan und Tarif:
01803/ 50 40 30 (9C/min)

Mobil sein in Köln.

VRS

KVB